Moodle 2.0
이러닝 강좌 개발

Moodle 2.0
이러닝 강좌 개발

윌리엄 라이스 지음
우정환 옮김

[PACKT] PUBLISHING 에이콘

BIRMINGHAM - MUMBAI- SEOUL

acorn+PACKT
Technical Book

acorn+PACKT 시리즈 출간 도서 (2013년 8월 기준)

Unity 3D Game Development by Example 한국어판
유니티 3D 게임 프로그래밍

BackTrack 4 한국어판
공포의 해킹 툴 백트랙 4

Android User Interface Development 한국어판
안드로이드 UI 프로그래밍

Nginx HTTP Server 한국어판
아파치를 대체할 강력한 차세대 HTTP 서버 엔진엑스

BackTrack 5 Wireless Penetration Testing 한국어판
백트랙 5로 시작하는 무선 해킹

Flash Game Development by Example 한국어판
9가지 예제로 배우는 플래시 게임 개발

Node Web Development 한국어판
웹 개발 플랫폼 노드 프로그래밍

XNA 4.0 Game Development by Example 한국어판
마이크로소프트 XNA 4.0 게임 프로그래밍

Away3D 3.6 Essentials 한국어판
강력한 플래시 3D엔진 어웨이3D 개발

Unity 3 Game Development Hotshot 한국어판
기능별 집중 구현을 통한 유니티 게임 개발

HTML5 Multimedia Development Cookbook 한국어판
HTML5 멀티미디어 프로젝트 제작

jQuery UI 1.8 한국어판
인터랙티브 웹을 위한 제이쿼리 UI

jQuery Mobile First Look 한국어판
빠르고 가벼운 제이쿼리 모바일 웹앱 개발

Play Framework Cookbook 한국어판
생산성 높은 자바 웹 개발 플레이 프레임워크

PhoneGap 한국어판
폰갭으로 하는 크로스플랫폼 모바일 앱 개발

Cocos2d for iPhone 한국어판
아이폰 게임을 위한 코코스2d 프로그래밍

OGRE 3D 한국어판
오픈소스 3D 게임엔진 오거3D 프로그래밍

Android Application Testing Guide 한국어판
안드로이드 애플리케이션 테스팅 가이드

OpenCV 2 Computer Vision

Application Programming Cookbook 한국어판
OpenCV 2를 활용한 컴퓨터 비전 프로그래밍

Unity 3.x Game Development Essentials 한국어판
C#과 자바스크립트로 하는 유니티 3.x 게임 개발

Ext JS 4 First Look 한국어판
화려한 웹 애플리케이션을 위한 Ext JS 4 입문

iPhone JavaScript Cookbook 한국어판
자바스크립트로 만드는 아이폰 애플리케이션

Facebook Graph API Development with Flash 한국어판
그래프 API를 활용한 페이스북 앱 만들기

CryENGINE 3 Cookbook 한국어판
〈아이온〉을 만든 3D 게임엔진 크라이엔진 3

워드프레스 사이트 제작과 플러그인 활용
반응형 웹 디자인
타이타늄 모바일 앱 프로그래밍
안드로이드 NDK 프로그래밍
코코스2d 게임 프로그래밍
WebGL 3D 프로그래밍
MongoDB NoSQL로 구축하는 PHP 웹 애플리케이션
언리얼 게임 엔진 UDK 3
코로나 SDK 모바일 게임 프로그래밍
HBase 클러스터 구축과 관리
언리얼스크립트 게임 프로그래밍
카산드라 따라잡기
엔진엑스로 운용하는 효율적인 웹사이트
컨스트럭트 게임 툴로 따라하는 게임 개발 입문
하둡 맵리듀스 프로그래밍
RStudio 따라잡기
웹 디자이너를 위한 손쉬운 제이쿼리
센차터치 프로그래밍
노드 프로그래밍
게임샐러드로 코드 한 줄 없이 게임 만들기
안드로이드 데이터베이스 프로그래밍
아이폰 위치 기반 애플리케이션 개발
마이바티스를 사용한 자바 퍼시스턴스 개발
Moodle 2.0 이러닝 강좌 개발

acorn+PACKT 시리즈를 시작하며

에이콘출판사와 팩트 출판 파트너십 제휴

첨단 IT 기술을 신속하게 출간하는 영국의 팩트 출판(PACKT Publishing, www.packtpub.com)이 저희 에이콘출판사와 2011년 5월 파트너십을 체결하고 전격 제휴함으로써 acorn+PACKT Technical Book 시리즈를 독자 여러분께 선보입니다.

2004년부터 전문 기술과 솔루션을 독자에게 신속하게 출간해온 팩트 출판은 세계 각지에서 시스템, 애플리케이션, 프레임워크 등을 도입한 유명 IT 전문가들의 경험과 지식을 책에 담아 새로운 소프트웨어와 기술을 업무에 활용하려는 독자들에게 전문 기술과 경쟁력을 공유해왔습니다. 특히 여타 출판사의 전문기술서와는 달리 좀 더 심도 있고 전문적인 내용으로 가득 채움으로써 IT 서적의 진정한 블루오션을 개척합니다. 따라서 꼭 알아야 할 내용은 좀 더 깊이 다루고, 불필요한 내용은 과감히 걸러냄으로써 독자들에게 꼭 필요한 심층 정보를 전달합니다.

남들이 하지 않는 분야를 신속하고 좋은 품질로 전달하려는 두 출판사의 기업 이념이 맞닿은 acorn+PACKT Technical Book 시리즈의 출범으로, 저희 에이콘출판사는 앞으로도 국내 IT 기술 발전에 보탬이 되는 책을 열심히 펴내겠습니다.

www.packtpub.com을 둘러보시고 번역 출간을 원하시는 책은 언제든 저희 출판사 편집팀(editor@acornpub.co.kr)으로 알려주시기 바랍니다.

감사합니다.

에이콘출판㈜ 대표이사
권 성 준

우리 가정에 호기심과 기쁨, 그리고 무한한 활기를 주신
개빈 브래드퍼드에게 바칩니다!

지은이 소개

윌리엄 라이스 William Rice

뉴욕시에서 살고, 일하고, 노는 트레이닝 매니저로 팩트 출판사에서 무들 관련 서적을 다수 집필했고, 쾌속 이러닝 개발rapid e-learning development에 관심이 많다.

집필 외에도, 슬래시닷Slashdot과 매셔블Mashable 같은 사이트를 읽고 아들 뒤를 졸졸 쫓아다니는 데 많은 시간을 보낸다. 집 밖에서 즐기는 취미로는 JFK 공항이 보이는 곳에서 양궁 연습을 하거나, 뉴욕시 공원에서 식용 야생식물을 찾아 돌아다니며, 아들과 야외에서 놀기를 즐긴다.

윌리엄은 기술과 사회 간의 관계, 즉 우리가 어떻게 도구를 만들고, 그 도구가 어떻게 우리를 변하게 하는지에 매혹되어 있다. 집필 활동을 할 수 있게 격려해주는 믿을 수 없는 여인과 결혼했으며, 슬하에 놀라운 두 아들이 있다.

- 블로그: williamriceinc.bolgspot.com
- 링크드인: linkedin.com/in/williamrice4

기술 감수자 소개

메리 쿠치 Mary Cooch

온라인에서 @moodlefairy라고 알려져 있는 메리는 영국에 사는 교사이자 VLE 트레이너로, 팩트 출판사의 『Moodle 1.9 for Teaching 7-14 Year Olds』와 『Moodle 2.0 First Look』의 저자이기도 하다. 메리 쿠치의 블로그는 www.moodleblog.net이며, mco@olchs.lancs.sch.uk는 상담이 필요할 때 사용할 연락처다. 마리는 무들을 위해서라면 어디든 달려갈 것이다.

안젤로 마르코스 리고 Ângelo Marcos Rigo

1995년 브라질에 인터넷이 보급된 이후부터 시스템을 구축하고, 주문 제작을 수행하며, 많은 웹 시스템을 보수하는 작업을 좋아하게 된 35살의 선임 웹 개발자다. 안젤로의 작업 중 일부는 www.u4w.com.br에서 확인할 수 있으며, angelo.rigo@gmail.com으로 연락해 상담을 요청할 수 있다.

안젤로는 과거에 통신, 초등교육, 국무부와 관련된 회사에서 일했으며 현재는 PUCRS에서 원격 학습을 담당하는 CEAD 부서의 교직원으로 일하고 있다.

나를 뒷받침해주고 매력적인 책을 감수할 수 있도록 이해해준 내 아내 자나이나와 내 딸 로레나에게 감사를 전한다.

옮긴이 소개

우정환 woojja@gmail.com

현재 (주)위즈엑스퍼트에서 닷넷 기반의 윈도우와 웹 애플리케이션을 담당하는 개발 팀장으로 근무하고 있으며, 자사 솔루션을 위한 LMS 사이트를 개발하던 중 무들을 접하게 되었다. 그 후 자사 제품을 무들과 연계해 학습활동에서 활용할 수 있게 하는 무들 플러그인도 제작 중이다.

신변잡기에 능하며 "행복한 인생이란 무엇일까?"라는 질문에 대한 해답을 찾으려 노력하는, 심심한 걸 못 참는 개발자다.

옮긴이의 말

급변하는 인터넷 환경 속에서 온라인 학습환경 또한 빠르게 변화하고 있다. 공공기관, 기업뿐만 아니라 대학교, 중고등학교, 학원, 심지어 초등학교에서도 온라인 학습환경에 대한 관심이 높아지고 있으며, 이런 환경 속에서 수많은 온라인 학습 시스템이 생겨나고 사라짐을 반복하면서 치열한 경쟁과 많은 시행착오를 통해 온라인 학습환경이 발전하고 있다.

그 사이에 무들이 있다.

무들은 오픈소스로 개발되고 있는 학습 관리 시스템으로, 오픈소스라는 말 그대로 누구나 자유롭게 개발에 참여할 수 있다. 참여의 정도는 사용에 대한 피드백에서부터 오류 리포트 등을 비롯해 능력에 따라서는 실제 개발에도 참여가 가능하다. 이렇게 무들은 특정 업체가 개발한 제품이 아닌 오픈소스 제품이기 때문에 전 세계의 많은 개발자, 사용자와 소통하며 진화해간다.

무들이 2002년 1.0 버전이 발표된 후로 10여 년이 흘렀다. 그 사이 무들은 등록된 사이트 수만도 8만 4,000개가 넘고, 237개국에서 약 130만여 명의 교사들이 760만여 강좌를 개설해 7,200만여 명의 학생들을 가르치고 있다. 이렇듯 전 세계의 많은 교사가 무들을 사용해 학생들을 가르치고 있으며, 일부 교육 공학자는 교육학 연구에도 무들을 활용하고 있다. 즉 무들은 전 세계의 교사들에게 충분히 검증된 온라인 학습 시스템이라 말할 수 있으며, 지금 이 시간에도 전 세계의 개발자들에 의해 새로운 기능이 추가되는 살아 있는 학습 시스템이라고 할 수 있다.

우리나라에서도 몇몇 교수님들과 선생님들을 주축으로 한 무들 사용자 모임이 결성되어 최근 들어 활발한 활동을 하고 있으며, 무들을 이용한 초중고교 교사 개인의 학습 사이트가 늘어나고 있을 뿐만 아니라 KAIST, 서울대학교, 배재대학교, 세종대학교 등에서도 무들을 온라인 학습 시스템으로 도입하고 있다.

무들은 다운로드도 자유로워서 사용자가 직접 내려받아 설치해 사용할 수 있다. 이런 까닭에 자신의 학생들에게 온라인 학습을 선보이고자 하는 열정적인 분들이 무들에 관심을 갖기 시작했다. 하지만 참고할 만한 자료가 마땅치 않아 접근하기가 쉽지 않은 것이 사실이다. 무들을 다운로드하고, PC에 설치하고, 강좌를 생성하고, 참고자료를 첨부하는 일련의 작업들이 막연하게 느껴져 이내 포기하고 마는 것이다.

이 책은 무들러Moodler가 알아야 할 무들의 기본적인 기능을 설명한다. 무들의 설치에서부터 교사 및 학생 관리, 강좌 생성과 관리, 과제, 퀴즈, 테스트, 포럼, 성적표, 보고서, 그리고 이 모든 기능의 관리까지 무들의 기본적인 기능을 모두 담고 있다. 내용 또한 1개 장씩 순서대로 따라 하다 보면 책을 마칠 때쯤엔 하나의 완벽한 대화형 학습 사이트가 완성되도록 구성되어 있어서, 초보 무들러가 무들의 기능을 이해하는 데 적합한 입문서다. 그뿐 아니라 경험 있는 무들러에게는 무들을 활용하고 운용하는 데 필요한 노하우와 사례들이 담겨 있어 활용서로도 충분하리라 생각한다.

LMS 개발 중 우연히 이 책을 접하고, 무들에 관심을 갖기 시작하는 초보 무들러들에게 도움이 될 수 있을 것 같아 들뜬 기분에 가벼운 생각으로 시작한 번역이라는 작업은 전에는 상상하지도 못한 고된 작업이었다. 원저자와의 연락이 안 되어 부득이하게 원본 이미지를 사용할 수밖에 없었고, 이 때문에 번역 내용도 처음부터 수정해야 했다. 하지만 덕분에 번역을 마친 성취감은 더욱 컸고 이 책에 대한 애정이 깊어졌다. 나름 최선을 다했지만 첫 번역인 데다 부족한 실력으로 인해 번역이 매끄럽지 못한 점에 대해 미리 양해를 구하며, 부족한 점이 있다면 조언 주시길 부탁드린다.

무들이 온라인 교육에 적합하다고는 하나 우리 정서에 맞지 않는 부분들이 분명 있다. 그리고 몇몇 기업과 학교의 많은 분들이 이런 부분을 채우고자 노력 중이다. 미약하지만 이 책이 무들의 장점을 살리고 단점을 보완해 여러분의 구미에 맞는 온라인 학습 환경을 구성하는 데 조금이나마 도움이 되었으면 한다.

일정을 맞추지 못한 역자를 묵묵히 기다려주고 마칠 수 있도록 다독여준 에이콘출판(주) 관계자 여러분께 감사를 드리며, 직원들에게 한결같은 관심과 애정을 보여주시는 (주)위즈엑스퍼트의 명재형 대표님과 밝은 하루의 대부분을 함께 보내는 팀장님들께도 감사를 전한다. 하늘에 계신 부모님과 철없고 부족한 동생에게 변함없는 사랑과 믿음을 주시는 두 누님과 형님께, 그리고 조카들에게 사랑한다는 말을 전한다.

※ 본 역서의 무들 용어는 무들 한글 언어팩을 바탕으로 합니다.

우정환

목차

들어가며

무들은 선도적인 오픈소스 학습 관리 시스템이다. 교사는 무들을 활용해 화려하고 짜임새 있는 웹 기반의 강좌를 쉽게 구성할 수 있다. 읽을거리와 퀴즈, 시험, 설문 조사, 프로젝트 등의 학습활동, 학생 간의 상호작용과 모둠 작업을 장려하는 사회적 요소 등을 포함하는 완전학습을 만들고 이를 다시 여러 개의 완전학습으로 된 강좌를 구성할 수가 있다.

『Moodle 2.0 이러닝 강좌 개발』은 무들이라는 도구를 사용해 여러분의 강의를 강화하는 방법을 알려준다. 이 책에서는 학생들의 요구사항을 분석하는 데 도움을 주고, 무들이 학생들에게 무엇을 제공할 수 있는지 알려주며, 여러분이 원하는 강좌를 구성하는 데 필요한 무들의 모든 기능을 살펴본다. 무들은 설치하고 사용하기는 상대적으로 쉽지만, 학습에 도움이 되고 기존의 확립된 학습상황 바탕 위에서 효과적이고 짜임새 있는 학습 과정을 개발하는 것은 도전해야 할 과제다. 이 책은 이 같은 도전 과제들을 해결할 수 있도록 안내할 것이다.

여러분이 사이트를 만드는 사람이든 강좌 제작자이든 간에 이 책을 프로젝트 가이드처럼 사용할 수 있다. 각 장을 학습하는 동안 여러분이 원하는 학습 사이트의 모습을 만들어나가는 데 필요한 지침을 제공한다. 이 책은 (여러분이 사이트 생성자라면) 교사에게 또는 (여러분이 교사라면) 학생에게 맞는 학습 경험을 생성하는 데 도움이 된다. 또한 기존 책들처럼 참고 안내서로 활용 가능하지만, 단계별, 프로젝트 형태로 주제에 접근하며 대화형 학습 경험을 생성할 수 있는 지침을 제공한다는 점이 이 책의 장점이다.

무들은 직관적으로 사용할 수 있게 설계됐으며, 잘 작성된 온라인 도움말이 무들의 각 기능을 설명해준다. 이 책에서는 온라인 도움말에서는 설명하지 않는, 각 기능을 사용하는 시기와 이유, 그리고 해당 기능이 학생들의 경험에 어떤 영향을 주는지에 대해서까지도 알려준다.

이 책은 정적인 학습 자료와 대화형 학습활동, 그리고 사회적 기능을 여러분의 강좌에 추가하는 방법을 알려주며, 강좌를 통해 학생의 학습 잠재력을 최대한 끌어내준다. 무들을 사용해 성공적인 강의를 할 수 있게 도와주는 완벽한 안내서로서, 이 책은 강좌를 개발하고 제공하는 작업에 초점을 맞췄고, 최선의 교육적인 훈련들이 포함되어 있다.

이 책의 구성

1장. 무들 여행 안내 무들로 어떤 작업을 할 수 있고, 학생과 교사를 위해 여러분이 생성할 수 있는 사용자 경험은 어떤 것들이 있는지 배우며, 무들 철학이 어떻게 사용자 경험을 형성하는지도 알아본다. 1장은 무들을 잘 사용할 수 있는 방법과 학습 사이트 구축을 계획하는 과정에서 필요한 사항들을 결정하는 데 도움이 된다.

2장. 무들 설치 웹 서버에 무들을 설치하는 과정을 차례대로 살펴본다.

3장. 사이트 구성 여기서는 사이트 구성을 다루는데, 원하는 대로 작동하도록 사이트를 구성하고, 고객이 원하는 사용자 경험을 생성하는 데 도움을 준다. 여러분이 만든 무들 사이트를 다른 사람이 관리한다면, 3장을 활용해 여러분과 교사가 강좌를 생성하고 강좌로 강의를 할 때 더욱 쉽게 이용할 수 있게 하는 구성 선택사항들을 학습한다.

4장. 범주와 강좌 생성 강좌 범주와 새 강좌를 생성하는 방법을 살펴본다. 강좌 실행 시 영향을 주는 강좌 설정들을 다루며, 강좌에 교사와 학생을 등록하는 방법도 살펴본다.

5장. 정적 강좌 자료 추가 정적 강좌 자료는 학습 시 상호작용을 하지 않는 학생들이 보거나 듣는 학습자원을 뜻한다. 여기서는 웹페이지, 그래픽, 어도비 아크로뱃 문서, 미디어 등을 강좌에 추가하는 방법을 살펴본다.

6장. 완전학습과 과제로 상호작용 추가 완전학습과 과제는 학생이 무들 그리고 교사와 상호작용할 수 있는 무들의 학습활동이다. 이들 학습활동을 생성하고 사용하는 방법을 살펴본다.

7장. 학생 평가 강좌를 이용하는 학생의 지식 수준과 태도를 평가하는 방법을 살펴본다.

8장. 강좌에 사회활동 추가 무들은 각 구성원 간의 상호작용에 있어 탁월한 장점이 있다. 여기서는 강좌의 필수 요소인 학생과 학생 간의 상호작용을 형성하는 데 사용하는 몇 가지 도구를 살펴본다.

9장. 블록 모든 블록은 사이트나 강좌에 기능을 추가한다. 여기서는 무들에서 사용하는 많은 블록과 그 구현 방법을 설명해, 여러분이 원하는 사이트나 강좌를 구성할 수 있게 도와준다.

10장. 교사를 위한 기능 무들의 성적표와 학생들의 학습활동을 추적하는 로그를 사용하는 방법을 살펴본다.

준비물

이 책은 무들을 이용해 강좌를 생성하고 강좌를 강의하려는 분들을 위해 제작됐다. 이 책을 제대로 활용하려면, 무들 사이트에 교사 역할의 계정이 필요하다. 즉 무들 사이트에서 강좌를 편집할 수 있어야 한다.

이 책은 무들 사이트의 관리자를 위한 정보도 담고 있다. 하지만 여러분이 사이트 관리자가 아니더라도, 사이트를 구성하거나 로그와 보고서를 사용할 때, 사이트 관리자와 작업할 때 이 정보를 사용할 수 있다.

대상 독자

이 책은 무들의 기능을 최대한 활용해 양방향 온라인 학습 경험을 생성하고 싶은 사람들을 대상으로 한다. 특히 무들 사이트의 설치, 구성, 제작, 관리 등의 내용은 여러분이 만약 교육자, 기업의 트레이너 혹은 단순히 무언가를 가르치고자 하는 사람이라면 유용하고, 학습 사이트를 생성하는 업무를 수행하는 사람과 사이트에서 강좌를 생성하고 강좌를 강의하는 사람들에게 적합하다. 즉 이 책은 사이트 관리자, 강좌 제작자, 교사를 위한 책이다.

이 책의 편집 규약

이 책에서는 정보의 유형에 따라서 텍스트의 스타일이 바뀐다. 각 스타일은 다음과 같은 의미를 지닌다.

텍스트에서 코드는 다음과 같이 표기된다. "두 `body` 태그 사이의 HTML 코드를 모두 선택한다."

코드 블록은 다음과 같이 표기한다.

```
$CFG->dbtype    = 'mysql';
$CFG->dbhost    = 'localhost';
$CFG->dbname    = 'info-overload';
$CFG->dbuser    = 'info-overload';
$CFG->dbpass    = 'badpassword';
$CFG->dbpersist = false;
$CFG->prefix    = 'mdl20_';
```

코드 블록의 특정 부분을 강조하고자 할 경우 굵은 서체로 표기한다.

```
<meta name="description" content="
Wilderness Skills 사이트에 오신 것을 환영합니다." />
<title>Wilderness Skills</title>
<meta name="keywords" content="moodle, Wilderness Skills " />
```

메뉴나 대화상자처럼 컴퓨터 화면에 표시되는 단어는 다음과 같이 **고딕체**로 표기한다. "**Download Moodle** 페이지로 이동해 원하는 버전과 파일 형식을 선택하라."

> 경고나 중요한 알림은 이와 같은 상자로 표시한다.

> 팁이나 멋진 비법은 이렇게 표시한다.

독자 의견

책을 읽는 독자 여러분의 의견은 언제든지 환영한다. 이 책을 어떻게 생각하는지 부담 없이 이야기해준다면 좋겠다.

일반적인 의견은 이 책의 제목을 메일 제목으로 해서 feedback@packtpub.com으로 보내면 된다.

출판되기 원하는 책이 있다면 그 내용을 www.packtpub.com에 있는 SUGGEST A TITLE 양식이나 이메일(suggest@packtpub.com)로 보내면 된다.

특정 분야의 책을 쓰거나 기여하는 데 관심이 있다면 www.packtpub.com/authors에 있는 저자 가이드를 참조하기 바란다.

고객 지원

팩트 출판사의 구매자가 된 독자에게 도움이 되는 몇 가지를 제공하고자 한다.

이 책에 사용된 예제 코드 내려받기

이 책의 예제 코드는 http://www.PacktPub.com에서 내려받을 수 있다. 다른 곳에서 구매한 경우에는 http://www.packtPub.com/support를 방문해 등록하면 파일을 이메일로 직접 받을 수 있다. 에이콘출판사의 도서정보 페이지 http://www.acornpub.co.kr/book/moodle에서도 예제 코드를 내려받을 수 있다.

오탈자

내용을 정확하게 전달하려고 온 힘을 다했지만, 실수가 있을 수 있다. 팩트 출판사의 책에서 코드나 텍스트상의 문제를 발견해서 알려준다면 매우 감사하게 생각할 것이다. 그런 참여를 바탕으로 다른 독자에게 도움을 주고, 다음 버전에서 책을 더 완성도 있게 만들 수 있다. 오자를 발견한다면 http://www.packtpub.com/support를 방문해 이 책을 선택하고, 정오표 제출 양식으로 오류 정보를 알려주기 바란다. 보내준 내용이 확인되면 웹사이트에 그 내용이 올라가거나, 해당 서적의 정오표 섹션에 그 내용이 추가될 것이다. http://www.packtpub.com/support에서 해당 타이틀을 선택하면 지금까지의 정오표를 확인할 수 있다. 한국어판은 에이콘출판사의 도서정보 페이지 http://www.acornpub.co.kr/book/moodle에서 찾아볼 수 있다.

저작권 침해

인터넷에서의 저작권 침해는 모든 매체에서 벌어지고 있는 심각한 문제다. 팩트 출판사에서는 저작권과 사용권 문제를 아주 심각하게 인식하고 있다. 어떤 형태로든 팩트 출판사 서적의 불법 복제물을 인터넷에서 발견한다면 적절한 조치를 취할 수 있게 해당 주소나 사이트명을 알려주길 부탁한다.

의심되는 불법 복제물의 링크를 copyright@packtpub.com으로 보내주기 바란다.

저자와 더 좋은 책을 위한 팩트 출판사의 노력을 배려하는 마음에 깊은 감사의 마음을 전한다.

질문

이 책에 관련된 질문이 있다면 questions@packtpub.com으로 문의하기 바란다. 온 힘을 다해 질문에 답해드리겠다. 한국어판에 관한 질문은 이 책의 옮긴이나 에이콘출판사 편집팀(editor@acornpub.co.kr)으로 문의할 수 있다.

1
무들 여행 안내

무들Moodle은 무료 학습 관리 시스템으로, 무들을 통해 여러분은 강력하고 유연하며 매력적인 온라인 학습 경험을 제공할 수 있다. 나는 의도적으로 '온라인 강좌'라는 말보다는 '온라인 학습 경험'이라는 말을 사용하는데, 그 이유는 '온라인 강좌'라는 말은 주로 순차적으로 나열된 웹페이지, 이미지, 애니메이션과 퀴즈 등이 온라인으로 제공된다는 의미를 내포하고 있기 때문이다. 또한 온라인 강좌는 교사와 학생 간 주고받는 이메일이나 게시판을 통한 대화가 될 수도 있다. 하지만 온라인 학습은 이런 의미의 온라인 강좌보다는 훨씬 더 매력적이라 생각한다.

무들이라는 이름을 통해 무들이 온라인 학습에 어떻게 접근하고 있는지를 알 수 있는데, 공식 무들 문서에서는 다음과 같이 설명하고 있다.

> 무들은 원래 Modular Object-Oriented Dynamic Learning Environment(객체 지향 동적 학습 환경)의 약자로, 프로그래머와 교육 이론가들이 주로 사용하는 단어다. 또한 어떤 주제를 놓고 느긋하고 두서없이 이야기하는 과정을 묘사한다든지, 갑자기 떠오른 생각을 행동으로 옮기는 행위나, 조금은 어설프게 무언가를 만지작거리

며 즐겁게 시간을 보내지만 결국에는 통찰력이나 창의력에 도움이 되는 행위 등을 묘사하는 동사로도 사용된다. 이런 개념들이 무들의 개발 방식과 온라인 강좌를 학습하고 교육하는 학생과 교사의 무들 접근 방식 모두에 적용됐으며, 이런 무들을 사용하는 사람들을 무들러Moodler라 부른다.

'온라인 학습 경험'이라는 말 속에는 학생과 교사가 좀 더 적극적이고 매력적인 역할을 한다는 의미가 내포되어 있으며, 임의의 순서로 살펴볼 수 있는 웹페이지, 학생과 교사 간의 실시간 채팅이 가능한 강좌, 타당성과 통찰력을 바탕으로 서로의 메시지를 평가할 수 있는 포럼, 학생들이 서로의 작업을 평가할 수 있는 온라인 토론회, 교사가 강좌 진행에 대한 학생들의 생각을 평가할 수 있는 즉석투표, 교사들이 파일을 업로드해 공유할 수 있게 설정하는 디렉토리 같은 기능들이 포함되어 있다. 이 모든 기능은 학생과 학생, 학생과 교사 간의 관계에서와는 다른 능동적인 학습 환경을 조성한다. 무들은 이런 사용자 경험에 탁월하며, 이 책이 이런 사용자 경험을 생성하는 데 도움이 될 것이다.

단계별 진행: 각 장의 사용

무들 사이트 제작 시 일련의 단계를 거치게 되는데, 이 책은 각 단계에 맞게 구성되어 있다. 각 장에서는 각 단계의 핵심사항을 설명하는데, 그 내용을 이번 절에서 간략히 살펴본다.

각 장을 따라 작업하다 보면 여러분의 학습 사이트는 일목요연하고 세련된 모습을 갖출 것이며, 이 책을 마칠 때쯤이면 완벽한 대화형 학습 사이트가 완성될 것이다. 무들로 할 수 있는 일들을 좀 더 배우고 강좌들의 형태가 갖춰지는 모습을 보면 이전 장에서 작업했던 사항을 바꾸고 싶을 수도 있다. 무들은 이런 상황에서도 다루기 쉬우며, 이 책은 사이트 전체에 적용할 변경사항을 어떻게 설정할지 결정하는 데 도움을 줄 것이다.

1단계: 무들 경험 배우기(1장)

모든 학습 관리 시스템LMS, Learning Management System은 전형적인 체계나 접근 방법이 있어서 사용자 경험을 형성하고 정해진 사용법을 쓰도록 권한다. LMS는 각 강좌에 순서를 지정하는 기능을 제공해 선형적인 학습을 권장하기 때문에 학생 간의 상호작용을 방해할 수 있는 반면에, 강좌 교재를 이용한 많은 학습 기회를 제공해 학생의 단독 학습을 장려한다. 1장에서는 무들로 할 수 있는 일들을 알아보고, 교사와 학생이 무들을 사용함으로써 어떤 사용자 경험을 갖게 되는지 배운다. 또한 무들 철학에 대해 살펴보고, 무들 철학이 어떻게 사용자 경험을 형성하는지도 알아본다. 이런 내용을 통해 여러분은 무들의 많은 기능을 어떻게 효과적으로 사용해 온라인 사이트를 계획할지 결정할 준비가 될 것이다.

2단계: 무들 설치(2장)

2장에서는 웹 서버에 무들을 설치하는 전 과정을 다룬다. 디스크 공간, 대역폭, 무들이 동작하는 데 필요한 메모리를 추정하는 데 도움이 될 뿐만 아니라, 각자의 요구사항에 맞는 적합한 호스팅 서비스를 선택하는 데도 도움이 된다.

3단계: 사이트 설정(3장)

무들을 설치하고 설정하면서 여러분이 결정한 사항들의 대부분은 사용자 경험에 영향을 미친다. 학생과 교사뿐만 아니라 강좌 제작자와 사이트 관리자도 영향을 받는다. 무들의 온라인 도움말이 소프트웨어를 설치하고 설정하는 방법은 자세히 설명하지만, 각자가 선택한 설정이 사용자 경험에 어떠한 영향을 미치는지는 알려주지 않는다. 3장은 여러분이 결정한 설정들 간의 관계를 다루며, 여러분이 구상한 방식으로 작동하도록 사이트를 설정하는 데 도움을 줄 것이다.

4단계: 학습 사이트의 프레임워크 생성(4장)

무들의 모든 강좌는 범주category에 속해 있는데, 4장에서는 강좌 범주의 생성부터 강좌 생성까지 모두 다룬다. 무들을 설치하고 구성하는 동안 사이트 범위의 설정을 선택한 것처럼 강좌를 생성할 때는 강좌 범위의 설정을 선택한다. 4장을 통해 강좌에 포함된 다양한 설정의 의미를 알게 되며, 각 강좌에서 여러분이 원하는 경험을 생성하게 된다. 그리고 강좌에 교사와 학생을 추가하는 방법을 설명한다.

5단계: 기본 강좌 자료 추가(5장)

대부분 온라인 강좌의 주요 자료는 학생들이 보게 될 웹페이지들로 구성된다. 이런 웹페이지는 문자, 그래픽, 동영상, 음원 파일, 게임과 예제로 구성되며, 월드와이드웹상에 표현할 수 있는 모든 것을 무들의 웹페이지에 나타낼 수 있다. 5장에서는 무들 강좌에 웹페이지와 타 웹사이트로 연결되는 링크와 미디어 파일, 레이블, 파일 디렉토리 같은 정적인 강좌 자료를 추가하는 방법을 다루며, 언제 이런 자료를 사용해야 할지 결정할 때 유용하다.

6단계: 대화형(상호적인) 강좌 만들기(6장)

여기서 '대화형interactive'이라는 말은 학생과 교사 또는 학생과 능동적인 웹페이지 간의 상호작용을 의미한다. 학생 간의 상호작용에 대해서는 다음 단계에서 다룬다. 6장에서는 학생과 능동적인 웹페이지 간의 상호작용과 학생과 교사 간의 상호작용을 포함한 학습활동에 관해 설명한다. 대화형 강좌 교재에는 완전학습과 과제가 포함되어 있는데, 완전학습은 복습 질문에 대한 학생의 답변에 따라 미리 정해놓은 과정으로 학생들을 안내하고, 과제는 학생들이 제출하고 교사가 채점을 하는 형태의 교재다. 6장에서는 이런 상호작용을 생성하는 방법과, 이런 상호작용이 학생과 교사의 경험에 어떤 영향을 주는지 살펴본다.

7단계: 학생 평가 도구 생성(7장)

7장 '학생 평가'에서는 퀴즈로 학생들을 평가하는 방법과, 피드백 학습활동을 이용해 수업 태도를 평가하는 방법을 배운다. 마지막으로, 간편설문 학습활동을 이용해 학생들의 의견을 평가하는 방법을 배운다.

8단계: 사회적인 강좌 제작(8장)

사회적social 강좌 교재는 학생들 간의 상호작용을 가능하게 한다. 무들은 강좌에 채팅, 포럼, 위키 등을 포함시킬 수 있는데, 이런 형태의 상호작용은 많은 학생에게 친숙하다. 또한 사이트 범위의 용어집을 만들 수도, 하나의 강좌에 국한된 용어집을 만들 수도 있으며, 학생들도 용어집을 추가할 수 있다. 마지막으로 무들은 강력한 상호평가workshop 도구를 제공하는데, 이 도구를 이용하면 학생들이 서로의 작업을 보고 평가할 수 있다. 이런 각각의 상호작용으로 인해 강좌는 더욱 흥미로워지나, 교사는 관리하기가 더욱 힘들어진다. 8장은 무들의 사회적 기능을 최대한 활용할 수 있도록 도와서, 그 결과 학생들에게 참여하고, 공유하고, 기여하는 행동을 유도하는 강좌가 된다.

9단계: 블록을 사용한 기능 추가(9장)

모든 블록은 사이트나 강좌에 기능을 추가하는 데 사용한다. 블록을 사용해 달력을 표시하거나 댓글을 달 수도 있고, 태그를 달거나 내비게이션 기능을 표시하는 등, 많은 기능을 추가할 수 있다. 9장에서는 무들의 많은 블록을 설명함으로써 사이트에 적합한 블록을 선택하도록 도와주고, 블록을 구현하는 방법을 살펴본다.

10단계: 강좌에 생명 불어넣기(10장)

무들은 교사, 관리자와 강좌 제공자에게 유용한 몇 가지 도구를 제공하는데, 교사는 접속기록 조회를 통해 학생들이 언제 어떤 콘텐츠에 접속했는지를 정확하고 상세히 알 수 있다. 또한 사이트 전체에서 사용하거나 하나의 강좌에서 사용할 수 있는 채점 기준을 자유롭게 설정할 수 있으며, 학생의 성적을 온라인에서 접속해보거나 스프레드시트 프로그램으로 내려받을 수도 있다. 마지막으로, 교사들만을 위해 지정된 특정 포럼(게시판)에서 협업할 수 있다.

무들 철학

무들은 사회구성주의Social Constructionism라는 학습 방식을 지원하기 위해 고안됐는데, 이 학습 방법은 상호활동적이다. 사회구성주의 철학자들은 인간이 학습 자료와 상호작용을 하고, 다른 사람들을 위해 새로운 자료를 구축하며, 그 구축한 자료에 대해 다른 학생들과 상호작용을 할 때 지식의 습득이 가장 빠르다고 믿는다. 전통적인 수업과 사회구성주의 철학을 따르는 수업의 차이는 강의와 토론의 차이와 같다.

무들은 여러분의 강의에 사회구성주의적 방법을 사용하라고 강요하지 않는다. 다만 무들이 이 방법을 가장 잘 지원한다고 할 수 있다. 예를 들어 무들에 여러 가지 정적 강좌 자료를 추가할 수 있으며, 이 자료는 학생들이 읽을 수는 있지만 상호작용은 할 수 없는 자료다. 다음은 이런 정적인 자료의 예다.

- 웹페이지
- 다른 페이지(무들 사이트의 자료를 포함한)로 이동하는 웹페이지상의 링크
- 파일 디렉토리
- 어떤 문자나 이미지를 표시하는 표지label

하지만 무들에는 대화형 강좌 자료도 추가할 수 있는데, 질문에 대해 답변을 한다거나 문자를 입력하고 파일을 업로드하는 등, 학생과 상호작용하는 강좌 자료들이 있다. 다음은 이러한 자료의 예다.

- 과제Assignment(파일을 업로드하면 교사가 검토)
- 간편설문Choice(단답형 질문)
- 완전학습Lesson(조건부, 분기 활동)
- 퀴즈Quiz(온라인 테스트)

또한 무들은 학생 간에 상호작용할 수 있는 학습활동을 제공한다. 이런 활동들은 사회적 강좌 자료를 생성하는 데 유용하다.

- 채팅Chat(학생들 간의 실시간 온라인 채팅)
- 포럼Forum(각 코스마다 0개 이상의 온라인 게시판이 있을 수 있다.)
- 용어집Glossary(학생과 교사가 사이트 범위의 용어집에 용어들을 추가할 수 있다.)
- 위키Wiki(대부분의 젊은 학생과 상당수의 나이 많은 학생들이 협업 시 사용하는 친숙한 도구)
- 상호평가Workshop(학생들이 업로드한 과제에 대해 학생 각자가 검토하고 피드백할 수 있도록 지원)

무들의 추가 모듈 중 몇 가지는 더 많은 상호작용 타입을 추가할 수 있는데, 예를 들어 어떤 추가 모듈은 학생과 교사가 서로 간의 약속에 대해 시간 관리를 할 수 있다.

무들 경험

무들은 상호작용과 탐색을 권장하고 있기 때문에 학생들은 비선형적non-linear 학습 경험을 하게 된다. 무들은 조건부 학습활동conditional activity이라 부르는 항목을 사용해 강좌에 특정 순서를 부여할 수 있으며, 조건부 활동과 비선형 활동을 혼합해 강좌를 구성할 수 있다.

이제 여러분을 무들 학습 사이트 여행으로 초대한다. 사이트를 여행하는 동안 강좌에 참여하고, 강좌에서 몇 가지 학습 자료로 작업을 하면서 학생들이 사이트에서 어떤 경험을 하는지 알게 될 것이다. 또한 학생 간의 상호작용과, 교사들이 강좌 관리에 사용하는 기능들도 살펴본다. 이 과정에서 보여준 많은 기능을 어떻게 구현하는지 설명하고, 데모 사이트에서 어떻게 표시되는지 확인해볼 것이다.

무들의 시작 페이지

여러분 사이트의 시작 페이지는 방문자가 사이트에 방문했을 때 처음 보게 될 페이지다. 이번에는 데모 페이지의 시작 페이지를 여행해보자.

> 가장 잘 만들어진 데모 사이트는 http://demo.moodle.net/과 http://school.demo.moodle.net/이라고 할 수 있다.

사이트 도착

방문자가 학습 사이트를 방문하면 사이트의 첫 페이지를 접하게 되는데, 방문자가 사이트의 내용을 보기 전에 방문자에게 등록을 하거나 로그인하도록 요청할 수 있으며, 나의 사이트 설정처럼 시작 페이지에 담긴 사이트의 많은 정보를 익명의 방문자도 볼 수 있게 설정할 수 있다.

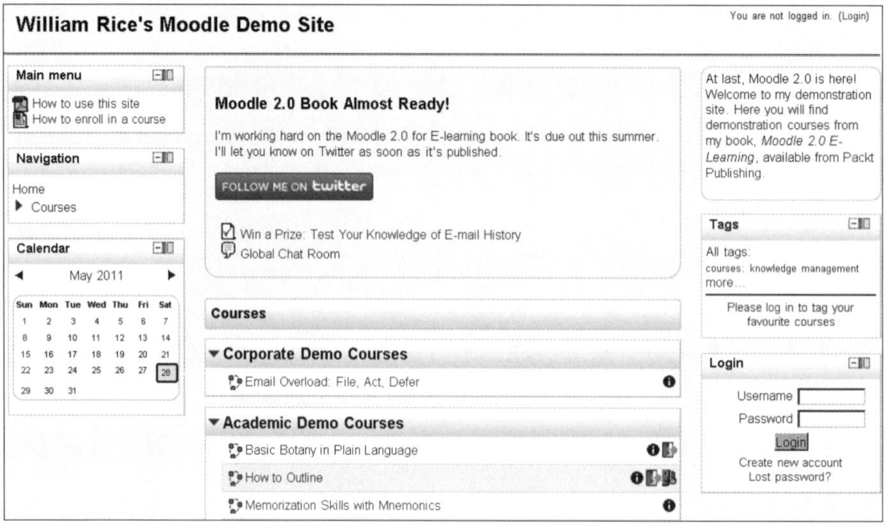

방문자가 처음 접하는 내용 중의 하나는 페이지 상단 중앙의 Moodle 2.0 Book Almost Ready!(무들 2.0 책이 거의 완성됐습니다!)라는 공지다. 그 공지 아래에 2개의 학습활동이 있는데, 하나는 Win a Prize: Test Your Knowleadge of E-mail History(상타기: 이메일 역사에 관한 지식)라는 퀴즈이고, 다른 하나는 Global Chat Room(글로벌 채팅방)이라는 채팅방이다. 이 두 학습활동을 선택하면 다음 화면과 같이 방문자에게 등록을 요청한다.

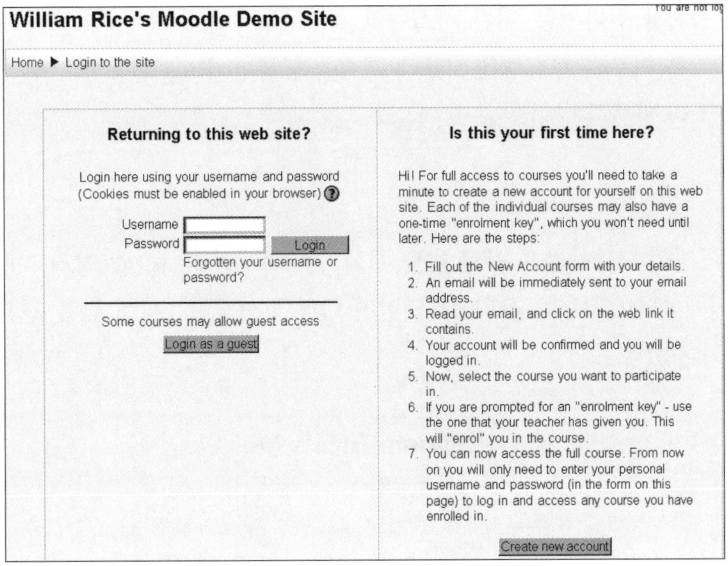

익명, 손님, 등록된 사용자 접속

페이지 중간에서 볼 수 있는 Some courses may allow guest access(몇몇 강좌는 손님 계정으로 접속이 가능합니다)라는 문구에 주목하자. 사이트나 개별 강좌의 접속 수준을 다음과 같이 세 가지로 설정할 수 있다.

- **익명 접속**anonymouse access은 사이트 시작 페이지의 내용을 누구나 볼 수 있다. 하지만 강좌에는 익명 접속을 할 수 없음을 기억하자. 손님Guest 계정으로 볼 수 있는 강좌라 하더라도 방문자는 손님 계정으로 수동 로그인을 하거나 방문자가 손님 계정으로 자동으로 로그인되도록 사이트 설정을 바꿔야 한다.
- **손님 접속**guest access은 사용자가 손님 계정으로 로그인해야 한다. 이렇게 하면 손님 사용자를 위한 통계를 보고 사용 내역을 추적할 수 있다. 하지만 모든 사용자가 손님 계정으로 로그인한다면 사용자 개개인의 사용 내역 추적은 불가능하다.
- **등록된 사용자 접속**registered access은 사용자가 사이트에 등록되어 있어야 하며 사람들은 이메일 확인과는 상관없이 사이트에 등록 가능하다. 이 밖에 강좌 등록을 위해 특별한 코드가 필요할 수 있고, 사용자 자신이 사이트에서 직

접 등록을 한다거나, 다른 시스템의 계정들을 가져올 수도 있으며, LDAP 서버 같은 외부의 시스템을 사용해 계정을 등록할 수도 있다. 이런 내용은 2장에서 더 자세히 살펴보자.

주 메뉴

시작 페이지로 되돌아가서 상단 좌측 구석의 Main menu(주 메뉴)를 보자. 이 메뉴는 사용자에게 이 사이트의 주제는 무엇이며 어떻게 사용하는지에 관한 2개의 문서로 구성되어 있다.

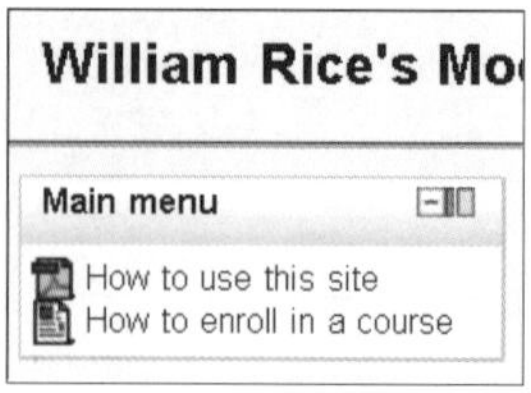

무들의 아이콘은 링크를 통해 접속할 수 있는 자원의 종류를 나타낸다. 이 경우 첫 번째 자원의 아이콘은 PDF(어도비 아크로뱃)를 나타내며, 두 번째는 웹페이지를 나타낸다. 웹이나 문자로 된 페이지, 하이퍼링크, 멀티미디어 파일 같이 학생들이 지켜보거나 읽는 강좌 자료를 학습자원Resources이라 하며, 5장 '정적 강좌 자료 추가'에서 강좌에 학습자원을 추가하는 방법을 배워본다.

블록

페이지의 양 측면에 Main menu(주 메뉴), Calendar(달력), Tags(태그) 등의 블록이 배치되어 있다. 이런 블록들은 시작 페이지나 강좌에서 각각 선택해 추가할 수 있다.

블록은 현재 강좌의 요약 내용을 표시한다거나, 사이트에서 수강할 수 있는 강좌의 목록, 최신 뉴스, 접속 중인 사람들의 목록 등을 비롯한 여러 정보를 표시한다. 시작 페이지의 우측 하단을 보면 Login(로그인) 블록도 있는데, 9장에서 이런 여러 블록을 어떻게 사용하는지 설명한다.

여러분 사이트의 시작 페이지는 하나의 강좌다!

시작 페이지가 본질적으로 강좌이기 때문에 사이트의 시작 페이지에 블록을 추가할 수 있으며, 학습자원이나 블록 같이 강좌에 추가할 수 있는 항목들은 시작 페이지에도 추가할 수 있다.

사이트 설명

시작 페이지의 우측을 보면 Site Description(사이트 설명)을 볼 수 있는데, 이 부분은 선택사항으로 페이지가 초기 페이지가 아닌 강좌 페이지라면 Course Description(강좌 설명)이 이 부분에 표시되도록 선택할 수 있다.

사이트 설명 혹은 강좌 설명에는 웹페이지에 표시할 수 있는 내용은 무엇이든지 포함시킬 수 있으며, 시작 페이지에 HTML 코드를 넣는 것과 같다.

수강 가능한 강좌

사이트의 시작 페이지에 수강 가능한 강좌를 선택해 표시할 수 있다. 데모 사이트에서 보면 Free Courses(무료 강좌) 범주와 Wild Plants(야생식물) 범주를 만들어서, 무료 강좌 범주는 손님 사용자가 수강할 수 있게 했고 다른 범주는 사용자가 등록을 해야만 수강할 수 있게 했다.

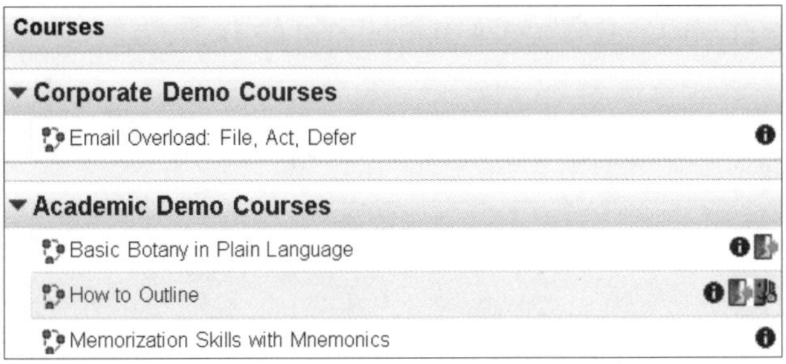

강좌의 옆에 있는 정보 아이콘 ❶를 클릭하면 강좌 설명이 표시되며, 강좌 이름을 클릭하면 해당 강좌의 화면으로 이동한다. 만약 그 강좌가 익명 접속이 가능하다면 강좌로 곧바로 이동할 테지만, 손님 접속이 가능한 강좌이거나 등록된 사용자만 수강할 수 있는 강좌라면 로그인 화면으로 이동할 것이다.

강좌 내부

그럼 이제 강좌 내부를 살펴보자.

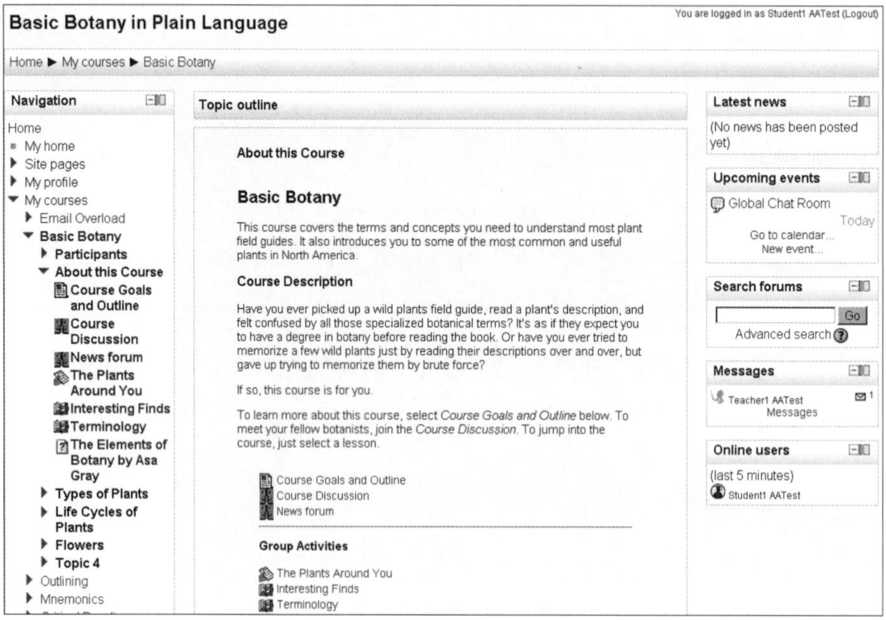

사이트 이동경로

위 화면을 보면 사용자는 student1이라는 계정으로 로그인해 Basic Botany(기초 식물학) 강좌에 들어왔다. 좌측 상단 구석에 보이는 사이트 이동경로breadcrumbs를 통해 사이트 이름과 강좌 이름을 알 수 있으며, 화면 우측 상단에서 로그인한 사용자를 알 수 있다.

블록

시작 페이지에서 알 수 있듯이 강좌는 다양한 블록을 사용한다. 좌측에 있는 Navigation(내비게이션) 블록의 사용은 가장 눈에 띄는 점으로, 지금부터 이 내비게이션 블록에 관해 좀 더 살펴보겠다.

내비게이션 블록

내비게이션 블록은 현재 사용자가 사이트상에 위치하는 곳과 이동할 수 있는 곳을 보여준다. 데모 사이트에서 보면 학생은 Email Overload(이메일 과부하), Basic Botany(기초 식물학), Outlining(개요), Mnemonics(기억법), Critical Reading(비평적 독서) 등의 강좌를 수강하며, About this Course(이 강좌에 대하여)라는 제목을 보아 학생은 현재 기초 식물학 강좌에 들어와 있고, 그 제목 아래에는 다양한 학습자원과 학습활동이 있음을 확인할 수 있다.

이 내비게이션 블록을 통해 학생은 몇 번의 클릭으로 다른 강좌를 열어 원하는 강좌로 이동할 수 있다.

초반에 언급했던 무들 강좌의 비선형적 특성에 따라 사용자는 이 강좌에 포함된 모든 자원을 언제든지 사용할 수 있다는 사실을 기억해두자. 학생이 어떤 조건을 충족했을 때 활동이나 자원을 사용할 수 있도록 설정하는 방법은 나중에 알아보겠다.

내비게이션 블록 상단에 사이트의 Home 페이지로 가는 링크가 있다. 그 아래에는 학생의 홈페이지인 My home으로 가는 링크가 있으며, 학생의 홈페이지에는 학생이 등록한 강좌의 목록과 그 강좌에서 수행해야 할 작업들이 나열되어 있다.

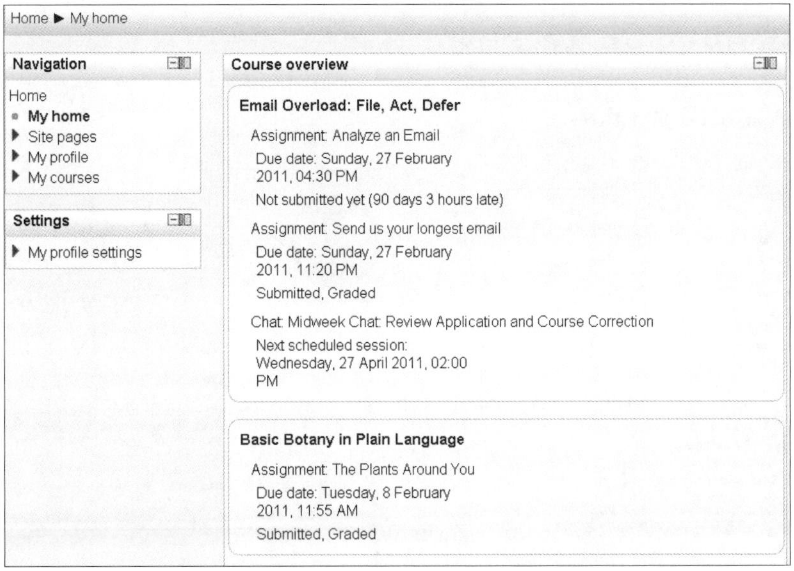

내비게이션 블록에는 My profile이라는 학생의 프로파일 페이지로 가는 링크가 있는데 이름에서 의미하는 바와 같이 연락처 정보, 관심사와 학생 사진 같은 정보 외에도 많은 정보가 담겨 있다.

이 화면은 사용자가 작성한 Blog(블로그) 글 중 하나로, 글 아래쪽에 보면 사용자가 Email Overload 강좌에서 작성했다는 사실을 알 수 있다. 사용자가 강좌에서 블로그나 포럼에서 글을 작성하는 경우 강좌나 사용자의 프로파일에 모두 나타난다.

사용자의 Messages(메시지) 또한 My profile 내에 표시되며, 사용자는 이곳에서 보내고 받은 메시지를 모두 볼 수 있다.

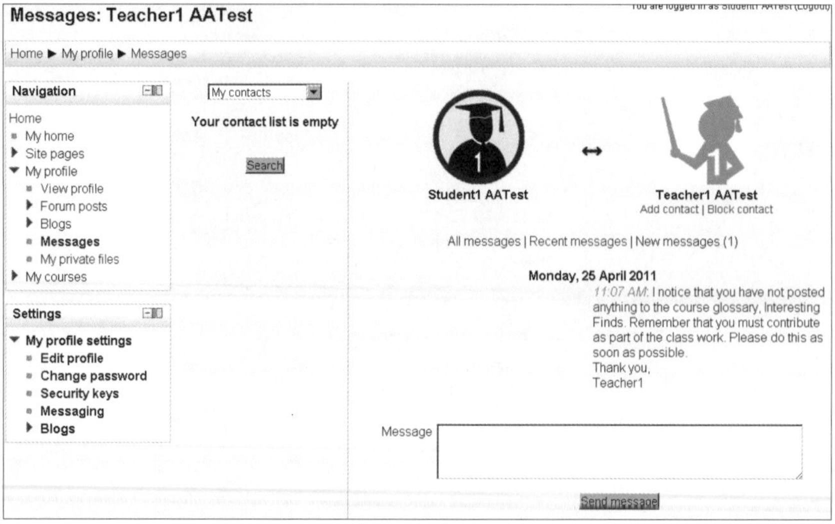

드롭다운 목록은 메시지를 사람이나 강좌 이름으로 걸러서 표시한다.

또한 사용자의 프로파일에서는 사용자가 무들에 업로드한 개인 파일도 볼 수 있다.

포럼의 게시물이나 블로그 글과는 달리, My private files 페이지는 학생이 특정 강좌에 업로드한 파일은 표시하지 않는다. 그 파일들은 문자 그대로 개인적인 파일이다. 하지만 학생이 강좌에 파일을 제출할 때는 개인 파일들 중 선택해 강좌에 제출한다.

주제

무들은 강좌를 주Week 단위로 구성할 수 있는데, 이 경우 강좌의 각 부분은 숫자 대신 날짜로 표시되며 여러분의 강좌를 하나의 큰 토론 포럼으로 사용하도록 선택할 수도 있다. 대부분의 강좌는 다음 스크린샷처럼 주제Topic별로 구성된다.

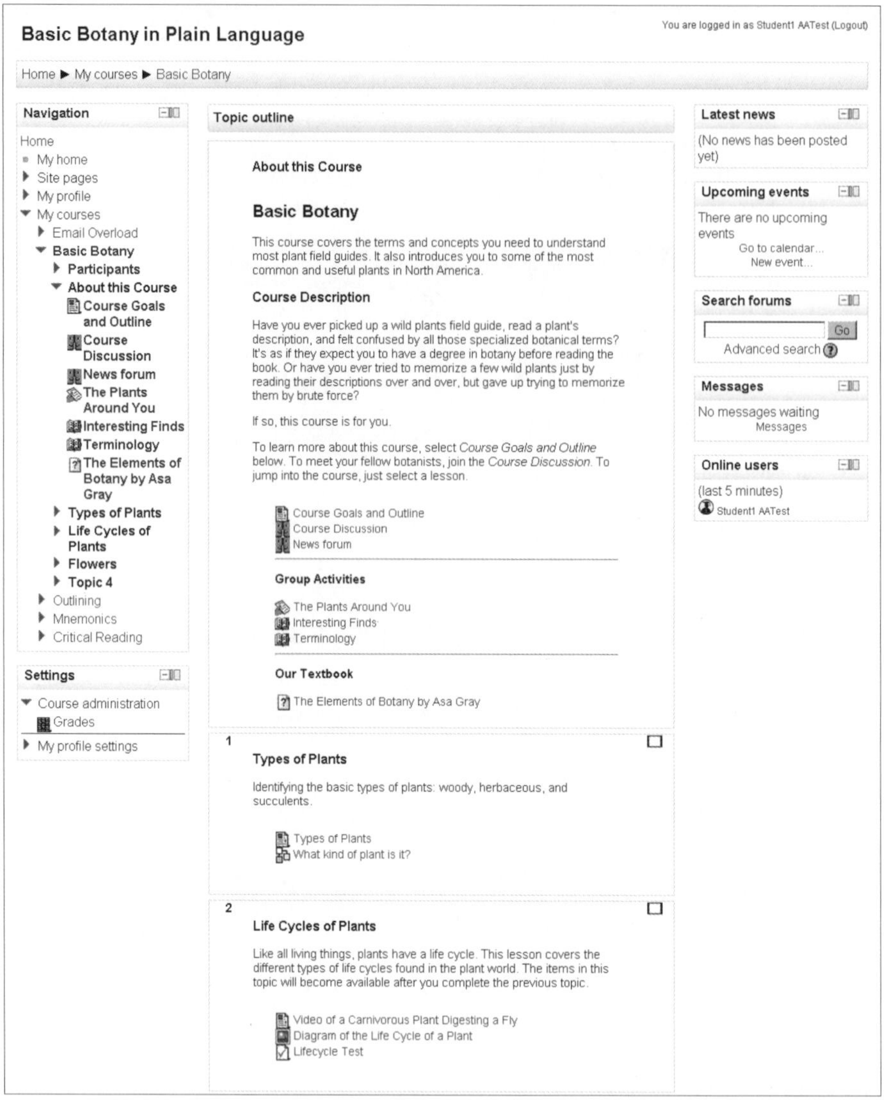
Basic Botany in Plain Language
You are logged in as Student1 AATest (Logout)
Home ▶ My courses ▶ Basic Botany
Navigation
Home
My home
Site pages
My profile
My courses
Email Overload
Basic Botany
Participants
About this Course
Course Goals and Outline
Course Discussion
News forum
The Plants Around You
Interesting Finds
Terminology
The Elements of Botany by Asa Gray
Types of Plants
Life Cycles of Plants
Flowers
Topic 4
Outlining
Mnemonics
Critical Reading
Settings
Course administration
Grades
My profile settings
Topic outline
About this Course
Basic Botany
This course covers the terms and concepts you need to understand most plant field guides. It also introduces you to some of the most common and useful plants in North America.
Course Description
Have you ever picked up a wild plants field guide, read a plant's description, and felt confused by all those specialized botanical terms? It's as if they expect you to have a degree in botany before reading the book. Or have you ever tried to memorize a few wild plants just by reading their descriptions over and over, but gave up trying to memorize them by brute force?
If so, this course is for you.
To learn more about this course, select Course Goals and Outline below. To meet your fellow botanists, join the Course Discussion. To jump into the course, just select a lesson.
Course Goals and Outline
Course Discussion
News forum
Group Activities
The Plants Around You
Interesting Finds
Terminology
Our Textbook
The Elements of Botany by Asa Gray
1
Types of Plants
Identifying the basic types of plants: woody, herbaceous, and succulents.
Types of Plants
What kind of plant is it?
2
Life Cycles of Plants
Like all living things, plants have a life cycle. This lesson covers the different types of life cycles found in the plant world. The items in this topic will become available after you complete the previous topic.
Video of a Carnivorous Plant Digesting a Fly
Diagram of the Life Cycle of a Plant
Lifecycle Test
Latest news
(No news has been posted yet)
Upcoming events
There are no upcoming events
Go to calendar...
New event...
Search forums
Go
Advanced search
Messages
No messages waiting
Messages
Online users
(last 5 minutes)
Student1 AATest

첫 번째 주제는 숫자가 아닌 About this Course(이 강좌에 대하여)라는 문자로 표시되어 있음을 기억하자. 강좌 소개는 Topic 0으로 표시된다.

주제를 교사 마음대로 보이게 하거나 숨겨서 강좌에 포함된 자원이나 활동을 공개하거나 감출 수 있다.

주제는 무들에서 가장 낮은 수준의 구조로, Site(사이트) ➤ Course(강좌) ➤ Category(범주)

➤ Course Subcategory(optional)강좌 하위범주(선택) ➤ Course(강좌) ➤ Topic(주제) 같은 계층적 구조를 갖는다. 여러분의 강좌가 Topic 0을 구성하는 것처럼 강좌의 모든 항목은 주제에 속해 있다.

토론에 참여하기

Group Activities(모둠 활동) 아래의 Course Discussion(강좌 토론)을 클릭하면 강좌 내의 포럼으로 이동되는데, 포럼의 주제를 클릭해 하위 게시물을 연다. 아래 스크린샷에서와 같이 교사의 첫 번째 게시물을 시작으로 학생은 그 게시물에 답글을 게시했지만 이 학생의 게시물을 다른 학생들은 볼 수 없다.

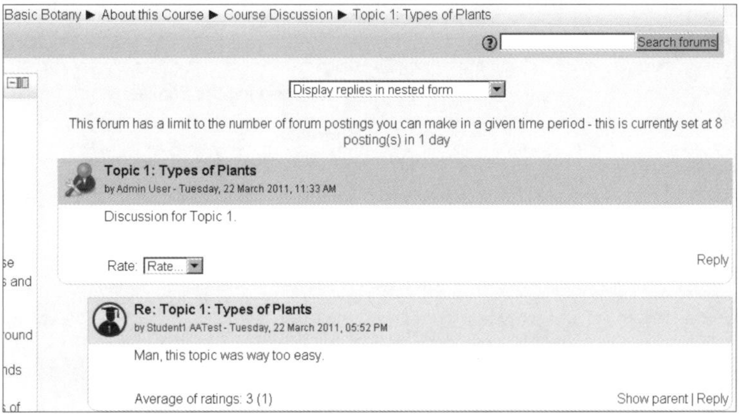

다행히도 교사는 포럼을 수정할 수 있어서 게시물을 삭제하거나 아래 스크린샷에서 보는 바와 같이 적절하게 채점을 할 수 있다.

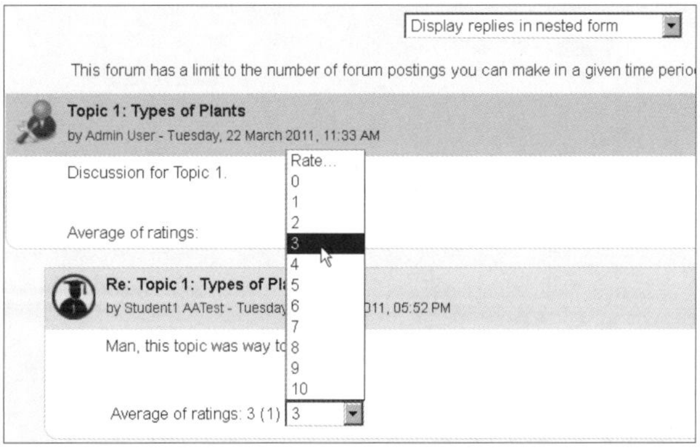

무들은 서로 상호작용을 하고 협력하는 형태의 학습을 지원해 학생들도 다른 학생이 게시한 포럼 게시물이나 제출한 학습자료를 채점할 수 있는데, 이런 포럼의 자세한 사항은 7장에서 확인한다.

상호평가 완료하기

이제 데모 강좌의 학생은 Observing the Familiar(익숙한 식물 관찰하기)라는 상호평가에 참여할 것이다.

이 상호평가에서 학생은 준비된 관찰 내용에 대해 관찰한 사항을 적고 수정하며, 이 관찰 내용을 강좌에 참여하고 있는 다른 학생들이 채점한다. 학생이 처음 상호평가에 참여하면 아래 화면과 같은 상호평가를 완료하기 위한 지침을 보게 된다.

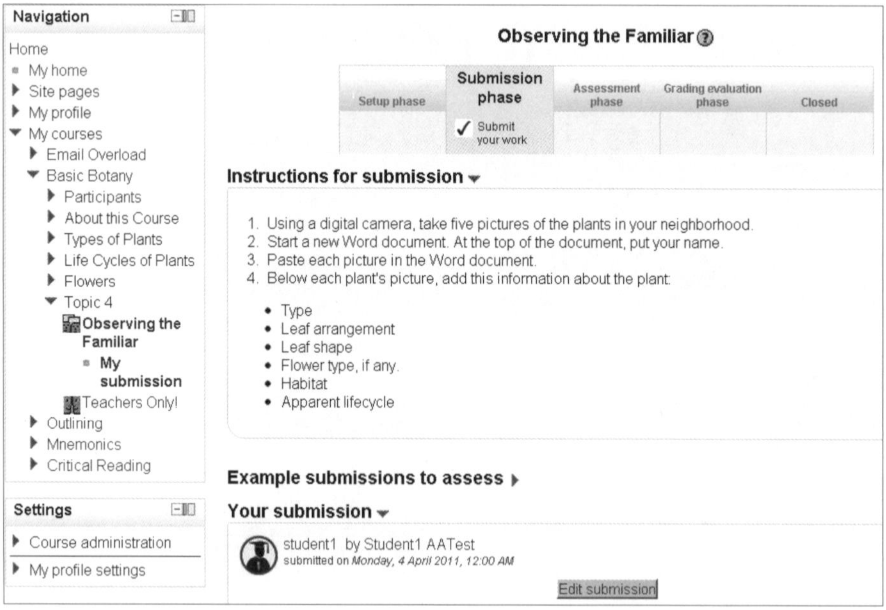

학생은 이 지침들을 읽은 후 상호평가 제출 양식 페이지로 이동한다.

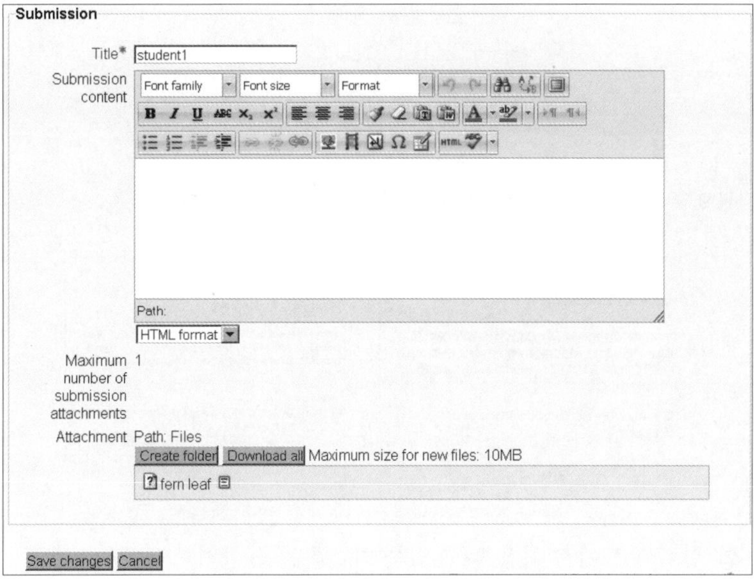

학생들이 과제 작성에 사용하는 온라인 워드 프로세서를 잘 보기 바란다. 이 워드 프로세서는 학생들에게 기본적인 위지윅WYSIWYG 기능을 제공하는데, 강좌 제작자가 웹페이지를 생성할 때나 학생들이 온라인 과제를 작성할 때 그리고 사용자가 글자를 수정하거나 서식을 바꿀 때도 이 워드 프로세서가 나타난다.

편집 모드

이제 항목을 수정하기 위해 편집 모드editing mode로 바꾸면 어떤 일이 발생하는지 살펴보자.

일반 모드와 편집 모드

손님 사용자나 등록된 학생이 학습 사이트를 탐색할 때 페이지의 모습이 보통 때의 모습이며, 강좌 제작자 권한을 가진 사용자가 로그인한 경우에는 편집 모드로 바꾸는 버튼이 기존 화면에 추가된다.

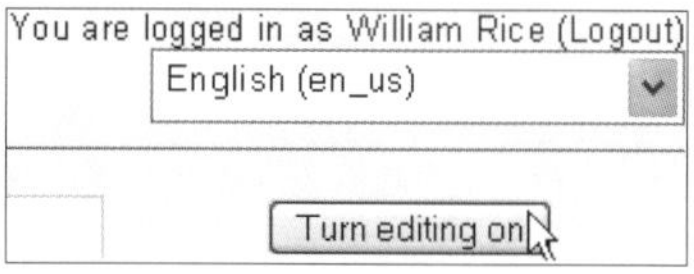

Turn editing on(편집 모드 켜기) 버튼을 클릭하면 편집 모드로 바뀐다.

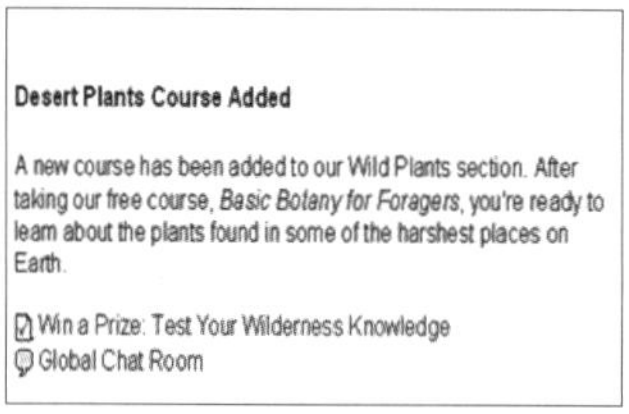

일반 모드

편집 모드

그럼 이제 편집 모드에서 사용할 수 있는 아이콘들을 살펴보자.

편집 아이콘

항목에 연결된 편집 아이콘 ✍을 클릭하면 해당 항목을 수정할 수 있다. 예를 들어 공지사항을 수정하기 위해 단락 옆의 편집 아이콘을 클릭하면 아래 화면처럼 나타난다.

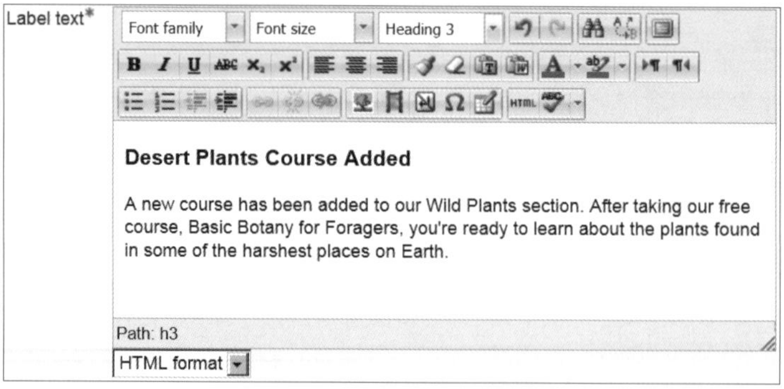

Win a Prize(상타기)라고 적힌 퀴즈 제목 옆의 편집 아이콘을 클릭하면 퀴즈 편집창이 나타나 퀴즈를 생성/추가/삭제하거나, 등급을 수정할 수 있고, 퀴즈에 다른 설정을 적용할 수도 있다.

삭제 아이콘

항목에 연결된 삭제 아이콘 ✕를 클릭하면 해당 항목을 삭제한다. 항목을 강좌에서 삭제하려 한다면 삭제 아이콘을 클릭하면 되겠지만, 나중에 사용할지 확실하지 않다면 삭제하는 대신 보이지 않게 숨긴다. 항목 숨기기와 보이기 기능은 바로 다음에 설명한다.

숨겨짐/보임 아이콘

나는 '숨기기/보이기'라는 말 대신 '숨겨짐Hidden/보임Shown' 아이콘(/)이라 부르는데, 그 이유는 이 아이콘을 클릭했을 때 항목의 변경될 상태를 알려주는 것이 아닌 현재 상태를 표시하기 때문이다. 숨겨짐 아이콘은 항목이 학생들에게 숨겨져서 보이지 않는 상태를 표시하고, 보임 아이콘은 학생들이 항목을 볼 수 있는 상태를 표시한다. 보임 아이콘을 클릭하면 항목이 숨겨져서 학생들은 항목을 볼 수 없게 된다.

만약 항목을 강좌에서 제거하려 하지만 추후에 다시 사용하기 위해 남겨둬야 한다거나 여러분이 작업하는 동안 학생들에게 항목을 보여주고 싶지 않다면, 항목을 삭제하는 대신 숨기는 기능을 사용한다.

모둠 아이콘

모둠 아이콘Group icon 은 항목에 모둠 모드가 적용되어 있음을 나타낸다. 모둠에 대해서는 이후의 장에서 설명하겠지만 지금 단계에서는 학생이 속해 있는 모둠에 따라서 접근할 수 있는 항목을 제어할 수 있는데, 이 아이콘을 통해 모둠 설정을 변경할 수 있다는 정도만 알아두자.

학습자원과 학습활동

웹페이지나 텍스트 페이지, 하이퍼링크와 멀티미디어 파일 같이 학생들이 보고 읽는 학습자료를 학습자원Resource이라고 하며 학생 간 상호작용을 한다거나 학생과 교사 간의 상호작용을 할 수 있는 강좌 자료를 학습활동Activity이라 한다. 이제 무들 강좌에 학습자원과 학습활동을 추가하는 방법을 살펴보겠다.

편집 모드에서 강좌에 학습자원과 학습활동을 추가할 수 있으며, 무들은 학습자원보다는 채팅Chat, 포럼Forum, 퀴즈Quiz, 위키Wiki 같은 학습활동을 훨씬 더 많이 제공한다.

학습자원과 학습활동 추가

무들의 편집 모드에 나타난 드롭다운 목록을 사용해 학습자원과 학습활동을 추가한다.

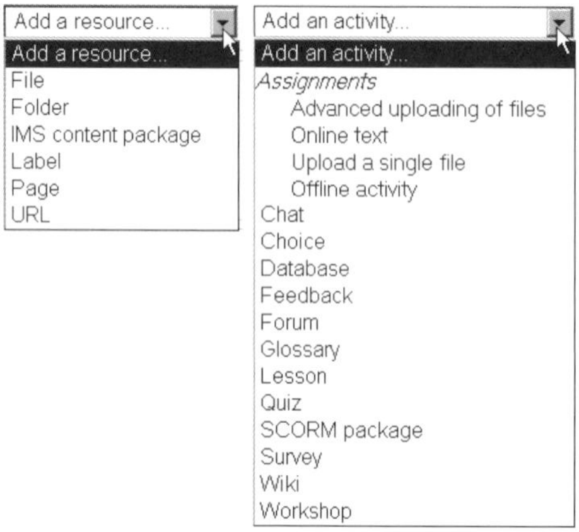

항목을 선택하면 해당 항목의 편집창으로 이동되는데, 예를 들어 URL을 선택하면 다음과 같은 창을 표시한다. 단순히 하이퍼링크를 지정하기보다는 사용자에게 친숙한 이름을 지정하고, 짤막한 설명과 함께 새창에 열 것인지 등의 훨씬 더 많은 사항을 지정할 수 있음을 알아두자.

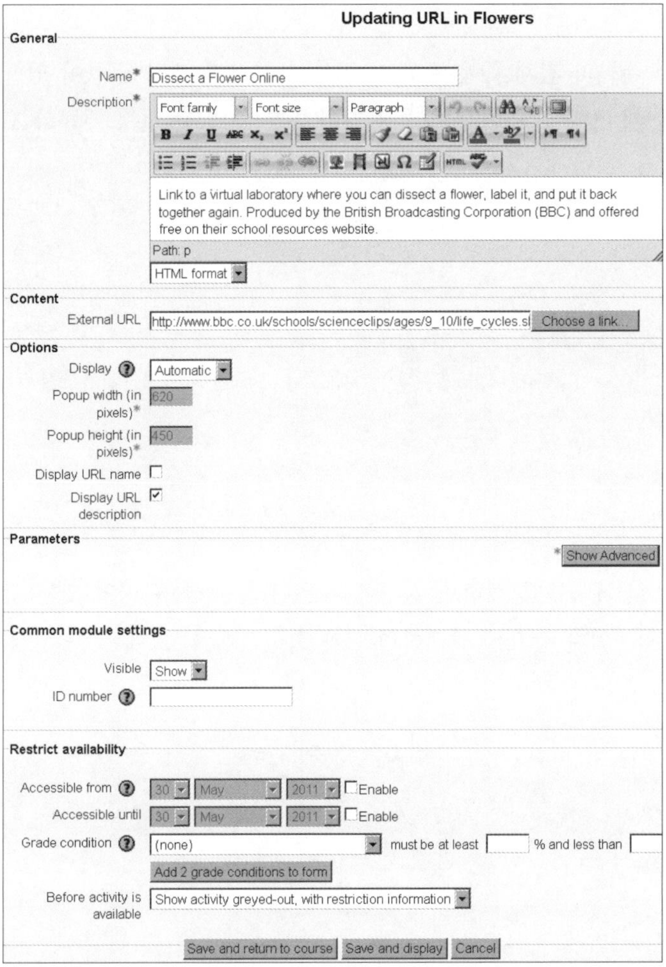

무들에 추가되는 거의 대부분의 학습자원과 학습활동에는 Description(설명)을 추가하며, 이 설명은 학생들이 항목을 선택했을 때 나타날 뿐만 아니라, 항목이 목록(예를 들어 강좌의 모든 학습자원을 표시한 목록)에 나타날 때 설명이 함께 표시된다.

강좌를 구성하는 경우 강좌에 추가한 항목의 편집창에서 대부분의 시간을 보내게 되는데, 이때 그 편집창의 동작 방식이나 형태가 매우 유사하다는 사실을 알 수 있다. 설명란이 있다는 것은 하나의 예이며, 창 제목 옆의 도움말 아이콘Help con ?를 또 다른 예로 들 수 있다. 이 아이콘을 클릭하면 해당 항목에 맞는 설명을 표시한다.

설정 메뉴

Settings(설정) 메뉴의 전체 내용은 관리 권한이나 강좌 제작 권한이 있는 사용자가 로그인했을 때 나타난다. 다음 화면은 교사가 볼 수 있는 설정 메뉴의 모습이다.

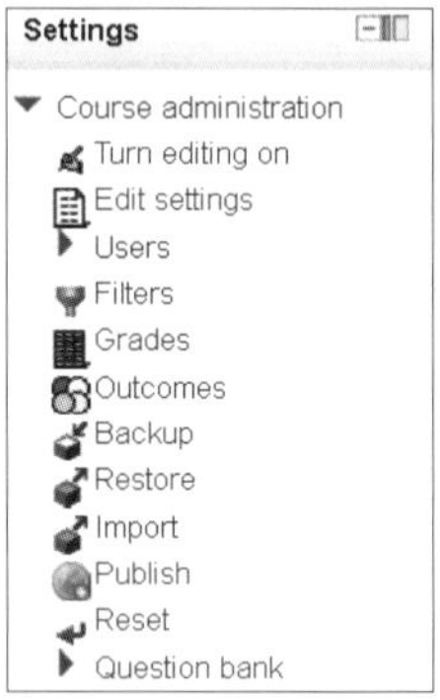

이 메뉴 중 한 메뉴를 선택하면 강좌에 적용된다. 교사, 관리자 또는 강좌 제작자가 강좌의 활동이나 강좌를 선택하면 아래 화면과 같이 그에 맞는 설정 메뉴가 나타난다.

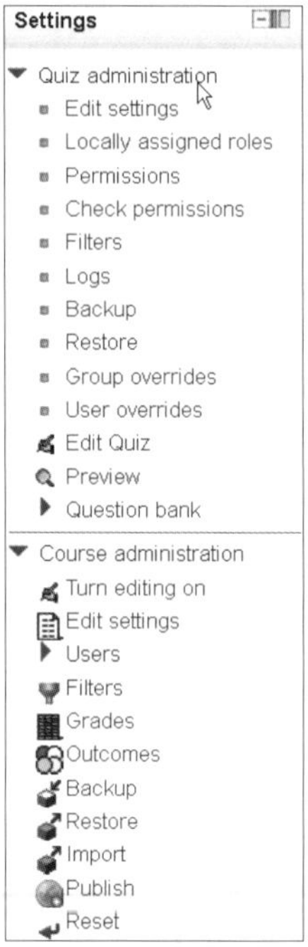

강좌 설정 메뉴 아래에서 사용하던 항목들은 이제 Course administration(강좌 관리) 메뉴 아래에 있음을 기억하자.

그 밖의 사항들

이 짧은 여행으로 무들 경험의 기초 지식을 소개했다. 이후의 각 장들은 무들 설치와 강좌 생성에 대해 다룬다. 여러분이 각 장의 내용을 순서대로 따라가다 보면 이번 여행에서 언급하지 않았던 수많은 기능을 발견하게 될 것이다. 또한 무들은 오픈소스이기 때문에 새로운 기능이 언제든 추가될 수 있으며, 여러분이 무들의 새로운 기능에 기여하는 한 사람이 될 수도 있다.

무들의 구조

무들은 PHP 프로그래밍 언어와 데이터베이스를 지원하는 웹 서버에서 작동한다. 아파치 웹 서버와 MySQL 데이터베이스를 사용할 때 최적의 성능을 보이며 더욱 많은 기능을 지원한다. 아파치, PHP, MySQL은 대부분의 모든 상용 웹 호스트 업체들의 일반적인 구성이며 가격도 저렴하다.

무들 학습 관리 시스템은 여러분 웹 호스트상의 세 부분에 위치하게 된다.

- 애플리케이션은 하나의 디렉토리를 가지며, 그 디렉토리는 다양한 모듈이 각각 담겨 있는 많은 하위 디렉토리를 포함한다.
- 사진이나 과제처럼 학생과 교사가 업로드한 데이터 파일은 무들의 데이터 디렉토리에 위치한다.
- 여러분이 무들에서 생성한 웹페이지, 퀴즈, 상호평가, 완전학습 등의 강좌 자료나 성적, 사용자 정보와 사용자 로그는 무들 데이터베이스에 저장된다.

무들 애플리케이션 디렉토리

다음 화면은 무들 애플리케이션 디렉토리를 보여주는데, 무들을 잘 모르더라도 몇몇 디렉토리의 기능을 추측할 수 있다. 예를 들어 admin 디렉토리는 관리 페이지

를 생성하는 PHP 코드가 담겨 있는 디렉토리이고, lang 디렉토리는 무들 화면의
내용을 번역한 파일들이 담겨 있는 디렉토리이며, mod 디렉토리에는 다양한 모
듈이 담겨 있다.

Location: /www/moodle/moodle							
Select	Type	Permission	User	Group	Size	Date	Filename
«BACK»							..
☐	📁	drwxr-xr-x	williamr	williamr	4096	Sep 05 22:05	admin
☐	📁	drwxr-xr-x	williamr	williamr	4096	May 24 02:03	auth
☐	📁	drwxr-xr-x	williamr	williamr	4096	Sep 29 22:05	backup
☐	📁	drwxr-xr-x	williamr	williamr	4096	Sep 29 22:05	blocks
☐	📁	drwxr-xr-x	williamr	williamr	4096	Sep 29 22:05	calendar
☐	📁	drwxr-xr-x	williamr	williamr	4096	Sep 23 22:05	course
☐	📁	drwxr-xr-x	williamr	williamr	4096	Jun 18 22:11	doc
☐	📁	drwxr-xr-x	williamr	williamr	4096	Sep 29 22:05	enrol
☐	📁	drwxr-xr-x	williamr	williamr	4096	May 24 02:04	error
☐	📁	drwxr-xr-x	williamr	williamr	4096	Sep 29 22:05	files
☐	📁	drwxr-xr-x	williamr	williamr	4096	Sep 29 22:05	filter
☐	📁	drwxr-xr-x	williamr	williamr	4096	Sep 27 22:05	grade
☐	📁	drwxr-xr-x	williamr	williamr	4096	Sep 29 22:05	lang
☐	📁	drwxr-xr-x	williamr	williamr	4096	Sep 29 22:05	lib
☐	📁	drwxr-xr-x	williamr	williamr	4096	Sep 23 22:05	login
☐	📁	drwxr-xr-x	williamr	williamr	4096	Sep 07 22:04	message
☐	📁	drwxr-xr-x	williamr	williamr	4096	Oct 19 14:47	mod
☐	📁	drwxr-xr-x	williamr	williamr	4096	May 24 02:07	pix
☐	📁	drwxr-xr-x	williamr	williamr	4096	Sep 29 22:05	rss
☐	📁	drwxr-xr-x	williamr	williamr	4096	Aug 01 22:25	sso
☐	📁	drwxr-xr-x	williamr	williamr	4096	Sep 29 22:05	theme
☐	📁	drwxr-xr-x	williamr	williamr	4096	Sep 28 22:04	user
☐	📁	drwxr-xr-x	williamr	williamr	4096	May 24 02:07	userpix
☐	PHP	-rw-r--r--	williamr	williamr	15087	Jul 04 22:13	config-dist.php
☐	PHP	-rw-r-----	williamr	williamr	724	Sep 30 13:24	config.php
☐	PHP	-rw-r--r--	williamr	williamr	5931	Jul 12 22:16	file.php
☐	PHP	-rw-r--r--	williamr	williamr	4893	May 24 02:03	help.php
☐	PHP	-rw-r--r--	williamr	williamr	7529	May 24 02:03	index.php
☐	PHP	-rw-r--r--	williamr	williamr	23503	May 24 02:03	install.php
☐	📄	-rw-r--r--	williamr	williamr	943	May 24 02:03	README.txt
☐	📄	-rw-r--r--	williamr	williamr	2923484	Jul 06 02:09	tags
☐	PHP	-rw-r--r--	williamr	williamr	515	Sep 10 22:05	version.php

index.php 파일은 무들의 첫 페이지다. 학생이 내 무들 사이트를 방문할 경우 보게 될 첫 페이지는 http://moodle.williamrice.com/index.php라는 주소로 나타난다.

우리 사이트의 무료 강좌 중 Basic Botany for Foragers(채집자를 위한 기초 식물학)는 강좌 4번으로 정해졌고 우리들은 이 강좌를 Basic Botany for Foragers라고 알고 있지만 무들은 강좌 4번으로만 알고 있어서 학생들이 이 강좌를 수강하려면 브라우저의 주소란에 http://moodle.williamrice.com/moodle/course/view.php?id=4와 같이 입력해야 하는데, 이때 /course는 이전 화면에서 볼 수 있는 설치된 무들의 디렉토리 중 하나다. 이 밖의 php 파일들은 사용자가 무들 내를 탐색할 때 정보를 사용자에게 나타내는 작업을 한다.

각각의 무들 핵심 구성요소와 모듈은 자신의 지정된 하위 디렉토리에 저장되기 때문에 오래된 이전 파일을 새 파일로 교체하기가 용이하므로 http://www.moodle.org 웹사이트를 주기적으로 방문해 새로운 업데이트나 버그 수정사항이 있는지 확인하자.

무들 데이터 디렉토리

무들은 데이터 디렉토리에 사용자가 업로드한 파일을 저장한다. 이 데이터 디렉토리는 절대 공개적으로 웹을 통해 접근할 수 없어야 한다. 즉 URL이나 브라우저를 사용한 접근을 할 수 없게 해야 한다는 뜻이다. 이렇게 외부 접근으로부터 데이터 디렉토리를 보호하기 위해서는 .htaccess 파일을 이용하거나 데이터 디렉토리를 웹 서버 문서 디렉토리의 밖에 위치시키는 방법이 있다.

이전 화면에서 설치된 사항들을 보면 moodle.williamrice.com의 웹 문서 디렉토리는 /www/moodle이기 때문에 데이터 디렉토리를 보호하기 위해 /www/moodle의 밖인 /www/moodledata에 데이터 디렉토리를 위치시켰다.

Location: /www							
Select	Type	Permission	User	Group	Size	Date	Filename
		drwxrwxr-x	root	williamr	4096	Oct 24 14:45	**moodle**
		drwxrwxr-x	williamr	williamr	4096	Jul 11 16:45	**moodledata**
		drwxrwxr-t	williamr	williamr	4096	Mar 28 2005	**www**
		-rw-rwxr--	williamr	williamr	24	Aug 22 2003	.bash_logout
		-rw-rwxr--	williamr	williamr	191	Aug 22 2003	.bash_profile
		-rw-rwxr--	williamr	williamr	124	Aug 22 2003	.bashrc
		-rw-rwxr--	williamr	williamr	3511	Aug 22 2003	.screenrc

서버상에서 보면 /www/moodledata 디렉토리는 하위 도메인인 www.moodledata.williamrice.com에 해당하므로 이 하위 도메인은 .htaccess 파일로 인해 공개적인 접근이 방지되며, 덧붙이자면 /www/www 디렉토리는 루트 도메인인 www.williamrice.com에 해당한다.

무들 데이터베이스

학생이 파일을 무들 데이터 디렉토리에 업로드하면 무들 데이터베이스는 업로드 정보의 대부분을 무들 데이터베이스에 저장하며 또한 무들에서 생성한 객체들도 저장한다. 예를 들어 강좌에서 사용하기 위해 만든 웹페이지의 실제 HTML 코드는 데이터베이스에 저장되며, 강좌에 추가한 링크나 무들에서 생성한 포럼, 위키, 퀴즈의 설정과 내용 모두 무들 데이터베이스에 저장된다.

애플리케이션, 데이터 디렉토리, 데이터베이스 이 세 부분은 학습 사이트를 생성하는 데 꼭 필요한 부분이고, 이 세 부분이 어떻게 작동하는지 알아두면 업그레이드나 문제 해결 또는 서버 간의 사이트 이동 시 도움이 된다.

정리

무들은 학생과 교사 간의 연구와 상호작용을 장려한다. 이런 생각을 바탕으로 작업을 한다면 강좌 설계자 혹은 교사로서 작업을 하는 데 있어 가장 좋은 도구로 가능한 한 양방향의 학습 경험을 만들 것이다. 포럼, 동료 평가, 설문조사와 양방향 수업으로 강좌를 생성하는 작업은 일련의 정적인 웹페이지로 된 강좌 생성 작업보다 가치 있는 일이다. 또한 훨씬 매력적이고 효과적이어서 무들의 많은 양방향 기능을 사용하려는 노력의 가치를 깨닫게 된다.

무들의 온라인 강좌를 이용해 가르치면 강좌 자료를 그때그때 추가, 이동, 수정하고 자유롭게 채점 도구를 사용할 수 있다는 사실을 기억하자. 여러분이 속해 있는 기관의 정책이 허락한다면 망설이지 말고 학생들의 요구사항에 대응하는 강좌로 바꾸자.

마지막으로, 무들 구조의 기초지식을 익히고, 적어도 2장 '무들 설치'와 3장 '사이트 구성'을 읽도록 하자. 기술에 대해 잘 모른다고 걱정하지 말자. 교육이라는 어려운 예술에 숙달되면 무들의 잠재력을 끌어내는 경지에 이를 것이다.

2
무들 설치

여러분이 직접 무들을 설치하지 않더라도 이번 장을 간략하게나마 살펴보길 바란다. 무들 설치 중에 선택한 구성들이 시스템을 어떻게 작동시켜서 강좌를 생성하고 가르치는 사람들에게 영향을 미치는지를 다루는데, 이 내용은 강좌 관리자 혹은 강좌 제작자에게 유용하다.

무들 설치는 다음과 같은 작업으로 구성된다.

- 무들을 실행하는 데 필요한 충분한 저장공간을 가진 웹 서버와 서버의 권한 획득하기
- 무들의 시스템 파일과 데이터를 설치할 하위 도메인이나 하위 디렉토리 생성하기
- 무들을 내려받아 압축을 풀고 웹 서버에 업로드하기
- 데이터 디렉토리 생성하기
- 무들 데이터베이스 생성하기
- 설치 과정을 활성화하고 무들 사이트 설정을 지정하기
- 크론cron 작업 설정하기

이제부터 이 작업들을 모두 살펴본다.

이 책의 출판사와 저자는 installationwiki.org에 무들 설치 지침을 제공하며, 이 사이트에서 무들을 비롯한 여러 오픈소스 애플리케이션의 최신 설치 지침을 구할 수 있다.

설치 1단계: 웹 서버

무들은 웹 서버에서 작동하는데 여러분은 특정 서버에 무들을 업로드하거나 옮겨 놓아야 한다. 대개 서버는 한 개인의 컴퓨터일 수도 있고, 여러분이 교사이거나 어떤 기업의 직원이라면 속해 있는 기관이 소유하고 있는 웹 서버가 될 수도 있다. 개인적으로 혹은 소규모 사업을 목적으로 웹 호스팅 업체의 서비스를 받을 수도 있을 것이다. 이제부터 아파치, PHP, MySQL을 제공하는 웹 서버에 여러분의 계정이 있다고 가정하겠다.

여러분이 아파치 웹 서버와 MySQL 소프트웨어까지 모두 설치해야 한다면 http://www.apachefriends.org에서 또 다른 오픈소스 도구인 XAMPP를 구해 사용하는 게 가장 쉬운 방법이다. 아파치 프렌드Apache Friends는 아파치 웹 서버가 추진하고 있는 비영리 프로젝트이며, XAMPP는 아파치, MySQL, PHP, 펄Perl을 한 번에 설치할 수 있는 설치 프로그램으로 리눅스, 윈도우, 맥, 솔라리스에서 사용할 수 있다. 만약 무들에서 사용할 테스트 환경을 구축하려면 여러분의 컴퓨터에서 XAMPP를 실행해 무들 설치에 필요한 구성요소와 웹 서버를 설치한다.

무들 공식 웹사이트의 **Downloads**(다운로드) 페이지에서 무들과 무들이 동작하는 데 필요한 아파치, MySQL, PHP 등의 프로그램이 포함된 **Packages**(패키지)를 내려받을 수도 있다.

어느 정도 수준의 호스팅 서비스를 원하는가?

수십 명 정도의 학생들이 무들을 사용한다면 그리 높지 않은 수준의 웹 호스팅 서비스에서도 잘 작동한다. 이 글을 쓰는 시점에 많은 호스팅 업체가 월 만 원도 안

되는 적은 금액으로 소규모 무들을 운영할 수 있는 서비스를 공급하고 있다. 그럼 이제부터는 사용할 서비스를 결정하는 데 도움이 되는 몇 가지 요소를 살펴보자.

디스크 공간

무들을 처음 설치하는 데 필요한 디스크 공간은 100MB 이하로 그리 많은 공간이 필요하지 않지만, 사용자들이 생성한 강좌들이 추가되어 콘텐츠가 계속 늘어날 것이므로 여러분이 전달하려는 강좌의 종류에 따라 얼마나 많은 공간이 필요할지 결정한다. 강좌 내용에 이미지가 많지 않고 대부분 텍스트로 이뤄져 있다면 음원이나 비디오 파일이 포함된 강좌보다 많은 공간이 필요하지 않다. 덧붙여 고려해야 할 점은 학생들이 업로드할 파일이 차지하는 용량이다. 학생들이 업로드할 파일이 작은 워드 프로세스 파일인가? 큰 그래픽 파일인가? 아니면 엄청나게 큰 멀티미디어 파일인가? 얼마나 많은 디스크 공간이 필요할지 결정하려면 서비스할 강좌의 파일 용량과 학생들이 제출할 파일의 용량을 고려해야 하며, 사이트 관리자는 Security(보안) ➤ Site Policies(사이트 정책) ➤ Maximum Uploaded File Size(올릴 파일의 최대 크기)에서 업로드할 수 있는 파일의 크기를 선택한다.

대역폭

무들은 웹 기반의 시스템으로, 강좌 콘텐츠와 과제는 웹을 통해 추가된다. 콘텐츠를 읽는 독자나 사용자가 웹사이트에 접속할 때마다 대역폭bandwidth을 사용하며, 사용자가 무들 웹사이트의 페이지를 읽고 비디오를 내려받거나 문서를 업로드할 때도 대역폭을 사용한다. 무들 사이트에 강좌, 학생, 활동, 멀티미디어가 많을수록 더 많은 대역폭을 사용한다. 대부분의 사업용 호스팅 서비스는 일정량의 고정된 대역폭을 포함하고 있는데, 여러분의 계정이 허용된 대역폭보다 더 많은 대역폭을 사용하면 어떤 서비스는 여러분의 사이트 접속을 차단하는 경우도 있다. 또 어떤 서비스의 경우 접속은 유지하지만 추가적인 대역폭 사용에 자동으로 추가 금액을 부과하기도 하는데, 이 서비스의 경우 수요를 예측하지 못할 때 유용하다. 호스팅 서비스를 선택할 때는 그 서비스가 얼마나 많은 대역폭을 제공하며, 대역폭 한도를 초과했을 때 어떤 제한이 있는지 확인하자.

강좌에 비디오 서비스가 포함되어 있는가?

강좌에 비디오가 많이 포함되어 있거나 많은 사용자를 대상으로 비디오 서비스를 한다면 여러분이 이용하는 호스팅 업체에서 제공하는 대역폭 중 많은 용량을 사용하게 된다. 이 경우 많은 비디오 파일을 무들 서버에 호스팅하는 대신 vimeo.com이나 youtube.com 같은 비디오 전문 호스팅 사이트에 호스팅하는 방법을 고려하자. 비메오, 유튜브에 비디오를 호스트하면 대역폭에 신경 쓰지 않고 단순히 무들 페이지에 끼워 넣기만 하면 된다.

메모리

공유 호스팅 서비스를 사용한다는 말은, 사용하고 있는 웹 서버를 다른 계정의 사용자와 공유한다는 뜻이다. 그 서버의 메모리(RAM)를 모든 계정의 사용자들이 공유하기 때문에 사용량이 많은 시간대에 각 계정의 사용자들은 아주 적은 양의 메모리만 사용할 수 있고, 사용량이 적은 시간대에는 좀 더 많은 메모리를 사용할 수 있다.

무들은 대부분의 공유 호스팅 서비스에서도 무난히 실행되지만 가용 메모리가 적은 공유 호스팅 환경에서 강좌의 수가 많아지고 규모가 커졌을 때 무들의 자동 백업 작업은 자주 실패한다. 이런 경우 사이트 관리자는 수동으로 한 번에 하나의 강좌씩 백업을 하거나 강좌를 다른 서버로 옮겨 이런 제한을 피할 수 있다.

만약 사이트의 강좌가 다소 많아지고 몇몇 강좌가 수십 메가의 용량을 차지한다거나 자동 백업 기능을 사용하려 한다면 사용 가능한 웹 호스트를 조심스럽게 확인해보자. 특히, Moodle.org의 포럼을 조사해 그 호스트에 메모리 부족으로 인한 자동 백업 실패와 관련된 다른 사용자들의 불만이 있는지 확인하자. 일반적으로 무들의 자동 백업 과정은 비효율적이어서 대규모 사이트에서는 대안을 고려해야 한다.

대개 1GB RAM이 설치된 서버는 50여 명의 동시 사용자를 처리할 수 있는데, 필요한 메모리의 용량은 총 사용자의 수가 아니라 동시 사용자의 수에 의해 결정된다는 점을 기억하자.

최소 사양

다음과 같은 최소 사양을 바탕으로 호스팅 서비스를 확인하자.

1. 무들 2.0 소프트웨어를 설치하고 강좌 자료 그리고 학생들이 업로드할 파일을 저장할 수 있을 만큼의 충분한 디스크 공간
2. 강좌 파일을 제공하고 학생들이 파일을 업로드하는 데 필요한 충분한 대역폭
3. PHP 버전 5.2.8
4. 이미 설치되어 있거나 최소 하나의 MySQL 데이터베이스를 생성할 수 있는 자격
5. 이미 만들어져 있거나 최소 하나의 MySQL 데이터베이스 사용자를 생성할 수 있는 자격
6. 무들의 자동 백업 작업이 실행될 수 있는 충분한 용량의 공유 메모리이거나 전용 메모리. 이 메모리에 대한 사항은 여러분이 작업을 실행하기 전까지 모를 수도 있다.

이 모든 사항이 확인되면, 이제 설치를 진행할 준비가 되었다.

또한 많은 호스팅 업체가 무들의 자동 설치를 지원하므로 'fantastico'와 'moodle' 또는 'one-click install'과 'moodle'이라는 단어로 호스팅 서비스를 검색해보자. 검색된 서비스들은 대개 공유 호스팅 서비스로, 여러분이 직접 공유된 호스트에 무들을 설치할 때와 동일한 성능 제한이 있지만 설치를 단순화해서 무들 사이트를 구축하고 실행하는 빠르고 저렴한 방법을 제공한다. 그리고 자동 설치에 사용되는 무들의 버전이 최신 버전이 아닐 수 있으므로, 호스팅 업체에 문의해 언제 새로운 버전을 지원하는지 확인하자.

게다가 무들 공식 파트너가 제공하는 서비스를 조사해야 하는데 moodle.com ('.org'가 아닌 '.com'임을 기억하자)에서 무들 파트너사에 대한 더 많은 정보를 확인할 수 있다.

설치 2단계: 하위 도메인 또는 하위 디렉토리?

하위 도메인은 여러분이 생성한 웹사이트 주소의 아래에서 별개의 사이트로 동작하는 웹 주소다. 예를 들어 www.williamrice.com은 나의 웹사이트로, 무들 사이트가 아닌 일반적인 표준 웹사이트다. 여기에 무들 사이트로 사용할 http://www.moodle.williamrice.com이라는 하위 도메인을 가질 수 있다. 이 하위 도메인은 독립된 사이트와 유사하지만 동일한 계정이 사용하는 동일한 서버에 존재하여 같은 디스크 공간과 대역폭을 사용한다. 다음 화면에서 나의 일반 웹사이트에 추가로 하위 도메인 하나가 있음을 확인할 수 있다.

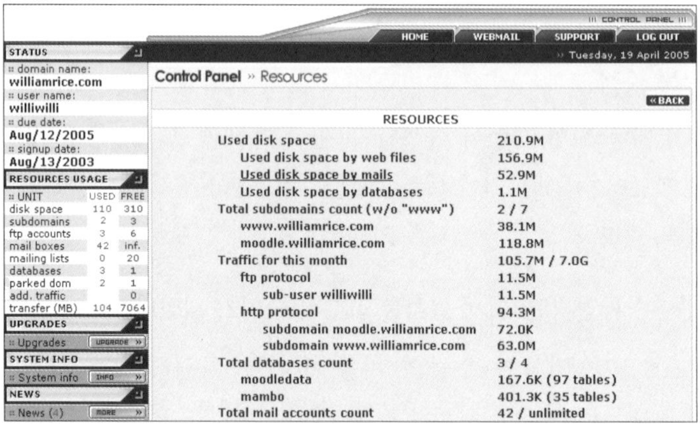

이 예에서 무들은 http://www.moodle.williamrice.com이라는 하위 도메인에 설치됐다.

하위 도메인을 사용하면 몇 가지 장점이 있는데, 보다시피 동일한 인터페이스에서 두 사이트를 관리할 수 있다. 또한 무들 설치 연습을 위한 테스트 사이트로 하위 도메인을 사용할 수도 있다. 하위 도메인에 테스트 무들을 설치해 정상적으로 사용할 수 있는 준비가 되면 주로 사용하는 무들 사이트에 복사한다. 만약 중단되면 안 되는 중요한 서비스를 운영하고 있다면, 사이트의 업데이트와 추가 기능을 테스트하기 위한 사이트를 함께 운영하는 편이 유용하다. 이제 곧 설치한 무들을 다른 위치에 복사하고, 몇 가지 설정을 바꾸어 작동시키는 일이 얼마나 쉬운지 알게 된다. 이렇게 하위 도메인에 사이트를 운영하고 싶다면 먼저 호스팅 서비스에 하위 도메인을 설정할 수 있는지 확인한다.

하위 도메인 설정보다 더 간단하게 운영하고 싶다면 http://www.williamrice.com/moodle이나 http://www.info-overload.biz/learn 같이 웹사이트의 하위 디렉토리에 무들을 설치하는 방법이 있다. 다음 단계에서는 무들을 어떻게 하위 디렉토리 /moodle에 자동으로 설치하는지 살펴볼 예정인데, 이 방법은 매우 편리해서 /moodle 하위 디렉토리에서 운영 중인 무들 웹사이트를 심심치 않게 볼 수 있다.

> 무들을 하위 디렉토리에 설치할지 하위 도메인에 설치할지 결정하자. 하위 도메인에 설치하기로 결정했다면 지금 생성하고, 하위 디렉토리로 결정했다면 나중에 무들 소프트웨어를 업로드하는 시점에 생성한다.

설치 3단계: 무들을 내려받아 압축 풀기

무들 공식 웹사이트인 http://www.moodle.org에서 무들을 내려받는다. Download Moodle 페이지로 이동해 필요한 버전과 형식을 선택한다.

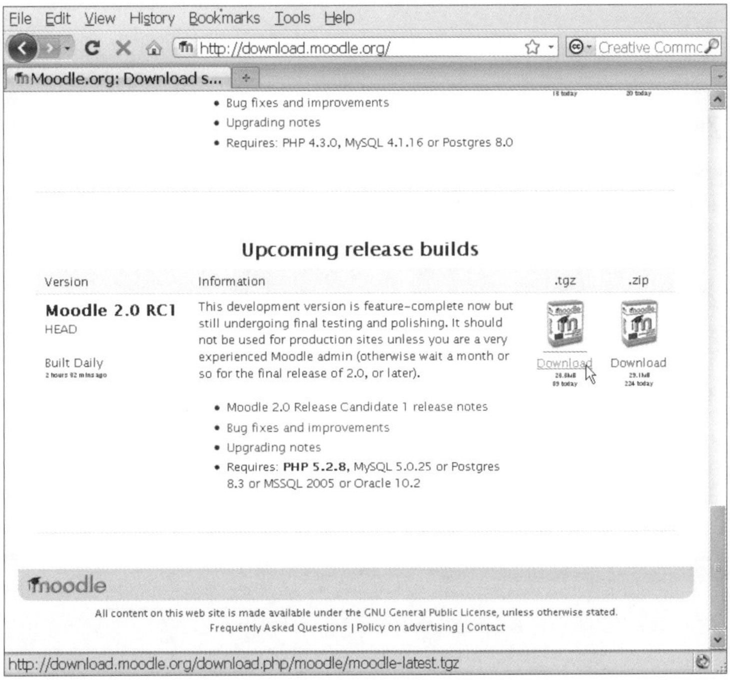

어떤 버전을 선택할 것인가?

무들을 새로 설치한다면 Last Stable Branch(안정적인 최신 버전)를 사용하는 것이 좋다. Last build(최신 빌드)라는 말은 프로그램의 버그가 수정되거나 교정되어 마지막으로 갱신된 최종 버전임을 의미하는데, 최신 빌드보다는 여러분이 사용할 무들에 포함된 기능들을 나타내는 버전번호가 중요하다.

제품 서버에는 불안정한 독립실행 패키지 버전보다는 안정화된 최신 버전을 사용한다.

빠른 방법: 업로드와 압축 풀기

무들은 하나의 압축 파일로 다운로드된다. 압축된 파일에는 무들을 구성하는 여러 파일과 디렉토리가 포함되어 있다. 압축 파일을 내려받은 후 압축을 푼다. 자신의 PC에서 압축을 풀면 많은 파일과 디렉토리가 PC에 풀리므로 서버로 이동시켜 압축을 푼다. 만일 호스팅 서비스를 사용하고 있다면 서버에 압축을 풀 수 있는 권한이 있어야 하며, 권한이 있다면 전체 ZIP 파일을 서버에 업로드해 서버에서 압축을 푼다. 이 방법이 PC에서 압축을 푼 후 많은 파일을 서버에 업로드하는 방법보다 훨씬 빠르다.

서버에 ZIP 파일을 업로드해 압축 풀기

1. http://www.moodle.org로 이동해 하드 드라이브에 무들 패키지(ZIP이나 TAR 파일)를 내려받는다.
2. 내려받은 파일을 호스팅 서버에 업로드한다. 내가 이용하는 호스팅 서비스에서는 유명한 cPanel 제어판을 사용하는데, 이 경우 파일을 업로드하는 모습은 다음과 같다.

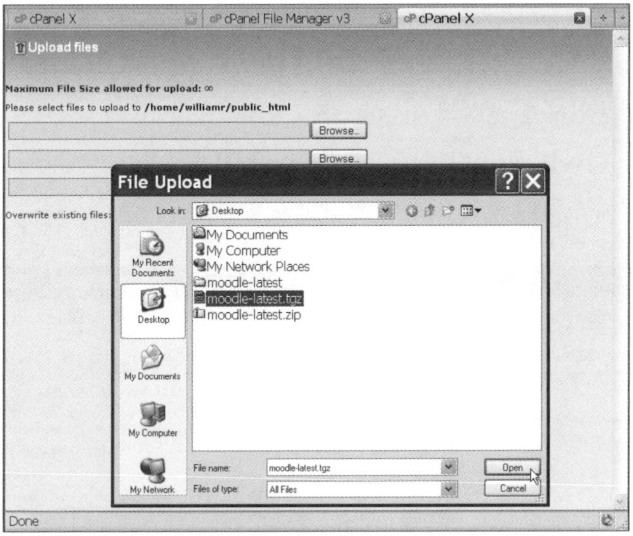

3. 여러분이 이용하는 호스팅 서비스의 제어판에서 압축 파일을 선택한다. 압축을 풀 파일을 선택하면 이 방법을 사용할 수 있는데, 아래 예를 보면 moodle-latest.tgz라는 압축 파일을 선택하고 Extract(압축해제) 아이콘을 클릭하면 압축 파일이 풀린다.

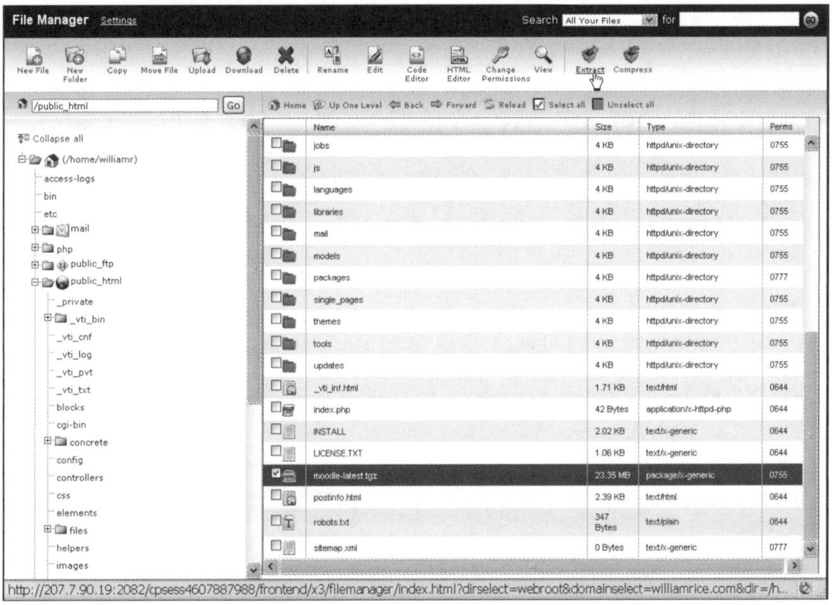

4. 여러분이 이용하는 호스팅 서비스가 압축 파일을 풀 때 새로운 디렉토리를 생성해주는 옵션을 제공한다면(이전 예에서 본 Create Subdirectory(하위 디렉토리 생성)와 같이) 동일하게 생성되지 않을 수도 있다. 무들 압축 파일은 압축을 풀면 moodle이라는 하위 디렉토리를 자동적으로 생성하는데 /moodle 디렉토리를 생성해 그곳에 압축을 풀어 저장한다.

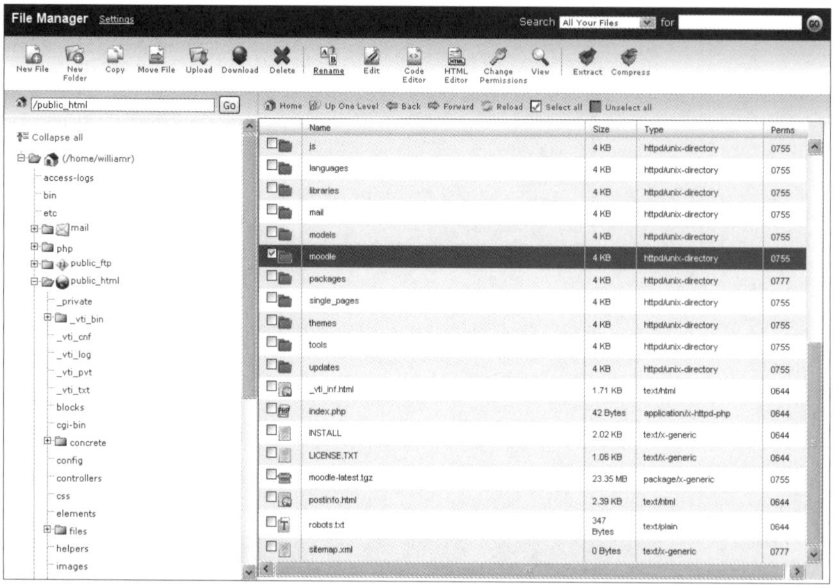

시간이 걸리는 방법: PC에서 ZIP 파일 압축을 푼 후 파일 업로드하기

서버상에서 ZIP 파일 압축을 풀 수 없다면, PC에서 압축을 푼 후 풀린 파일들을 서버에 업로드해야 한다. 여러분이 호스팅 서비스를 이용한다면 다음 단계를 수행한다.

1. 여러분의 하드 드라이브에 무들 패키지(ZIP 파일)를 내려받는다.
2. 압축된 패키지를 푼다. 압축이 풀리면 다음과 같이 많은 폴더와 파일이 생성된다.

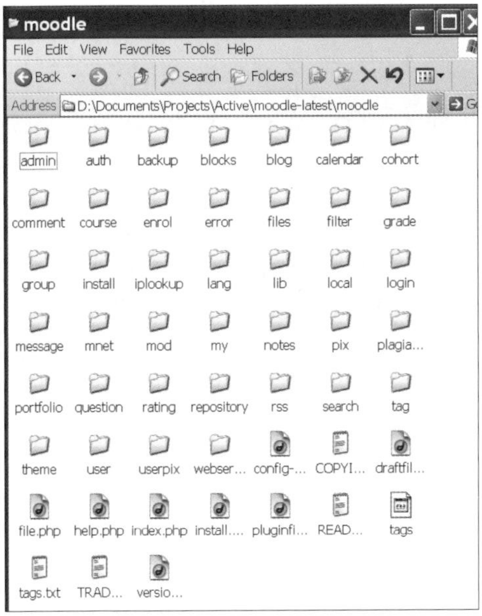

3. 웹 서버에 파일을 업로드한다. 파일을 업로드하기 위해 FTP 프로그램이 필요할 수도 있는데, 가장 많이 사용하는 프로그램으로 FileZilla와 WinSCP가 있다. 모든 폴더를 선택하고 서버에 복사한다. 이렇게 크기가 작은 많은 파일을 업로드하는 속도는 .zip이나 .tgz 같은 하나의 큰 압축 파일을 업로드하는 속도보다 훨씬 느리다. 이제는 업로드가 끝나길 기다리면 된다.

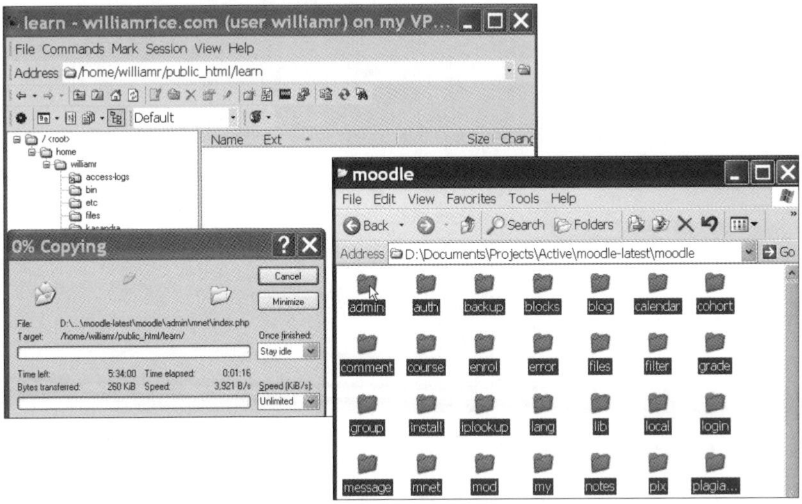

윈도우, 맥, 리눅스 개인 컴퓨터 중 어떤 컴퓨터를 사용하더라도 .zip 압축 파일을 푸는 압축해제 프로그램이 있는데, 만약 시스템에 zip 압축 파일을 다룰 압축해제 프로그램이 설치되어 있지 않다면 윈도우의 경우 http://www.nonags.com의 무료 압축해제 프로그램을 사용해보자. 그리고 드림위버Dreamweaver나 마이크로소프트 사의 프론트페이지FrontPage 같은 웹페이지 편집기를 사용한다면 이런 프로그램에는 서버에 파일을 업로드할 수 있는 기능이 있다. 하지만 업로드 기능이 있는 웹페이지 편집기를 사용하고 있지 않다면 'FTP client(FTP 접속 프로그램)'가 필요한데, 이 또한 http://www.nonags.com에서 무료 FTP 접속 프로그램을 찾아 사용해보자.

학교나 회사에서 웹 서버에 여러분의 공간을 할당해준다면 마치 여러분 PC의 다른 디렉토리를 접근하듯이 서버의 디렉토리에 접근할 수 있다. 이런 경우에는 tgz 파일을 내려받아 서버에 할당된 여러분의 디렉토리에 파일을 업로드하고 압축을 풀면 된다. 여러분에게 서버 접속 권한을 부여한 시스템 관리자에게 여러분이 원하는 작업이 무엇인지 말하고, 여러분에게 할당된 디렉토리에서 압축 파일을 압축해제하려면 어떻게 해야 하는지 문의한다.

다음 단계를 수행해 압축 파일을 푼다.

1. http://moodle.org 사이트에 가서 사용하기 원하는 버전의 무들을 선택해 압축 파일인 .zip이나 .tgz 형식 중 하나를 내려받는다.
2. 여러분이 이용하는 호스팅 서비스에 압축 파일을 업로드한다.
3. 호스팅 서비스가 제공하는 제어판을 사용해 압축 파일을 선택한다. 이때 다행히도 자동적으로 압축이 해제된다면 해당 위치에 압축 파일이 풀리겠지만, 그렇지 않다면 여러분의 PC에 압축을 풀고 그 압축에서 풀린 파일을 호스팅 서비스에 업로드한다.

설치 4단계: 무들 데이터 디렉토리

무들 설치 스크립트를 실행하면 설치 프로그램은 강좌 자료를 저장할 디렉토리를 지정하라는 메시지를 내보낸다. 이 디렉토리가 무들 데이터 디렉토리인데, 강좌에 업로드된 자료가 담기게 된다. 그래서 설치 스크립트를 실행하기 전에 이 디렉토리를 생성해둬야 하는데, 이제 이 작업을 살펴보자.

보안상 무들 데이터 디렉토리는 무들이 설치되는 디렉토리의 바깥쪽에 위치시켜야 한다. 예를 들어 여러분이 www.info-overload.biz/learn이라는 학습 사이트를 생성했다고 가정했을 때 /learn 디렉토리에 무들을 설치하고 무들 데이터 디렉토리는 /learn 디렉토리 바깥쪽에 생성한다.

가능한 한 데이터 디렉토리를 웹을 통해 접근할 수 없는 곳에 두어야 하는데, 내 호스팅 서비스의 경우 웹을 통해 서비스하는 /public_html 외의 디렉토리는 웹을 통해 접근할 수 없다.

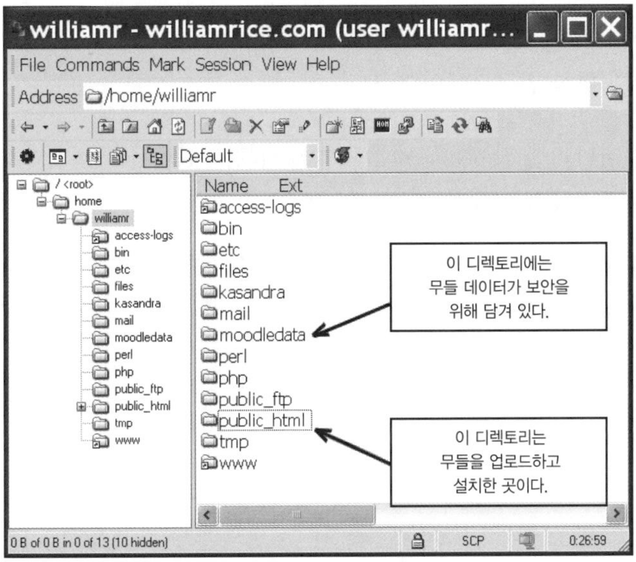

여러분이 이용하는 호스팅 서비스의 기술지원팀에게 문의하여 웹을 통해 접근할 수 없는 디렉토리를 생성할 수 있는지 여부를 반드시 확인해야 한다.

> 서버에 무들 디렉토리의 바깥쪽이나 무들 디렉토리의 하위 디렉토리에 무들 데이터를 저장할 디렉토리를 생성하자.

설치 5단계: 무들 데이터베이스와 사용자 생성

무들 데이터 디렉토리에는 학생들이 업로드한 파일과 몇몇 큰 파일을 저장하는 반면, 무들 데이터베이스에는 무들 사이트에서 사용하는 대부분의 정보를 저장한다. 기본적으로 설치 프로그램은 데이터베이스의 이름으로 moodle을, 사용자 이름으로 moodleuser를 사용한다. 이 기본 설정을 그대로 사용하면 해커에게 사이트를 해킹할 수 있는 단서를 주는 셈이다. 그러므로 데이터베이스 생성 시 덜 보편적인 이름으로 변경해야 하며, 적어도 해커가 데이터베이스 이름과 데이터베이스의 사용자 이름을 추측할 수 없게 해야 한다.

또한 데이터베이스의 사용자는 강력한 암호를 사용해야 하는데, 다음은 강력한 암호를 사용하기 위한 권장사항이다.

- 적어도 하나의 숫자, 기호, 대문자, 소문자를 포함한다.
- 적어도 12자 이상의 암호를 사용한다.
- 반복적인 글자, 사전 단어, 일련의 글자나 숫자들 그리고 여러분의 약력과 관련된 정보를 암호로 사용하지 않는다.

무들 설치 과정을 시작하기 전에 무들 데이터베이스와 사용자를 생성해야 한다. 그렇지 않으면 필요한 데이터베이스가 생성되기 전까지 설치 과정이 진행되지 않는다.

데이터베이스 생성

무들은 몇 가지 데이터베이스를 지원하는데, 그중 추천하는 데이터베이스는 MySQL이다. 데이터베이스를 생성하는 데는 여러 가지 방법이 있다. 여러분이 만약 공유 호스팅 서비스를 이용하고 있다면 phpMyAdmin에 접근할 수 있는데, 이

도구를 이용해 무들 데이터베이스와 데이터베이스 사용자를 생성할 수 있다.

다음 화면은 phpMyAdmin을 이용해 데이터베이스를 생성하는 화면이다.

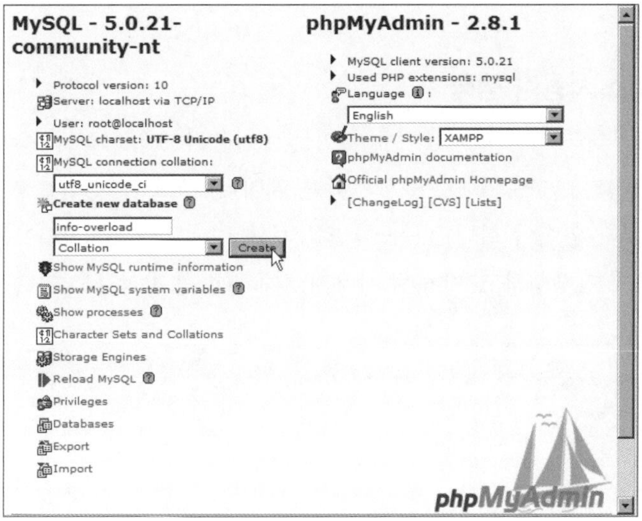

cPanel 제어판을 사용하는 호스팅 서비스를 이용한다면, 다음 화면과 같이 cPanel을 사용해 데이터베이스를 생성할 수 있다.

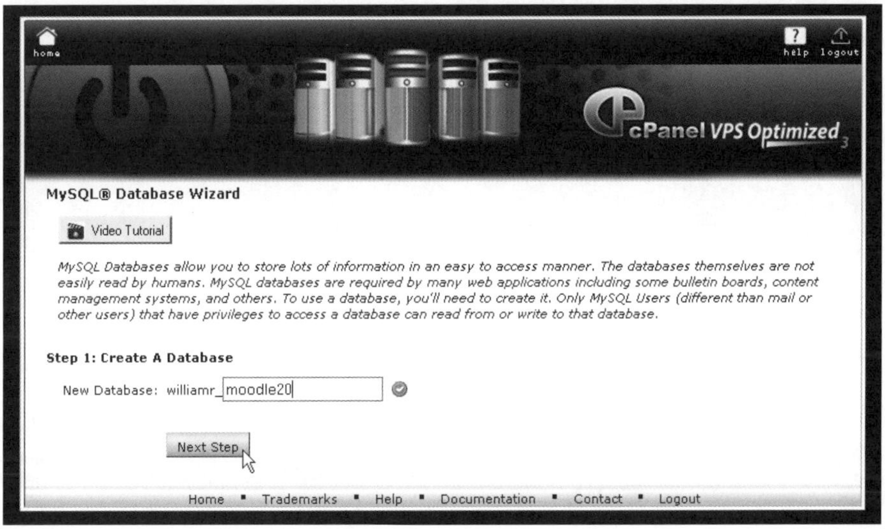

여기서 빈 데이터베이스가 생성되며 무들은 설치 과정 동안 이 데이터베이스에 필요한 테이블을 추가한다. 설치 과정은 좀처럼 실패하지 않으므로 더 이상의 데이터베이스 작업은 필요 없다.

데이터베이스 사용자 생성

여러분이 사용하는 사용자 이름이 무엇이든지 사용자는 SELECT, INSERT, UPDATE, DELETE, CREATE, DROP, INDEX, ALTER 같은 데이터베이스 명령어를 사용할 수 있는 권한을 갖고 있어야 한다. 다음 화면을 보면 phpMyAdmin을 이용해 데이터베이스 사용자를 생성하고, 생성된 사용자에게 권한을 지정하고 있다.

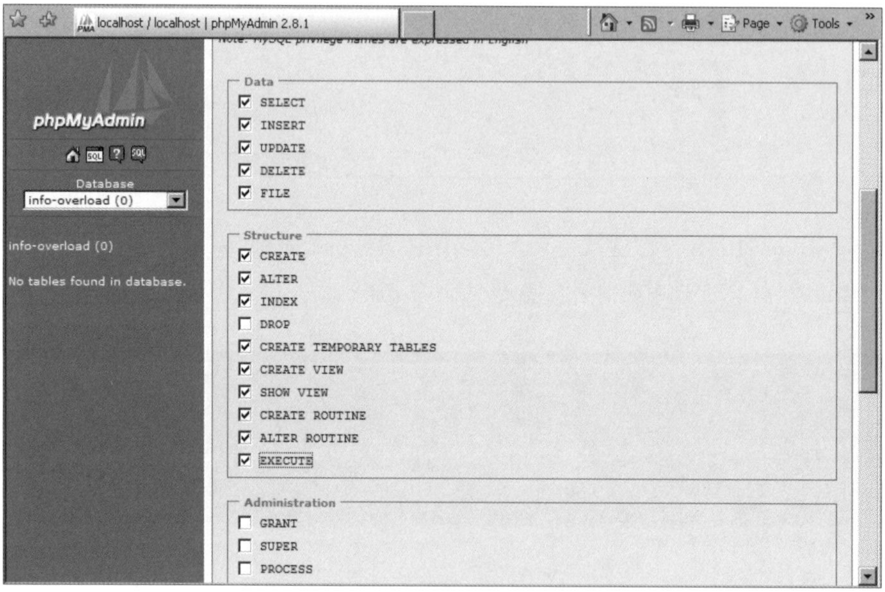

호스팅 서비스가 phpMyAdmin이 아닌 cPanel을 사용한다면, 다음 화면과 같이 cPanel을 이용해 데이터베이스 사용자를 생성한다.

그리고 설치 중 데이터베이스의 이름, 데이터베이스 사용자의 이름과 암호를 입력한다. 여러분이 데이터베이스를 생성하지 않는다면, 시스템 관리자나 데이터베이스를 생성한 담당자에게 이 정보를 요청한다.

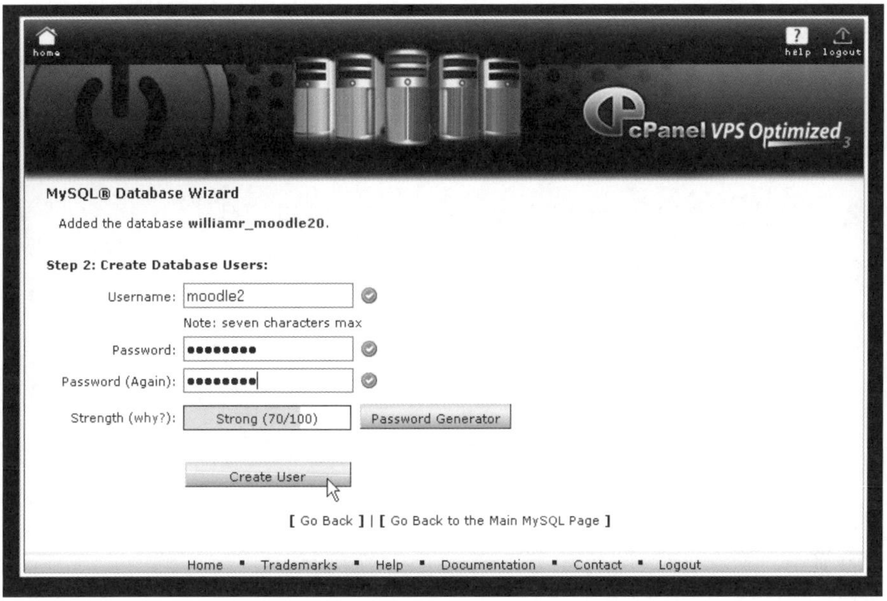

이제 다음 단계를 수행해 무들 데이터베이스와 데이터베이스 사용자를 생성한다.

1. 무들 데이터베이스를 생성한다. 무들은 다양한 데이터베이스를 사용할 수 있지만 MySQL에 최적화되어 있다.
2. 이전에 살펴봤던 권한을 가진 데이터베이스 사용자를 생성하고 사용자의 암호를 적어놓는다.
3. 다음 정보를 적어놓자.
   - 데이터베이스가 설치되어 있는 서버의 이름. 만약 데이터베이스와 무들이 같은 서버에 설치되어 있다면 서버의 이름은 localhost가 된다. 하지만 다른 서버에 설치되어 있다면 무들 소프트웨어가 데이터베이스에 접속하는데 사용할 경로를 시스템 관리자에게 요청한다: ____________________
   - 데이터베이스의 이름: ____________________
   - 데이터베이스 사용자의 이름: ____________________
   - 데이터베이스 사용자의 암호: ____________________

설치 6단계: 설치 스크립트

지금까지 진행된 작업은 다음과 같다.

1. 웹 서버에 무들 소프트웨어 업로드
2. 무들이 설치된 디렉토리의 외부에 데이터 디렉토리 생성
3. 무들 데이터베이스 생성
4. 무들 데이터베이스 사용자 생성

이제 설치 준비가 되었다. 무들 설치 스크립트는 구성 설정과 무들 데이터베이스의 테이블 생성을 위한 설정 방법에 따라서 단계별로 진행된다. 그럼 먼저 배경 정보부터 살펴보자.

구성 설정과 config.php

구성 변수에는 여러 가지가 있는데 데이터베이스가 어느 서버에 설치되어 있는지, 데이터베이스 이름이 무엇인지, 데이터베이스 사용자와 암호가 무엇인지, 무들 시스템의 웹 주소가 무엇인지 외에도 무들이 동작하는 데 필요한 여러 가지 정보를 제공한다. 이 모든 구성 설정은 무들을 실행하기 위해 정확하게 입력해야 하며, 이 변수들은 무들의 home 디렉토리에 있는 config.php라는 파일에 저장되어 있다.

설치 중에 config.php 파일을 생성하게 되는데, 다음은 www.info-overload.biz/learn에서 사용하는 config.php 파일의 내용이다.

```
<?php    /// 무들 설정 파일

unset($CFG);

$CFG->dbtype     = 'mysql';
$CFG->dbhost     = 'localhost';
$CFG->dbname     = 'info-overload';
$CFG->dbuser     = 'info-overload';
$CFG->dbpass     = 'badpassword';
$CFG->dbpersist = false;
$CFG->prefix     = 'mdl20_';
```

```
$CFG->wwwroot    = 'http://info-overload.biz/learn';
$CFG->dirroot    = '/home/info-overload/www/learn';
$CFG->dataroot   = '/home/info-overload/www/info-overload-data';
$CFG->admin      = 'admin';

$CFG->directorypermissions = 00777; // 서버를 안전 모드로 실행하려면 02777로 설정한다.
require_once("$CFG->dirroot/lib/setup.php");
   // 이 파일을 수정하는 경우 공백, 빈 줄, 줄바꿈에 주의하고 아랫줄의 두 문자를 확인하자.
?>
```

> **예제 코드 내려받기**
>
> http://www.PacktPub.com에 여러분의 계정으로 접속해 구입한 도서의 예제 코드를 내려받을 수 있다. 이 책을 다른 곳에서 구매했다면 http://www.PacktPub.com/support를 방문해 등록할 경우 이메일을 통해 파일을 받을 수 있다.

위 내용을 살펴보면 사이트는 mysql 데이터베이스를 사용하며, 대부분의 사이트가 그렇듯이 호스트명은 localhost다. 내용 초반에는 무들 데이터베이스의 생성에 대해 다루고 있다. 또 알맞은 권한을 가진 데이터베이스 사용자를 생성했다. 위 파일의 내용을 보면 알 수 있듯이 설정 파일에는 badpassword와 같이 데이터베이스 암호가 저장되어 있다는 사실도 알아두자.

데이터베이스 테이블

데이터베이스 테이블은 데이터베이스의 축소판이라 할 수 있는 데이터베이스의 일부분이다. 데이터베이스의 각 테이블은 각기 다른 용도의 정보를 저장하고 있다. 예를 들어 user 테이블에는 무들 각 사용자의 이름, 암호를 비롯해 시스템에서 필요한 정보를 저장하며 wiki_pages 테이블은 이름, 콘텐츠, 변경날짜 그리고 시스템에 포함된 각 위키 페이지의 정보를 저장한다. 무들을 표준 설치하는 경우 데이터베이스에 약 200개 이상의 테이블이 생성된다.

기본적으로 데이터베이스에 생성되는 무들의 각 테이블 이름에 mdl_로 시작하는 접두어가 추가되는데, 나는 무들 2.0을 사용한다는 의미에서 이 접두어를 mdl20_으로 바꿨다. 이렇게 하면 버전 2.1로 업그레이드한다 해도 같은 데이터베이스를 사용할 수 있다. 각 프로그램이 사용하는 테이블의 접두어를 각각 다르게 지정하면 무들과 다른 프로그램이 데이터베이스를 같이 사용하거나 2개의 무들을 함께 설치해 사용할 수 있다.

이제부터는 무들 설치 과정을 진행하며 살펴보자.

6a단계: install.php

무들 디렉토리를 살펴보면 install.php라는 스크립트가 있는데, 이 파일이 실행되면서 무들 구성 파일을 생성한다. 이 파일을 브라우저에서 실행하면 무들 소프트웨어가 설치된 디렉토리에 config.php 파일이 생성된다.

다음 화면을 보면 브라우저에 무들 설치 시작 페이지를 지정했고 페이지에는 설치 시 사용할 언어를 선택하라는 표시가 나타난다. 여기서 선택한 언어는 사이트에서 사용할 언어를 지정하는 게 아니라 설치 파일이 사용하는 언어다.

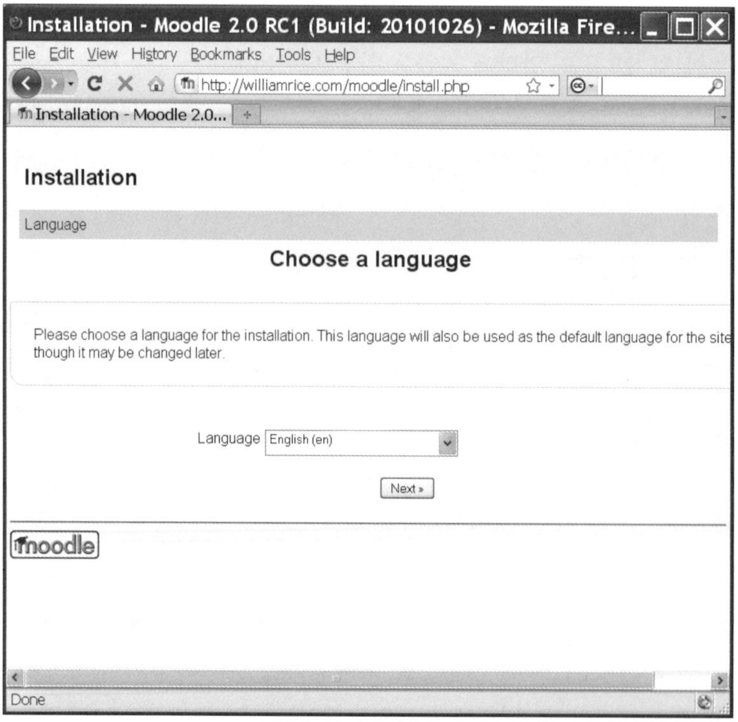

설치하는 동안 사용할 언어를 선택했으면 Next 버튼을 클릭하자.

6b단계: 웹 주소와 디렉토리 지정

다음 설치 단계에서는 무들 시스템이 사용할 웹 주소를 지정하고 소프트웨어와 데이터가 위치할 디렉토리의 이름을 지정한다.

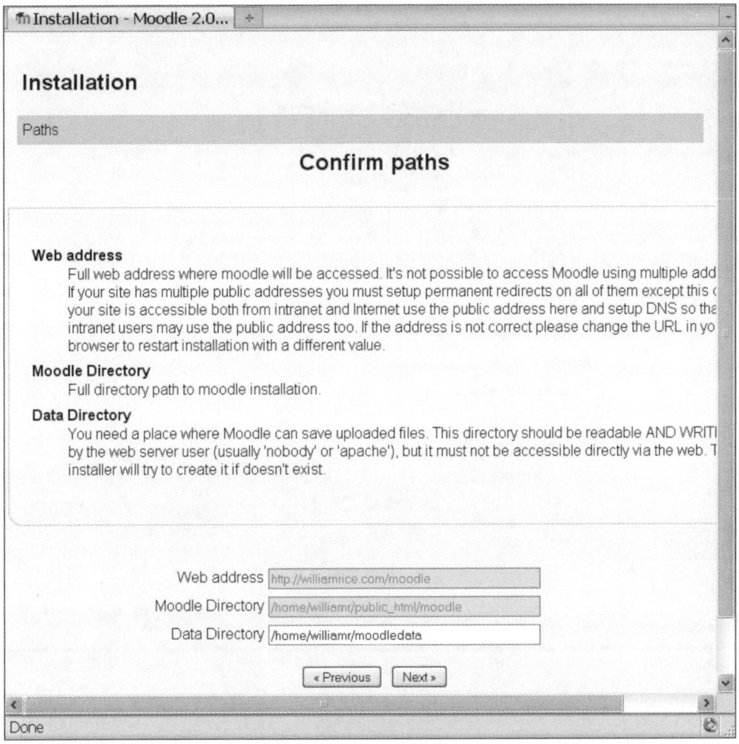

Web address(웹 주소)는 브라우저가 무들에 접근하기 위해 사용하는 주소로, URL이라 한다. Moodle Directory(무들 디렉토리)는 여러분이 직접 입력하는데, 여러분이 소프트웨어를 업로드한 서버의 디렉토리다. Data Directory(데이터 디렉토리)는 4단계에서 생성한 디렉토리를 입력한다.

값을 모두 입력했으면 다음 단계로 넘어가자.

6c단계: 데이터베이스 설정 지정

이번 단계에서는 무들에서 사용할 데이터베이스를 지정한다.

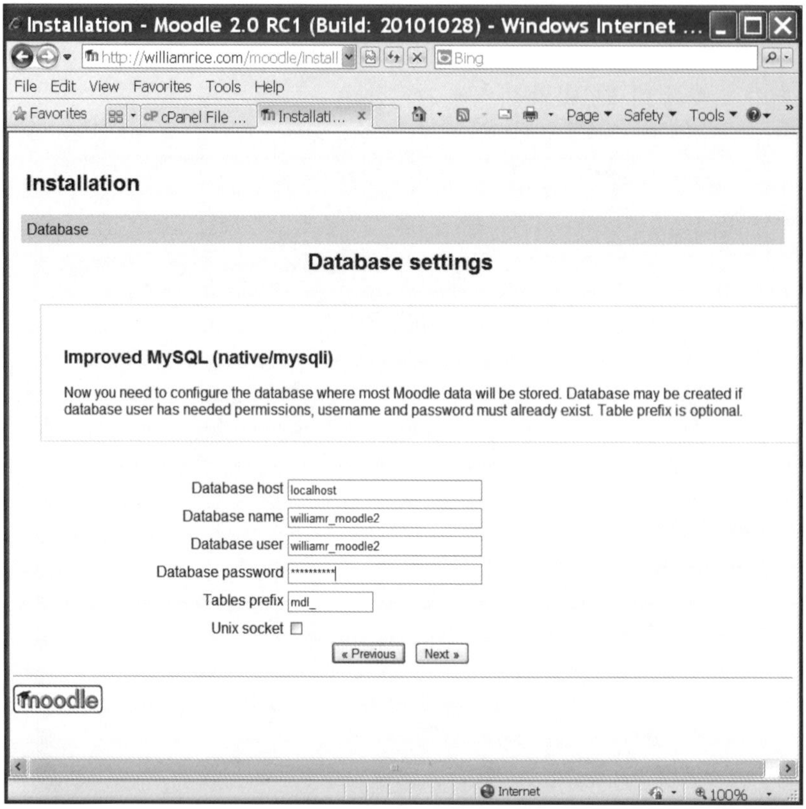

호스트 서버Host Server는 데이터베이스를 운영할 컴퓨터의 주소다. 대부분 서버의 호스트 이름은 localhost다. 무들 시스템과 무들 데이터베이스가 같은 서버에 존재하면 다른 서버들에 대해 'local'이다. 그래서 무들의 입장에서 보면 데이터베이스 서버는 로컬 호스트다. 만약 데이터베이스가 다른 서버에 존재한다면 해당 서버의 IP 주소나 웹 주소를 입력한다.

5단계에서 정한 Database name(데이터베이스 이름), Database user(데이터베이스 사용자)와 Database password(데이터베이스 암호)를 입력한다.

테이블 접두어는 무들이 생성하는 모든 데이블의 이름 시작 부분에 추가되며, 만약 무들과 어떤 프로그램이 같은 데이터베이스를 사용한다면 이 접두어를 보고 무들이 사용하는 테이블(mdl_user, mdl_courses 등)을 쉽게 찾아낼 수 있다. 또한 무들을 업그레이드할 때도 mdl20_user, mdl21_user 같이 구버전과 신버전의 테이블 접두어를 다르게 지정하면 같은 데이터베이스에서 두 버전의 테이블을 구분해 사용할 수 있다.

6d단계: 저작권

이번 단계에서 다음 단계로 진행하기 위해서는 단순히 Continue(계속) 버튼을 클릭만 하면 된다.

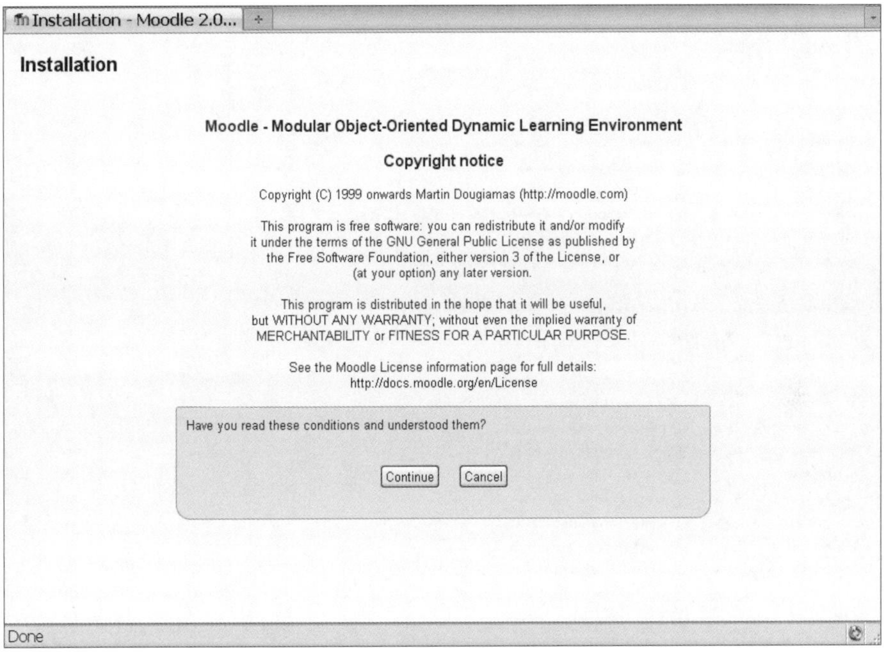

6e단계: 서버 점검

무들은 웹 애플리케이션 제작 시 사용하는 프로그래밍 언어 중 가장 인기 있는 PHP라는 프로그래밍 언어로 제작됐다. 이 PHP 엔진의 경우 거의 대부분의 웹 서버에 설치되어 있지만 PHP의 몇몇 기능은 활성화되어 있지 않아서 사용하기 위해서는 여러분이나 시스템 관리자가 활성화해줘야 한다. 무들 시스템은 설치되는 동안에 무들이 작동하는 데 필요한 PHP 설정들이 활성화되어 있는지 자동으로 점검한다.

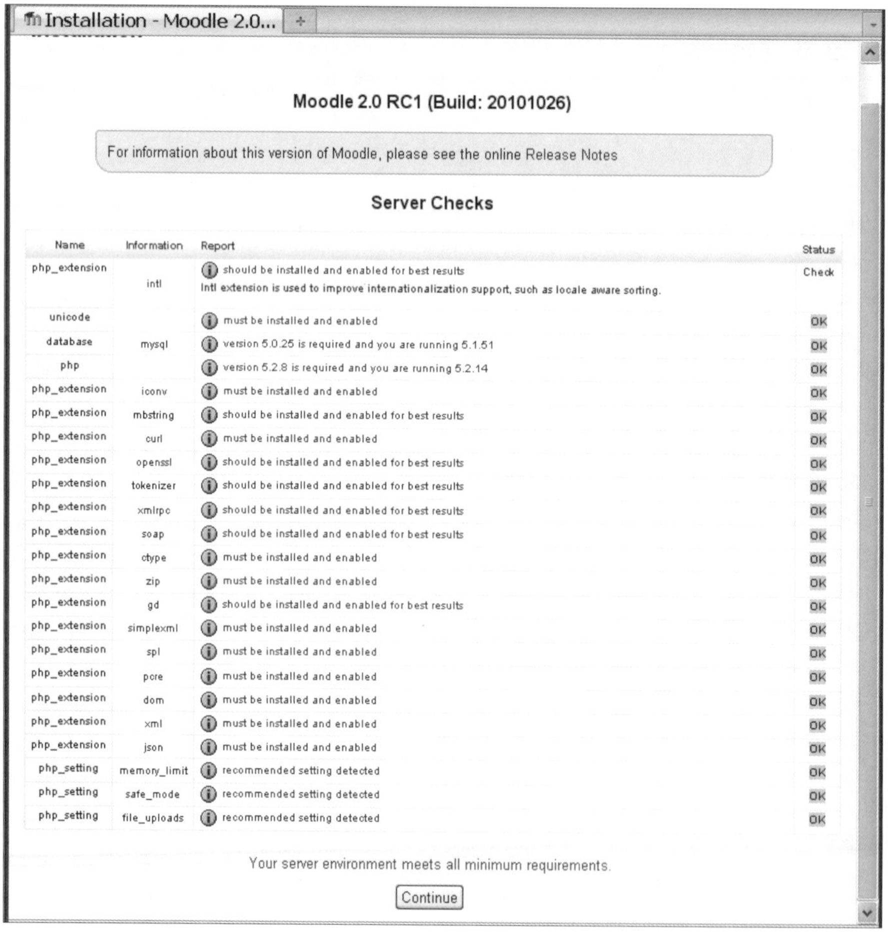

Name	Information	Report	Status
php_extension	intl	should be installed and enabled for best results Intl extension is used to improve internationalization support, such as locale aware sorting.	Check
unicode		must be installed and enabled	OK
database	mysql	version 5.0.25 is required and you are running 5.1.51	OK
php		version 5.2.8 is required and you are running 5.2.14	OK
php_extension	iconv	must be installed and enabled	OK
php_extension	mbstring	should be installed and enabled for best results	OK
php_extension	curl	must be installed and enabled	OK
php_extension	openssl	should be installed and enabled for best results	OK
php_extension	tokenizer	should be installed and enabled for best results	OK
php_extension	xmlrpc	should be installed and enabled for best results	OK
php_extension	soap	should be installed and enabled for best results	OK
php_extension	ctype	must be installed and enabled	OK
php_extension	zip	must be installed and enabled	OK
php_extension	gd	should be installed and enabled for best results	OK
php_extension	simplexml	must be installed and enabled	OK
php_extension	spl	must be installed and enabled	OK
php_extension	pcre	must be installed and enabled	OK
php_extension	dom	must be installed and enabled	OK
php_extension	xml	must be installed and enabled	OK
php_extension	json	must be installed and enabled	OK
php_setting	memory_limit	recommended setting detected	OK
php_setting	safe_mode	recommended setting detected	OK
php_setting	file_uploads	recommended setting detected	OK

화면을 보면 무들 시스템을 설치하기 위해 PHP 확장 프로그램이 설치되어 있어야 한다는 경고 메시지를 볼 수 있는데, 이 경우 여러분이 사용하는 웹 호스팅 서비스에 연락해 PHP 확장 프로그램이 설치되어 있는지를 물어보고 설치되어 있지 않다면 설치해줄 수 있는지 문의한다.

서버에서 나타나는 흔한 문제 중의 하나는 PHP를 실행하기에 너무 적은 메모리가 설정되어 있을 때 발생한다. 적은 메모리를 설정하면 설치가 중단되거나 지연된다. 만약 이 문제를 가리키는 메시지를 보면 설치를 취소하고 바로 수정해 문제를 해결한다.

서버에 설치된 PHP는 php.ini 파일에 설정을 저장하는데, 위 경고에 관련된 메모리 제한도 php.ini에 설정되어 있다. 여러분이 서버를 운영하고 있다면 php.ini 파일을 열어 제한값을 늘려놓는다. 다음 줄과 같이 서버의 php.ini 문서에서 제한을 128메가바이트로 수정했다.

```
memory_limit = 128M
```

만약 자신의 서버가 아니라면 지원팀에 연락해 제한을 늘리는 방법을 문의한다. 가끔 무들 디렉토리 내에 다음과 같은 메모리 제한을 나타내는 문구를 포함한 .htaccess 파일을 두는 경우도 있다.

```
php_value memory_limit = 128M
```

더 자세한 내용은 http://:moodle.org에서 'php memory limit'이라는 용어로 검색해보자. 보통 128메가바이트면 무들이 동작하는 데 적당한데, 필요하다면 설정을 늘려서 시작하자.

여러분이 서버를 운영하든, 운영하지 않든 간에 설치를 계속 진행하기 전에 이 사항을 수정하는 게 좋다.

6f단계: install.php로 생성된 데이터베이스 테이블

다음으로 install.php 스크립트는 무들 데이터베이스에 테이블을 생성한다. 다음 단계로 넘어가기 위해 Continue 버튼을 클릭하는 것 외에 이번 단계에서 진행할 작업은 없다.

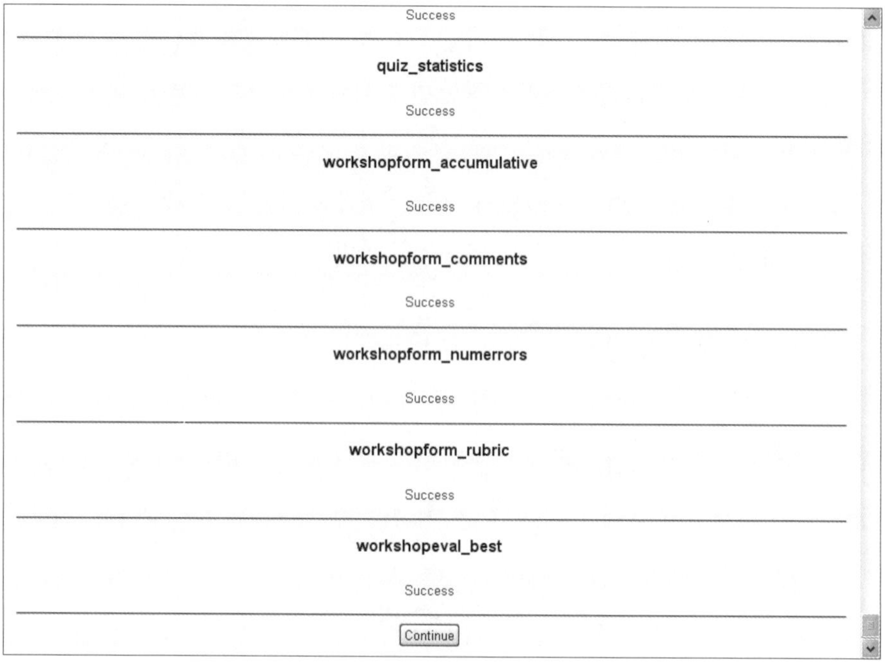

Continue 버튼을 클릭하면 사이트를 관리할 사용자의 자세한 사항을 입력하는 페이지가 나타난다.

> 브라우저를 띄워 무들을 설치하기 위한 설치 시작 페이지(소프트웨어를 업로드한 곳의)를 열고 위에 안내된 대로 설치를 진행한다. 설치에 필요한 정보가 미리 준비되어 있다면 10분도 채 걸리지 않는다.

설치 7단계: 관리자 생성

관리자는 사이트에서 최고의 권한을 갖고 있다. 이 사용자는 사이트에서 다른 사용자를 생성하는 작업을 포함한 어떠한 작업도 할 수 있다. 이 사용자의 상세한 정보를 입력하고 그 정보를 안전한 장소에 보관하자. 별표가 있는 항목은 필수 입력사항이고, 그 외의 항목은 선택 입력사항이다.

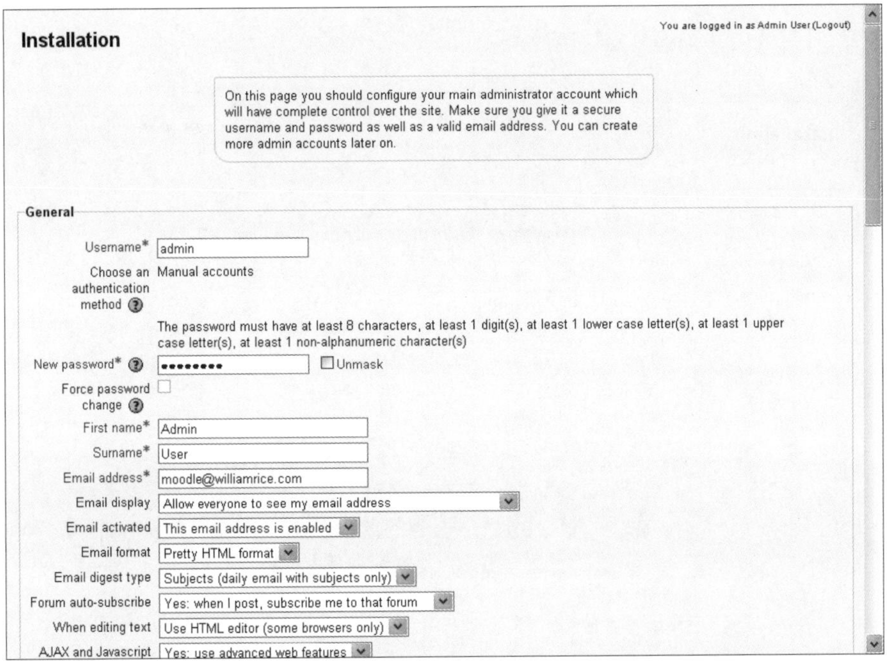

이런! 관리자의 암호를 잊었습니다

당황하지 말자. 관리자 암호를 잊은 경우 대처하는 방법이 있다. 무들 데이터베이스에 접근할 수 있다면 알아낼 수 있으며, 무들 웹사이트의 자주 묻는 질문 페이지에서는 더 자세한 사항을 알려준다. http://docs.moodle.org/en/Administration_FAQ#I_have_forgotten_the_admin_password

관리자의 필수 입력사항을 입력하고 페이지를 아래로 내려 작업한 사항을 저장하면 설치 작업은 다음 단계로 진행된다.

설치 8단계: 시작 페이지 설정

이번 단계에서 입력한 Full site name(사이트 전체 이름)은 여러분이 운영하는 무들 사이트의 시작 페이지에 표시되며, Short name(짧은 이름)은 내비게이션 메뉴에 표시된다. 그리고 Front page description(시작 페이지 설명)은 사이트의 시작 페이지에 표시된다. 이렇게 입력된 사항들은 나중에도 쉽게 수정할 수 있다. 완성도를 높이기 위해 천천히 써내려가다 보면 여러분이 생각하는 가장 좋은 정보를 입력할 수 있을 것이다. 모두 입력했으면 다음으로 진행한다.

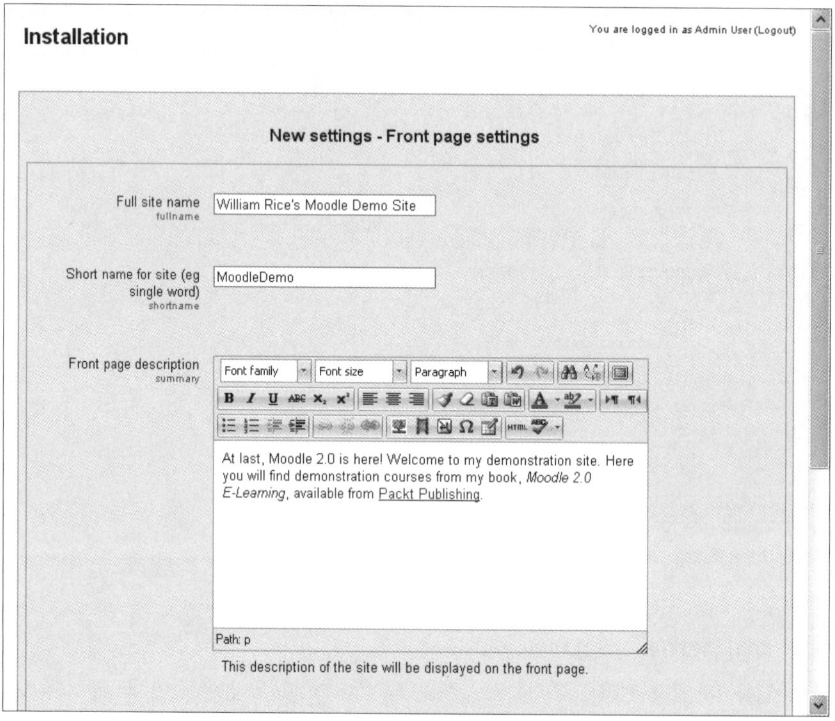

Installation
You are logged in as Admin User (Logout)
New settings - Front page settings
Full site name
fullname
William Rice's Moodle Demo Site
Short name for site (eg single word)
shortname
MoodleDemo
Front page description
summary
Font family
Font size
Paragraph
At last, Moodle 2.0 is here! Welcome to my demonstration site. Here you will find demonstration courses from my book, Moodle 2.0 E-Learning, available from Packt Publishing.
Path: p
This description of the site will be displayed on the front page.

페이지 하단에서 이메일 기반의 자체등록 기능을 사용할지 여부를 선택한다. 기본적으로 이 기능은 사용하지 않는데, 특별한 이유가 없다면 이 기능은 사용하지 않는다.

페이지 작업을 저장하고 다음 단계로 넘어간다.

설치 9단계: 성공!

무들은 새로운 사이트의 시작 페이지를 표시한다. 이제 여러분은 강좌를 개발할 준비가 되었다.

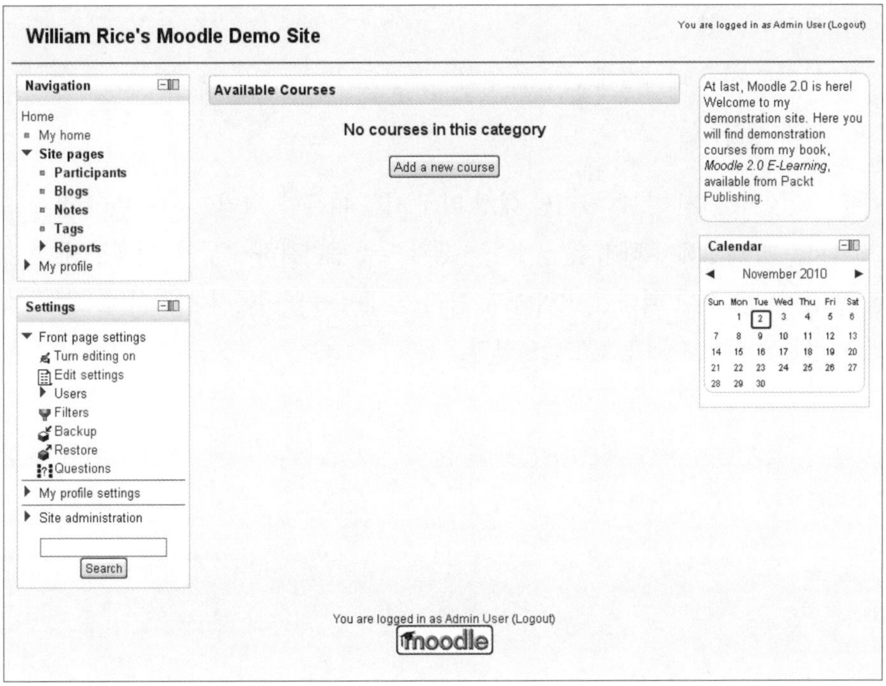

William Rice's Moodle Demo Site
You are logged in as Admin User (Logout)
Navigation
Home
My home
Site pages
Participants
Blogs
Notes
Tags
Reports
My profile
Settings
Front page settings
Turn editing on
Edit settings
Users
Filters
Backup
Restore
Questions
My profile settings
Site administration
Search
Available Courses
No courses in this category
Add a new course
At last, Moodle 2.0 is here! Welcome to my demonstration site. Here you will find demonstration courses from my book, Moodle 2.0 E-Learning, available from Packt Publishing.
Calendar
November 2010
Sun Mon Tue Wed Thu Fri Sat
You are logged in as Admin User (Logout)
moodle

정리

여러분은 무들 사이트를 생성했다. 이제 다음과 같은 작업을 진행할 수 있다.

- 사용자 계정 생성
- 사이트 구성
- 사이트 시작 페이지에 콘텐츠 추가
- 강좌 생성

아무 작업이나 먼저 할 수 있지만 대개 위 순서를 따른다. 그리고 처음부터 정확하고 올바르게 작업해야 하지 않을까라는 생각으로 두려워하지 말자. 언제든지 수정과 편집이 가능하니 최대한 편안하게, 용기를 내어 무엇이든지 시작하자. 그럼 이제 여러분의 학습 사이트를 만들어보자.

3
사이트 구성

설치를 마친 후 선택한 사이트 구성의 설정값들은 무들 사이트를 사용하는 학생과 교사의 경험에 영향을 미친다. 이번에 다룰 내용은 여러분이 원하는 사용자 경험을 사용자들이 얻을 수 있도록 사이트를 올바르게 구성하는 데 도움을 준다.

"사용자가 자신의 시간대를 선택할 수 있도록 허용하시겠습니까?"와 같은 많은 설정 항목은 쉽게 값을 선택할 수도 있지만 명확하지 않은 설정 항목도 있으며, 다르게 바꾼 설정값이 사용자의 경험에 어떤 영향을 미치는지 알아보는 데 많은 시간이 걸린다. 이런 중요한 설정 항목에 초점을 맞추어 여러분이 선택한 중요한 구성 항목의 설정이 여러분의 사이트에 어떤 영향을 주는지 살펴보면 값을 설정하는 데 필요한 시간을 절약하는 데 도움이 될 것이다.

> 시스템 관리자나 웹마스터가 여러분 대신 무들을 설치했다고, 설치된 기본 구성대로 사용하려는 생각으로 이번 장을 무시하고 넘어가려는 유혹에 빠질 수 있으나 반드시 한 번 읽고 넘어가자. 반드시!

여러분이 무들을 설치하지 않았다 하더라도 이번 장의 구성 부분을 읽기를 권한다. 이 부분을 읽음으로써 여러분이 원하는 설정을 선택하도록 시스템 관리자와 상의할 수 있으며, 관리자는 무들을 구성하는 사이트 관리자 계정을 생성해주거나 여러분을 대신해서 구성 설정 작업을 해줄 수 있다.

실험 준비

이번 장에서 구성 항목의 설정값을 바꿨을 때 나타나는 효과를 설명하곤 있지만, 직접 경험해보는 게 가장 좋다. 그러니 설정값을 바꿔가며 효과를 확인하는 실험을 두려워하지 말자. 이제 다음과 같은 방법을 시도한다.

1. 무들 설치 시 사이트 관리자 계정을 생성했으니 이제는 적어도 교사 한 명과 학생 세 명의 테스트 계정을 생성한다.
2. 컴퓨터에 파이어폭스, 오페라, 인터넷 익스플로러 등 3개의 브라우저를 설치한다.
3. 첫 번째 브라우저를 이용해 관리자administrator로 사이트에 로그인한 후 이 책의 내용대로 설정한 사항들을 실험한다.
4. 두 번째 브라우저를 이용해 교사teacher 계정으로 사이트에 로그인한 후 구성 설정이 바뀔 때마다 교사의 브라우저를 새로고침해 교사의 작업이 어떻게 바뀌는지 관찰한다.
5. 세 번째 브라우저를 이용해 학생student 계정으로 사이트에 로그인한 후 구성 설정이 바뀔 때마다 학생의 브라우저를 새로고침해 학생의 경험이 어떻게 바뀌는지 관찰한다.

이런 작업들에 대한 지침은 이어지는 절에서 상세히 논의한다.

교사와 학생의 테스트 계정 생성

지침들은 무들 설치가 끝난 후 관리자 계정의 사용자로 로그인한 새로운 사이트의 시작 페이지에서 시작된다.

사이트에서 사용할 테스트 계정 생성

다음 단계를 수행해 사이트에서 사용할 테스트 계정을 생성한다.

1. 무들 사이트로 이동하기 전에 워드 프로세스를 실행하거나 빈 이메일을 생성해 중요한 내용을 적는다.
2. 관리자 계정의 사용자로 로그인하지 않았다면 페이지 우측 상단 구석의 Login(로그인) 링크를 사용해 지금 로그인한다.
3. 새로 구축한 무들 사이트의 시작 페이지가 표시된다.
4. 페이지 좌측의 Settings(설정) 메뉴에서 Site administration(사이트 관리)을 클릭해 Site administration 메뉴를 확장한다.
5. Users(사용자) 메뉴를 클릭한 다음 Accounts(계정)를 클릭한다.
6. Add a new user(사용자 추가)를 클릭하면 Add a new user 페이지가 나타난다.
7. 페이지의 각 항목을 어떻게 채워야 하는지는 다음 표에 설명해놓았으며, 붉은색 항목은 필수 입력 항목이다.

항목	내용
Username (사용자 아이디)	테스트할 역할을 쉽게 찾을 수 있도록 teacher1, teacher2, student1, …, student4와 같은 방식으로 생성한다.
Choose an authentication method(인증 방법 선택)	테스트 계정이므로 Manual accounts(수동 계정)로 설정한다.
New password (새 비밀번호)	여러분이 속해 있는 기관의 비밀번호 정책에 따른다. 비밀번호를 정확하게 입력하기 위해 Unmask(암호 보임) 체크박스를 클릭해 입력하는 암호가 보이게 한다.

(이어짐)

항목	내용
Force password change (강제로 암호 변경)	테스트 계정이므로 빈칸으로 둔다.
First name and Surname (이름과 성)	기본적으로 무들에서 사용자 목록은 사용자들의 이름으로 정렬된다. 여러분이 생성한 테스트 계정들이 사용자 목록에서 차례로 표시되어 편리할 뿐만 아니라 테스트 계정들이 목록의 상단에 나열된다면 스크롤해 찾을 필요가 없다. 이렇게 단 한 번의 클릭으로 사용자 목록의 상단에 나타날 수 있도록 테스트 계정의 성을 AATest와 같이 작성하는 것을 고려하자.
Email address (이메일 주소)	무들에서 각 사용자의 이메일 주소는 유일한 값이어야 한다. 만약 6개의 테스트 계정을 생성한다면 계정 6개를 모두 다른 이메일 주소로 준비한다. 어떤 기관의 IT 부서에서는 여러 개의 이메일 주소를 제공하지 않을 수도 있는데, 이런 경우 이메일 주소로 사용할 여러 개의 별칭을 제공하는지 IT 부서에 문의한다.
Email display (이메일 공개)	테스트 계정이 사용하는 이메일 주소를 사이트의 다른 사용자들이 보기를 원하는가? 테스트 계정의 이메일 주소를 다른 학생들에게 보여줘야 할 이유가 없다면 Hide my email address from everyone(모든 사람에게 비공개)을 선택하자. 학생들이 실제 교사 계정과 테스트 교사 계정의 이메일을 혼동해 테스트 교사 계정으로 이메일을 보내는 상황을 원하지는 않을 것이다.
Email activated (이메일 활성화)	강좌를 개발하는 동안 테스트 계정으로 이메일을 수신하기 원한다면 This email address is enabled(이 이메일 주소 사용)로 설정하자.
Email format (이메일 양식)	사이트에서 이메일 발송을 테스트하기 위해 홀수 번호의 사용자들은 Pretty HTML format(잘 꾸며진 HTML 양식)으로, 짝수 번호의 사용자들은 Plain text format(단순한 텍스트 형식)으로 설정한다.
Email digest type (이메일 요약 유형)	사용자가 포럼에 가입하면 새 포럼글이 등록됐을 때 무들은 사용자에게 이메일을 발송한다. 이 설정은 이메일을 얼마나 자주 보낼지, 어떤 내용을 포함할지를 정의한다. 테스트용이므로 No digest(요약하지 않음)로 설정한다. 포럼이 제대로 메시지를 발송한다면 몇 분 안에 그 방식을 알 수 있다. 만약 테스트 사용자가 포럼으로부터 너무 많은 메일을 받기 시작한다면 이 설정을 일간 이메일(daily e-mail)로 설정한다.
Forum auto-subscribe (포럼 자동 구독), Forum tracking(포럼 추적)	테스트를 하기 위해서는 Yes로 설정하자. 만약 테스트 사용자가 많은 포럼으로부터 많은 양의 메시지를 받기 시작한다면 두 설정 중 하나 혹은 모두를 No로 설정한다. 그러면 테스트 사용자는 포럼 구독이 정지된다.

(이어짐)

항목	내용
When editing text (내용을 수정할 때)	무들의 HTML 편집기 사용을 테스트하기 위해서는 Use HTML editor(HTML 편집기 사용)를 선택한다.
AJAX, Javascript	여러분이 속해 있는 기관의 사용자들이 브라우저로 이 기능을 사용할 수 있는지 여부를 IT 부서에 문의해 알아두자.
Screen reader (화면 읽기 도구)	무들은 시각장애인들의 용이한 접근을 위한 인터페이스를 제공한다. 시각장애인을 위한 테스트를 하려면 테스트 계정들 중 한 계정의 이 값을 Yes로 설정한다.
City/town, Select a country (도시, 국가 선택)	이 항목은 필수 입력사항으로, 테스트 계정에는 TestVill 같은 그럴듯한 가상의 도시 이름으로 설정하기를 권장한다. 나중에 이를 사용해 테스트 계정들을 쉽게 찾을 수도 있을 것이다.
Timezone(시간대)	사용자에게 표시되는 시간을 결정한다.
Preferred language (선호하는 언어)	무들의 인터페이스에 사용할 언어를 결정하며 사이트 전체에 적용되는 설정으로 사용자들이 사용하는 언어를 선택할 수 있도록 허용하거나 금지할 수 있다. 만약 사용자가 언어를 직접 선택할 수 있도록 허용한다면 사용자가 선택한 사항이 여러분이 이곳에서 선택한 사항보다 우선 적용된다.
Description(설명)	대부분의 사이트에서 사용자는 자신의 사용자 개인정보에 자신의 설명을 입력하는데, 여러분은 이곳에서 자신의 설명을 입력한다.

8. 나머지 사용자 항목은 쉽게 알 수 있고 대개 사용자들이 내용을 채운다.
9. 나중에 사용하게 될 테니 여러분이 사용하는 워드 프로세서에 사용자의 이름, 암호, 이메일 주소 등을 기록해둔다.
10. 페이지의 맨 아래에 있는 Update profile(개인정보 수정) 버튼을 클릭해 저장한다.
11. 이 과정을 반복해 테스트 계정을 생성한다. 계정 생성을 모두 마치고 Settings(설정) ➤ Site administration(사이트 관리) ➤ Users(사용자) ➤ Accounts(계정) ➤ Browse list of users(사용자 목록 살펴보기) 메뉴를 클릭하면 다음과 같이 화면에 사용자 목록이 나타난다.

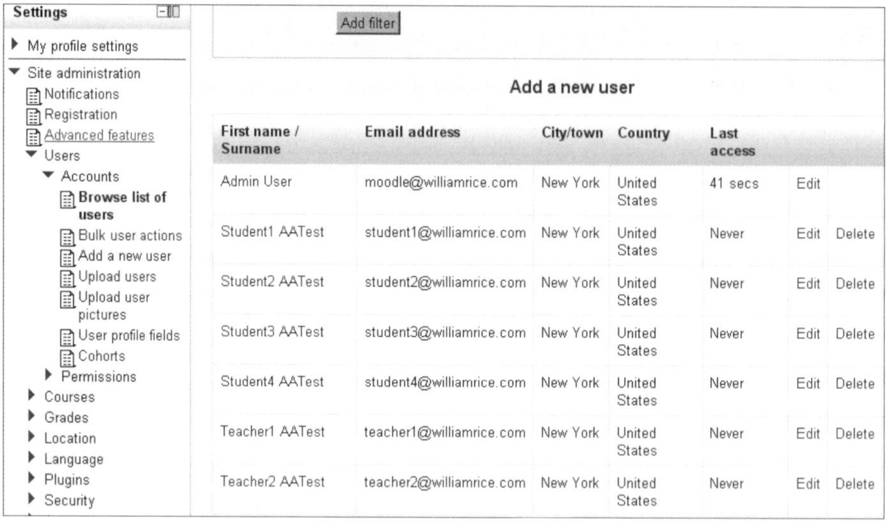

여러 가지 브라우저 설치

무들은 같은 종류의 브라우저에서 다른 두 사용자의 이름으로 로그인할 수 없다. 예를 들어 teacher1과 student1, 두 계정으로 로그인하려면 같은 종류의 브라우저에서는 로그인이 불가능하므로 종류가 다른 두 브라우저가 필요하다.

한 컴퓨터에서 동시에 여러 사용자가 로그인하려 한다면 다음 브라우저들을 설치해 사용한다.

- **파이어폭스**: 이 브라우저를 사이트 관리자용으로 사용한다.
- **오페라**: 이 브라우저를 교사용으로 사용한다.
- **크롬**: 이 브라우저를 학생용으로 사용한다.

그리고 사파리와 인터넷 익스플로러 또한 사용할 수 있으니 잊지 말자.

브라우저 설치에 대한 사항은 이 책의 내용에 맞지 않으니 설명하지 않는다. 다음 표의 웹사이트를 방문해 브라우저를 내려받아 설치한다. 여러분이 속한 조직의 보안 정책으로 인해 소프트웨어를 설치할 수 없다면, 추가 브라우저를 설치할 수 있도록 담당 부서의 도움을 요청한다.

브라우저	사이트	운영 시스템
파이어폭스	http://www.mozilla.com	윈도우, 맥, 리눅스
오페라	http://www.opera.com	윈도우, 맥, 리눅스
크롬	http://www.google.com/chrome	윈도우, 맥, 리눅스
사파리	http://www.apple.com/safari	윈도우, 맥
인터넷 익스플로러	http://www.microsoft.com/windows/internet-explorer	윈도우

사이트 관리 메뉴 탐색

무들 설치 후, 기본적인 구성 옵션 중 일부를 설정하기를 권장한다. 이 설정 항목들의 일부는 사용자 인증 방법이라든지, 어떤 통계 항목을 사이트에 저장할지 여부와 어떤 모듈을 사용할지 여부 등을 결정하며, 그 밖의 어떤 언어를 사용할 수 있는지, 색 구성을 설정한다거나, 시작 페이지에 어떤 내용을 표시할지와 같은 설정들은 단순히 사용자 경험에 영향을 준다. 이 모든 설정은 Site administration(사이트 관리) 메뉴를 통해 이뤄진다.

Site administration 메뉴에 접근하려면 관리자 계정의 사용자로 로그인해야 하며, Settings(설정) 메뉴 아래의 Site administration을 클릭해 메뉴를 확장한다.

이번 장에서는 사이트를 구성하면서 Site administration 메뉴에 포함된 설정들 중 일부를 다루며, 그 외 나머지는 강좌 구축, 교수, 채점, 사이트 업그레이드 등을 진행하면서 다룬다.

> 이 점은 기억하자. 여타 애플리케이션과는 달리, 무들의 Site administration 메뉴는 '설정하고 잊어버리는' 것이 아니라 사이트 개발 시 구성 설정을 다시 살펴봐야 한다.
>
> 무들의 초기 버전에서 Site administration 메뉴는 사이트의 시작 페이지에만 표시됐지만, 무들 버전 2에서는 만일 여러분이 Site administration 메뉴에 접근한다면 사이트의 모든 페이지에서 사이트 관리 메뉴를 사용할 수 있다.

이제부터는 여러분이 원하는 사용자 경험을 생성하기 위한 사이트를 구성하는 데 필요한 설정들을 살펴본다.

인증 방법 구성

인증과 로그인은 다르다. 인증이란 새로운 사용자가 사이트에 등록해 새로운 무들 계정을 생성했을 때 무슨 일이 발생하는지에 관한 내용이고, 로그인이란 인증된 사용자가 무들에 접속하는 시점을 의미한다.

무들은 다양한 사용자 인증 방법을 제공하는데, 이 방법들은 Settings(설정) ➤ Site administration(사이트 관리) ➤ Plugins(플러그인) ➤ Authentication(인증) ➤ Manage authentication(인증 관리) 메뉴 아래에서 찾을 수 있다. 각 옵션의 Settings을 클릭하면 해당 옵션에 대한 간단한 설명을 볼 수 있다.

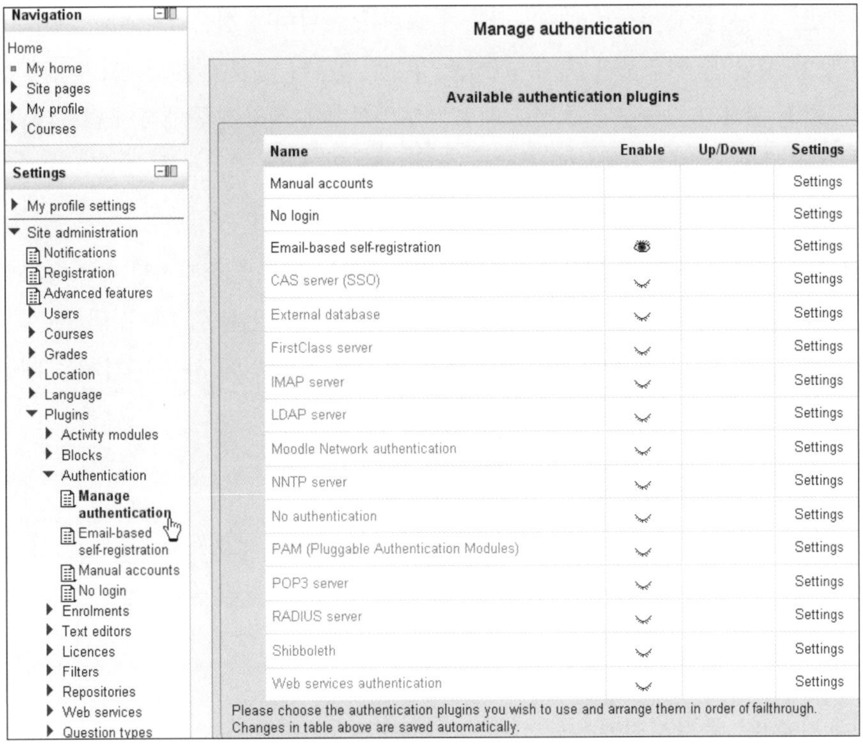

이번 소절에서는 인증 방법을 쉽게 사용할 수 있도록 중요한 정보를 제공한다.

수동 계정과 로그인 차단 방법

이전 화면에서 볼 수 있듯이 인증 방법 중 Manual accounts(수동 계정) 방법과 No login(로그인 차단) 방법은 비활성화할 수 없음을 기억해두자. 두 방법은 사이트 관리자만 사용할 수 있다.

수동 계정 방법은 관리자가 사용자 계정을 생성하는 데 사용하는 방법으로, 테스트 사용자 계정을 사용하기 위해 이 방법을 사용한다.

외부 데이터를 이용해 인증한다고 하더라도 이 방법을 사용해 사용자 계정을 생성할 수 있다. 예를 들어 여러분의 회사나 학교가 무들 인증을 위해 여러분이 속해 있는 조직의 IMAP 이메일 서버를 사용한다고 가정하자. 여러분의 조직에 속해 있는 모든 사용자가 이메일 계정을 갖고 있기 때문에 여러분의 동료들만이 여러분이 사용하는 무들 사이트의 계정을 가질 수 있다고 말할 수 있다.

하지만 여러분의 강좌들 중 한 강좌를 가르치는 손님이나 전문가가 있는 경우 어떻게 할 것인가? 여러분이 속해 있는 조직에서 외부의 인원에게 조직의 이메일을 발급하길 원하지 않는다면 초청 교사는 IMAP 서버에 계정이 존재하지 않는다. 이런 경우 무들에 손님 계정을 수동으로 생성할 수 있다. 이 계정은 무들에만 존재하며 IMAP 서버(혹은 그 밖의 서버)에는 역으로 작성되지 않는다.

관리자는 로그인 차단 방법을 사용해 사용자 계정의 사용을 중지시킨다. 사용자의 사용을 중지시키면 해당 사용자는 로그인을 할 수 없지만 블로그나 성적 같은 시스템에 저장되어 있는 작업 데이터는 계속 유지된다. 반면에 사용자 삭제는 계정과 함께 사용자 데이터 또한 제거한다.

수동으로 새 사용자 생성

3장 시작 부분에서 테스트 계정을 생성했다면 사용자 계정을 수동으로 생성한 것이다. 그렇지 않다면 3장의 '교사와 학생의 테스트 계정 생성' 절에 나오는 지침을 따라 진행한다.

사용자 계정 중지시키기

1. 페이지 왼쪽 부분의 설정 메뉴 중 Settings ➤ Site administration ➤ Users ➤ Accounts ➤ Browse list of users를 클릭하면 Users(사용자) 페이지가 표시되는데, 이 페이지에서 중지시킬 사용자를 검색한다.
2. New filter(새로운 필터) 영역에 사용자의 이름 전부 혹은 일부를 입력한다.

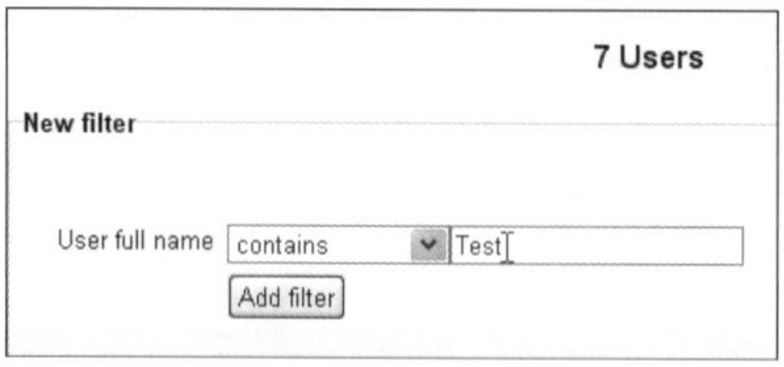

3. Add filter(필터 추가) 버튼을 클릭하면 페이지 하단에 사용자 목록이 표시된다.
4. 사용자 이름 옆의 Edit(고치기) 링크를 클릭하면 해당 사용자의 Edit profile(개인정보 수정) 페이지가 표시된다.

5. Choose an authentication method(인증 방법 선택) 항목에서 No login을 선택한다.

> 드롭다운 목록을 클릭하면 No login(로그인 차단) 항목 다음에 No authentication (인증 절차 생략) 항목이 있다. 이 옵션은 로그인 차단 방법과는 완전히 반대 기능이므로 선택하지 않도록 조심하자.

6. 페이지 하단의 Update profile 버튼을 클릭해 변경사항을 저장한다.

이메일 기반 자체등록 사용

이 인증 방법을 선택하면 사람들이 여러분의 사이트에 스스로 등록할 수 있다. 누군가 새 사용자 양식의 내용을 모두 입력하면 무들은 그 사람의 계정 생성을 확인하기 위해 이메일을 발송한다.

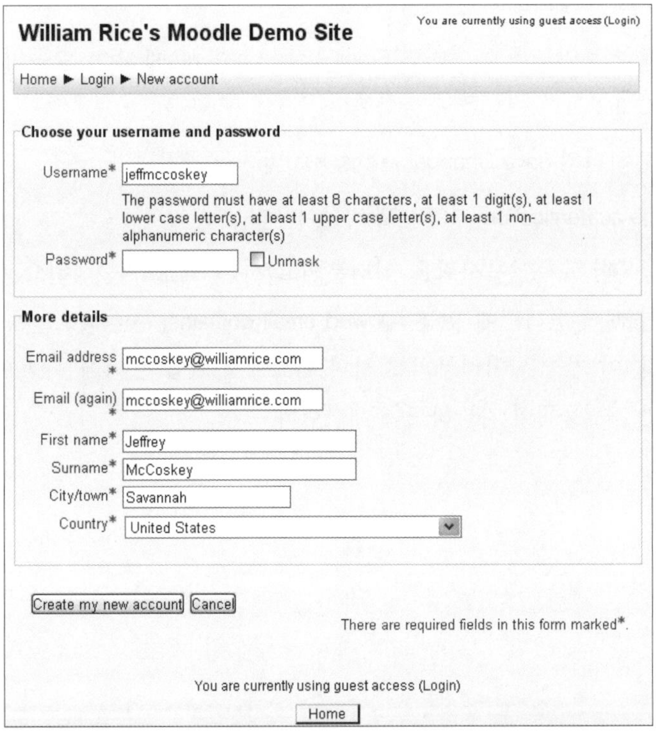

이메일 기반 자체등록 기능을 사용하려면 두 곳에서 설정해야 한다.

이메일 기반 자체등록 활성화

1. Settings ➤ Site administration ➤ Plugins ➤ Authentication ➤ Manage authentication을 클릭하면 나타나는 화면에서 아래 예에서 보는 바와 같이 Email-based self-registration(이메일 기반 자체등록) 항목의 관리 모드를 활성화하도록 눈 모양의 아이콘을 클릭한다.

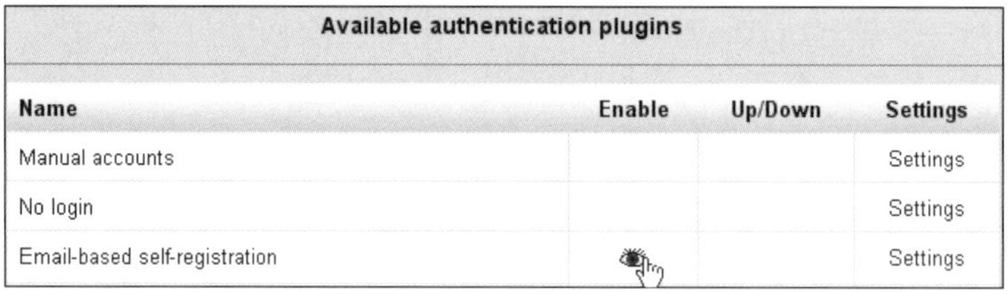

Available authentication plugins			
Name	**Enable**	**Up/Down**	**Settings**
Manual accounts			Settings
No login			Settings
Email-based self-registration			Settings

2. 같은 페이지의 아래쪽으로 내려가 Self registration 드롭다운 목록에서 Email-based self-registration을 선택한다.
3. 사이트의 보안도를 높이려면 Email-based self-registration 항목의 Settings에서 reCAPTCHA 기능을 활성화한다.
4. 페이지 하단의 Save Changes(변경사항 저장) 버튼을 클릭한다.
5. Manage authentication 페이지로 되돌아온다.
6. 자체등록할 수 있는 사람을 여러분의 회사나 학교의 구성원으로 제한하고 싶다면 페이지 하단에 있는 Allowed email domains(허용된 이메일 도메인) 기능을 고려하자. 이 기능은 여러분의 회사나 학교에서 발급한 이메일 주소를 소유한 사람만 자체등록이 가능하도록 제한한다.

외부 자원을 통한 인증

무들은 다른 데이터베이스나 서버를 통해 사용자의 로그인 가능 여부를 결정할 수 있는데, 이 기능을 '외부 자원을 통한 인증'이라 부른다.

다음 화면을 보면 외부 데이터베이스나 외부 서버를 통한 인증 방법이 강조되어 있다.

Available authentication plugins			
Name	Enable	Up/Down	Settings
Manual accounts			Settings
No login			Settings
Email-based self-registration			Settings
CAS server (SSO)			Settings
External database			Settings
FirstClass server			Settings
IMAP server			Settings
LDAP server			Settings
Moodle Network authentication			Settings
NNTP server			Settings
No authentication			Settings
PAM (Pluggable Authentication Modules)			Settings
POP3 server			Settings
RADIUS server			Settings
Shibboleth			Settings
Web services authentication			Settings

외부 데이터베이스나 외부 서버에 대한 설정은 몇 가지 공통점이 있는데, 이런 공통점과 사용자 인증을 위한 외부 자원의 사용 방법을 알아보자.

외부 데이터베이스나 서버 연결

외부 자원을 통한 인증을 선택한 경우 해당 자원에 연결하는 방법을 설정해야 한다. 이 설정사항을 보려면 자원의 Settings 링크를 클릭한다.

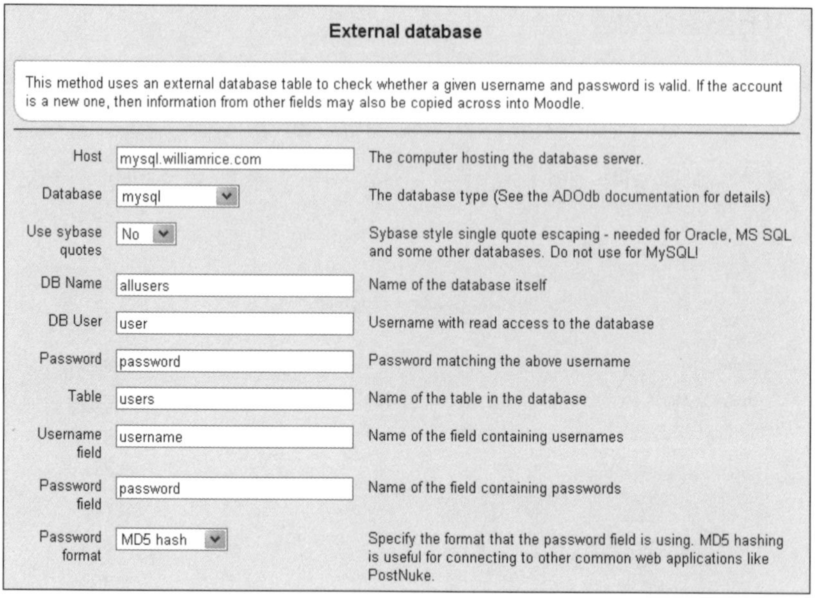
External database
This method uses an external database table to check whether a given username and password is valid. If the account is a new one, then information from other fields may also be copied across into Moodle.
Host
mysql.williamrice.com
The computer hosting the database server.
Database
mysql
The database type (See the ADOdb documentation for details)
Use sybase quotes
No
Sybase style single quote escaping - needed for Oracle, MS SQL and some other databases. Do not use for MySQL!
DB Name
allusers
Name of the database itself
DB User
user
Username with read access to the database
Password
password
Password matching the above username
Table
users
Name of the table in the database
Username field
username
Name of the field containing usernames
Password field
password
Name of the field containing passwords
Password format
MD5 hash
Specify the format that the password field is using. MD5 hashing is useful for connecting to other common web applications like PostNuke.

외부 자원에 연결하기 위한 설정 내용은 인증 방식에 따라서 조금씩 차이가 있는데, 필요한 정보를 얻는 가장 좋은 방법은 인증받으려는 데이터베이스의 관리자에게 문의하는 것이다. 인증 방법 Settings 페이지를 갈무리해 데이터베이스 관리자에게 보내어 입력사항에 대해 문의한다.

외부 데이터베이스에서 사용자가 삭제되면?

외부 자원을 통해 사용자를 인증한다면 사용자가 로그인할 때마다 외부 자원에서 사용자의 이름과 암호를 조회한다. 만약 사용자 이름이 외부 자원에서 삭제됐다면 무들에서는 다음 중 한 가지 방법으로 처리한다.

- **무들의 사용자 상태 유지**Keep the user active in Moodle: 이 방법은 비록 사용자가 외부 자원에서 삭제됐더라도 그 사용자의 사용자 정보나 로그인 정보가 여전히 무들 데이터베이스에 존재하므로 사용자는 로그인이 가능하다.
- **무들의 사용자 사용 중지**Suspend the user in Moodle: 사용자의 정보가 무들에 유지되지만 로그인할 수 없다.
- **무들의 사용자 삭제**Delete the user from Moodle: 무들의 사용자 정보가 완전히 삭제된다.

이 설정은 Removed ext user(제거된 외부 사용자) 설정에서 제어한다.

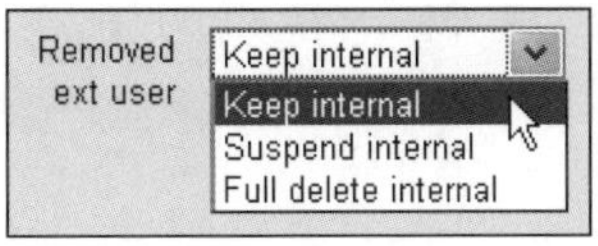

여러분의 조직을 떠난 사람들을 무들 시스템에서 어떻게 관리할지 결정하는 사항이므로 중요한 작업이다.

예를 들어 여러분 회사의 이메일 서버(LDAP 서버)를 통해 무들 사용자를 인증한다고 가정하자. 사원이 퇴사하면 그 사원은 이메일 서버에서 삭제된다. 이 경우 여러분은 그 사원을 무들에 로그인할 수 있게 하겠는가? 그 사원의 계정 사용을 중지하지만 무들에서 작업한 모든 작업의 정보를 유지하겠는가? 아니면 무들에서 그 사원의 정보를 완전히 삭제하겠는가? 이 사항에 대한 결정을 내리기 위해 시스템 관리자와 상의해 여러분의 조직에 맞는 옵션을 선택한다.

외부 데이터베이스의 사용자 아이디가 변경되면?

무들은 외부 자원을 확인해 사용자가 접속 권한이 있다고 판단하면 무들의 데이터베이스에 사용자의 계정을 생성한다. 외부 자원에서 사용자 아이디와 암호를 조회한다고 하더라도 사용자의 활동에 대한 기록은 무들 시스템 내에 저장된다. 사용자의 성적, 블로그 항목, 사용 이력 등은 모두 사용자 아이디를 바탕으로 무들 시스템 내에 저장된다.

외부 자원에서 사용자 아이디가 변경되면, 외부 자원의 새로운 사용자 아이디와 무들의 예전 사용자 아이디 간의 서로 연결할 수 있는 정보는 없어진다. 예를 들어 여러분이 LDAP 서버의 사용자 아이디를 jsmith1에서 jsmith2로 변경했다면 무들 시스템은 jsmith2 사용자가 예전 jsmith1 사용자라는 사실을 어떻게 알 수 있겠는가? Jsmith2 사용자가 무들에 처음 로그인하면 무들 시스템은 jsmith2라는 사용자 아이디로 새로운 사용자 계정을 만든다. jsmith1 계정은 여전히 무들 시스템에 존재하지만 더 이상 사용되지 않는다.

외부 자원에서 사용자의 아이디를 변경했을 때 동기화되어도 변경된 새로운 아이디로 사용자 정보가 유지되길 원한다면 무들의 사용자 아이디 또한 변경해야 한다.

무들 사용자의 아이디 변경

무들 사용자의 아이디를 변경하려면 다음 단계를 수행하자.

1. 페이지 왼쪽의 Settings 메뉴에서 Settings ➤ Site administration ➤ Users ➤ Accounts ➤ Browse list of users를 클릭하면 나타나는 Users 페이지에서 사용자를 검색한다.
2. New filter 영역에 사용자의 이름 전부 혹은 일부를 입력한다.

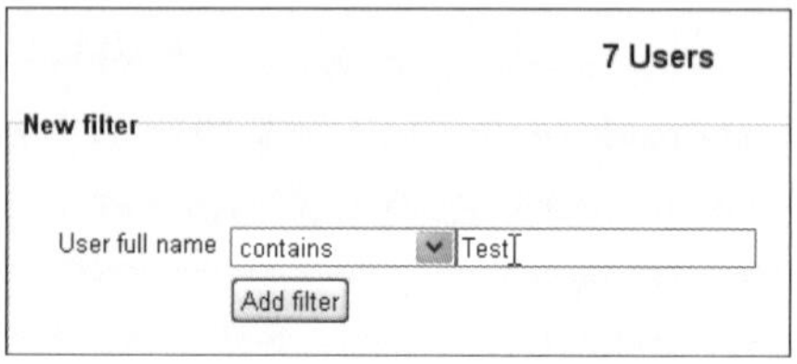

3. Add Filter 버튼을 클릭하면 페이지 하단의 사용자 목록에 사용자가 나타난다.
4. 사용자 이름 옆의 Edit 링크를 클릭하면 해당 사용자의 Edit profile 화면이 나타난다.
5. Username 항목에 해당 사용자의 새 아이디를 입력한다.
6. 페이지 하단의 Update profile 버튼을 클릭해 변경사항을 저장한다.

외부 자원을 사용하는 경우 만약 사용자가 암호를 변경하려면 일반적으로 무들이 아닌, 외부 자원의 암호를 변경해줘야 한다.

LDAP 서버를 이용해 사용자를 인증하고 있다면 무들을 통해 암호를 변경할 수 있도록 설정할 수도 있다. 또한 주기적으로 암호를 변경하도록 사용자에게 강요하는 LDAP 서버의 암호 만료 기능 사용이 가능하다. 이 두 기능은 LDAP 서버를 통해 인증할 때 사용할 수 있는 기능으로, 외부 데이터베이스를 통한 인증 방법을 사용할 때는 사용할 수 없다. 이렇게 각 서버의 종류에 따라 고유의 장단점이 있다.

등록 방법 선택에 따른 강좌 접속 권한 부여

등록enrolment은 인증authentication과는 다른 과정으로 인증은 사용자에게 사이트에 접속할 수 있는 권한을 부여하는 행위이고, 등록은 강좌에 접속할 수 있는 권한을 부여하는 행위다. 인증이란 "이 사이트의 회원입니까?"에 대한 대답이 되며, 등록이란 "이 강좌에 등록되어 있습니까?"라는 질문에 대한 대답이 될 수 있다.

학생 등록을 관리하는 몇 가지 옵션이 있으며, Settings ➤ Site administration ➤ Plugins ➤ Authentication ➤ Manage authentication을 클릭하면 아래와 같이 화면에 옵션이 나타난다.

Available course enrolment plugins

Name	Instances / enrolments	Enable	Up/Down	Settings	Uninstall
Manual enrolments	1 / 0		↓	Settings	Uninstall
Guest access	1 / 0		↑ ↓	Settings	Uninstall
Self enrolment	1 / 0		↑ ↓	Settings	Uninstall
Cohort sync	0 / 0		↑	Settings	Uninstall
Category enrolments	0 / 0			Settings	Uninstall
External database	0 / 0			Settings	Uninstall
Flat file (CSV)	0 / 0			Settings	Uninstall
IMS Enterprise file	0 / 0			Settings	Uninstall
LDAP enrolments	0 / 0			Settings	Uninstall
Course meta link	0 / 0			Settings	Uninstall
MNet remote enrolments	0 / 0			Settings	Uninstall
PayPal	0 / 0			Settings	Uninstall

목록 상단의 열 제목에 주목하자. 먼저 열 제목을 설명한 후, 등록 방법을 각각 살펴본다.

이름(Name)

등록 방법의 이름이다.

인스턴스/등록(Instances/enrolments)

인스턴스의 수는 이 등록 방법을 사용하고 있는 강좌의 수를 나타낸다. 이전 화면을 보면 첫 세 등록 방법은 하나의 강좌에만 할당되어 있음을 알 수 있다. 하지만 등록 방법이 강좌에 추가된 것이지 그 등록 방법을 사용하고 있다는 뜻은 아니다. 예를 들어 다음 화면과 같이 Scientific Method(과학적 방법) 강좌에는 세 가지 등록 방법이 할당되어 있다.

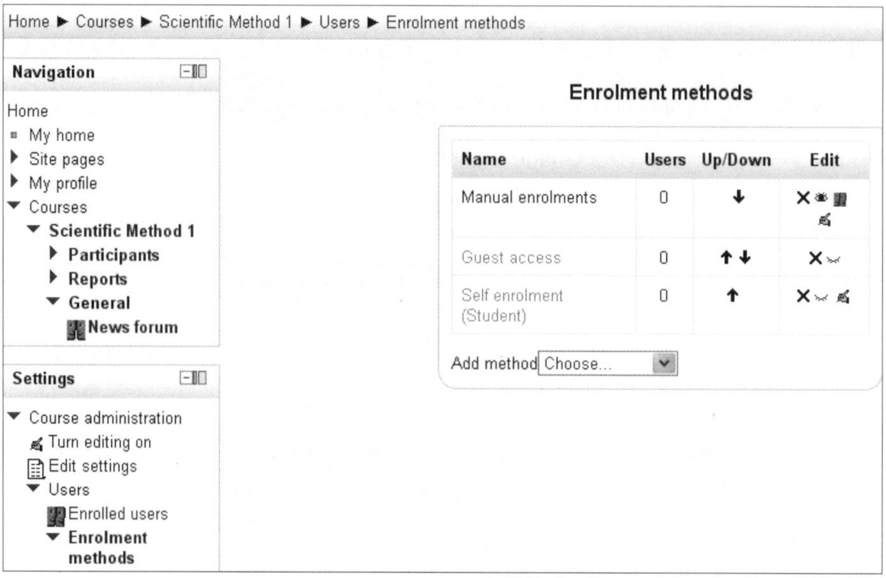

Guest access(손님 접속)와 Self enrolment(스스로 등록)가 이 강좌에 할당되어 있지만 사용할 수 없는 상태여서 사용하고 있지 않다는 점을 주목하자. 이 등록 방법을 사용하려면 교사나 관리자가 사용할 수 있도록 상태를 변경해야 한다.

> '스스로 등록'은 계정 생성 과정의 '자체등록'과는 다르다. 자체 등록은 사람들이 여러분의 사이트 가입을 가능하게 하는 과정으로, 강좌에 등록하기 위해 사용자는 사이트에 가입되어 있어야 한다.

사이트를 구성할 때는 사이트의 손님 접속과 자체 등록 기능을 사용할 수 없는 상태임을 기억하자. 따라서 강좌의 손님 접속과 스스로 등록 방법이 비활성화되어 있는 것이다. 단순히 이 강좌의 이 기능들을 활성화할 순 있지만 사이트의 설정은 변경되지 않는다.

구체적인 설정은 일반적인 상황을 무시한다

대부분의 시스템과 마찬가지로, 무들에서도 일반적인 범위의 설정보다 특정 범위의 설정이 우선한다. 동일한 설정 항목에 대해 전체 사이트에 적용된 설정보다는 특정 강좌의 설정이 적용되며, 전체 강좌에서 적용된 많은 설정보다 한 강좌의 특정 학습활동의 설정이 우선 적용된다.

관리 모드 활성(Enable)

이 설정은 해당 관리 방법을 강좌에서 사용할지 여부를 결정한다. 등록 방법을 사용하기 위해서는 눈 모양 아이콘을 클릭해 뜬 눈 모양의 아이콘으로 변경한다. 사용할 수 없게 하려면 반대로 아이콘을 클릭해 감은 눈 모양의 아이콘으로 변경한다.

위/아래(Up/Down)

위, 아래 화살표를 사용해 무들 시스템에서 사용할 등록 방법의 순서를 변경한다. 로그인하려는 사용자에게 권한이 있는지 여부를 첫 등록 방법을 이용해 결정하게 된다.

예를 들어 무들의 내부 데이터베이스와 외부 데이터베이스에 아이디가 jsmith1인 사용자가 있다고 가정하자. 다음 화면에 따르면 등록 방법 항목 중 Manual enrolments(수동 등록)가 External database(외부 데이터베이스)보다 위쪽에 있기 때문에 암호와 개인정보는 무들의 내부 데이터베이스를 사용한다.

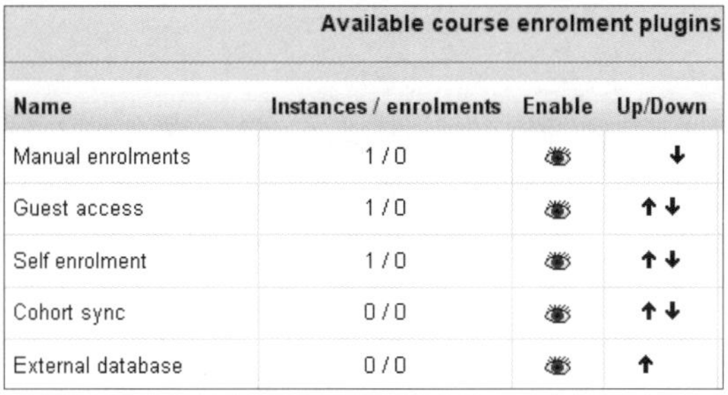

Available course enrolment plugins

Name	Instances / enrolments	Enable	Up/Down
Manual enrolments	1 / 0		↓
Guest access	1 / 0		↑↓
Self enrolment	1 / 0		↑↓
Cohort sync	0 / 0		↑↓
External database	0 / 0		↑

이 밖에, 무들의 외부에서 관리되는 외부 데이터베이스나 서버를 이용하는 비상호적인 등록 방법이 있다.

설정(Settings)

대부분의 등록 방법은 별도의 페이지를 이용해 각 방법의 구성 항목들을 설정한다. 예를 들어 다음 화면은 Self enrolment(스스로 등록) 방법을 위한 설정 페이지다.

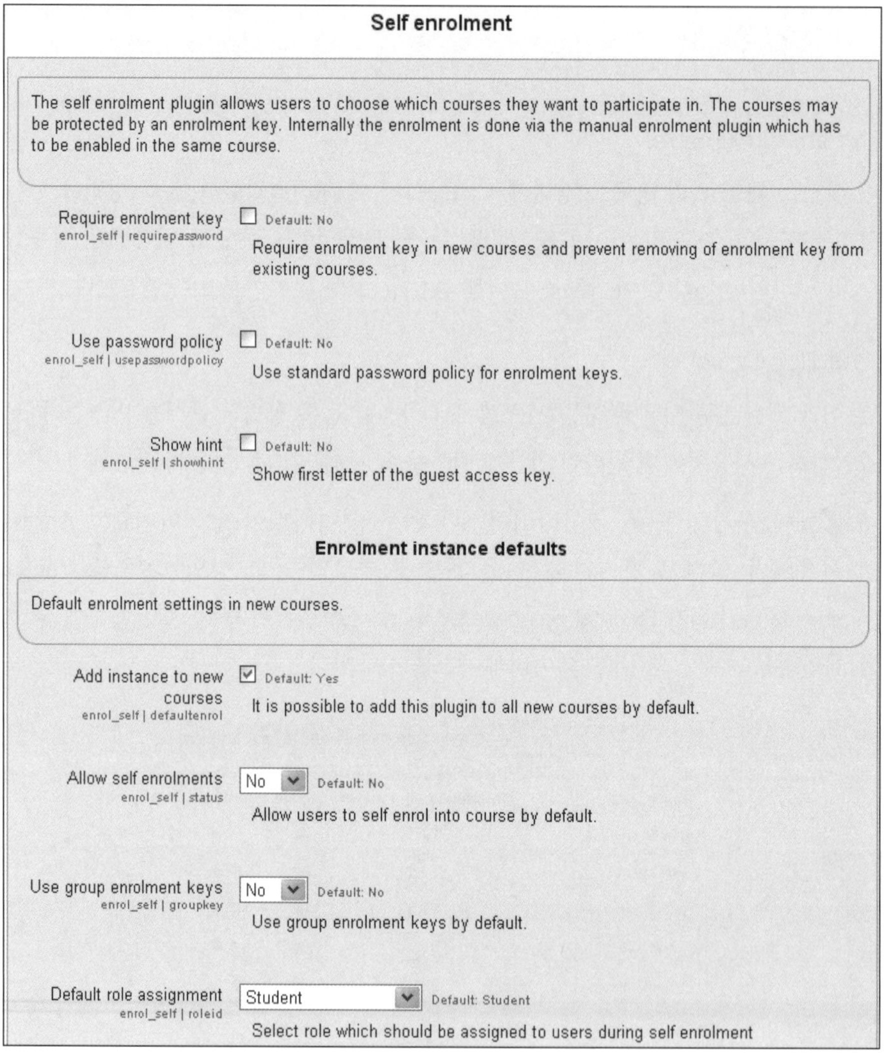
Self enrolment
The self enrolment plugin allows users to choose which courses they want to participate in. The courses may be protected by an enrolment key. Internally the enrolment is done via the manual enrolment plugin which has to be enabled in the same course.
Require enrolment key
enrol_self | requirepassword
Default: No
Require enrolment key in new courses and prevent removing of enrolment key from existing courses.
Use password policy
enrol_self | usepasswordpolicy
Default: No
Use standard password policy for enrolment keys.
Show hint
enrol_self | showhint
Default: No
Show first letter of the guest access key.
Enrolment instance defaults
Default enrolment settings in new courses.
Add instance to new courses
enrol_self | defaultenrol
Default: Yes
It is possible to add this plugin to all new courses by default.
Allow self enrolments
enrol_self | status
No
Default: No
Allow users to self enrol into course by default.
Use group enrolment keys
enrol_self | groupkey
No
Default: No
Use group enrolment keys by default.
Default role assignment
enrol_self | roleid
Student
Default: Student
Select role which should be assigned to users during self enrolment

등록 방법을 활성화하려면 반드시 Settings 페이지를 살펴서 등록 방법의 설정 중 어떤 사항을 변경해야 하는지를 결정해야 한다.

수동 등록(Manual enrolments)

수동 등록은 등록의 기본 양식이다. 이 등록 방법을 선택하면 교사나 관리자는 학생을 등록할 수 있다.

학생을 강좌에 수동 등록하기

1. 교사나 관리자 계정으로 강좌에 입장한다.
2. 강좌 내에서 Settings(설정) ➤ Users(사용자) ➤ Enrolled users(등록된 사용자)를 선택한다.
3. 페이지 우측 상단에 Enrol users(사용자 등록) 버튼을 클릭하면, 다음과 같은 사용자 등록 창이 나타난다.

4. 사용자를 찾기 위해 Search(검색)란에 사용자 이름의 일부를 입력하고 키보드의 엔터 키를 누른다. 다음 화면과 같이 검색어와 일치하는 목록이 표시된다.

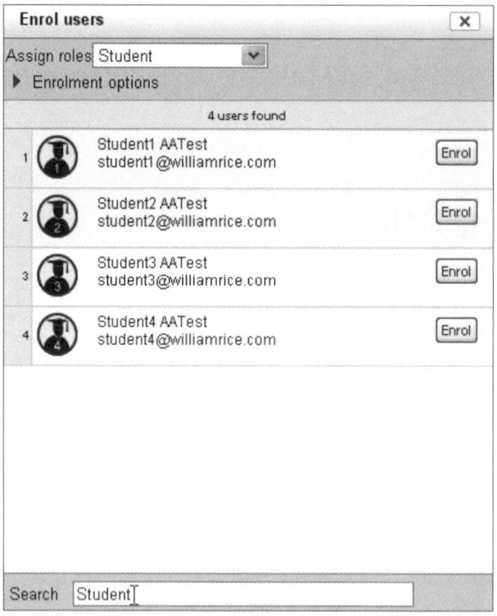

5. 사용자를 등록하려면 사용자의 이름 옆에 있는 Enrol 버튼을 클릭한다. 등록된 사용자의 목록이 변경된다.
6. 사용자 등록을 마치면 창의 닫기 버튼을 클릭한다. Enrolled users 페이지로 돌아오면 등록한 사용자가 등록된 사용자 목록에 추가된 모습을 볼 수 있다.

> 교사는 사용자를 강좌에 등록할 수 있지만 새 사용자를 생성할 수 없음을 기억하자.

무들의 기본 설정을 변경하지 않는다면 교사는 새로운 사용자를 생성할 수 없다. 기본적으로 교사는 존재하는 사용자를 강좌에 등록할 수 있을 뿐이고 사이트 관리자만이 수동으로 새로운 사용자를 생성할 수 있다. 다음 화면의 왼쪽 브라우저는 사이트 관리자 계정으로 로그인해 Site administration ➤ Users ➤ Accounts ➤ Add a new user 메뉴를 사용할 수 있다는 점에 주목하자. 화면의 오른쪽 브라우저는 교사 계정으로 로그인해 Site administration 메뉴를 사용할 수 없음을 주목하자.

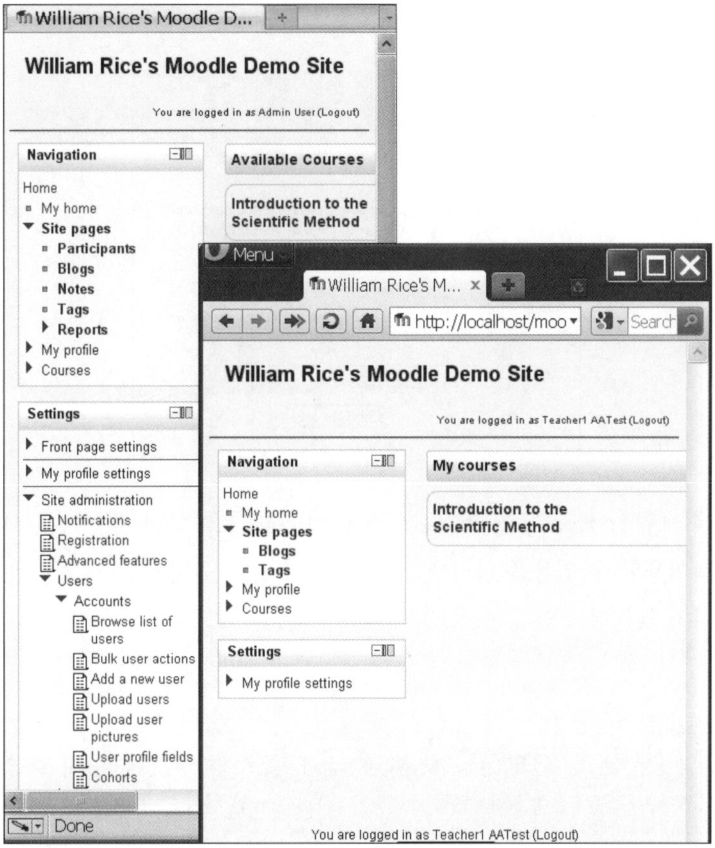

손님 접속

무들 사이트에는 '손님guest'이라고 불리는 특별한 사용자가 있다. 이 사용자는 강좌에 등록하지 않고도 강좌에 접속할 수 있다. 본래 사이트나 강좌는 익명의 사용자 접속을 허용한다.

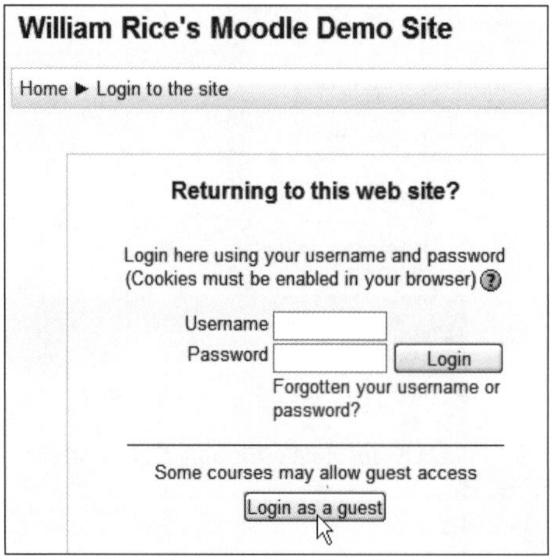

위 화면을 보면 Login as a guest(손님으로 로그인) 버튼이 보이는데, 이는 손님 계정으로 사이트를 이용할 수 있음을 나타낸다. 만약 손님 접속을 사용할 수 없다면 이 버튼은 나타나지 않는다.

> **손님이란 누구인가?**
> 손님 방문자는 누구인가? 손님 계정은 누구나 사용할 수 있기 때문에 아마도 로그인한 사용자가 누구인지 절대 알 수 없을 것이다. 따라서 손님의 이름을 알 수 없다. 사이트 로그를 본다거나 손님의 활동을 살펴보는 경우 모든 기록은 손님 계정을 사용해 접속한 모든 방문자가 수행한 활동이다.

손님 계정의 접속 방법 Settings 페이지에는 암호를 설정하기 위한 몇 가지 설정 항목이 있다.

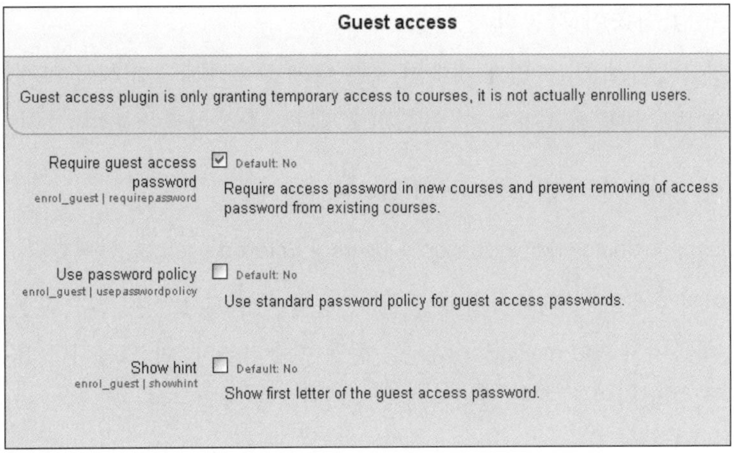
Guest access
Guest access plugin is only granting temporary access to courses, it is not actually enrolling users.
Require guest access password
enrol_guest | requirepassword
Default: No
Require access password in new courses and prevent removing of access password from existing courses.
Use password policy
enrol_guest | usepasswordpolicy
Default: No
Use standard password policy for guest access passwords.
Show hint
enrol_guest | showhint
Default: No
Show first letter of the guest access password.

익명의 손님을 위해 암호를 설정한다는 게 이상하게 보일 수 있지만, 손님 사용자가 암호를 입력하게 하는 편이 보안상 유익하다. 손님 사용자에게 암호를 입력하게 하는 것은 웹크롤러web crawler나 스팸 하비스터spam harvester 같은 자동화된 소프트웨어가 사이트에 들어오는 것을 방지해, 사이트의 사용자가 소프트웨어가 아닌 인간임을 보장한다.

손님 접속에 암호를 입력하길 원한다면 여러분의 손님에게 암호가 무엇인지 알려줘야 한다. 다음 화면과 같이 사이트의 시작 페이지에 방문자가 볼 수 있도록 강좌 설명에 암호를 추가한다.

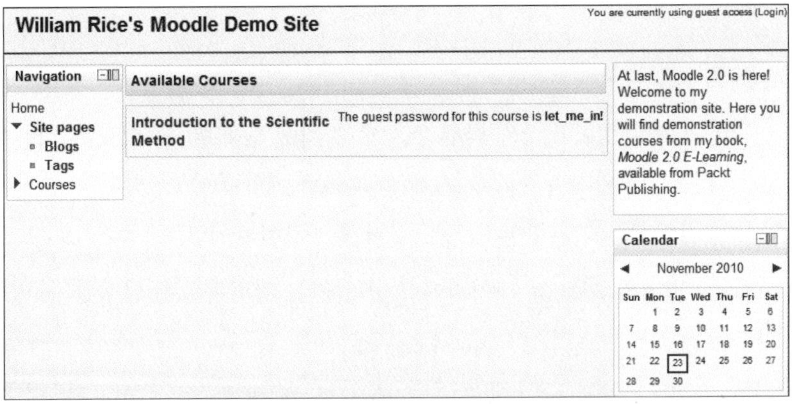
William Rice's Moodle Demo Site
You are currently using guest access (Login)
Navigation
Home
Site pages
Blogs
Tags
Courses
Available Courses
Introduction to the Scientific Method
The guest password for this course is let_me_in!
At last, Moodle 2.0 is here! Welcome to my demonstration site. Here you will find demonstration courses from my book, Moodle 2.0 E-Learning, available from Packt Publishing.
Calendar
November 2010
Sun Mon Tue Wed Thu Fri Sat

강좌 설명에 대해서는 나중에 새 강좌를 생성할 때 다루겠다.

강좌에 손님 접속이 가능하게 하기

손님이 강좌에 접속할 수 있게 하려면 다음 단계를 수행해 설정해야 하는데, 먼저 손님 접속 등록 방법을 사용할 수 있도록 설정하고 활성화해야 한다.

1. 교사나 관리자 계정으로 강좌에 입장한다.
2. Settings ➤ Course administration ➤ Users ➤ Enrolled users를 선택한다.
3. 페이지상에 표시된 목록에 손님 접속 등록 방법이 보이지 않는다면 드롭다운 목록에서 Add method(방법 추가)를 선택해 추가한다. 이 드롭다운 목록을 사용할 수 없다면 시스템 관리자에게 추가하도록 요청한다.
4. 손님 접속 등록 방법이 목록에 추가되면 Edit 열에서 볼 수 있는 눈 모양 아이콘을 클릭해 뜬 눈 모양의 아이콘으로 변경해 활성화한다.

그 다음으로 아래 단계를 수행해 강좌 설정에서 이 방법을 사용 가능하도록 설정한다.

1. Settings ➤ Course administration ➤ Edit settings을 선택하면 Course settings(강좌 설정 고치기) 페이지가 나타난다.
2. Allow guest access(손님 접속 허용) 드롭다운 목록에서 Yes를 선택한다.
3. 손님 접속에 암호를 입력하기 원한다면 Password란에 암호를 입력한다.
4. 페이지 하단의 Save Change 버튼을 클릭한다.

스스로 등록

스스로 등록 방법Self enrolment은 학생 스스로 강좌에 등록할 수 있도록 허용한다. 손님 접속의 경우와 마찬가지로 Site administration 메뉴에서 이 방법을 전체 사이트에서 사용 가능하도록 설정하고 특정 강좌에서 활성화해야 한다.

Self enrolment 방법의 Settings 페이지에서 등록 키를 입력하도록 설정할 수 있다.

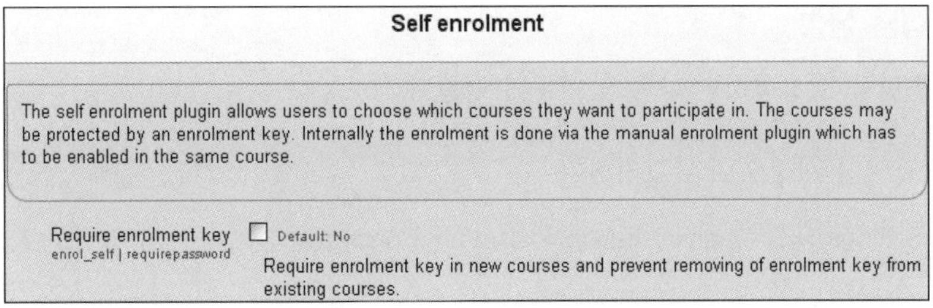

Self enrolment
The self enrolment plugin allows users to choose which courses they want to participate in. The courses may be protected by an enrolment key. Internally the enrolment is done via the manual enrolment plugin which has to be enabled in the same course.
Require enrolment key
enrol_self | requirepassword
Default: No
Require enrolment key in new courses and prevent removing of enrolment key from existing courses.

등록 키는 강좌 등록 시 학생이 입력해야 하는 코드로, 사용자가 등록한 후에는 더 이상 필요하지 않다.

> 사이트에 학생 스스로 등록하도록 허용하고 등록 키를 입력하게 하면 여러분이 사용자 계정을 생성하는 짐을 덜 수 있으며, 여러분이 등록 키를 부여한 사람만이 강좌에 입장할 수 있다.

수업집단 동기화

무들 강좌에서는 학생 한 명 한 명을 관리하는 대신 모둠Group에 추가하고 강좌의 학습활동이나 학습자원에 접속하는 것을 모둠을 이용해 관리할 수가 있다. 이전 버전의 무들에서는 강좌에 이미 만들어져 있는 모둠만 존재했지만 이제는 수업집단Cohort이라고 불리는 사이트 범위의 모둠 생성이 가능하다.

수업집단 동기화 등록 방법을 이용해 강좌에 수업집단을 등록할 수 있으며, 이는 수업집단의 구성원 모두를 한 번에 등록한다.

> 교사는 강좌 내부에서 모둠을 생성할 수 있지만 수업집단은 사이트 범위의 모둠이기 때문에 수업집단 생성과 수업집단 동기화 등록 방법은 기본적으로 사이트 관리자만이 사용 가능하다.

수업집단 생성

수업집단을 생성하려면 다음 단계를 수행한다.

1. 관리자 계정으로 로그인한다.
2. Settings > Site administration > Users > Cohorts를 선택하면 수업집단 페이지가 나타난다.
3. Add 버튼을 클릭하면 Edit Cohort(새 수업집단 추가) 화면이 나타난다.
4. 수업집단의 Name과 ID를 입력한다. 이 수업집단을 사이트 전체에서 사용하려면 Context(문맥) 항목을 이미 선택되어 있는 System(핵심 시스템)으로 둔다.
5. 추가로 Description(설명)을 입력한다.
6. Save Changes 버튼을 클릭하면 수업집단 페이지로 되돌아가는데, 방금 생성한 수업집단이 페이지에 추가되어 표시된다.

강좌에 수업집단 등록

강좌에 수업집단을 등록하려면 다음 단계를 수행한다.

1. 관리자 계정으로 강좌 정의에 접속한다.
2. Settings > Course administration > Users > Enrolled users를 선택한다.
3. Enrol cohort(수업집단 등록) 버튼을 클릭한다(기본적으로 이 버튼은 관리자 계정의 사용자들에게 나타날 뿐 교사 계정의 사용자에게는 나타나지 않는다). 팝업창이 나타나며 구성 메시지가 표시된다.
4. 등록할 수업집단 옆의 Enrol users를 클릭하면 확인 메시지가 표시된다.
5. 나타난 확인 메시지 창에서 OK 버튼을 클릭하면 등록된 사용자 페이지로 돌아온다.

> 한 번에 수업집단의 구성원 모두를 등록할 수는 있지만 한 번에 등록을 해지하는 버튼은 없으므로 한 번에 한 명씩 등록을 해지해줘야 한다.

범주 등록

이전 버전의 무들에서는 범주 역할Category role을 부여해 강좌에 학생들을 등록했다면, 새 버전에서는 이 방법을 활성화해 등록된 학생들을 가져와 등록할 수 있다. 이전 버전의 무들에서 범주 역할을 사용하지 못한다면 비활성 상태로 내버려둔다.

평문 파일

평문 파일flat file은 텍스트 파일로, 단순히 텍스트 형식으로 정보를 저장하고 있다. 평문 파일 방법은 무들이 텍스트 파일의 내용을 읽어 등록 정보의 소스로 사용하는데 다른 시스템에 정보가 있는 큰 모둠의 많은 사용자를 무들에 등록할 필요가 있을 때 아주 유용하다.

예를 들어 여러분의 병원에서 많은 간호사를 대상으로 환자의 개인정보 보호 법률에 관해 교육한다고 가정하자. 우리는 병원의 인적 자원 시스템이나 급여 시스템에서 간호사의 기록을 사용할 수 있을 것이다. 또 다른 예로 학교에서 교사들을 대상으로 새로운 교육 표준에 대해 교육한다고 가정하자. 이때 우리는 학교의 이메일 시스템이나 인적 자원 시스템의 기록을 사용할 수 있다. 만약 교육받을 모든 사람의 ID 번호가 포함된 정보를 평문이나 텍스트 파일 형태로 가져올 수 있다면 해당 강좌에 사용자들을 한 번에 등록할 수가 있다. 이 방법을 사용하려면 사용자 기록이 저장되어 있는 다른 시스템의 관리자에게 해당 시스템에서 정보를 추출해달라고 요청한다.

파일

평문 파일은 다음과 같은 형식을 갖춰야 한다.

```
operation, role, user ID number, course ID number
```

- operation(작업): 강좌에 사용자를 등록하거나 등록해지하는 각각의 행위를 뜻하며, add와 del이 있다.
- role(역할): 말 그대로 사용자가 강좌에서 가지는 역할 또는 기능으로, 예를 들면 student(학생)나 editingteacher(선생님)가 있다.
- user ID number(사용자 ID 번호): 사용자의 고유한 식별자
- course ID number(강좌 ID 번호): 강좌의 고유한 식별자

무들은 파일의 내용을 반복적으로 읽어서 읽은 내용을 바탕으로 등록 데이터를 수정한다. 예를 들어 다음 줄의 내용은 ID 번호가 007인 사용자를 ID 번호가 EM102인 강좌에 학생의 역할로 추가하는 구문이다.

```
add, student, 007, EM102
```

무들의 데이터 디렉토리와 같은 웹 서버에 접속 가능한 디렉토리에 이 파일을 두고 사용하면 된다.

학생 ID 번호는 필수

강좌에 사람을 추가하기 전에 그 사람은 사이트의 회원이어야 한다. 즉 그 사람은 인증되어 있어야 한다. 이 경우 '인증 방법 구성' 절에서 논의했던 방법 중 한 가지를 사용해 인증을 거친다.

만약 평문 파일을 사용해 사람을 등록하려 한다면 그 파일의 각 사용자는 고유한 ID 번호를 갖고 있어야 한다. 사용자를 인증할 때 어떤 방법을 사용하든지 간에 각 사용자의 ID 번호는 고유해야 하며, 이 번호는 최대 10개의 숫자로 이뤄져 있어야 한다. 사용자 개인정보 페이지의 선택사항을 보면 다음 화면과 같이 ID number(ID 번호)를 확인할 수 있다.

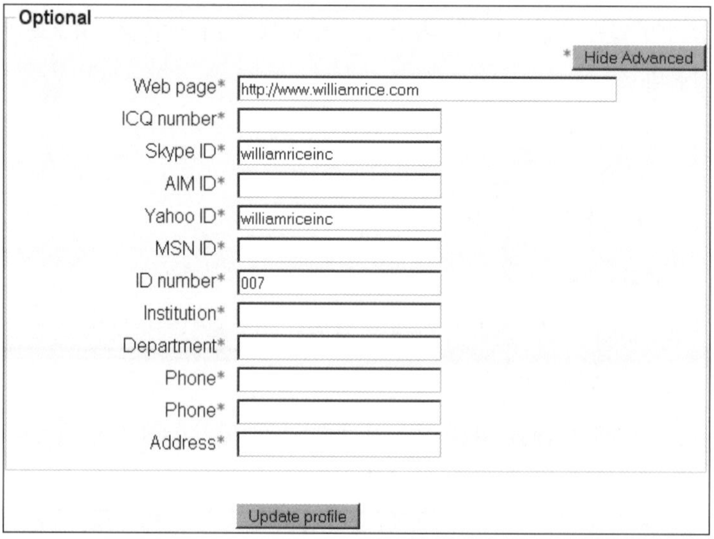

이 ID 번호는 등록 파일의 ID 번호와 같은 값이다. 예를 들어 다음에 보이는 등록 파일의 학생 007은 ID가 EM102인 강좌에 등록된다.

```
add, student, 007, EM102
```

무들 데이터베이스에 포함된 mdl_user 테이블의 idnumber 열에서 학생의 ID 번호를 찾을 수 있다.

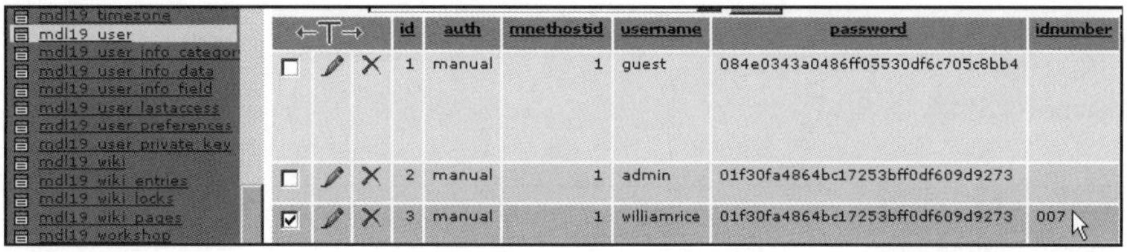

여러분이 평문 파일을 사용해 많은 학생을 등록하려 할 때 사용자들에게 ID 번호가 없다면, 관리자들은 해당 항목을 채우는 데이터베이스 명령을 사용할 수 있으므로 무들 데이터베이스에 직접 연결해 입력해달라고 요청한다.

데이터베이스 관리자가 ID 번호를 추가할 수 없다면 여러분이 수동으로 각 사용자의 개인정보를 열어 ID 번호를 추가해줘야 한다.

강좌 ID 번호는 필수

평문 파일을 사용해 학생을 등록하려 한다면 그 파일의 각 강좌는 고유한 ID 번호를 갖고 있어야 한다. 다음은 이전에 봤던 예다.

```
add, student, 007, EM102
```

강좌 ID는 100자 이하의 알파벳 문자, 숫자의 조합으로 구성돼야 하며, 다음 화면과 같이 Edit course settings(강좌 설정 고치기) 페이지에서 추가 항목으로 Course ID number(강좌 ID 번호)를 볼 수 있다.

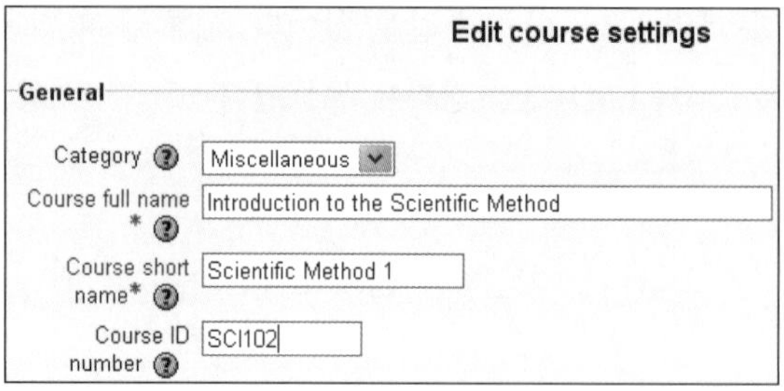

무들 데이터베이스에 포함된 mdl_course 테이블의 idnumber 열에서 Course ID number를 찾을 수 있다.

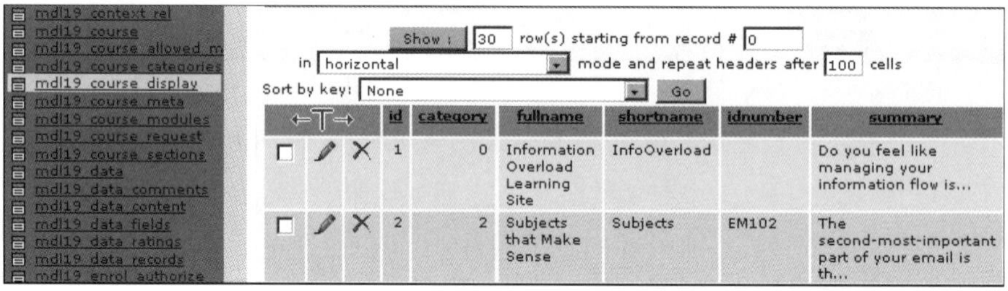

모듬에 포함된 많은 수의 학생을 등록하려면 강좌 ID가 필요한데, 이때 각 강좌의 Edit course settings 페이지에서 강좌 ID를 추가한다. 많은 강좌에 ID 번호가 필요하다면 데이터베이스 관리자에게 해당 항목을 채우는 데이터베이스 명령을 사용할 수 있는지 문의한다.

역할

강좌에서 사용자의 역할은 사용자가 해당 강좌에서 어떤 작업을 할 수 있는지를 결정한다. 이 책의 후반부에서는 무들에 미리 정의된 역할을 살펴보고, 역할을 수정하는 방법과 새 역할을 생성하는 방법 등을 상세히 다룰 예정이다. 지금은 무들을 표준 설치했을 때 기본적으로 제공되는 역할을 살펴보자.

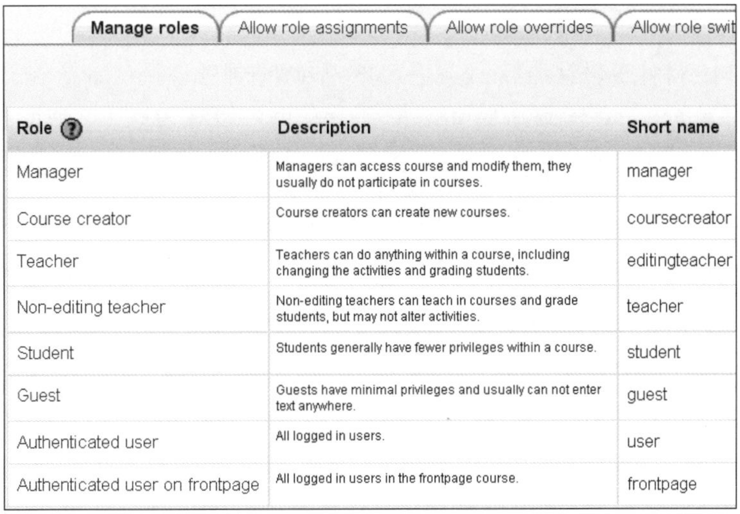

Role	Description	Short name
Manager	Managers can access course and modify them, they usually do not participate in courses.	manager
Course creator	Course creators can create new courses.	coursecreator
Teacher	Teachers can do anything within a course, including changing the activities and grading students.	editingteacher
Non-editing teacher	Non-editing teachers can teach in courses and grade students, but may not alter activities.	teacher
Student	Students generally have fewer privileges within a course.	student
Guest	Guests have minimal privileges and usually can not enter text anywhere.	guest
Authenticated user	All logged in users.	user
Authenticated user on frontpage	All logged in users in the frontpage course.	frontpage

사용자는 사이트와 강좌에서 허용된 범위의 역할을 갖는다.

평문 파일을 사용해 학생을 강좌에 등록할 때 그 파일은 각 사용자들이 강좌 내에서 어떤 역할을 갖는지 지정한다. 다음 예로 되돌아가서 보면

```
add, student, 007, WP102
```

ID 번호가 007인 사용자는 ID 번호가 WP102인 강좌에 학생으로 추가된다.

평문 파일의 'student'가 소문자 's'임에 주의하자. 반면 역할에서 학생은 대문자 'S'를 사용한다. 평문 파일에서의 역할은 짧은 이름을 사용하기 때문에 서로 일치하지 않는다. 역할의 짧은 이름은 Settings(설정) ➤ Site administration(사이트 관리) ➤ Users(사용자) ➤ Permissions(사용권한) ➤ Define roles(역할 정의) 메뉴에서 확인하자.

평문 파일: 정리

평문 파일은 하나 또는 여러 강좌에 많은 수의 학생 모둠을 한 번에 등록하는 데 유용한 방법이다. 이 방법을 사용하려면 기본적으로 선택사항인 학생의 ID 번호와 강좌의 ID 번호가 필요하다는 사실을 기억해두자. 여러분은 평문 파일을 이용해 학생을 일괄 등록하기 전에 학생과 강좌 정보에 수동으로 혹은 자동으로 ID 번호를 입력해줘야 한다. 여러분의 학교에 LDAP 서버가 있다면 학생의 ID 번호를 서버의 ID 번호와 일치시키는 방안을 고려하자.

IMS 엔터프라이즈 파일

IMS 엔터프라이즈 파일Enterprise File은 IMS 세계학습재단Global Learning Consortium에서 정한 표준을 따르는 평문 파일(텍스트 파일)로, 많은 학생 정보 시스템과 인적 자원 정보 시스템은 모두 IMS 호환 파일을 추출할 수 있다. 예를 들어 피플소프트 PeopleSoft와 오라클Oracle은 데이터를 IMS 파일로 내보낼 수 있다. 이런 표준들을 사용하기 때문에 인적 자원 정보 시스템과 학습 관리 시스템 간의 데이터 교환이 가능하다. 많은 워드 프로세스가 .rtf 파일을 읽을 수 있듯이, 많은 인적 자원 시스템과 학습 시스템은 IMS 파일을 읽을 수 있다.

여러분의 조직에서 IMS 파일을 생성할 수 있는 HR 시스템을 사용하고 있다면 학생을 등록하고 등록해지할 때 이 방법을 이용할 수 있다. 또한 새로운 강좌를 생성할 때도 이 방법을 이용하면 모든 강좌에서 사용할 수 있는 온라인 작업공간 옵션을 교사에게 제공하려는 학교의 경우 특히 유용하다. 매 학기에 학교는 등록 시스템에서 IMS 파일을 생성하고, 무들을 이용해 읽고, 이를 학교가 제공하는 모든 수업에서 사용할 온라인 강좌를 생성하는 데 사용한다.

이전 평문 부분에서 사용했던 예를 떠올려보자. 여러분의 병원에서 모든 간호사를 대상으로 환자의 개인정보 보호 법률에 관해 교육한다고 가정하자. 우리는 병원의 인적 자원 시스템에 있는 간호사 정보를 사용할 수 있다. 그 인적 자원 시스템은 간호사들에게 필요한 강좌나 증명 이력을 기록하는 데 사용할 수 있으므로 여러분은 이런 간호사들의 정보를 HR 시스템으로부터 간호사들이 필요로 하는 강좌나 증명 정보를 포함한 데이터를 추출할 수 있다. 이렇게 추출한 IMS 파일을 무들로 가져올 때, 필요한 강좌를 생성하고 생성된 강좌에 간호사를 등록한다.

http://www.imsglobal.org/enterprise/enbest03.html에서 IMS 엔터프라이즈의 우수 사례와 구현 안내를 찾을 수 있다. 그 문서에는 다음과 같은 내용이 있다.

> 기업, 학교, 정보 기관, 소프트웨어 업체는 교육 관리, 인적 자원 관리, 학생 관리, 재무 관리, 도서관 관리 및 기타 여러 기능을 위한 시스템에 주로 투자하고 있으며, 또한 전자 자원(electronic resource) 접근을 관리하기 위한 시스템과 기존 기반시설을 갖추고 있다. 교육 관리 시스템을 효과적이고 효율적으로 사용하려면 기업 시스템 환경에 통합되어 동작해야 한다.

IMS 엔터프라이즈 사양 문서의 목적은 다른 시스템 간의 데이터 교환에 사용할 수 있는 표준화된 구조를 정의하는 것이다.

LDAP

인증은 사용자가 여러분의 사이트에 가입했을 때를 의미하며, 등록은 사용자가 특정 강좌의 학생이 되는 시점을 의미한다는 사실을 기억하자. LDAP는 인증과 등록 과정 모두에 사용할 수 있다. 두 과정 중 한 과정에 LDAP를 사용한다면 나머지 과정에는 사용할 필요가 없다.

LDAP, 외부 데이터베이스와 IMS 엔터프라이즈 파일은 모두 학생을 등록할 때 새로운 강좌를 생성할 수 있지만, 그 밖의 방법들은 생성되어 있는 강좌에만 학생을 등록할 수 있다.

외부 데이터베이스

학생 등록을 제어하는 데 외부 데이터베이스를 사용할 수 있다. 이 경우 무들은 설계된 데이터베이스를 살펴보고 학생이 등록되어 있는지 여부를 결정한다.

> 무들 2.0 버전은 외부 데이터베이스에 데이터를 역으로 작성하지 않는다. 외부 데이터베이스의 모든 변경사항은 다른 프로그램들에 의해 이뤄지기 때문에 학생의 등록과 등록해지 시 외부 데이터베이스의 데이터를 수정해야 한다.

외부 데이터베이스의 사용 외에, 무들의 일반적인 등록 과정도 사용할 수 있다. 만약 외부 데이터베이스를 사용하는 방법 외에도 수동 등록이 가능하다면 학생이 강좌에 입장할 때 무들은 외부 데이터베이스와 내부 데이터베이스, 두 데이터베이스 모두를 확인한다.

외부 데이터베이스 연결

External database connection(외부 데이터베이스 연결) 설정에서 외부 데이터베이스에 연결하는 데 필요한 정보를 해당 외부 데이터베이스의 관리자에게 문의해 입력한다.

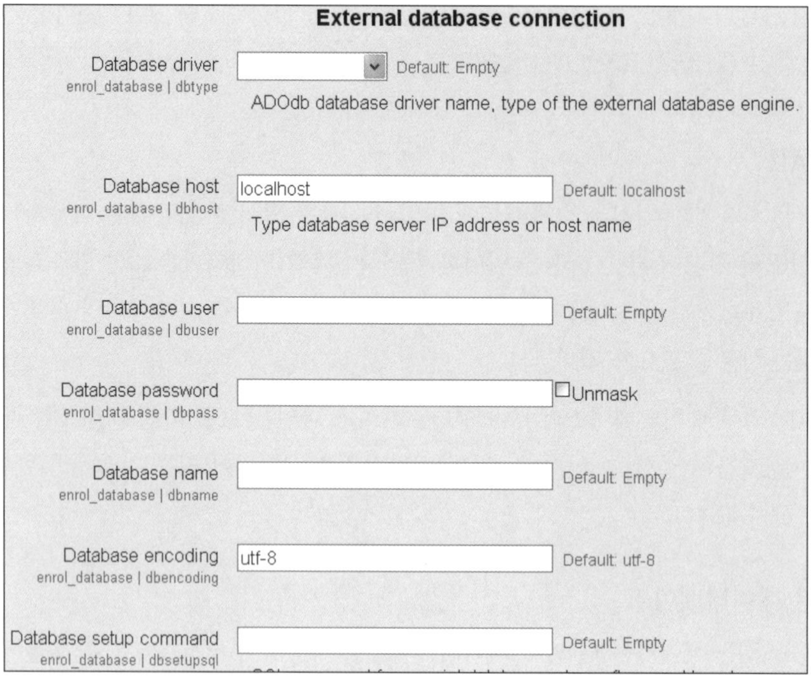

로컬 필드 매핑

Local field mapping(로컬 필드 매핑) 설정에서는 "강좌용으로 사용할 외부 데이터베이스의 이름은 무엇인가?"라는 질문에 답해야 한다. 다음 화면에서 세 가지 선택사항을 볼 수 있다.

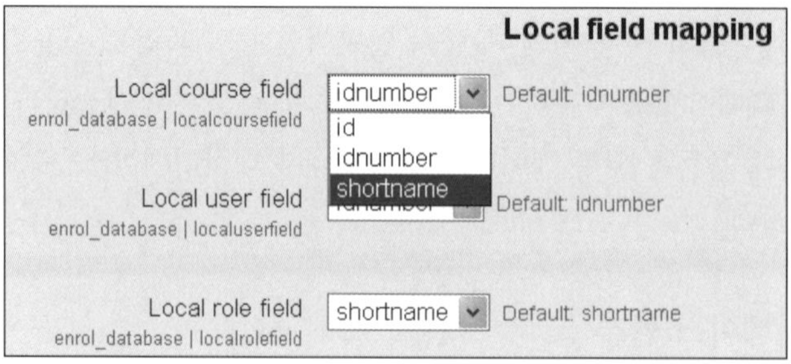

무들에서 모든 강좌는 ID를 갖는다. 무들 사이트의 시작 페이지는 항상 강좌 번호 1이다. 다음으로 여러분이 생성한 강좌는 강좌 번호 2가 된다. 강좌 번호는 이런 식으로 이뤄진다. 이렇게 만들어진 강좌 ID는 외부 데이터베이스에서 가져다 사용할 수는 있지만 역으로 외부 데이터베이스에서 생성한 강좌 ID를 강좌에 부여해 사용하는 건 추천하지 않는데, 그 이유는 다음과 같다.

무들의 새로운 버전을 설치한다고 가정하자. 여러분은 이전에 설치한 무들의 강좌들을 내보내기하여 새로 설치한 무들로 가져온다. 여러분이 가져온 첫 번째 강좌의 ID는 2가 될 것이다. 두 번째로 가져온 강좌의 ID는 3이 되며, 같은 방법으로 ID가 부여될 것이다. 이렇게 생성된 강좌 ID는 외부 데이터베이스에 저장된 강좌 ID와 다를 수 있는데, 이렇게 되면 새로 설치한 무들을 외부 데이터베이스에 연결했을 때 강좌 ID는 더 이상 일치하지 않게 된다.

그렇기 때문에 외부 데이터베이스에 강좌를 연결해야 하는 경우라면 강좌의 idnumber나 shortname을 사용하는 것을 고려하자. shortname을 사용할 때의 한 가지 장점은 모든 강좌의 필수 입력사항이어서 모든 강좌에는 반드시 shortname 정보가 있다는 점이다.

shortname은 페이지 상단의 내비게이션 바에 사용된다. 다음 화면에서 보는 바와 같이 Scientific Method 1이 강좌의 shortname이다.

강좌의 idnumber는 선택사항으로, 관리자와 교사에게만 보일 뿐 학생에게는 보이지 않는다.

원격 등록 동기화와 새 강좌 만들기

Remote enrolment sync(원격 등록 동기화) 설정란에 강좌의 식별자와 학생의 정보가 저장되어 있는 외부 데이터베이스의 위치를 입력해야 한다. 또한 Creation of new courses(새 강좌 만들기) 설정란에는 생성한 새 강좌의 정보가 저장되어 있는 외부 데이터베이스의 위치를 입력해야 한다. 이와 같이 두 영역에 무들이 필요한 데이터를 저장하고 있는 외부 데이터베이스의 테이블과 필드의 이름을 입력한다.

페이팔

페이팔Paypal 옵션은 사이트나 개인 강좌에 유료 접속이 가능하게 하며, 이 옵션을 선택한 후 Enrol Cost(등록금) 항목에 값을 입력한다. 이 입력값은 사이트에 가입하기 위한 수수료가 되며 enroll_cost(등록금 열)의 값을 0으로 설정하면 학생은 사이트에 무료로 접속한다. 0보다 큰 금액을 입력하면 학생은 비용을 지불해야만 사이트에 접속할 수 있다.

이 옵션을 선택해 강좌 각각의 Course Settings 페이지의 Enrol Cost 항목에 값을 입력한다. 마찬가지로 Enrol Cost 항목의 값을 0으로 입력하면 학생은 강좌에 무료로 접속할 수 있으나, 0보다 큰 값을 입력하면 학생은 비용을 지불해야만 강좌를 수강할 수 있다.

페이팔 지불 화면에 이 강좌를 수강하려면 등록금을 지불해야 한다는 통지 문구가 표시된다.

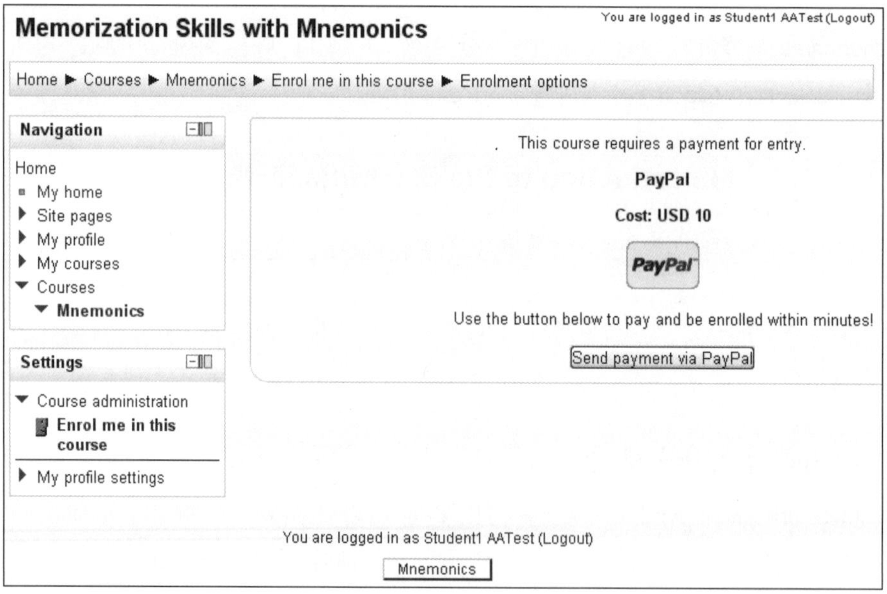

Mnet 원격 등록Mnet Romote Enrolments(이전 버전의 무들 네트워킹)

무들 공식 문서는 무들 네트워킹을 다음과 같이 설명하고 있다.

> 네트워크 기능은 무들 관리자가 사용하며, 다른 곳에 설치된 무들과 연결을 설정하고 연결된 무들의 사용자와 학습자원을 공유하기 위해 사용한다.
>
> 무들 네트워크의 초기 배포 버전에는 사용 가능한 무들 서버 간의 단일 로그인을 가능하게 하는 새로운 인증 플러그인으로 포함됐다. 사용자 이름이 Jody인 사용자는 무들 서버에 접속해서 다른 무들 서버의 페이지로 이동하는 링크를 클릭한다. 보통 Jody는 원격 무들 서버의 손님 권한을 가진 사용자이지만 내부적으로 단일 로그인으로 인해 원격 사이트에서 Jody는 완전히 인증된 세션을 갖도록 설정됐다.

만약 다른 사람이 소유한 무들 사이트의 사용자를 인증해야 한다면 무들 네트워킹이 아주 탁월한 선택이다. 하지만 사이트들 모두 동일한 사람이나 기관이 소유하고 있다면 무들 네트워킹이 일종의 중앙 로그인 방법에 비해 어떤 장단점이 있는지 비교 검토해볼 필요가 있다. 예를 들어 여러분 대학의 몇몇 부서에서 각자 무들 사이트를 설치했다고 가정하자. 설치한 모든 사이트가 학생들을 인증하길 원한다면 학생의 로그인 정보를 공유하기 위해 무들 네트워킹을 이용할 수 있다. 대학의 IT 부서가 구현할 수 없거나 불가능하다고 한다면 대학의 LDAP 서버나 학생 데이터베이스를 사용해 학생들을 인증하자. 하지만 모든 부서가 학교에서 관리하는 중앙 데이터베이스를 통해 인증할 수 있다면 아마도 그 방법이 가장 간단할 것이다.

언어

무들 기본 설치는 많은 언어팩을 포함하고 있으며, 이 언어팩은 무들 인터페이스를 번역한 번역본이다. 언어팩은 무들의 인터페이스를 번역한 것이지 강좌의 내용을 번역한 것은 아니다. 다음은 언어 메뉴에서 스페인어를 선택한 사용자의 사이트 시작 페이지의 모습이다.

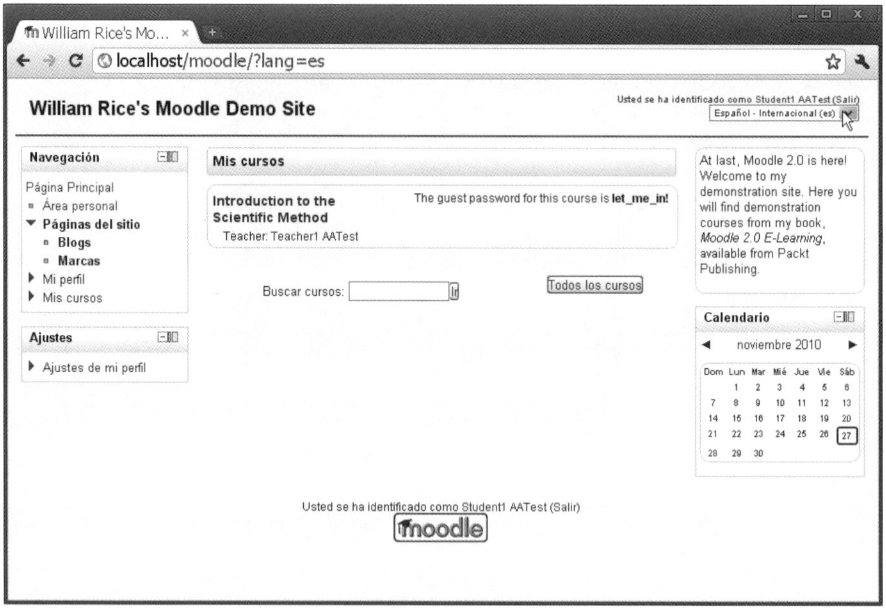

메뉴명, 메뉴 항목, 각 부분의 이름, 버튼, 시스템 메시지 등의 인터페이스가 스페인어로 표현되어 있음에 주목하자. 이제 사용자가 언어 메뉴에서 Tagalog(타갈로그어)를 선택했을 때 동일한 시작 페이지가 어떻게 변하는지 살펴보자.

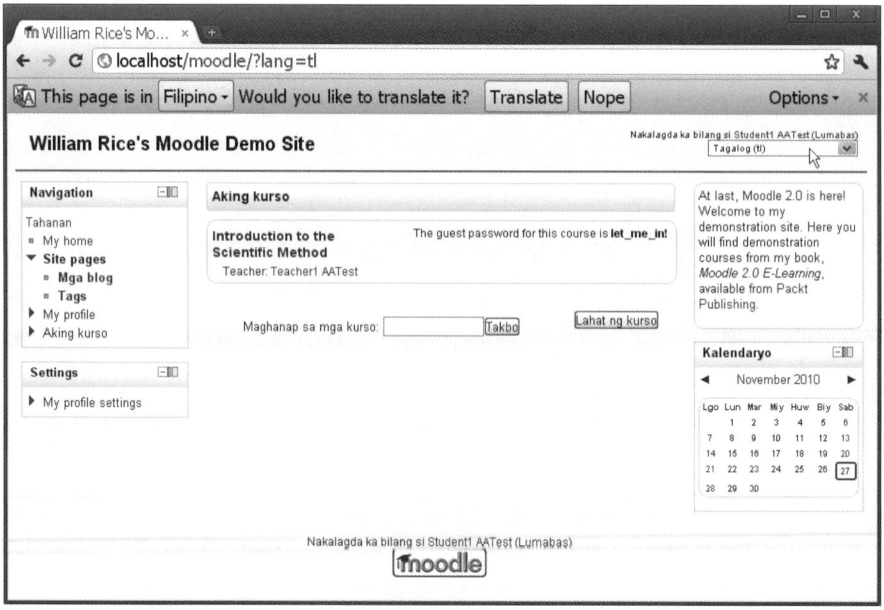

인터페이스의 일부분은 변하지 않는다는 점에 주목하자. 예를 들어, 달력의 월 이름과 Navigation용 링크 중 일부는 여전히 영어로 표시된다. 무들 인터페이스 중 일부가 사용자가 선택한 언어로 번역되지 않은 경우 무들은 영어 버전을 사용한다.

언어 파일

추가 언어를 설치하면 언어팩은 무들의 home 디렉토리의 하위 /lang 디렉토리에 각각의 언어 파일별로 하위 디렉토리를 생성한다. 아래 화면은 국제 스페인어와 루마니아어 언어팩이 설치되어 있음을 보여준다.

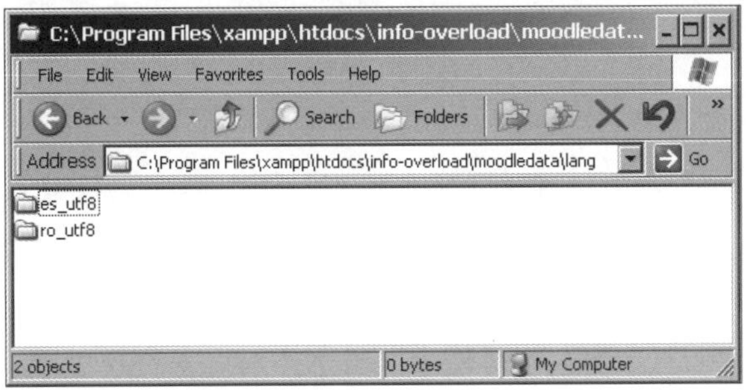

예를 들어 하위 디렉토리 /lang/en_us에는 영어U.S. English로 번역된 파일들이 저장되어 있고, /lang/es_es 디렉토리에는 전통 스페인어Espanol/Espana로 번역된 파일들이 저장되어 있다.

하위 디렉토리의 이름은 '언어 코드'를 사용하므로 이 코드를 알아두면 유용하다. 예를 들어 es_utf8이 의미하는 국제 스페인어의 언어 코드는 es이다.

언어팩 디렉토리 내에서 많은 수의 번역본 파일 목록을 볼 수 있다.

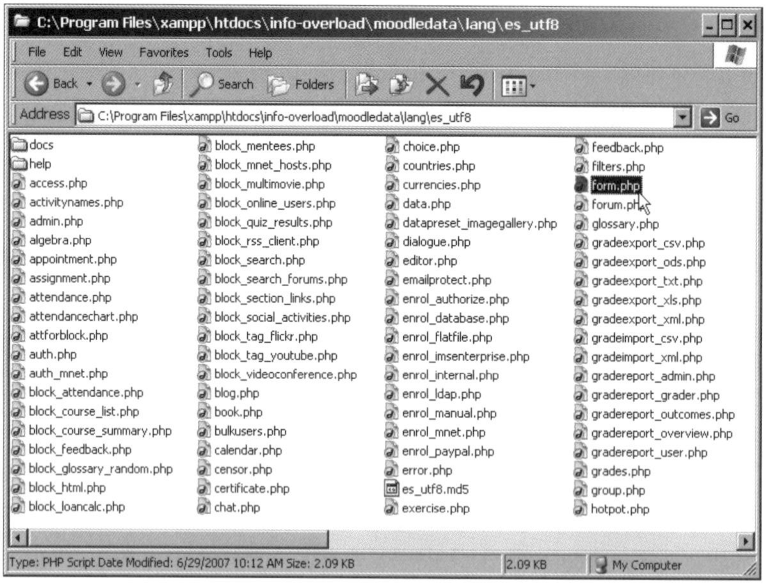

예를 들어 /lang/es_utf8/forum.php 파일에는 포럼에서 사용하는 구절들을 담고 있다. 강좌 제작자가 포럼을 생성하거나 학생이 포럼을 이용할 때 표시되는 구절들을 포함한다. 여기 영어 버전의 파일에서 처음 몇 줄을 발췌했다.

```
$string['addanewdiscussion'] = 'Add a new discussion topic';
$string['addanewtopic'] = 'Add a new topic';
$string['advancedsearch'] = 'Advanced search';
```

그리고 같은 파일의 스페인어 버전에서 처음 세 줄을 발췌했다.

```
$string['addanewdiscussion'] = 'Colocar un nuevo tema de discusión aquí';
$string['addanewtopic'] = 'Agregar un nuevo tema';
$string['advancedsearch'] = 'Búsqueda avanzada';
```

무들을 현지화하는 데 있어 가장 큰 작업은 많은 언어 파일을 현지 언어로 번역하는 작업이다. 번역된 언어 중에는 의외의 언어들도 있는데, 아일랜드 게일어Irish Gaelic도 그중 하나다. 사용자 화면의 대부분이 번역되어 하루 약 350,000명이 사용하고 있는데 사용자들이 가장 많은 모듬이라고 할 수는 없어도 가장 활발한 모듬이라 말할 수 있는 정도이며, 오픈소스 소프트웨어 환경에서 이 정도는 흔한 사례라고 할 수 있다.

추가 언어 설치와 사용

Site administration 메뉴를 사용해 사용자들이 쓸 추가 언어를 설치할 수 있다. 여기서는 추가 언어의 설치와 언어 설정의 구성에 대해 다룬다.

추가 언어 설치

추가 언어를 설치하려면 인터넷에 연결되어 있어야 한다. 그럼 다음 단계를 수행해 언어를 설치한다.

1. Settings(설정) ➤ Site administration(사이트 관리) ➤ Language(언어) ➤ Language packs(언어팩 설치)을 선택하면 사용 가능한 모든 언어팩 목록이 나타난다.

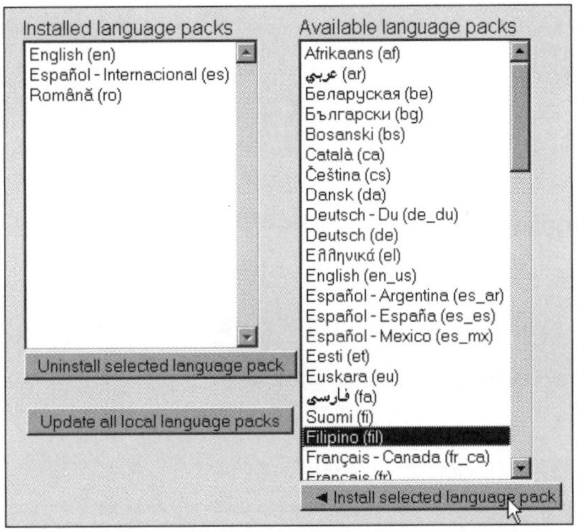

2. 사용 가능한 언어 목록의 오른쪽에서 설치할 언어를 선택한다.
3. Install selected language pack(선택한 언어팩 설치) 버튼을 클릭하면 언어팩의 가장 최신 버전을 웹에서 조회해 설치하기 때문에 이 기능을 사용하려면 웹에 연결되어 있어야 한다. 무들이 웹에 연결되어 있지 않다면 수동으로 언어팩을 내려받아 직접 /lang 디렉토리에 복사해놓아야 한다.

만약 가능한 언어 목록에 사용할 언어가 없다면 안타깝게도 공식 무들 사이트에도 존재하지 않는다.

언어 설정 구성

이번에는 Settings(설정) ➤ Site administration(사이트 관리) ➤ Language(언어) ➤ Language settings(언어 설정) 메뉴에서 볼 수 있는 설정사항들을 살펴본다.

Default language(초기 언어) 설정은 사용자가 사이트를 방문했을 때 접하게 되는 언어를 지정한다. 만약 Display language menu(언어 선택 메뉴)도 선택한다면 언어 메뉴는 사이트의 시작 페이지에 나타나고 사용자는 이 언어 메뉴를 이용해 언어를 변경할 수 있다.

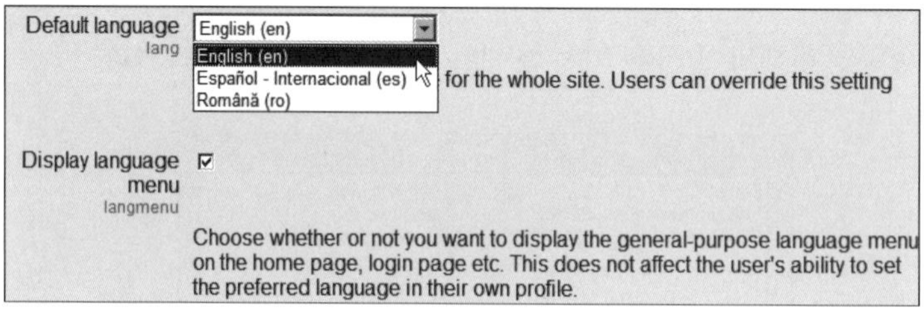

Languages on language menu(선택 목록의 언어)는 사용자들이 언어 메뉴에서 선택할 수 있는 언어들을 지정하는 데 사용하며, 이 입력란에 언어 코드를 입력한다. 이 코드는 언어팩이 저장되어 있는 디렉토리명으로, 앞서 살펴봤듯이 `es_utf8` 디렉토리에는 국제 스페인어 번역 파일이 저장되어 있다. 다음 화면과 같이 사용할 언어의 목록을 지정한다.

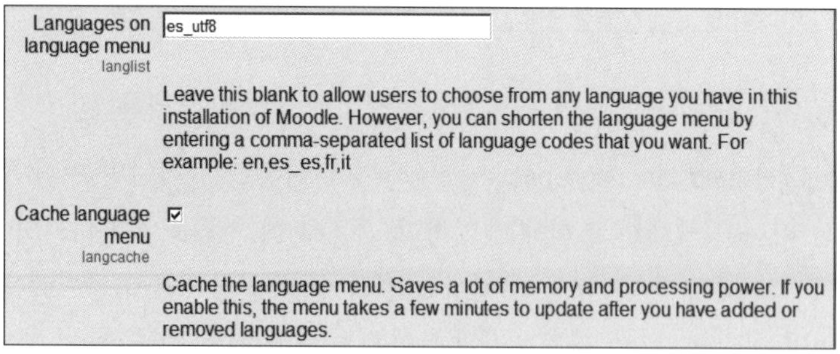

학생들이 사용하고 싶은 언어를 모두 선택할 수 있게 하려면 빈칸으로 남겨둔다. 입력란에 언어 목록을 입력하면 입력한 언어만 사용할 수 있다.

사이트 전역 로케일(Sitewide locale)

입력란에 언어 코드를 입력하면 시스템은 날짜 형식을 해당 언어에 적합한 형식으로 표시한다.

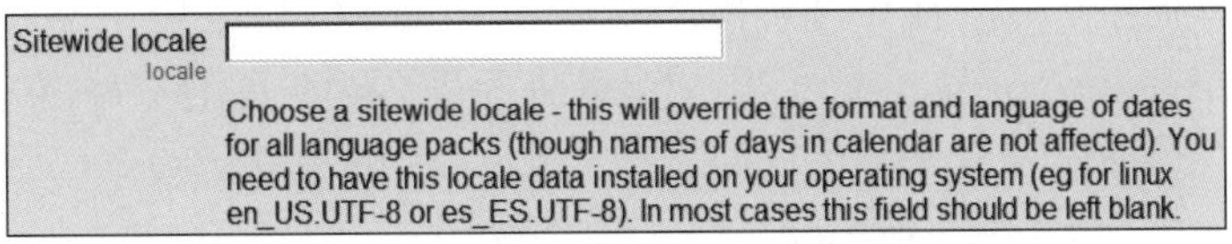

엑셀 인코딩(Excel encoding)

사용자의 로그나 성적처럼 무들에서 생성하는 대부분의 리포트는 엑셀 파일로 내려받을 수 있다. 이 설정을 선택하면 엑셀 파일을 선택한 인코딩으로 생성한다.

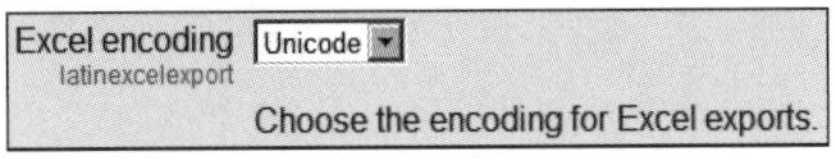

선택할 수 있는 항목은 Unicode(유니코드)와 Latin(라틴)으로, 기본값은 Unicode이다. 유니코드 문자 집합은 라틴 문자 집합보다 훨씬 많은 문자를 포함하고 있으며, 라틴 인코딩을 사용하는 경우 비영어권에서 사용하는 문자들을 완벽하게 표현하기에 충분한 문자를 제공하지 않기 때문에, 특별한 경우가 아니면 라틴 인코딩보다는 유니코드 인코딩을 선택한다.

여러 언어로 강좌 제공

Language Settings 페이지의 항목들은 무들의 사용자 화면을 번역해 적용하는 것이지 강좌의 내용을 번역한 것은 아니다. 강좌 내용을 여러 언어로 제공하려면 몇 가지 방법이 있다. 첫 번째로, 각 강좌를 지원하려는 모든 언어로 각각 번역하는 방법이 있다. 이 경우 각 문서는 언어별로 강좌에 존재한다. 예를 들어 영어와 스페인어로 식물학 강좌를 제공하려 한다면, 같은 강좌 내에 식물의 다른 형태를 정의하는 문서를 Types of Plants와 Tipos de Plantaras 같이 영어와 스페인어로 각각 작성해야 한다. 학생은 자신이 사용하는 언어의 문서를 선택해 강좌를 수강한다. 그러나 강좌의 이름은 한 가지 언어로만 표시한다.

두 번째는 각 언어별로 강좌를 따로 생성해 동일한 사이트에서 제공하는 방법이다. 강좌 이름은 각 언어별로 작성하는데, 예를 들어 학생은 Basic Botany와 Botánica Básica 같이 영어나 스페인어로 된 강좌를 선택한다.

세번째는 http://moodle.williamrice.com/english나 http://moodle.williamrice.com/spanish 같이 각 언어별로 무들 사이트를 생성하는 방법이다. 사이트의 홈페이지에서 학생들은 자신이 사용하는 언어를 선택해 각 언어에 해당하는 사이트로 이동한다. 이 경우 사이트명, 메뉴, 강좌명, 강좌 내용 등 무들 사이트 전체가 학생이 선택한 언어로 되어 있으며 이런 방식으로 구성하려면 무들을 설치하기 전에 고려해야 한다.

네 번째는 가장 세련된 방법으로, 사용자가 선택한 언어로 강좌 내용을 표시하기 위해 다중 언어 콘텐츠 필터를 사용하는 방법이다. 이 방법은 이 장 후반부에서 설명한다.

그리고 다섯 번째 방법은 언어별로 사용자 모둠을 만들고 각 사용자 모둠이 사용하지 않는 언어는 숨기는 방식이다.

보안 설정

Site administration(사이트 관리) ➤ Security(보안) 메뉴에서 보안 설정을 찾을 수 있다. 여기서 보안 설정의 모든 옵션을 다루진 않는다. 다만 설명이 되어 있지 않은 옵션들에 중점을 두어 살펴보고, 사용자 경험에 어떤 영향을 미치는지 설명한다.

IP 제한: 특정 IP의 접속 제한

이 방법의 설정 페이지는 특정 IP 주소로부터 사이트에 접속하는 사용자의 접속을 차단하거나 허락하도록 설정한다. 캠퍼스 내의 사용자만 사이트에 접속할 수 있게 제한하려 할 때 특히 유용한 방법이다.

사이트 정책

사이트 정책 페이지에는 다양한 보안 설정이 포함되어 있으므로 사이트 관리자와 함께 설정 작업을 진행해야 한다.

사용자 이름 보호

암호를 잊은 경우 무들은 암호를 수정할 수 있는 페이지를 표시한다. 사용자 ID나 이메일 주소를 입력하면 사용자의 이메일 주소로 로그인 정보가 담긴 이메일을 발송한다.

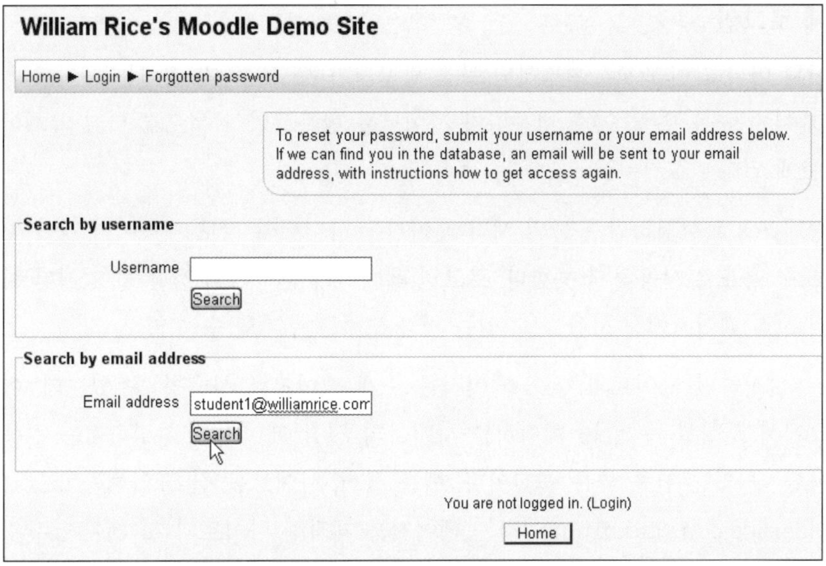

무들이 이메일을 발송하면 이메일이 발송됐다는 확인 메시지는 표시하지만 메일에 담긴 메시지 내용은 표시하지 않는다.

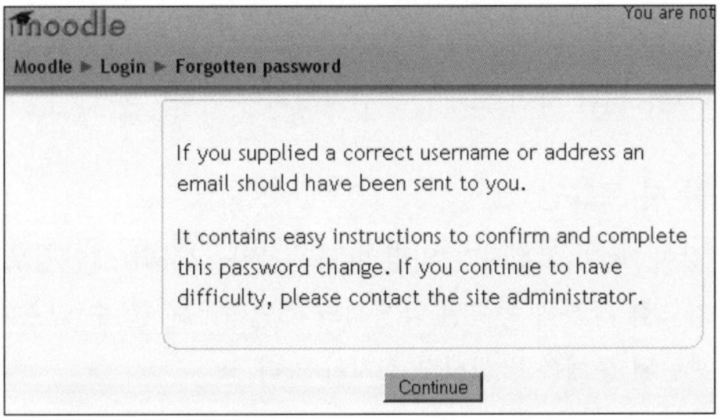

이메일 주소는 개인정보 보호를 위해 감춰진다. 많은 국가는 개인정보의 공개를 금지하고 있다. 큰 기관의 경우에는 종종 비밀번호 분실 페이지에서 누군가의 사용자 ID를 추측해 사용자 아이디를 입력하고 사용자 이메일을 빼내어 도용하는 경우가 있다.

강제 로그인

명시된 바와 같이 Yes로 설정하면 무들 방문자가 로그인하기 전에는 사이트의 시작 페이지를 볼 수 없으며, 방문자가 사이트를 방문하면 처음으로 로그인 페이지를 보게 된다.

이렇게 Yes로 설정하면 무들의 시작 페이지를 사이트의 정보 제공이나 강좌의 판매 도구 용도로 사용하지 못한다. 로그인 페이지의 문구는 수정할 수 있지만 사이트의 시작 페이지에서 사용할 수 있는 기능 모두를 추가할 수는 없다.

No로 설정하면 사이트의 별도 페이지를 소개 페이지로 사용할 수 있는데, 이는 무들에서 생성할 수 없는 페이지를 사이트의 시작 페이지로 설정하려는 경우에 사용할 수 있는 아주 좋은 옵션이다. 예를 들어, 사이트를 잘 요약해둔 moodle.williamrice.com/index.htm이라는 페이지를 제작해 사이트의 첫 페이지로 지정할 수 있다. 방문자가 사이트에 입장할 수 있는 Enter 링크를 클릭하면 moodle.williamrice.com/moodle/index.php라는 무들 로그인 페이지로 이동한다. 이렇게 구성하기 위해 한 가지 알아둬야 할 사항은 하위 디렉토리에 무들을 설치해야 한다는 것이다. 즉 무들 페이지가 아닌 다른 페이지를 소개 페이지로 사용하고 이를 통해 무들 로그인 페이지로 사용자를 이동시키고자 한다면 무들을 루트 도메인 아래의 하위 디렉토리나 하위 도메인에 위치시켜야 한다.

개인정보 열람 시 로그인

명시한 바와 같이 No로 설정하면 익명의 방문자가 교사의 개인정보뿐만 아니라 손님 접속이 가능한 강좌에 등록된 학생들의 개인정보를 볼 수 있으며, 이는 개인의 사생활과 관련된 문제를 발생시킬 소지가 있다.

Force users to login for profiles(개인정보 열람 시 로그인)을 하도록 하면 익명의 사용자는 손님 접속이 가능한 강좌에서도 교사의 개인정보를 볼 수 없다. 학생이나 사용자의 개인정보를 보려면 먼저 학생으로 등록해야 하는데, 만약 교사의 개인정보가 강좌의 유료 등록에 영향을 미치는 요소라면 적합하지 않을 수 있다.

이런 경우 학생이나 교사의 개인정보를 보기 전에 방문자에게 사이트에 등록하도록 강요하는 것을 고려해야 하는 사항으로, 만약 교사의 개인정보가 강좌의 유료 등록에 영향을 미치는 요소라면 사이트의 첫 페이지에 '우리 선생님'이라는 부분을 추가할 수도 있다.

구글에 개방

이 설정은 구글의 색인 로봇이 손님 계정으로 강좌에 접속하는 것을 허용할지를 여부를 결정한다. 구글봇Googlebot에 대해 자세히 알고 싶다면 http://www.google.com/bot.html을 참고하자.

모든 사람에게 웹사이트가 구글 검색 결과에서 높은 순위를 차지하길 바라겠지만 손님이 접속할 수 있는 강좌를 구글의 검색 엔진에 노출시킬지에 대해서는 곰곰히 생각해봐야 한다. 검색 엔진에 노출했을 때의 단점은 다음과 같다.

- 강좌의 내용이 자주 변경되는 경우, 구글에 저장되어 있는 강좌의 정보는 이미 오래된 정보일 수 있다.
- 학생과 교사가 자신의 이름과 자신이 만든 교육 자료가 색인된다거나 공개적으로 사용되길 원하지 않을 수 있다.
- 손님이 접속할 수 있는 강좌들을 구글이 모두 색인화한다면 구글의 검색에서 나타나는 여러분 사이트의 정보는 제어할 수 없다. 구글봇이 검색한 페이지의 모든 내용은 여러분의 사이트를 색인화하는 데 사용한다. 이런 페이지의 색인화된 내용은 여러분의 사이트를 대변하지 않는다. 예를 들어 부정적인 포럼 게시물이나 한참 지난 주제의 토론 내용이 여러분의 사이트와 연결될 수도 있다. 또한 무들 사이트의 주제나 구조가 변경된다고 하더라도 구글 사용자들이 접하는 여러분의 사이트 정보는 구글의 참조들이 수정돼야 하므로 수정이 완료될 때까지 다소 시간이 걸릴 수 있다.

구글에서 검색되는 사이트의 정보를 엄격하게 통제하려면 Open to Google(구글에 개방) 항목을 No로 설정하자. 그리고 구글에 검색되기 원하는 정보만 사이트의 시작 페이지에 나타내고 교사와 학생은 시작 페이지를 수정할 수 없게 한다. 이 방법을 사용하면 구글은 여러분 사이트의 시작 페이지만 색인화할 것이다.

또한 다른 사이트의 페이지에 강좌의 링크를 거는 경우 "강좌 페이지를 직접 링크하지 말고 http://www.williamrice.com/moodle만 링크로 사용하시오"와 같이 사이트의 첫 페이지만 링크해달라고 사용자들에게 당부해야 한다. 구글을 비롯한 다른 검색 엔진들은 사이트의 순위를 계산하기 위해 연결 링크를 사용한다. 모든 링크가 같은 페이지를 가리키는 경우 사이트의 공개적인 이미지가 좋아진다. Open to Google을 이용하지 않고 사용자들에게 링크를 사이트 첫 페이지로 연결하라고 요청할 경우, 검색 엔진에 사이트의 노출을 줄이면서도 사이트의 대외적인 이미지를 높이는 효과를 가져온다.

검색 엔진이 색인화하는 사이트의 정보를 최대한 줄이려면 Open to Google 옵션을 사용하지 않고 외부의 검색 엔진 로봇으로부터 무들을 보호하기 위해 Force users to login(강제 로그인) 옵션 사용을 고려한다. 다른 검색 엔진 로봇이 손님 접속이 가능한 강좌를 크롤링할 가능성을 제거하기 위해 Settings ➤ Site administration ➤ Users ➤ Authentication 화면에서 Guest login button(손님 접속 버튼) 항목을 Hide(감추기)로 설정하고 지금 당장 등록되지 않은 사용자들을 차단하자.

무들을 사이트의 하위 디렉토리에 위치시키자. 사이트의 루트 디렉토리 내에 있는 index 페이지에 무들 사이트를 링크시킨다. 데모 사이트에서 봤듯이 무들을 moodle.williamrice.com/moodle/에 두고 moodle.williamrice.com/index.htm 페이지에 링크를 연결한다. 이렇게 구성하면 index.htm 페이지를 사이트 소개 목적으로 사용할 수 있다. index.htm 페이지를 사용함으로써 공개할 사이트의 정보를 대중에게 정확하게 표현할 수 있으며, 검색 엔진에 노출되는 사이트의 정보를 줄이는 데도 효과적이다.

올릴 파일의 최대 크기

Security(보안) 페이지에는 사용자와 강좌 제작자가 올릴 수 있는 파일의 크기 제한을 위한 설정 항목도 있다.

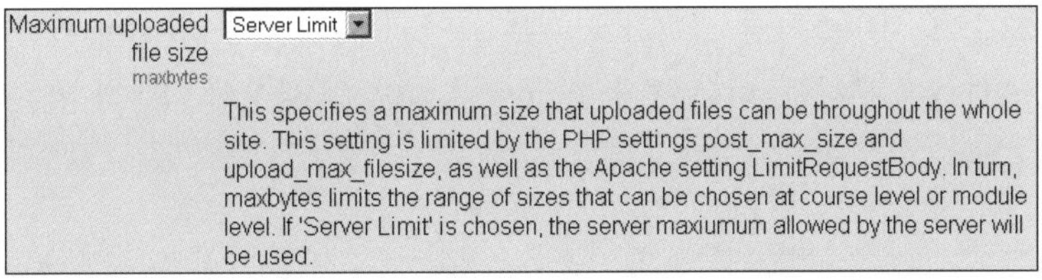

Maximum uploaded file size
maxbytes
Server Limit
This specifies a maximum size that uploaded files can be throughout the whole site. This setting is limited by the PHP settings post_max_size and upload_max_filesize, as well as the Apache setting LimitRequestBody. In turn, maxbytes limits the range of sizes that can be chosen at course level or module level. If 'Server Limit' is chosen, the server maxiumum allowed by the server will be used.

이 설정은 학생과 교사, 강좌 제작자에게 적용되는데 만약 여러분이 동영상 파일 같은 큰 파일이 첨부된 강좌를 생성하려 할 때 이 설정으로 인해 파일이 업로드되지 않는다.

페이지에 명시된 바와 같이 서버에 파일을 업로드할 수 있는 파일의 크기 제한 설정에는 세 가지가 있다. 처음 두 가지는 PHP 설정이고, 나머지 하나는 아파치 서버의 설정이다. 서버에서 PHP 설정을 보려면 **Site administration > Server > PHP info** 메뉴로 이동해 페이지의 아래쪽으로 내려가 `post_max_size`와 `upload_max_filesize` 설정을 확인한다.

아파치 서버의 `LimitRequestBody` 설정 또한 업로드하는 파일 크기의 제한을 설정하는데, 아파치 2 공식 문서에는 다음과 같이 설명하고 있다.

> 본문 요청 시 이 설정은 0(무제한)부터 2147483647(2GB)바이트까지 지정이 가능하다.
>
> `LimitRequestBody` 설정은 server, per-directory, per-file이나 per-location이 정의된 컨텍스트의 HTTP 요청 메시지 본문(HTTP Request message body) 내에 지정할 수 있는 파일 크기의 제한을 지정한다. 만약 클라이언트의 요청이 제한을 초과한 경우 서버는 요청에 대한 데이터를 제공하는 대신 에러를 반환한다. 정상적인 요청 메시지 본문은 자원의 특성이나 해당 자원에 허용된 방법에 따라서 크게 달라진다. CGI 스크립트는 전형적으로 양식 정보(form information)를 검색하기 위해 메시지 본문을 사용하며, `PUT`을 이용하는 방법을 구현해 여러분이 원하는 만큼 작동하려면 서버의 자원도 적절히 뒷받침돼야 한다.

PHP에서 업로드할 수 있는 파일의 크기 제한 변경

여러분이 자신의 서버를 소유하고 있다면 /apache/bin 디렉토리에 포함된 php.ini 파일의 변수들 중 `post_max_size`와 `upload_max_filesize` 값의 변경이 가능하다.

하지만 호스팅 서비스처럼 서버가 자신의 소유가 아니라면 php.ini 파일의 어떤 항목도 변경하지 못한다. 이런 경우 .htaccess 파일을 생성해 다음과 같은 내용을 추가한다.

```
php_value post_max_size 128M
php_value upload_max_filesize 128M
```

이때 128M를 여러분이 필요한 만큼의 값으로 수정한다. 또한 대용량 파일을 업로드하는 동안의 서버 타임아웃 값을 설정하려면 .htaccess 파일에 다음과 같은 내용을 추가한다.

```
php_value max_input_time 600
php_value max_execution_time 600
```

변수 max_input_time과 max_execution_time은 파일을 업로드하고 처리하는 데 필요한 최대값을 설정한다. 메가바이트 단위로 업로드하는 경우 이 값을 수정해야 하며 실행 시간은 밀리초(1000분의 1초)로 지정한다. 이런 호스트의 설정값은 **Site administration ➤ Server ➤ PHP info**에서 확인이 가능하다.

.htaccess 파일을 작성했으면 파일 업로드에 관여하는 스크립트가 있는 /files 디렉토리와 같이 여러분이 실행할 PHP 스크립트가 있는 디렉토리에 .htaccess 파일을 옮겨놓는다.

여러분이 이용하고 있는 호스팅 서비스가 .htaccess 파일을 사용할 수 없도록 설정되어 있다면 이 방법도 사용할 수 없다. 이런 경우 호스팅 서비스에 문의해 이런 값들을 변경해달라고 요청한다.

아파치 서버에서 업로드 파일의 크기 제한 변경

PHP 설정을 .htaccess 파일을 이용해 변경한 것과 같은 방법으로 아파치 서버의 설정을 변경할 수 있다. 예를 들어 업로드 파일의 크기 제한을 10메가바이트로 변경하려면 다음의 내용을 .htaccess 파일에 추가한다.

```
LimitRequestBody 10240000
```

작성 시 단위는 메가바이트 단위가 아니라 바이트 단위임을 주의하자. 값 0은 무제한을 의미하며, 최대 2147483647, 즉 2기가바이트까지 설정할 수 있다.

embed와 object 태그 허용

기본적으로 무들 페이지에는 플래시나 여타 미디어 파일을 포함시킬 수 없다. 대신 미디어 파일은 무들에 내장된 미디어 플레이어를 이용해 재생한다. 하지만 많은 강좌 개발자는 무들에 내장되어 있는 미디어 플레이어를 사용하기보다는 웹페이지 안에서 비디오가 재생되는 유튜브처럼, 강좌 페이지 안에서 미디어 파일이 재생될 수 있도록 만든 플레이어를 선호한다.

만약 사용자들에게 무들 페이지에 객체를 삽입할 수 있도록 허용한다면 페이지를 편집할 수 있는 권한을 가진 사용자만 페이지에 객체를 삽입할 수 있다. 예를 들어 교사는 그 교사가 생성 중인 강좌의 페이지에 유튜브 비디오를 삽입할 수 있지만, 강좌 페이지를 편집할 권한이 없는 학생은 삽입할 수 없다.

또한 모든 사용자는 개인정보를 편집할 수 있기 때문에 다음 화면과 같이 학생 1은 자신의 개인정보에 비디오를 삽입할 수 있다.

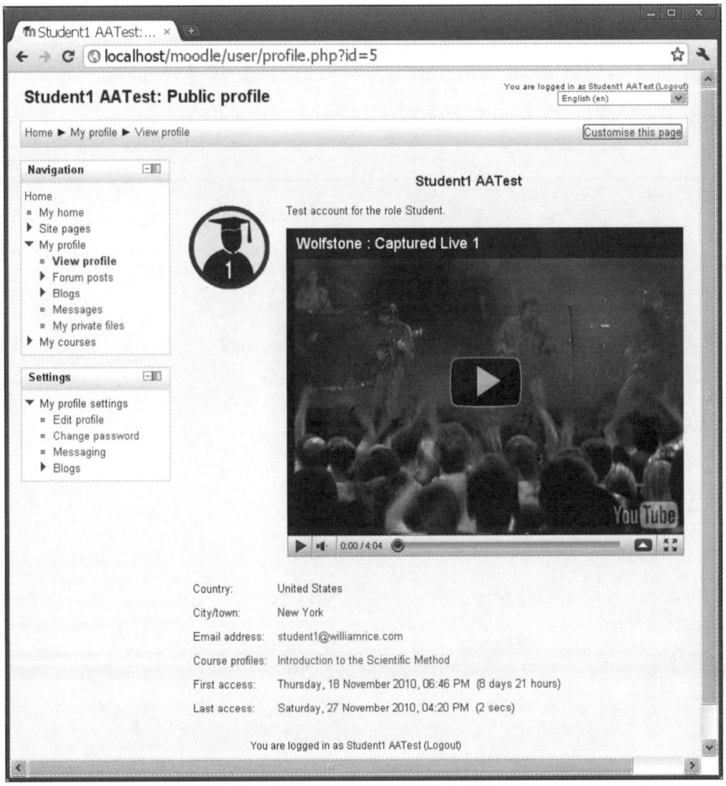

HTTP 보안

HTTP 보안 페이지에는 여러분의 사이트를 좀 더 안전하게 보호하는 몇 가지 추가사항이 있다.

HTTPS 로그인 사용

이 설정은 Security ➤ HTTP security 메뉴를 선택하면 나타나는 페이지에서 찾을 수 있는데, 여러분의 사이트가 HTTPS를 사용할 수 없는 상황에서 이 설정을 사용하도록 설정하면 사이트는 잠겨버릴 것이다. 무들은 로그인 시에 HTTPS를 사용해야 하지만 반드시 이를 따를 필요는 없다. 이와 같이 무들이 잠겨 버렸다면 무들 데이터베이스로 이동해 이 설정값을 No로 변경하면 된다.

다음 화면을 보면 관리자가 사용하는 웹 기반의 phpMyAdmin이라는 프로그램을 이용해 무들 데이터베이스를 수정하고 있다. `mdl_config` 테이블의 HTTPS 로그인에 대한 설정이 있는지 주의 깊게 살펴보자. 관리자는 편집 아이콘을 클릭해 값이 0이라면 수정하지 않아도 되지만 만약 값이 1이라면 HTTPS 로그인을 사용한다는 의미이므로 HTTPS 로그인을 사용해 사이트가 잠겼다면 값을 0으로 설정하여 잠김설정을 풀고 다시 한 번 로그인을 시도한다.

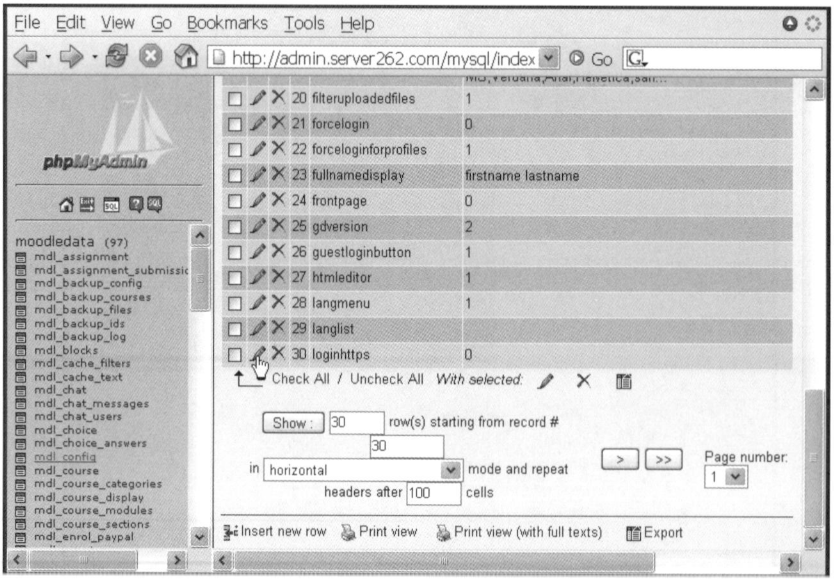

무들 전체 사이트를 HTTPS로 실행

HTTP 보안 페이지에 없는 설정이지만 무들 사이트의 안전한 연결을 위해 이 사항을 알아둬야 한다. 웹 서버의 관리자에게 문의해 무들 연결 시 안전한 주소를 제공할 수 있게 설정해달라고 요청한다.

이 설정은 무들 실행 시 메모리 사용량과 작업 시간을 증가시킨다는 사실을 기억해두자. 그리고 시스템 관리자는 사이트의 사용자들에게 만족할 만한 성능이 나오는지 서버의 성능을 면밀하게 감시해야 한다.

필터

무들의 필터는 사용자가 사이트에 입력한 텍스트와 미디어를 읽음으로써 학습 교재에 링크를 달거나, 해석하고, 내용을 제한하는 등의 세 가지 작업이 가능하다.

버전 2.0 이상의 무들에서 이런 필터의 기능은 꺼져 있는데 이런 필터들을 사이트 전체에 사용할지 여부는 관리자에 의해 결정되며, 교사는 교사 개인이 작성한 강좌에 추가적으로 사용한다. 그럼 필터의 세 가지 기능을 알아보자.

첫째, 필터는 단어와 문구를 사이트의 항목에 자동으로 연결할 수 있다. 예를 들어 여러분이 Glossary(용어집)를 만들어 '자기결정self_determination'이라는 문구를 추가한다고 가정하자. 여러분이 Glossary Auto-linking(용어집 자동연결) 필터를 활성화하면 사이트에 나타난 문구는 강조되고, 용어집에 등록된 용어와 연결되며, 사용자가 문구를 클릭했을 때 용어집의 해당 용어가 표시된다.

둘째, 필터는 여러분이 업로드한 자료를 해석한다. 예를 들어 여러분은 TeX(HTML 정도라 생각하자)라는 마크업 언어markup language로 작성된 문서를 업로드할 수 있다. TeX 표기법 필터TeX Notation filter는 이 문서를 해석하고 무들에 표시한다. 또한 대수 표기법 필터Algebra Notation filter는 수학 공식으로 적힌 특별한 마크업 언어를 해석한다.

셋째, 필터는 사용자가 사이트에 게재할 수 있는 내용의 종류를 제한한다. 예를 들어 단어 검열 필터Word Censorship filter는 여러분의 사이트에 보이고 싶지 않은 '나쁜 단어' 목록에 있는 단어들을 걸러낸다. 따라서 해당 단어나 문장이 업로드되거나 입력되면 금지어 목록을 바탕으로 확인한다.

Site administration ➤ Plugins ➤ Filters 메뉴 아래에서 필터 설정 메뉴를 찾을 수 있으며, 이제부터 사이트에서 사용할 수 있는 각 필터를 자세히 설명하겠다.

활동명과 용어집 자동연결 필터

자동연결 필터는 사이트의 문자나 문장을 검색해서 해당 문자나 문장이 언급된 항목을 찾으면 자동으로 항목들과 연결한다. 예를 들어 Glossary Auto-linking(용어집 자동연결)은 용어집에서 해당 용어를 검색해 찾으면 용어집에 등록된 용어와 연결한다. 해당 용어는 강조되고, 사용자가 그 용어를 클릭하면 용어집으로 이동해 표시된다.

Activity Names Auto-linking(활동명 자동연결)은 강좌의 학습활동명을 강좌의 문장에서 검색하는데, 학습활동명을 찾으면 해당 학습활동과 연결한다. 즉 학생이 강좌 내의 문장 속에서 본 학습활동명을 클릭하면 해당 학습활동으로 이동한다.

수학 필터

대수 표기법과 TeX 표기법은 수학 공식을 설명하는 데 사용하는 특별한 문자들을 검색한다. 예를 들어 `@@cosh(x,2)@@`라고 입력하면 대수 표기법 필터는 다음과 같이 표시한다.

$$\cosh^2 (x)$$

`$$\Bigsum_{i=\1}^{n-\1}$$`라고 입력하면 TeX 표기법은 다음과 같이 표시한다.

$$\sum_{i=1}^{n-1}$$

대수 표기법과 TeX 표기법은 표준 마크업 언어다. 대수 표기법에 대해서는 사이트 http://www.moodle.org에 좀 더 자세한 정보가 있으며, TeX에 대해서는 TeX 사용자 그룹 tug.org를 참고한다. TeX가 대수 표기법보다는 더 많이 통용되고 완벽하므로, 좀 더 복잡한 방정식을 작성하려면 대수 표기법은 비활성으로 두고 TeX 표기법을 활성화하기를 권한다.

이메일 보호 필터

이 필터를 활성화하면 '사람이 읽을 수 있는' 상태가 유지된 상황에서도 사이트에 표시된 이메일 주소를 검색 엔진이 읽을 수 없게 한다. 여러분이 Open to Google 설정을 No로 설정하거나 사용자들에게 로그인하도록 요구한다면 검색 엔진이 여러분 사이트의 학생 이메일 주소를 자동으로 수집해가는 상황에 대해 걱정할 필요가 없다. 하지만 여러분의 사이트가 검색 엔진과 익명의 사용자에게 개방되어 있다면 이 필터를 사용해 사용자의 이메일 주소를 보호해야 한다.

멀티미디어 플러그인

멀티미디어 플러그인을 비활성으로 설정해둔다면 멀티미디어 콘텐츠는 보통 별도의 창에서 재생된다. 예를 들어 필터를 사용하지 않는 상황에서 사용자가 비디오를 클릭하면 비디오는 별도의 윈도우 미디어 재생기Windows Media Player나 리얼플레이어RealPlayer 창으로 열려 재생된다. 이 필터를 활성화해 멀티미디어 파일이 무들의 멀티미디어 플레이어로 재생되게 하자.

다중 언어 콘텐츠

앞서, Display language menu 설정을 사용해 사이트에서 쓸 수 있는 언어 목록을 사용자에게 보여줄지 여부를 결정했다. 사용자가 이 언어들 중 한 가지를 선택하면 여러분이 만든 강좌가 무슨 언어로 제작됐든 간에 강좌의 내용과는 상관없이 무들의 인터페이스만 번역된다. 사이트가 진정한 다중 언어 사이트가 되길 원한다면 강좌 내용 또한 각 언어로 제작해야 한다. Multi-Language Content(다중 언어 콘텐츠) 필터를 활성화하면 강좌 교재를 선택한 언어로 표시할 수 있게 된다.

다중 언어로 강좌 내용을 생성하려면 다음과 같이 <span> 태그를 이용해 각 언어로 쓴 문장을 감싸야 한다.

```
<span lang="en">Basic Botany</span>
<span lang="es">Botanica Basica</span>
```

또한 강좌 교재는 HTML로 작성해야 하고, 무들에 표시되는 머리말, 강좌 설명, 강좌 교재 그리고 기타 HTML 문서들이 사용된다.

단어 검열(Word censorship)

이 필터가 활성화되면 거슬리는 단어 목록에 있는 단어들은 지워진다. 이 필터의 Settings에서 금지할 단어의 목록을 입력하며, 이 목록에 단어를 입력하지 않으면 기본적으로 언어팩에 있는 기본 목록을 사용한다.

정돈(Tidy)

이 필터는 무들에서 작성되거나 무들에 업로드된 HTML을 XHTML 표준을 준수하도록 점검하고 코드를 '정돈'한다. 여러분의 고객이 다양한 브라우저 혹은 다양한 버전의 브라우저를 사용한다거나 시각장애인을 위한 스크린 리더를 사용한다고 했을 때 페이지 작성 시 이런 표준들을 준수하면 브라우저가 페이지를 더욱 쉽게 렌더링하게 된다.

시작 페이지 구성

사이트의 시작 페이지에는 방문자의 방문을 환영하는 내용이 담겨 있다. 무들 시스템은 시작 페이지를 특별한 강좌로 인식하기 때문에 다른 강좌에서 할 수 있는 기능들을 모두 사용할 수 있을 뿐만 아니라 추가로 몇 가지 구성이 더 가능하다.

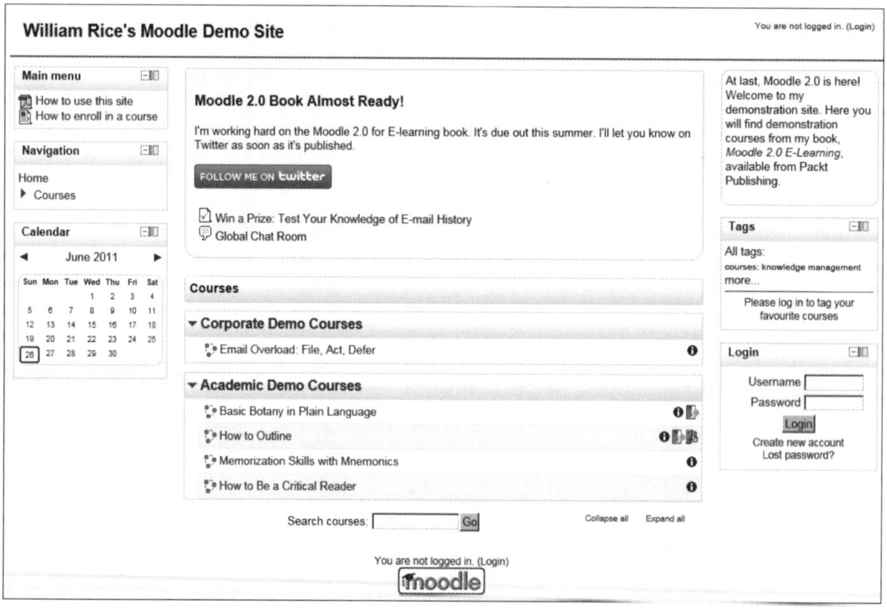

이번 절을 사용하는 방법

사이트를 구축하는 과정의 초반에 시작 페이지의 외관과 기능을 어떻게 구성할지를 선택한다. 이번 절에서는 사이트를 처음 구축하는 여러분이 접하게 될 설정들을 다룬다. 시작 페이지의 몇 가지 구성 설정은 여러분이 강좌를 몇 번 생성하거나 무들의 동작 방식을 알기 전에는 쉽게 인식하지 못한다. 그렇기 때문에 이제 '여러분을 환영합니다'라는 장에서 다루는 설정들을 통해 배우게 된다.

만약 여러분이 이번 절을 읽기 전에 이미 사이트에 강좌를 생성했다면 이제부터 설명하는 내용을 통해 여러분이 작업했던 내용을 생각하면 되겠다. 이제 '여러분을 환영합니다'라는 장을 작성하겠다. 두 가지 과정을 통해 사이트의 완벽한 시작 페이지 구성 작업이 이뤄진다.

시작 페이지 설정 페이지

사이트의 시작 페이지를 위한 설정 페이지는 Site administration ➤ Front Page ➤ Front Page settings을 클릭하면 나타난다.

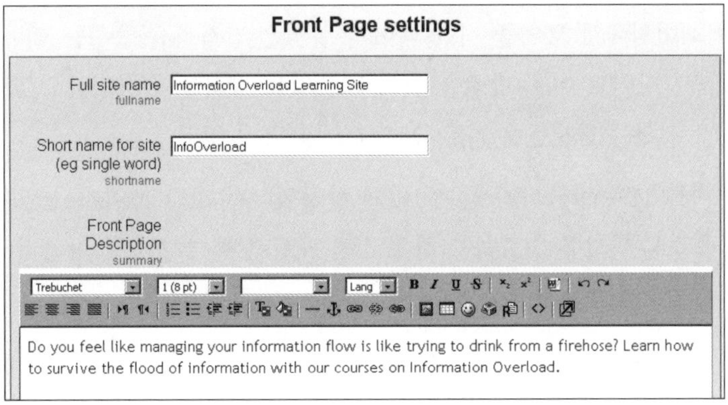

사이트 정식 명칭

Full site name(사이트 정식 명칭)은 시작 페이지의 상단과 브라우저의 타이틀 바에 표시되며, 브라우저가 탭을 사용한다면 페이지의 탭에도 표시된다.

그리고 시작 페이지의 메타데이터에도 표시된다. 여기 시작 페이지의 HTML 코드 처음 몇 줄을 발췌한 내용을 보면 굵은 글씨로 표시해뒀다.

```
<html dir="ltr">
<head>
<meta http-equiv="content-type" content="text/html; charset=iso-8859-1" />
<style type="text/css">@import url(http://moodle.williamrice.com/lib/
editor/htmlarea.css);</style>
<meta name="description" content="
야생의 기술 사이트에 오신 것을 환영합니다. 원시의 생존기술에 관심이 있다면 잘 찾아오신 겁니다. 우리 사이트는 기초 식물학(단, 기초적인 식용식물에 대한 내용입니다), 피신처 구축, 성냥 없이 불 피우기, 길 찾기를 비롯한 야생의 기술들을 가르칩니다. 기초 식용식물 강좌는 무료입니다. 이 강좌는 대부분의 전원 안내서의 내용이나 야생식물에 관한 대화를 이해하는 데 필요한 용어나 개념을 다룹니다. 먼저 무료 강좌를 들어보시고 맘에 드신다면 다른 강좌들도 저렴한 가격으로 등록하시기 바랍니다.">

<title>야생의 기술</title>
<meta name="keywords" content="무들, 야생의 기술 " />
```

시작 페이지 설명

이 설명은 시작 페이지의 좌측이나 우측에 표시된다. 이때 기억해둬야 할 사항이 있는데, 방문자가 사이트에 등록하고 로그인을 해야만 시작 페이지를 볼 수 있도록 설정했다면 방문자는 이 설명을 로그인하기 전에는 볼 수 없다는 점이다. 이런 경우 시작 페이지에서 보여줄 시작 페이지 설명은 강좌를 판촉하는 데 사용할 수 없지만, 대신 "사이트 이용 방법을 알려주는 입문 강좌를 수강하세요"와 같이 사이트를 처음 접하는 학생들을 가르치는 데 사용할 수 있다.

시작 페이지를 모든 방문자가 볼 수 있게 설정했다면 시작 페이지 설명을 이용해 방문자에게 견본 강좌를 수강하게 하고 강좌 내용을 설명하는 등 방문자의 관심을 끄는 방법으로 사이트를 판촉할 수 있다.

아래 시작 페이지의 HTML 코드에서 보는 바와 같이 이 시작 페이지 설명 또한 시작 페이지의 메타데이터에 나타나는데, 굵게 표시된 부분이 시작 페이지 설명 부분이다.

```
<html dir="ltr">
<head>
<meta http-equiv="content-type" content="text/html; charset=iso-8859-1" />
<style type="text/css">@import url(http://moodle.williamrice.com/lib/
editor/htmlarea.css);</style>
```

```
<meta name="description" content="
야생의 기술 사이트에 오신 것을 환영합니다. 원시의 생존기술에 관심이 있다면 잘 찾아오신 겁니다. 우리 사이트는 기초 식물학(단, 기초적인 식용식물에 대한 내용입니다), 피신처 구축, 성냥 없이 불 피우기, 길 찾기를 비롯한 야생의 기술들을 가르칩니다. 기초 식용식물 강좌는 무료입니다. 이 강좌는 대부분의 전원 안내서의 내용이나 야생식물에 관한 대화를 이해하는 데 필요한 용어나 개념을 다룹니다. 먼저 무료 강좌를 들어보시고 맘에 드신다면 다른 강좌들도 저렴한 가격으로 등록하시기 바랍니다.">

<title>야생의 기술</title>
<meta name="keywords" content="무들, 야생의 기술 " />
```

페이지의 메타데이터는 검색 엔진이 정확한 검색 결과를 만들어내는 데 사용된다. 따라서 시작 페이지의 설명을 표시하는 영역을 숨기기로 결정했더라도 시작 페이지 설정의 설명 항목을 입력하는 것이 여러분의 사이트를 검색 엔진이 더욱 잘 찾을 수 있도록 도와줄 것이다.

시작 페이지 항목

뉴스 항목이나 강좌 목록, 또는 강좌 범주 목록 중 어떤 항목을 시작 페이지의 중앙 열에 표시할지를 결정하는 두 가지 설정이 있는데, 다음 화면에서 보는 바와 같이 Front Page(시작 페이지)와 Front page items when logged in(로그인 후 시작 페이지 항목)이다.

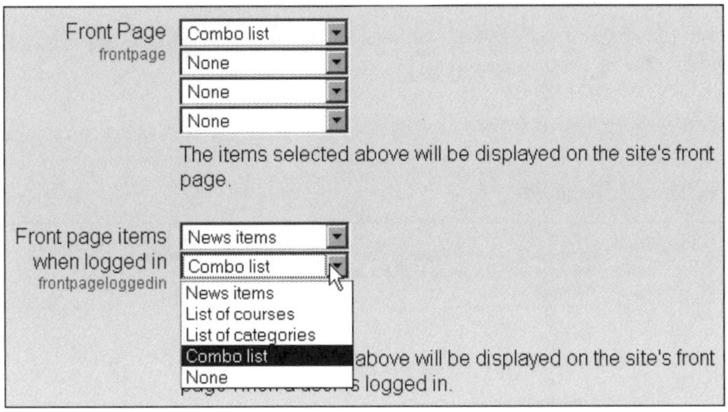

시작 페이지 설정은 로그인하지 않은 방문자에게 적용되는 설정으로, 위 화면의 예를 살펴보자. 방문자에게 사이트에서 제공하는 강좌의 목록을 표시함으로써 방문자의 관심을 끌 수는 있겠지만, 아마도 익명의 방문자는 사이트의 뉴스에는 관심이 없을 것이다. 따라서 사이트 뉴스는 로그인한 사용자에게만 보여준다. 이렇게 각 설정은 고유한 장점이 있다. 다음 화면은 시작 페이지 설정에서 콤보 목록을 사용한 예를 보여준다.

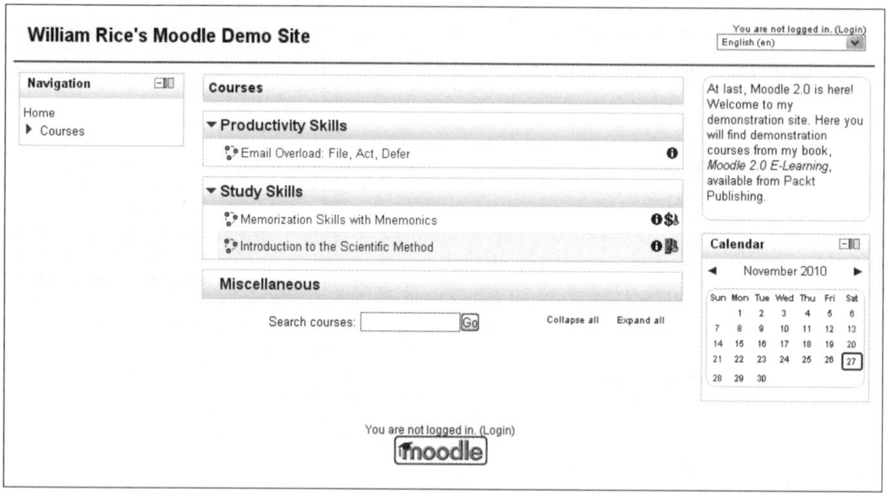

시작 페이지에서 주제 부분 사용

시작 페이지 설명은 항상 중앙 열에 표시되지 않고 시작 페이지의 좌측이나 우측 열에 표시된다는 사실을 기억하자. "환영합니다..."와 같은 시작 페이지 설명이 페이지의 상단이나 중앙에 표시되길 원한다면 항상 시작 페이지의 중앙에 표시되는 주제 부분을 포함시켜야 한다.

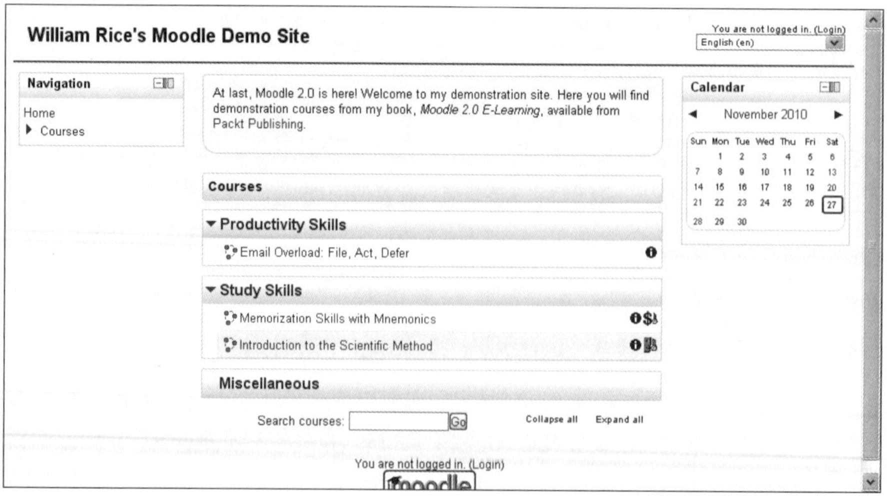

사이트 설명을 첫 번째 주제로 작성할 수가 있다. 이 예제에서 여러분은 Front Page Description(시작 페이지 설명 설정)을 사용하지 않고 대신 사이트 설명을 첫 번째 주제로 선정했다. 이렇게 하여 사이트 설명을 제일 눈에 잘 띄는 상단 중앙에 위치시켰다.

새 소식 보기 항목

Show News items(새 소식 보기 항목) 설정은 사이트의 내용이 자주 바뀐다거나 방문자의 정보를 유지하려 할 때 아주 유용하다. 시작 페이지를 사용하는 주 목적 중 하나가 단골고객에게 정보를 제공하는 것이라면 시작 페이지에서 새 항목을 보여주는 것은 아주 좋은 생각이다.

백업

Site administration ➤ Courses ➤ Backups 메뉴에서 백업 설정을 찾을 수 있다. 이들 설정의 대부분은 백업할 데이터의 유형을 선택 가능하게 해준다. 또한 일주일 중 백업할 요일을 선택해 자동으로 백업하도록 설정할 수 있으며, 그러면 설정한 시간에 백업 작업이 시작된다. 대개 사이트를 사용하는 사용자가 적은 시간대로 설정한다. 백업은 정해진 시간에 정해진 작업을 진행하는 크론 작업cron job 과정에서 활성화된다.

크론 작업 설정

일부 무들 기능은 정기적으로 미리 정해놓은 일정대로 실행된다. 포럼을 구독하는 사용자에게 새 메시지가 등록됐다는 공지 메일을 보내는 것은 가장 눈에 띄는 예로, 어떤 포럼에 새 메시지가 등록됐는지 cron.php라는 스크립트가 주기적으로 확인한다. 확인 결과 새 메시지가 있으면 스크립트는 포럼의 구성원에게 공지 메일을 전송한다.

또한 크론 작업은 오래된 데이터를 삭제한다거나 강좌를 백업하는 등의 작업을 연속적으로 실행한다.

cron.php 스크립트는 일정한 시간 간격으로 실행되는데, 여러분은 이 시간 간격을 설정할 수 있다. 이렇게 스크립트를 실행시키는 기작을 크론 작업이라 부른다.

크론 작업을 설정하는 데 필요한 지침은 무들 설치 안내서에 적혀 있으며, http://moodle.org에서도 찾을 수 있다.

몇몇 호스팅 서비스 업체에서는 크론 작업을 설정하도록 허용하고 있으며, 이런 호스팅 서비스를 찾는다면 시간 단위나 심지어 분 단위로 크론 작업을 설정할 수 있는 호스팅 서비스도 있으니 유심히 찾아보자. 일부 호스팅 서비스는 하루에 단 한 번만 크론 작업을 실행하도록 허용하는데, 이는 cron.php 파일에 등록해놓은 기능들을 하루에 한 번만 실행할 수 있다는 뜻이다.

여러분의 학교나 회사의 웹 서버에서 여러분에게 디스크 공간을 할당해줬다면 시스템 관리자에게 크론 작업을 설정해줄 수 있는지 문의하자. 무들의 cron.php가 사용하는 메모리와 시스템 자원은 매우 적기 때문에, 대부분의 서버는 15분에 한 번씩 서버 성능에 아무런 영향 없이 크론 작업을 실행한다.

여러분의 호스트에 크론 작업을 설정할 수 없을 때 사용하는 다른 방법은 여러분이 제어할 수 있는 윈도우 기반의 서버나 PC에 크론 작업을 설정하는 것이다. 크론 작업은 인터넷을 통해 무들 사이트에 접속해 cron.php 스크립트를 활성화한다. 다시 한 번 말하지만 이런 내용은 무들 설치 안내서에 적혀 있으며 http://moodle.org/ 설치 안내서에서도 찾을 수 있다. 하지만 여러분이 이 선택사항을 선택하지 않았다면 매번 윈도우 PC가 작동 중인지 확인해야 하고 항상 인터넷에 연결되어 있어야 한다. 윈도우 기반의 PC가 꺼지거나 인터넷 연결이 끊어진 경우 무들은 다음 작업으로 넘어간다.

다음 화면은 무들크론MoodleCron을 설치하는 모습인데, cron.php 스크립트가 있는 위치를 지정하면 된다. 이 예제에서 보면 Location: /www/moodle/admin은 서버의 www.moodle.williamrice.com/admin을 의미하며, 이때 cron.php 파일은 무들의 admin 디렉토리에 있다.

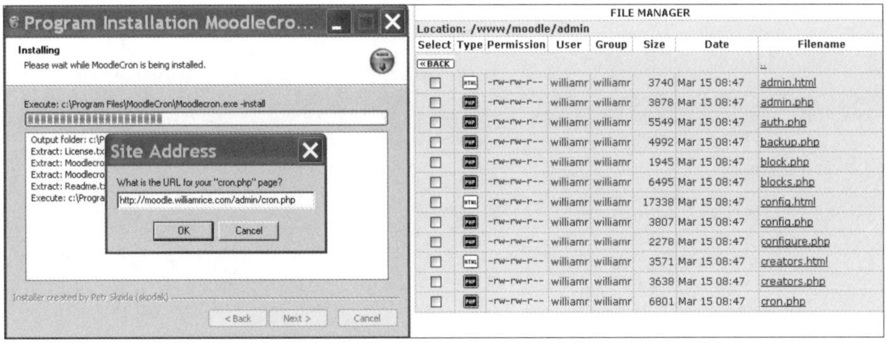

정리

3장에서는 사이트의 구성을 변경하는 방법을 살펴봤다. 경험상 변경할 가능성이 가장 높은 설정들을 다뤘으며, 이런 설정의 대부분은 전체 사이트의 동작에 영향을 준다. 설정 페이지로 들어가 마음대로 설정하면 되기 때문에 처음부터 설정 작업을 완벽하게 할 필요는 없다. 사이트를 구축해가면서 설정들을 조금씩 실험해보자.

4
범주와 강좌 생성

이번에는 범주category와 강좌를 만들어보자. 다른 사람이 무들을 설치하고 구성했다 하더라도 언제든지 여러분이 설정을 바꿀 수 있다.

이제부터 다룰 내용은 강좌 범주를 생성하고 구성하는 데 도움이 되며, 각 범주에 강좌를 추가하는 방법에 대해서도 이야기한다. 4장에서 다룰 주제는 다음과 같다.

- 강좌 범주와 사용자 경험 이용
- 강좌 생성
- 강좌 설정 페이지
- 교사와 학생 등록
- 강좌 완성
- 조건부 학습활동

강좌 범주와 사용자 경험 이용

무들의 모든 강좌는 적어도 하나의 범주에 속하며, 무들의 시작 페이지에 강좌 범주를 표시한다거나 범주와 함께 범주에 속해 있는 강좌들을 표시하거나 또는 범주는 표시하지 않고 수강할 수 있는 강좌들의 목록을 표시하도록 설정할 수 있다.

시작 페이지에 강좌와 범주 표시

강좌 범주와 강좌 목록은 다음 화면과 같이 '콤보 목록combo list'에 표시된다.

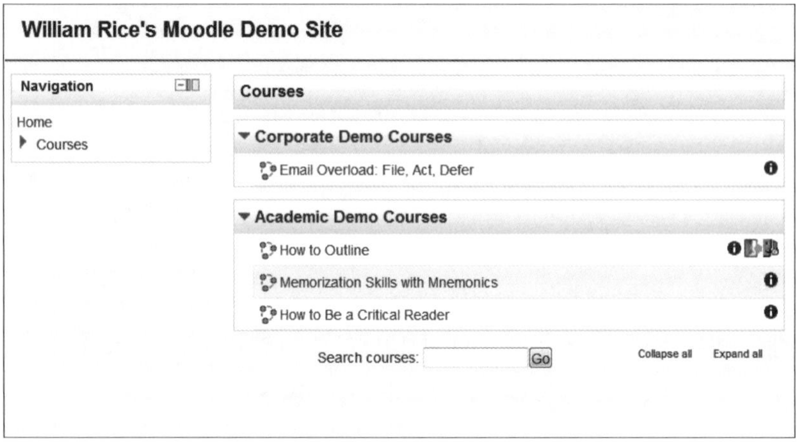

적당한 수의 강좌가 있고 범주에 대한 설명이 추가되어 있다면, 시작 페이지를 콤보 목록으로 표시하는 것도 좋은 선택이다.

범주와 강좌가 많을 때는 콤보 목록으로 표시할 경우 목록이 길어져 부적당하므로 이때는 강좌 범주만 표시하는 편이 더 좋다. 그럼 사용자는 범주를 선택하고 범주에 포함된 강좌를 볼 수 있다.

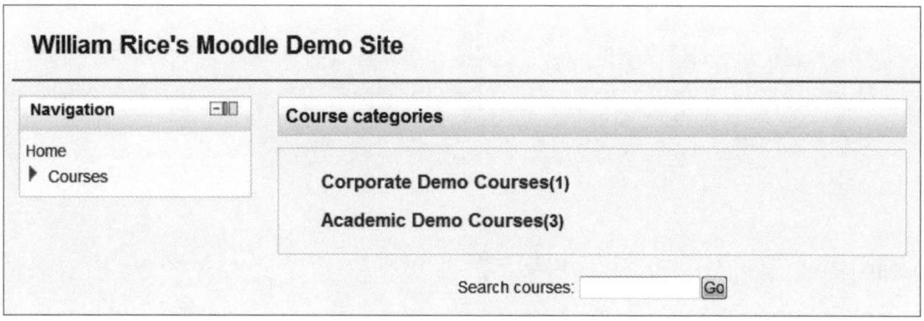

시작 페이지에 표시하지 못할 정도로 범주가 많다면 Site administration(사이트 관리) ➤ Front page(시작 페이지) ➤ Front page settings(시작 페이지) ➤ Maximum Category Depth(최대 범주의 깊이) 설정 메뉴를 선택해 최대 범주의 깊이 항목 값을 설정한다.

첫 번째로 학생은 범주를 선택한다. 다음 예에서 보면 학생은 시작 페이지에서 Academic Demo Courses(학술 데모 강좌) 범주를 선택했다. 콤보 목록과는 달리, 이 목록에는 각 강좌의 설명이 표시되어 있음을 주목하자.

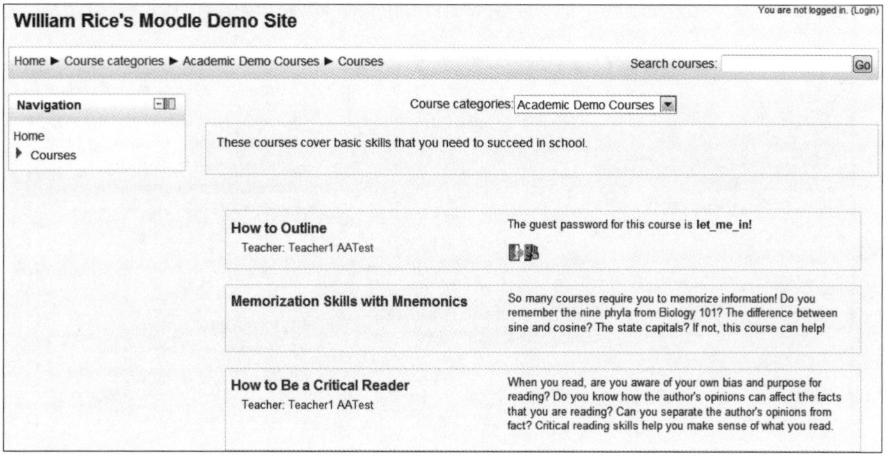

학술 데모 강좌 범주를 보고 있다 하더라도 Course categories(강좌 범주) 드롭다운 목록을 이용해 다른 범주들을 볼 수 있다. 무들에서는 이런 방식으로 학생들이 시작 페이지를 거치지 않고도 사이트의 다른 부분으로 이동이 가능하다.

사이트 전체의 강좌를 구성하기 위해 범주를 이용하는데 또한 하위 범주도 이용한다. 범주나 하위 범주는 온라인 강좌 목록으로 이용하며, 출력된 강좌 목록과 유사한 방식으로 강좌를 구성한다.

시작 페이지에 강좌를 표현하는 방법 중 세 번째는 범주로 나누지 않고 강좌를 표시하는 방법으로, 강좌가 몇 개 없는 경우 선택할 수 있는 방법 중 가장 좋은 방법이다. 강좌 하나만으로 운영하는 사이트도 있는데, 이런 경우 강좌를 범주로 나누고 범주 목록을 보여주는 것은 부적절하다. 예를 들어 다음 사이트는 데모 강좌 하나와 유료 강좌 2개를 제공하는데, 이 사이트의 경우에는 강좌의 설명과 함께 단순히 강좌 목록을 표시하는 것이 적합하다.

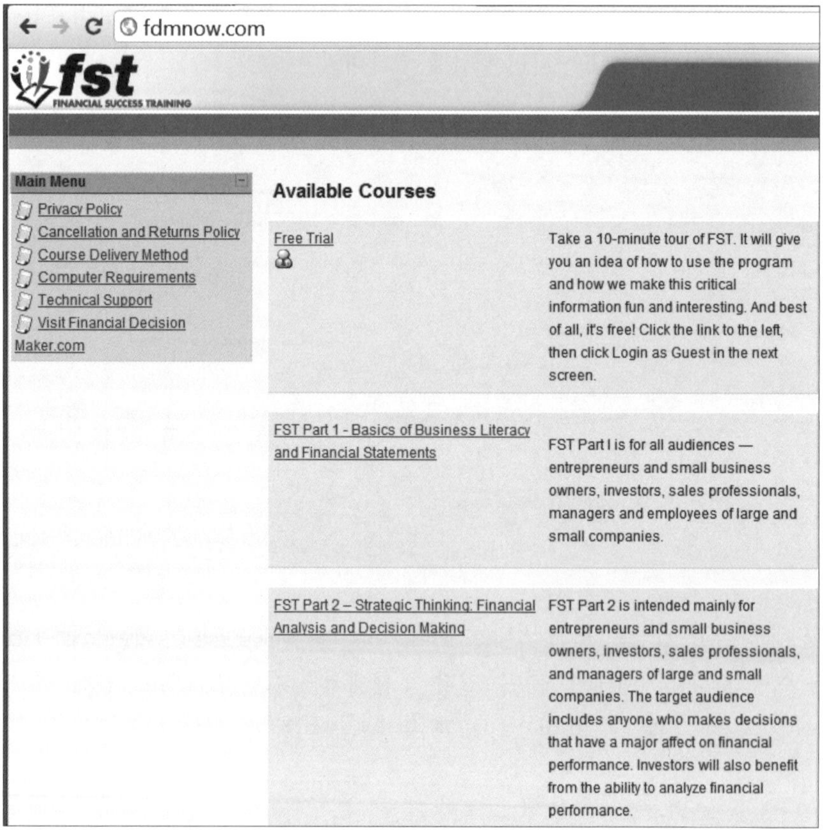

사이트의 시작 페이지에 알맞는 옵션 선택

시작 페이지에 사용할 옵션을 선택해야 한다면 학생의 입장에서 생각해보자.

강좌 찾는 방법	고려사항
강좌 이름으로 특정 강좌 찾기	강좌를 범주로 묶지 않고 알파벳 순서로 나열한다.
강좌 유형으로 강좌 찾기	콤보 목록이나 범주 목록을 이용하면 학생들은 제공되는 강좌의 유형을 알 수 있다.
강좌 이름이나 유형으로 찾기	콤보 목록을 사용한다. 학생들이 강좌 이름으로 강좌를 검색할 수 있도록 시작 페이지에 설명을 추가한다.
기타 방법	강좌의 수가 얼마 없다면 강좌를 범주로 묶지 않고 표시한다. 각 강좌를 판매하기 위해 강좌 설명을 사용할 수도 있다. 강좌가 많아 시작 페이지에 표시하기에 너무 길다면 범주 목록을 사용하는 게 좋으며 각 범주를 살펴보는 방문자에게 강좌에 대한 확신을 주기 위해 시작 페이지에 강좌에 대한 정보를 포함시켜 표시한다.

각 옵션이 사이트를 보고 사용하는 학생들에게 어떻게 영향을 끼치는지를 살펴봤다. 이제 이 옵션들을 어떻게 구현하는지 알아보자.

강좌 범주 생성

강좌 범주를 생성, 수정하고 삭제할 수 있으려면 사이트 관리자여야만 한다.

1. 사이트를 관리하는 사용자 계정으로 로그인하지 않았다면 지금 로그인한다. 시작 페이지 우측 상단의 Login 링크를 이용해 로그인한다.
2. 새 무들 사이트의 홈페이지를 보게 된다.
3. 페이지 좌측의 Settings 메뉴에서 Site administration(사이트 관리) ➤ Courses(강좌) ➤ Add/edit courses(강좌 추가/편집)를 클릭한다. 나타난 Course categories(강좌 범주) 페이지에서 새로운 범주와 강좌를 생성한다. 또한 시작 페이지에 나타날 범주의 순서를 지정한다.
4. Add new category(범주 추가) 버튼을 클릭하면 Add new category 페이지가 나타난다.

5. 새 범주를 어느 범주에 포함시킬지를 선택한다. 다음 화면의 예에서 Critical Thinking(비판적 사고)을 선택하면 그 하위 범주로 생성된다.

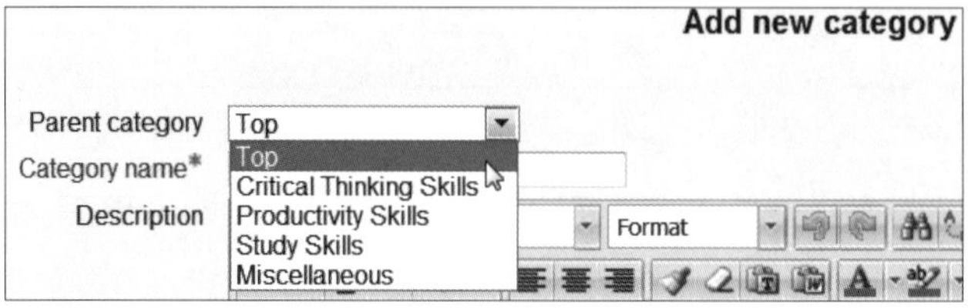

6. Category name(범주명) 항목에 범주의 이름을 입력한다. 여기에 입력한 사항을 사용자는 범주 목록에서 보게 된다.
7. Description(설명) 항목에 범주에 대한 설명을 입력한다. 범주 목록에서 범주 이름을 본 사용자들은 이 설명 항목에 입력된 정보를 바탕으로 그들에게 필요한 강좌인지 여부를 결정하는 데 도움이 된다.
8. Create category(범주 생성) 버튼을 클릭하면 범주가 생성되고 Add/edit courses (강좌 추가/편집) 페이지가 나타난다.

강좌 범주 순서 정하기

강좌 범주의 순서를 수정하려면 사이트 관리자 권한을 갖고 있어야만 한다. 페이지에서 정한 순서가 사용자들이 보게 될 순서가 된다.

1. 사이트 관리 권한이 있는 사용자 계정으로 로그인하지 않았다면 지금 로그인한다. 시작 페이지 우측 상단의 Login 링크를 이용해 로그인한다.
2. 새 무들 사이트의 홈페이지를 보게 된다.
3. 페이지 좌측의 Settings 메뉴에서 Site administration ➤ Courses ➤ Add/edit courses를 클릭하면 Course categories 페이지가 나타난다.
4. 범주를 목록의 위나 아래로 이동하려면 해당 범주 옆의 화살표 버튼을 클릭한다.

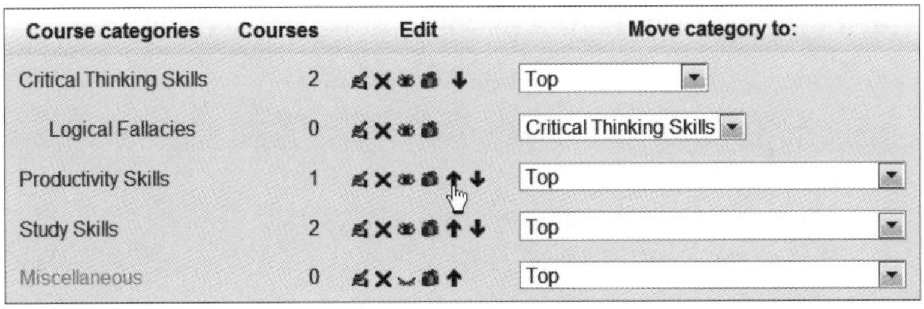

Course categories
Courses
Edit
Move category to:
Critical Thinking Skills
2
Top
Logical Fallacies
0
Critical Thinking Skills
Productivity Skills
1
Top
Study Skills
2
Top
Miscellaneous
0
Top

5. 범주를 다른 범주 하위로 이동하려면 오른쪽의 드롭다운 목록에서 이동할 범주를 선택한다.

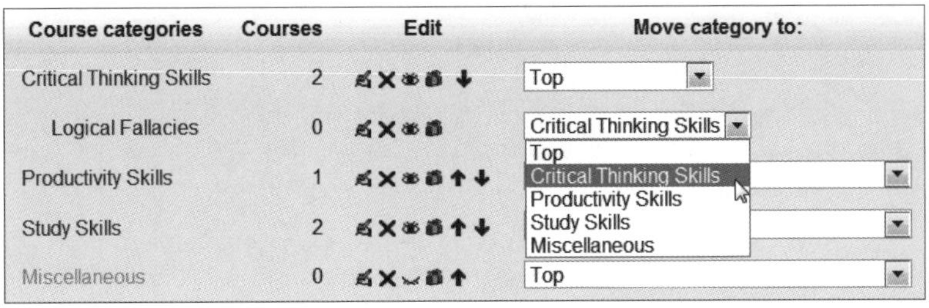

6. 이 페이지의 변경사항은 자동으로 저장되므로 따로 변경사항을 저장할 필요는 없다.

여러 범주에 강좌 할당

한 강좌를 하나의 범주에만 추가할 수 있다는 점은 무들의 한계 중 하나다. 한 강좌를 여러 범주에 추가하고 싶은 경우에 사용할 수 있는 옵션은 다음과 같다.

- 범주 사용에 앞서 강좌에 직접 연결된 링크를 사용한다. 5장에서 시작 페이지에 표지와 링크를 추가하는 방법을 알아본다. 범주 이름으로 된 표지를 사용해 표지 아래에 링크를 추가한다. 강좌 목록은 주기적으로 업데이트돼야 하고 강좌가 추가되거나 삭제될 때마다 사이트 관리자가 작업을 해줘야 하기 때문에 사이트 관리자의 유지보수 사항이 많아진다.
- 한 범주에 강좌를 생성한 후 두 번째 범주에 동일한 이름의 강좌를 생성한다. 하지만 두 번째로 생성한 강좌에는 사용자를 실제 강좌로 자동으로 이동시킬 자바스크립트만 추가한다.

강좌의 표지로 사용할 자바스크립트를 웹이나 http://javascriptkit.com 사이트에서 찾아본다.

```
<form name="redirect">
<center>
<font face="Arial"><b>스크립트 내 위치로 이동합니다<br><br>
<form>
<input type="text" size="3" name="redirect2">
</form>
seconds</b></font>
</center>
<script>
<!--

/*
카운트다운 후 이동하는 스크립트
By JavaScript Kit (http://javascriptkit.com)
Over 400+ free scripts here!
*/

// 아래 이동할 곳의 URL을 지정한다.
var targetURL="http://javascriptkit.com"
// 카운트다운 시작 숫자를 입력한다.
var countdownfrom=10

var currentsecond=document.redirect.redirect2.value=countdownfrom+1
function countredirect(){
if (currentsecond!=1){
currentsecond-=1
document.redirect.redirect2.value=currentsecond
}
else{
window.location=targetURL
return
}
setTimeout("countredirect()",1000)
}

countredirect()
//-->

</script>
```

강좌 생성

이전에 봤던 대로 모든 강좌는 하나의 범주에 속해 있다. 하지만 강좌를 다른 범주에 잘못 포함시켰다고 하더라도 사이트 관리자가 강좌 범주를 수정하는 일은 아주 쉬우므로 걱정하지 마라.

강좌를 생성하고 강좌에 내용을 채워넣는 작업은 다른 작업이다. 이제 내용이 없는 빈 강좌를 생성하는 방법을 설명하고, 다음 장에서는 강좌에 교육 자료를 추가하는 방법에 대해 다루겠다.

강좌를 생성하기 위해서는 관리자나 강좌 제작자 역할을 가진 사용자여야만 한다. 하지만 강좌에 교육 자료를 추가하는 작업은 관리자나 강좌 제작자뿐만 아니라 매니저Manager나 교사Teacher(주로 교사가 학습 자료를 추가한다) 역할의 사용자도 가능하다.

비어 있는 새 강좌 생성

1. 사이트에 관리자나 강좌 제작자로 로그인한다.
2. Site administration ➤ Courses ➤ Add/edit courses를 선택한다.
3. Add a new course(강좌 추가) 버튼을 클릭하면 Edit course settings(강좌 설정 고치기) 페이지가 나타난다.

> 강좌 설정 고치기 페이지에는 각 설정 항목이 잘 설명되어 있지만, 선택한 설정의 값과 연관된 사항에 대해서는 설명하고 있지 않다. 다음 절에서는 여러분이 선택한 값이 사이트의 기능에 어떤 영향을 미치는지 설명하고, 올바른 선택을 할 수 있도록 약간의 정보를 덧붙이겠다.

4. 페이지 상단의 드롭다운 목록에서 범주를 선택한다.

   언제든지 이 드롭다운 목록을 사용해서 범주를 변경할 수 있다. 이 목록에는 감춰진 범주까지 표시된다.

   사이트가 커져서 범주가 많이 추가되면 다시 구성하고 싶어질 것이다. 범주를 생성하거나 강좌를 다른 범주로 이동하고 있던 중에 학생이 로그인한다면 학생은 혼란스러울 것이다. 그렇기 때문에 사이트를 재구성하는 작업은 되도록 재빠르고 완벽하게 수행하는 것이 가장 좋은 방법이다.

생성한 범주들을 숨겨 사이트를 재구성하는 시간을 줄일 수도 있다. 그렇게 하면 여러분은 사용 중인 범주에 대해서만 생각할 수 있게 된다. 일단 재구성하기 원하는 강좌를 선택한 후 선택한 강좌들을 숨겨진 범주로 이동시킨다. 이 강좌들은 새로 구성되어 만들어진 새 범주를 보이도록 설정할 때까지 나타나지 않을 것이다.

5. 강좌의 Full name(전체 이름)과 Short name(단축명)을 입력한다.

6. 강좌 전체 이름은 강좌가 보이면 페이지의 상단과 강좌 목록에 표시되며, 단축명은 페이지 상단의 사이트 이동경로에 표시된다. 다음 화면에서 Basic Botany in Plain Language(쉬운 언어로 된 기초 식물학)라는 강좌 전체 이름과 Basic Botany(기초 식물학)라는 강좌 단축명을 볼 수 있다.

강좌 전체 이름은 페이지의 제목과 검색 엔진의 조회 순위에 영향을 미치는 메타데이터에도 나타난다. 다음은 위 예에 대한 HTML 코드다.

```
<title>강좌: 쉬운 언어로 된 기초 식물학</title>
<meta name="keywords" content="무들, 쉬운 언어로 된 기초 식물학" />
```

`<title>`과 `<meta>` 태그에 강좌 전체 이름이 포함되어 있다는 점에 주목하자. 많은 검색 엔진은 페이지 검색 시 `title`과 `keywords` 태그에 많은 비중을 두고 있으므로 강좌 제목을 정할 때 이 점을 기억해두자.

7. Course ID Number(강좌 ID 번호)를 입력한다.

이미 2장에서 등록 정보를 외부 데이터베이스에서 사용하는 방법을 살펴봤다. 이 항목에 입력하는 ID 번호는 외부 데이터베이스에 저장된 강좌의 ID

번호와 동일해야 한다. 만약 강좌 등록 정보 저장 시 외부 데이터베이스를 사용하고 있지 않다면 빈칸으로 남겨둔다.

8. Course Summary(강좌 요약)를 입력한다.

강좌 요약은 방문자가 강좌 정보 아이콘을 클릭했을 때 표시되며 강좌가 목록에 표시될 때 함께 나타난다. 다음 화면을 보면 사용자는 강좌의 정보 아이콘을 클릭하고 있다. 사용자가 정보 아이콘을 클릭하면 강좌 요약 내용이 표시된다.

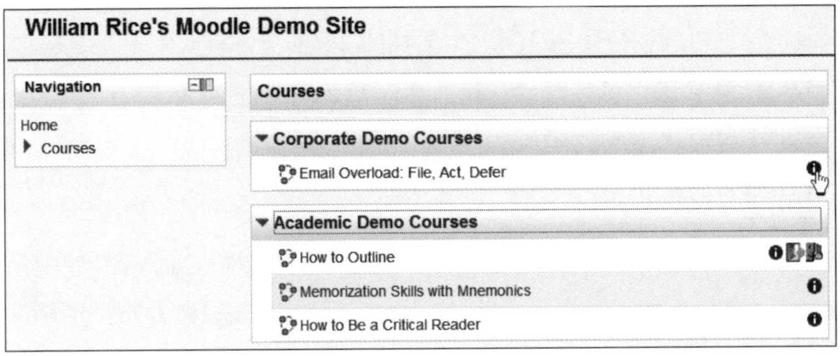

만약 방문자가 로그인 없이 시작 페이지를 볼 수 있게 설정한다면 강좌에 등록하지 않고도 강좌 요약 정보를 읽을 수 있을 것이다. 강좌 요약이 강좌에 대한 전반적인 개요가 될 수 있게 해보자. 그렇게 강좌 요약은 유익해야 하고 판매 도구로 이용돼야 한다. 방문자가 강좌에 등록할지 여부를 결정하는 데 도움이 되도록 충분한 정보를 제공해야 하며, 설명을 통해 판매에 도움이 되도록 강좌를 부각시킨다.

9. 다음 강좌 Format(형식) 중 하나를 선택한다.

- 주제별Topics 형식
- 주별Weekly 형식(새 강좌 생성 시 기본 형식)
- 사회적Social 형식
- SCORM 형식

주제별 형식은 강좌를 이용하기에 가장 직관적인 형식으로, 강좌의 각 부분을 번호가 매겨진 주제로 표시해 학생들이 강좌를 순차적으로 진행할 수 있게 한다. 그러나 기본적으로 무들은 이런 순차적인 진행을 강요하지 않아 학생들은 강좌의 앞과 뒤, 여기저기를 자유롭게 이동할 수 있기 때문에 조건부 학습활동을 통해 특정 순서로 학습활동을 완료하게 할 수 있다. 이런 내용은 이 책의 후반부에서 다룰 예정이다. 조건부 학습활동을 이용하려면 시스템 관리자는 System administration(사이트 관리) ➤ Advanced features(추가 기능 설정) ➤ Enable conditional availability(조건부 접근 활성화)의 기능을 활성화해야 한다.

주별 형식은 각 주제에 기간을 표시하는 것을 제외하고는 주제별 형식과 거의 유사하게 나타난다. 이 글을 쓰는 시점에 무들은 이 기간을 자동으로 지정하지 않는다. 즉 무들은 특정 기간 내에 봐야 할 주간 강좌 부분을 사용할지 여부를 지정하지 않는다. 이런 결정은 관리자나 교사가 직접 해줘야 하는데, 그렇지 않다면 학생들이 주별로 일정한 순서로 접근할 수 있도록 여러분이 직접 설정해줘야 한다.

사회적 형식은 전체 강좌를 토론 포럼으로 변경한다. 토론 주제는 강좌의 홈페이지에 표시되며 Discuss this topic(이 주제에 대해 토론하기) 링크를 클릭해 주제에 대한 답변을 읽거나 추가한다.

포럼에서 사용할 수 있는 설정 중 하나는 학생들이 새로운 주제를 생성하지 못하게 하는 것인데, 학생들은 현재 등록되어 있는 주제에 대해 답변만 할 수 있게 한다(후에 포럼에서 사용할 수 있는 설정들에 대해 설명한다). 이 설정이 활성화되면 교사만 새로운 주제를 생성할 수 있으며, 학생들은 주제에 대한 답변을 추가하며 해당 주제로 토론을 하게 된다. 이 설정은 토론을 통제할 수 있게 해주고 너무 많은 주제의 생성을 방지해 강좌 홈페이지의 내용이 길어지지 않게 도와준다.

사회적 형식은 전통적이고 순차적인 강좌와는 특징이 매우 다르다. 주제별 형식이나 주별 형식에서 찾을 수 있는, 학습활동이나 학습자원을 추가하는 능력이나 조직화가 부족하다. 하지만 사회적 형식은 모든 강좌를 토론 포럼으로 변경하기 때문에 강좌 목록에 토론 포럼을 집어넣을 수 있는 기회를 제공해 사이트 시작 페이지의 강좌 목록에 토론 강의가 있음을 표시할 수 있다.

SCORM 형식은 SCORM과 호환되는 학습활동을 업로드할 수 있게 하며, 이 학습활동이 곧 강좌가 된다.

만약 강좌의 일부로 SCORM 패키지를 사용하고 싶다면 Add an activity(학습활동 추가)에서 SCORM package를 사용한다. 전체 강좌를 SCROM 패키지로 사용하려면 SCORM 형식 설정을 이용한다.

10. Number of weeks/topics(주/주제의 수)을 선택한다.

주 또는 주제의 수는 필요할 때마다 강좌 설정에서 변경할 수 있다. 만약 수를 늘리면 비어 있는 주/주제가 늘어날 것이고, 수를 줄이면 주/주제 또한 줄어든다.

무들의 괜찮은 점 중 하나는 강좌 섹션의 수를 감소시켜 교육 자료를 포함하고 있는 주제가 삭제됐을 때도 실질적으로는 그 강좌가 지워지지 않는다는 사실이다. 강좌는 교사에게조차 보이지 않을 뿐이다. 만약 주제 수를 증가시키면 사라졌던 주제의 내용은 원래대로 강좌의 뒷부분에 추가되어 다시 표시된다.

여기서 기억해야 할 점은 주/주제를 줄였을 때 주제가 숨겨지는 것은 학생에게 주/주제를 숨기는 것과는 다르다는 사실이다. 이 경우 교사는 숨겨진 부분을 여전히 볼 수 있지만, 강좌의 주/주제의 수를 줄여 사라진 부분은 제거되어 교사를 포함한 모든 사람이 볼 수 없으며 다시 복구하는 방법은 주/주제의 수를 늘리는 방법뿐이다.

11. Course Start Date(강좌 시작일)를 설정한다.

주 단위 강좌의 경우 이 항목은 강좌에 노출할 예정 날짜를 설정하지만 주제별 형식이나 사회적 형식의 강좌를 표시하는 데는 영향을 주지 않는다. 강좌를 노출하는 즉시 학생은 강좌에 입장할 수 있고 강좌 시작일 설정은 해당 날짜까지 강좌를 차단한다거나 숨기지 않는다. 강좌의 학습활동에 대한 기록이 해당 날짜에 시작한다는 점도 이 항목의 효과 중 하나다.

> 학생들이 강좌에 등록할 수 있는 기간을 정하고 싶다면 Course administration(강좌 관리) ➤ Users(사용자) ➤ Enrolment methods(등록 방법)를 살펴보자. 등록 방법 중 Self enrolment(스스로 등록)를 사용하도록 설정하자. 그런 다음, Self enrolment 설정 페이지에서 Enrolment period(등록 기간)를 설정한다.

12. Hidden Sections(비공개 영역)을 어떻게 보여줄지 여부를 지정한다.

Number of weeks/topics 설정 항목은 강좌를 얼마나 많은 주제로 구성할지, 몇 주 동안(기간) 진행할지를 결정짓는다. 각 주나 주제는 영역section이라 부른다. 항상 표시되는 Topic 0을 제외한 모든 영역은 숨기거나 보이도록 설정할 수 있다. 영역을 숨기거나 보이게 하는 건 강좌 편집 모드에서 가능하며, 영역 옆의 눈 모양 아이콘을 원하는 상태가 되도록 클릭한다. 다음 예제 화면에서는 강좌 제작자가 강좌 영역 1의 숨기기와 보이기를 설정하고 있다.

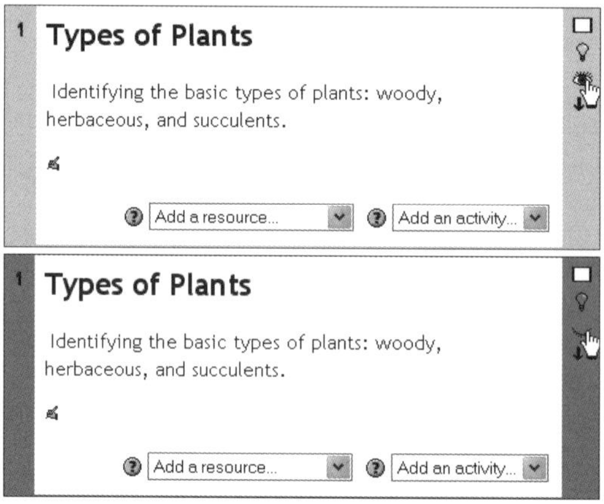

Hidden Sections의 설정값을 Hidden sections are shown in collapsed form(비공개 영역은 제목만 보임)으로 선택한다면, 숨기기 처리된 영역의 제목과 날짜 부분이 회색으로 처리되어 사용자에게 보이긴 하지만 강좌의 해당 영역에 입장하지 못한다. 이 옵션은 여러분이 만든 강좌를 한 번에 모두 수강할 수 있게 하지 않고 순서대로 수강할 수 있는 영역이 보이도록 설정하려 할 때 유용하다. Hidden Sections의 설정값을 Hidden sections are completely invisible(비공개 영역은 완전히 볼 수 없음)로 설정한다면 숨기기로 설정된 영역은 학생들에게 완전히 보이지 않는다. 강좌 제작자와 교사는 모든 영역을 볼 수 있고, 영역에 포함된 학습자료와 학습활동에도 접근 가능하다.

여러분이 사용하는 영역이 굉장히 많은 경우에는 학생들이 '비공개 영역은 완전히 볼 수 없음'으로 선택하는 편이 유용하다. 작업 중에는 영역을 숨겨뒀다가 작업이 모두 끝났을 때 나타나게 할 수 있다. 만약 사용 중인 영역을 수정하려면 해당 영역을 복사하고 숨긴 상태에서 작업한 후 이전 버전의 영역은 숨기고 새로 수정된 영역을 보여주는 방식으로 작업하면 되는데, 이런 작업은 몇 번의 클릭만으로 이뤄지며 오래 걸리지 않는다.

> 강좌 영역들 간에 학습자원을 이동할 수 있다. 숨겨진 영역은 나중에 사용하거나 활성화할지 모르는 학습자원을 담아놓을 수 있는 아주 좋은 장소다. 예를 들어 여러분이 웹에서 아주 좋은 사이트를 발견했는데 그 사이트를 나중에 사용할지 확실하지 않은 경우 숨겨진 영역을 생성해 사이트 링크를 담아놓을 수 있다. 그리고 그 사이트를 사용하기로 결정했다면 숨겨진 영역에 담아놓은 사이트 링크를 사용 중인 다른 영역으로 옮겨놓는다.

13. Latest news(최신 뉴스) 블록에 News Items to Show(볼 새 소식)를 얼마나 많이 표시할지 지정한다.

주별 형식이나 주제별 형식의 경우 뉴스 포럼은 강좌의 홈페이지에 자동으로 나타난다. 이 포럼을 삭제하고 싶다면 News Items to Show 항목의 값을 0으로 설정하면 된다.

뉴스 포럼이 여타 포럼과 다른 점은 뉴스 포럼에 게시한 글은 최신 뉴스 블록에 나타난다는 점이다. 강좌 제작자와 편집자는 사용 가능하다거나 학생은 새로운 주제를 생성할 수 없고 기존에 등록되어 있는 주제에만 답변을 게시할 수 있다는 점 등은 여타 포럼과 같다.

최신 뉴스 블록은 새로 등록된 게시물이 없다거나 포럼에 주제가 없는 경우에도 자동으로 사라져서 보이지 않지만, News Items to Show 항목의 값을 0으로 설정하면 News Items to Show 항목의 값이나 게시된 뉴스의 수와는 상관없이 최신 뉴스 블록을 감출 수 있다.

최신 뉴스 블록에 표시되는 뉴스의 최대 개수는 10이다.

14. Show gradebook to students(성적 표시) 항목을 Yes로 설정하면 학생은 Course administration의 Grades 링크를 클릭해 강좌의 모든 성적 목록을 조회할 수 있다.

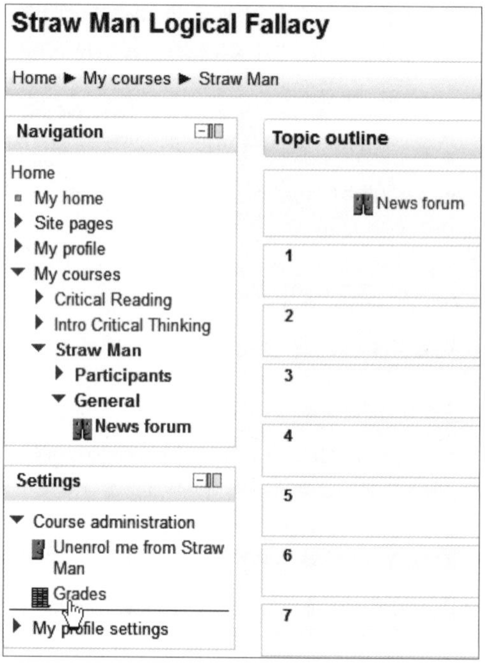

손님 접속이 가능한 강좌의 경우 손님은 성적을 받을 수 없기 때문에 여러분이 예로 만들어놓은 견본 강좌에서 사람들의 성적이 무들에서 어떻게 표시되는지 보고 싶다면 해당 견본 강좌에 사용자 등록을 해야 한다.

15. 개인정보 메뉴 아래에 여러분이 수강한 각 강좌에서 활동한 내용을 볼 수 있는 보고서가 있다. 개인 활동 보고서는 강좌 내에 있지 않고 개인정보에 있음을 기억해두자. Show activity reports(활동 보고서 보기) 항목은 각 강좌에서 학생 활동을 학생의 개인정보에 보여줄지 여부를 결정한다.

손님 접속이 가능한 강좌에서 Yes로 설정하는 것은 이치에 맞지 않다. 무든 익명의 등록되지 않은 사용자는 Guest라는 이름의 손님 계정으로 접속하므로, 손님의 성적과 활동을 보여주는 것은 그리 유용하지 않다. 만약 어떤 견본 강좌에 얼마나 많은 사람이 들렀는지에 대한 정보를 얻고 싶다면 견본 강좌의 모든 기능을 사용할 수 있는 무료 계정을 생성해 제공할 수 있다. 이 방법은 즉시승인이라는 별도의 작업이 필요하지만 학생 등록 시 이메일 확인을 요구하지 않아서 매우 편리하며, 견본 강좌의 사용자 개별 사용 내용에 대한 정보를 수집하고 연구할 수 있다. 그리고 이런 강좌에 사용할 별도의 로그인 페이지를 사용해 익명의 사용자들이 강좌에 등록하거나 비용을 지불할 수 있게 관리한다.

16. Maximum upload file size 항목은 해당 강좌에 학생들이 업로드할 수 있는 파일의 크기를 제한한다. Site administration ➤ Security ➤ Site policies에서도 사이트 범위의 제한을 설정할 수 있으며, 사이트 범위의 제한용량과 강좌 범위의 제한용량 중 작은 값이 적용된다.

17. 무들에서 사용하는 색상과 아이콘은 테마에 의해 결정되는데, 주로 사이트 전체에 동일한 테마를 사용한다. 하지만 교사와 심지어 학생들도 자신이 사용하는 테마를 변경할 수 있으며, Force theme(지정된 테마) 항목에서 사용자들은 미리 정해진 테마 중 하나를 선택해 사용할 수 있다.

> 예를 들어 각 교사들에게는 차별화된 테마를 강좌에 적용한다거나 특정 범주에 있는 모든 강좌에 동일한 테마를 지정하는 등, 깔끔한 색상표를 제공해 색상을 일일이 지정하기보다는 테마를 제공하는 편이 더 좋다. 테마에 대한 자세한 내용은 http://moodle.org를 참조하자.

18. Guest access 항목은 강좌에 손님 접속을 허용할 것인지를 결정하며 손님 계정용 암호를 설정할 수 있다. 이 항목에 입력한 암호는 등록된 학생이 아닌 손님 계정의 사용자에게만 적용된다.

19. Group mode(모둠 모드)를 선택하자.

모둠 모드는 강좌의 학습활동에 적용된다. 각 강좌는 모둠을 가질 수도, 가지지 않을 수도 있다. 이 항목을 No(모둠 없음)로 선택하면 모든 학생은 하나의 큰 모둠으로 속해서 강좌에 할당되며, Separate(분리 모둠)로 선택하면 같은 모둠에 속한 학생들은 서로의 작업을 볼 수 있지만 같은 강좌를 수강하는 학생일지라도 다른 모둠에 속한 학생의 작업은 볼 수 없다. 즉 다른 모둠에 속한 학생들의 수행 작업은 분리된다. Visible(개방 모둠)로 선택하면 학생들은 모둠으로 나뉘어 있지만 여전히 다른 모둠을 볼 수 있다. 하지만 각자 다른 모둠을 볼 수 있다 하더라도, 한 모둠에 속한 학생들의 수행 작업은 다른 모둠의 학생들이 볼 수 없다.

이런 각 학습활동의 설정은 수정할 수 있는데, 예를 들어 한 강좌에서 모둠을 분리해 운영하고 싶다고 가정하자. 모둠으로 분리되어 있지만 모둠에 속한 전체 학생들이 참여하기 원하는 하나의 프로젝트가 있을 때 각자 다른 모둠의 작업을 볼 수 있게 하고 싶다. 이런 경우 여러분은 해당 강좌를 Separate로 선택하고 프로젝트에 대해서는 Visible을 사용한다. 그러면 각 모둠은 한 프로젝트에 대해서만 다른 모둠의 작업을 볼 수 있다.

운영 시 한 강좌에 모둠 분리 vs 강좌 분리

강좌가 모둠에 효과적이라면 모둠을 분리하는 방법을 이용해 강좌를 각 모둠에 재활용할 수 있다. 하지만 강좌의 홈페이지에는 각 주(week)의 날짜가 표시되므로 날짜로 지정된 주를 사용하는 주별 형식의 강좌에는 적합하지 않다. 만약 각 모둠이 다른 날짜에 시작한다면 주별 날짜는 맞지 않는다.

주제별 형식의 강좌를 운영한다면 학생들을 모둠으로 나누고 각 모둠을 별개로 운영해 강좌를 쉽게 재활용할 수 있다. 교사를 강좌에 할당하는 방법은 추후에 다루는데, 교사를 모둠에 할당해 각 교사가 자신의 학생들만 관리하도록 지정할 수도 있다.

한 강좌에서 학생들을 여러 모둠을 분리해 운용할 때 각 모둠의 강좌 진도가 다른 경우 교사는 주제를 보여주고 숨기는 기능만으로는 학생들의 흐름을 통제할 수 없다는 사실을 깨닫게 된다. 즉 Topic 1을 한 모둠이 마칠 때까지 계속 보여주고, Topic 2를 마칠 때까지 Topic 2를 보여주고, Topic 3도… 이런 방식으로 진행할 수는 없다. 진도가 다른 모둠들이 있는 경우에 이런 방식으로 운영을 한다면 어떤 모둠에서는 필요한 주제를 숨기는 상황이 발생할 수도 있다. 강제로 주제의 순서를 한 번에 하나씩 보여줘야 한다면 각 모둠별로 강좌의 복사본을 생성하거나 학생이 이전 학습활동을 마친 후 다음 학습활동을 보여주는 조건부 학습활동을 사용한다.

20. 일반적으로 강좌의 모둠 모드는 각 학습활동에 의해 재정의된다. 강좌 제작자가 학습활동을 추가할 때 교사는 강좌에 기본 모둠 모드가 아닌 다른 모둠 모드를 선택할 수 있다. 하지만 Force group mode(강제 모둠 모드)를 Yes로 선택한 경우 모든 학습활동은 강좌에서 선택한 모둠 모드와 동일한 모둠 모드가 적용된다.

21. 강좌의 Default grouping(기본 모둠무리)은 성적에서 모둠이 필터링되는 방법을 결정한다. 모둠을 사용하지 않는다면 아무런 영향이 없다.

22. 강좌에서 작업을 하는 동안 Availability(이용 가능 상태) 항목을 This course is not available to students(학생 이용 불가능)로 설정하면 이 강좌는 학생 화면에 나타나지 않지만 교사와 관리자는 여전히 강좌를 볼 수 있으므로 서로 수업 내용을 협의할 수 있다.

23. Force language(지정 언어) 항목을 선택한다. Do not force(지정하지 않음)로 선택하면 학생은 풀다운 목록에서 자신이 사용하고 싶은 언어를 선택할 수 있다.

    풀다운 목록의 언어들은 Site administration ➤ Language ➤ Language settings ➤ Display language menu와 Languages on menu(선택 목록의 언어)에서 선택한 언어들로 제한된다는 사실을 기억해두자. 그리고 사용하고자 하는 언어의 언어팩을 설치한 상태여야 한다는 점도 기억하자.

    학생이 다른 언어를 선택하면 무들 표준 메뉴와 메시지는 자동으로 번역된다는 점도 기억하자. 하지만 강좌 자료는 강좌 제작자가 해당 언어로 입력하고 다중 언어 콘텐츠 필터를 사용하지 않는다면 번역되지 않는다.

24. 강좌에서 역할명을 다르게 사용하고 싶다면 Role Renaming(역할명 고침)을 사용한다. 무들은 무들 표준 메시지에 여러분이 설정한 교사와 학생의 호칭을 입력한다. 교사의 경우 전임강사나 지도자, 기획자 같은 호칭으로 대체할 수 있으며 학생의 경우 참가자, 회원 등의 호칭으로 사용할 수 있다.

25. 페이지의 아래쪽에 Save Changes 버튼을 클릭한다.

> 축하한다! 이제 여러분은 새로운 빈 강좌를 생성했다. 이제 강좌를 구성하고 엄청난 자료로 채워나갈 준비가 되었다.

교사와 학생 등록

누가 이 강좌를 가르칠 것인가? 그리고 어떻게 학생을 등록할 것인가? 강좌 등록에서 선택한 설정들은 다음의 사항을 결정한다.

교사 지정

사이트 관리자나 강좌 제작자가 빈 강좌를 생성한 후에 강좌를 구축하기 위해 교사를 지정할 수 있다.

강좌에 교사 지정

강좌에 교사를 지정하려면 우선 사이트에 교사 계정을 가진 사용자가 있어야 한다. 교사 계정을 수동으로 생성해야 한다면 3장의 '교사와 학생의 테스트 계정 생성' 절을 참고하자.

1. 교사나 관리자 계정으로 강좌에 입장한다.
2. 강좌 안에서 Settings ➤ Users ➤ Enrolled users를 선택한다.
3. 페이지 우측 상단의 Enrol users(사용자 등록) 버튼을 클릭하면 사용자 등록 창이 나타난다.

사용자를 찾기 위해 Search란에 사용자의 이름 일부를 입력하고 키보드의 엔터 키나 리턴 키를 누른다.

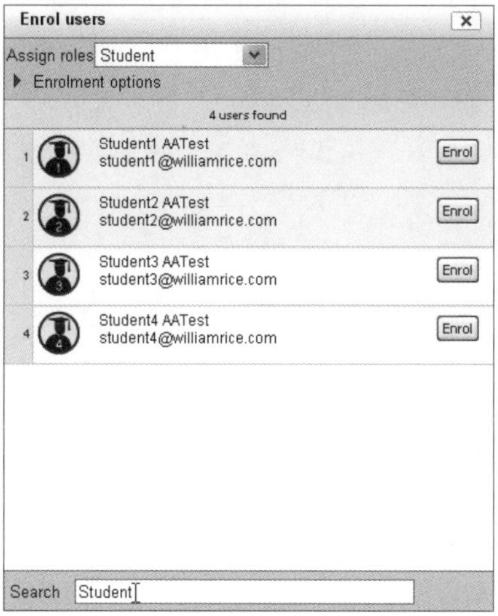

1. Assign roles(역할 부여) 드롭다운 목록에서 Teacher(교사)를 선택한다.
2. 사용자 이름 옆의 Enrol 버튼을 클릭한다. 사용자 이름 표시가 등록된 상태를 나타내기 위해 변경된다.
3. 사용자 등록을 마치면 이 창의 닫기 상자를 클릭한다. 등록된 사용자 페이지로 돌아오면 등록된 사용자 목록에 추가된 사용자를 보게 된다.

등록 방법 설정

3장에서 등록 방법을 다룰 때 언급했던 것처럼 사이트 등록 방법 목록을 사용할 수 있다. 각 강좌에 이 등록 방법들 중 일부 혹은 전부를 사용하거나 사용하지 못하게 설정할 수도 있다.

교사는 상호적 등록 방법에서만 사용, 비사용, 지정 기능을 사용할 수 있다. 사용자가 강좌에 등록할 때는 상호적 등록이 발생하는데, 사용자가 강좌에 등록되려면 강좌를 선택한 이후 등록 승인이 된다거나 수강료를 지불하는 것과 같은 행위가 이뤄져야 한다.

비상호적 등록 방법은 외부 데이터베이스나 LDAP 서버를 통해 로그인할 때와 같이 사용자가 강좌에 로그인하려 할 때 확인된다. 사이트 관리자만이 로그인 시간 등록 방법을 활성화하거나 비활성화할 수 있다. 이 방법은 강좌 범위에서는 관리할 수 없고 사이트 범위에서 관리한다.

1. 사이트 관리자나 교사 계정으로 강좌에 입장한다.
2. Course administration ➤ Users ➤ Enrolment methods를 선택하면, Enrolment methods 페이지에 사이트에서 사용할 수 있는 등록 방법의 목록이 표시된다.

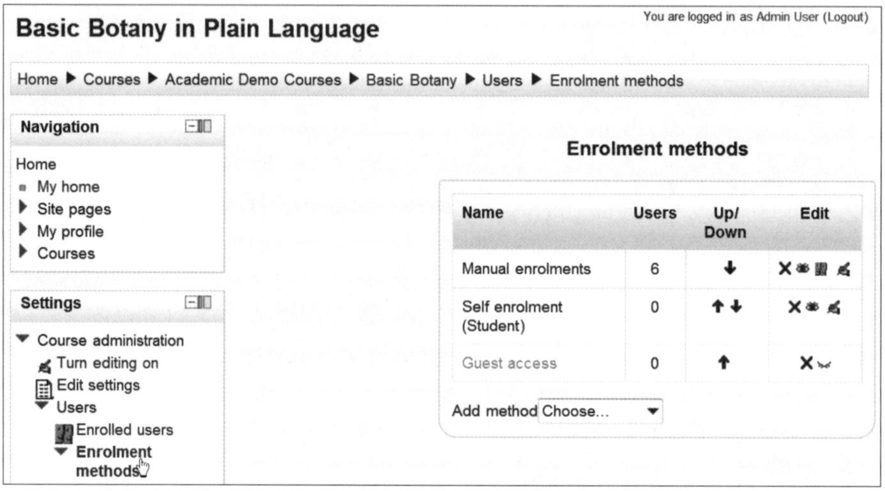

3. 강좌에 사용할 등록 방법을 활성화하거나 비활성화하기 위해 눈 모양의 아이콘을 클릭한다. 뜬 눈 모양의 아이콘은 강좌에서 해당 등록 방법을 사용할 수 있다는 의미인 반면, 감은 눈 모양의 아이콘은 강좌에서 해당 등록 방법을 사용할 수 없다는 의미다.

4. 사용하려는 순서대로 등록 방법을 나열한다. 각 등록 방법 옆의 상하 화살표를 클릭해 목록의 원하는 위치로 이동시킨다.

각 등록 방법은 해당 방법을 구성할 별도의 설정 페이지가 있다.

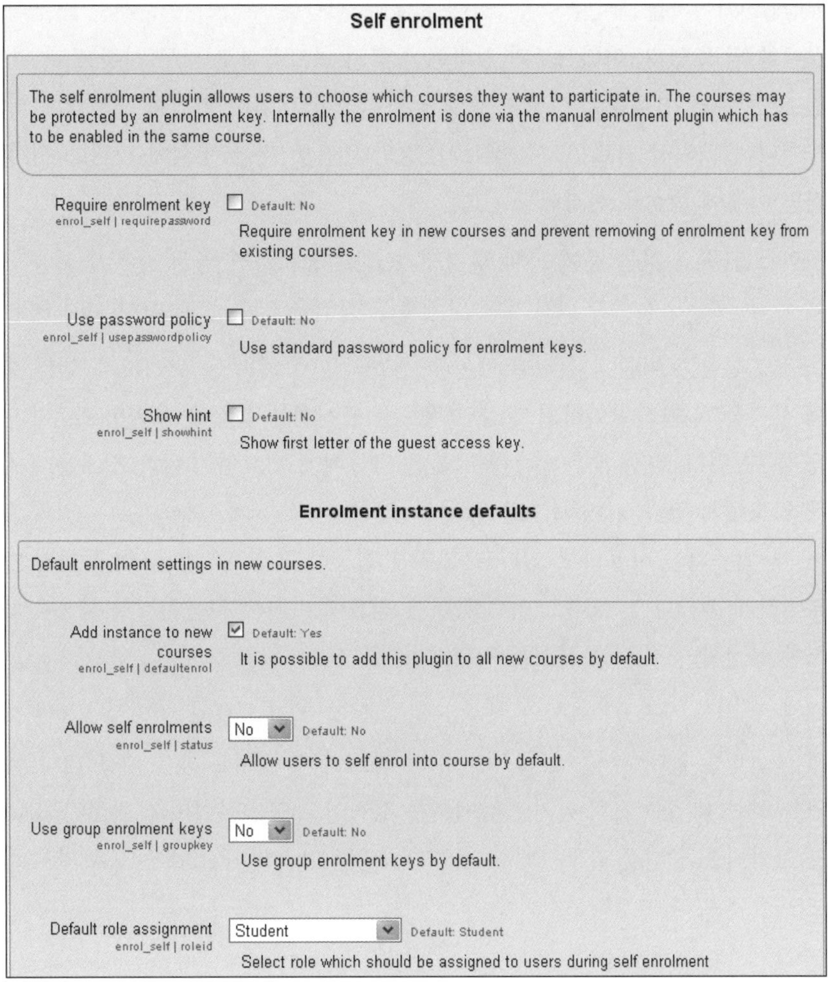
Self enrolment
The self enrolment plugin allows users to choose which courses they want to participate in. The courses may be protected by an enrolment key. Internally the enrolment is done via the manual enrolment plugin which has to be enabled in the same course.
Require enrolment key
enrol_self | requirepassword
Default: No
Require enrolment key in new courses and prevent removing of enrolment key from existing courses.
Use password policy
enrol_self | usepasswordpolicy
Default: No
Use standard password policy for enrolment keys.
Show hint
enrol_self | showhint
Default: No
Show first letter of the guest access key.
Enrolment instance defaults
Default enrolment settings in new courses.
Add instance to new courses
enrol_self | defaultenrol
Default: Yes
It is possible to add this plugin to all new courses by default.
Allow self enrolments
enrol_self | status
No
Default: No
Allow users to self enrol into course by default.
Use group enrolment keys
enrol_self | groupkey
No
Default: No
Use group enrolment keys by default.
Default role assignment
enrol_self | roleid
Student
Default: Student
Select role which should be assigned to users during self enrolment

어떤 등록 방법을 활성화하면 해당 방법의 Settings 페이지를 적어도 한 번은 살펴보고 변경할 설정이 있는지 확인한다.

정리

무들이 학생들로 하여금 비선형적인 방식으로 강좌를 탐색할 수 있게 한 것처럼, 유연하며 비선형적인 방식으로 강좌를 구축할 수 있게도 해줬다. 일단 Course settings 페이지를 작성한 후 강좌에 자료나 기능을 추가하는 순서는 오로지 여러분에게 달려 있다. 어디서부터 시작해야 할지 모르겠다고 너무 신경 쓰진 말자. 예를 들어 주별 형식을 선택할지 주제별 형식을 선택할지 확신이 서지 않는다면 아무거나 선택해서 자료를 추가해보자. 강좌 내용이 다른 형식에 맞다는 생각이 든다면 이후에 형식을 변경해도 된다.

서비스를 하고 있는 중에도 아직 강좌가 개발 중이라면 영역 감추기 기능을 사용해 아직 작업이 끝나지 않은 부분을 감추고 작업을 마쳤을 때 다시 보여준다.

어떤 블록을 보여줄지 결정할 때는 학생들의 만족 수준을 고려하자. 만약 학생이 웹 서핑을 하는 사람이라면 강좌의 정보를 표시하는 블록을 보완함으로써 만족감을 줄 수 있다. 경험 많은 웹 사용자들은 그들에게 필요하지 않은 정보를 무시하는데 익숙해져 있다(웹페이지의 배너 광고에 관심을 가진 적이 마지막으로 언제인가?). 만약 학생들이 새 컴퓨터를 사용하고 있다면 블록에 집중하고 상호작용을 해야 한다는 것을 당연하게 생각한다. 그리고 이런 블록은 필요에 따라서 사용하거나 사용을 해지하도록 설정할 수 있다는 사실도 기억해두자.

대개 첫 강좌 생성 시 최선의 예측을 하고 설정 작업 도중에 여러분을 머뭇거리게 하는 설정들에 대해서는 5장 '정적 강좌 자료 추가'에서도 계속 다룰 테니 설정 작업을 하는 데 주저하지 말자. 5장에서는 정적이고 상호적이며 사회적인 교육 자료를 추가하는 방법을 다루는데, 4장에서 설명한 강좌의 구조와 설정을 다시 살펴보고 필요에 따라 수정해본다.

5
정적 강좌 자료 추가

정적 강좌 자료란 웹페이지, 그래픽, 어도비 아크로뱃 문서처럼 학생이 읽을 수는 있지만 서로 상호작용은 할 수 없는 학습자원을 말한다. 5장에서는 이런 학습자원을 강좌에 추가하는 방법과, 학습자원을 최대한 효과적으로 사용하는 방법을 다룬다.

5장에서 다룰 주제는 다음과 같다.

- 추가할 수 있는 정적 강좌 자료의 종류
- 링크 추가
- 웹페이지 추가
- 학생들이 내려받을 수 있는 파일 추가
- 미디어 추가
- 강좌 편성
- 날짜 또는 점수로 접속 제한 기능 만들기

추가할 수 있는 정적 강좌 자료의 종류

정적 강좌 자료는 Add a resource(학습자원 추가) 드롭다운 메뉴를 선택해 추가한다. 이 메뉴를 이용해 다음을 추가할 수 있다.

- 웹페이지
- 다른 페이지로의 링크
- 파일
- 텍스트나 이미지를 나타내는 표지
- 멀티미디어

링크 추가

무들 사이트에서는 링크를 사용해 특정 웹의 내용을 보여줄 수 있으며, 강좌에 업로드한 파일 또한 링크로 연결한다. 기본적으로 링크는 강좌의 한 틀 안에 나타나며 새로운 창으로 표시되도록 선택할 수 있다.

'여러분의 무들 사이트에 자료를 표시하는 것이 합법적인가?', '강좌가 운영 중일 때도 링크된 자료가 여전히 그곳에 존재하는가?'와 같이 사이트 외부의 내용을 사용하려면 링크를 사용했을 때의 합법성과 안전성을 고려해야 한다. 아래 예제에서는 BBC의 꽤 신뢰할 수 있는 온라인 자료를 링크했다.

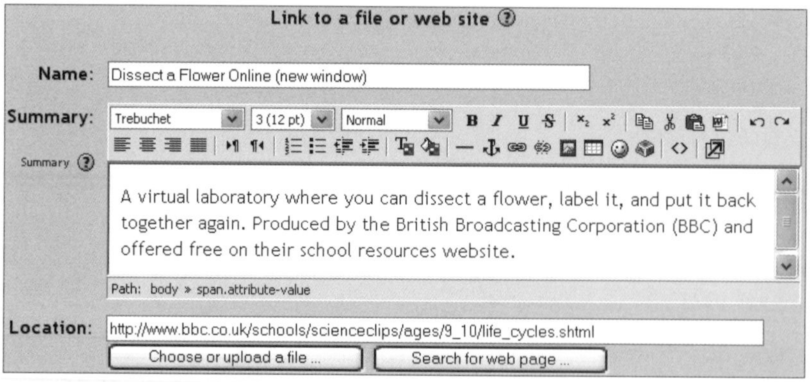

창의 아래쪽에 보이는 Window Settings(창 설정) 항목에서 링크된 내용을 자체 창에서 볼 수 있도록 설정할 수 있음을 기억하자. 창의 크기 또한 설정 가능하며, 무들 사이트가 가리지 않도록 작은 창을 띄워서 보여주길 원할 수도 있는데 새로운 창으로 표시하면 학생들에게 더욱 명확함을 줄 수 있다.

웹 자원에 연결하는 링크 추가

1. 교사나 사이트 관리자로 강좌에 로그인한다.
2. 페이지 우측 상단에 Turn editing on(편집 모드 켜기) 버튼이 보인다면 버튼을 클릭한다. 버튼의 글자가 Turn editing off(편집 모드 끄기)로 되어 있다면 클릭하지 않고 그대로 둔다(페이지 좌측의 Settings 메뉴에서도 동일한 기능의 메뉴를 찾을 수 있다).
3. Add a resource... 드롭다운 메뉴에서 URL을 선택한다.

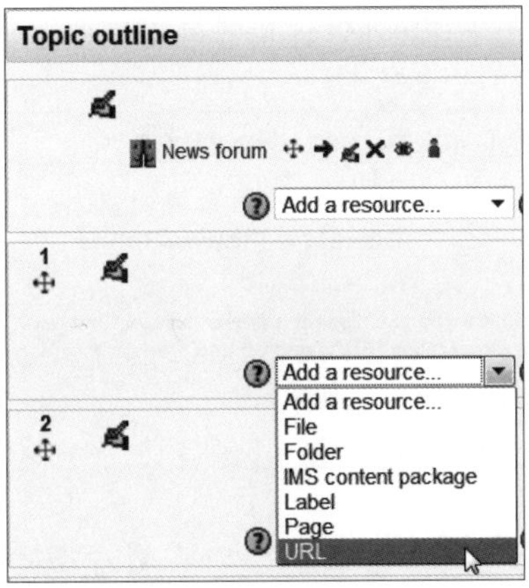

4. Adding a new URL(새 URL 추가하기) 페이지가 나타난다.
5. 링크의 Name(이름)을 입력한다. 여기서 입력한 이름은 강좌의 홈페이지에서 볼 수 있다.

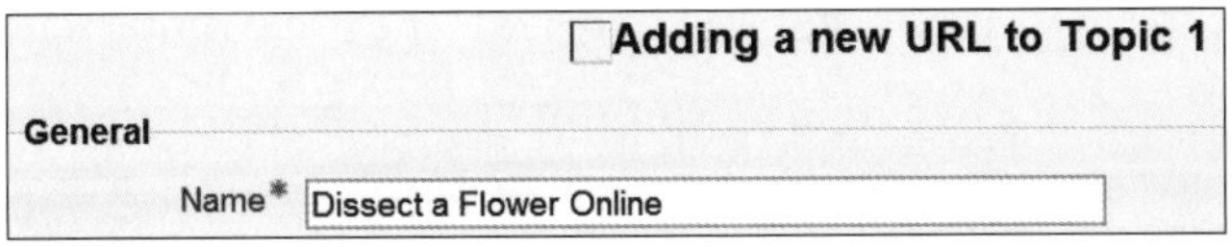

6. 링크의 Description(설명)을 입력한다. 강좌의 홈페이지에서는 링크의 이름만 보일 뿐 설명을 볼 수는 없지만 설명은 내비게이션 바에서 학습자원이 선택됐을 때 나타난다.

다음은 강좌의 홈페이지에 볼 수 있는 링크의 모습이다.

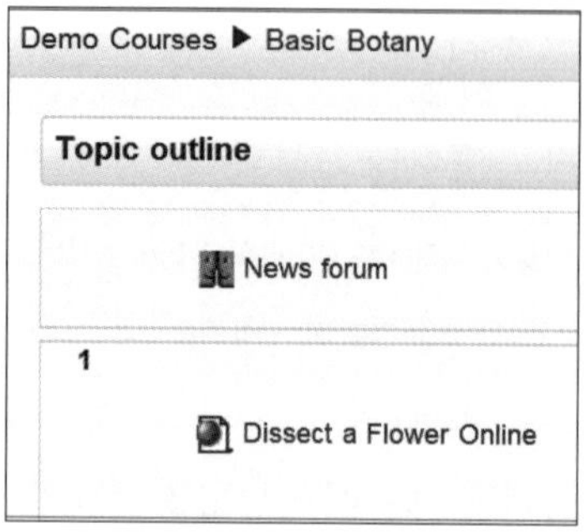
Demo Courses ▶ Basic Botany
Topic outline
News forum
1
Dissect a Flower Online

다음은 동일한 링크가 내비게이션 바에서 선택됐을 때의 모습이다.

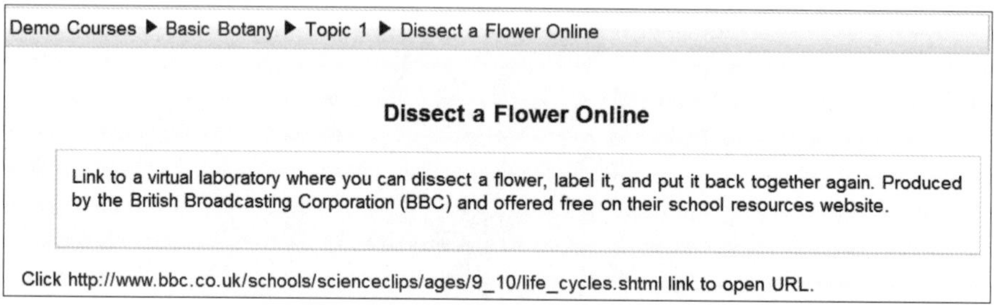
Demo Courses ▶ Basic Botany ▶ Topic 1 ▶ Dissect a Flower Online
Dissect a Flower Online
Link to a virtual laboratory where you can dissect a flower, label it, and put it back together again. Produced by the British Broadcasting Corporation (BBC) and offered free on their school resources website.
Click http://www.bbc.co.uk/schools/scienceclips/ages/9_10/life_cycles.shtml link to open URL.

7. External URL(외부 URL) 항목에 링크를 걸 외부 웹 주소를 입력한다.

8. 링크를 클릭했을 때 링크된 페이지를 어떻게 보여줄지에 대한 방법을 Display(표시) 드롭다운 메뉴에서 선택한다.

9. Embed(임베디드)는 링크로 연결된 페이지를 무들 페이지에 삽입한다. 학생들은 단순히 무들의 다른 페이지를 보는 것처럼 여러분이 생성한 강좌와 페이지의 상단을 가로지르는 내비게이션 링크를 포함하는 내비게이션 바를 보게 된다. 페이지의 중앙은 링크된 페이지의 내용이 차지한다.

   Open(열기)은 무들이 열려 있는 창에 연결된 페이지를 열어 학생들을 다른 사이트로 이동시킨다.

In pop-up(팝업창으로)은 무들 페이지 앞에 새로운 창을 열어 링크된 페이지를 연다.

Automatic(자동)은 무들이 추천하는 방법으로 링크된 페이지를 연다.

10. Display URL name(URL 이름 표시) 체크박스와 Display URL description(URL 설명 표시) 체크박스는 표시 방법을 Embed로 설정했을 때만 페이지를 표시하는 데 영향을 미친다. 만약 선택했다면 링크의 이름은 임베디드된 페이지의 상단에 표시되며, 설명은 임베디드된 페이지의 아래에 표시된다.

11. Options(선택사항)에서 Show Advanced(고급 표시)를 클릭하면 팝업창의 크기를 설정할 항목들을 표시한다. 표시 방법을 In pop-up 항목으로 선택하지 않았다면 이 버튼을 클릭해도 아무런 영향이 없다.

12. Parameters(매개변수) 부분에서 링크 주소에 매개변수의 추가 입력이 가능하다. 웹 링크에 강좌나 학생의 정보를 추가하기 위해 매개변수를 사용한다. URL의 매개변수에 대한 논의는 이 책의 주제를 벗어나므로 더 이상 언급하지 않겠지만 웹 프로그래밍 경험이 있다면 매개변수의 장점을 알고 있을 것이다. URL의 매개변수 전달에 대한 자세한 내용이 필요하다면 http://en.wikipedia.org/wiki/Query_string을 참고한다.

13. Common Module Settings(일반 모듈 설정) 부분에서 Visible 설정은 학습자원을 학생들에게 보여줄지 여부를 결정한다. 교사와 사이트 관리자는 학습자원을 항상 볼 수 있지만, 값을 Hide로 설정한다면 학습자원을 학생들로부터 완전히 감추게 된다. 교사는 강좌 제작 시 초반에는 학습자원과 학습활동을 감추고 강좌가 진행됨에 따라 학습자원과 학습활동이 학생에게 노출되도록 설정할 수 있다.

Show/Hide와 Restrict availability

학습자원이 보이긴 하지만 사용하지 못하도록 설정하고 싶다면 페이지의 더 아래쪽에 있는 Restrict availability(사용 가능성 제한) 설정을 사용한다. 이 설정 항목은 학습자원의 이름과 설명은 표시하지만 학습자원을 사용할 수는 없게 한다. 강좌의 시간 배정을 하기도 전에 학생들이 사용하길 원하지 않을 경우, 이 기능을 사용해 강좌의 학습자원 사용을 막는다.

14. ID number 항목에는 추가할 학습자원의 식별자를 입력하며, 성적부에서 학습자원을 구분 짓는다. 만약 성적부에서 성적을 출력한다거나 외부 데이터베이스에 성적부 데이터를 입력하려면 이곳에 입력한 ID 번호와 여러분이 사용하는 해당 데이터베이스의 ID 번호를 일치시킨다.
15. Restrict availability(사용 가능성 제한) 설정에서 학습자원을 학생들이 사용할 수 있도록 허용할지 여부를 제어하는 두 가지 조건 중 하나를 선택한다.
16. Accessible from(접근 가능 일시)과 Accessible until(접근 종료 일시) 설정에서 등록할 학습자원을 사용할 수 있는 기간을 설정한다.
17. Grade condition(성적 요건) 설정에서 등록할 학습자원을 접속하기 전에 학생이 다른 학습활동에서 성취해야 하는 성적을 지정한다. 학습활동 추가에 대해서는 6장과 7장에서 다룬다.
18. Before activity is available(학습활동이 활성화되기 전) 설정에서 학습자원을 사용할 수 없는 동안 학습자원 항목을 보여줄지 여부를 결정한다. 만약 사용이 불가능한 동안에도 보이도록 설정한다면 무들은 학습자원을 사용하는 데 필요한 등급이나 시작 일자 같은 조건을 표시한다.
19. 페이지 맨 아래의 Save 버튼을 클릭해 지금까지 한 작업을 저장한다.

웹페이지 추가

Add a resource 드롭다운 메뉴에서 Page 항목을 선택해 강좌에 웹페이지를 추가한다. 여러분이 생성한 페이지의 링크는 강좌 홈페이지에 표시된다.

무들 HTML 편집기

강좌에 페이지를 추가하면 웹페이지 편집기가 나타난다. 이 편집기는 TinyMCE라는 오픈소스 웹페이지 편집기를 바탕으로 만들었고, 웹페이지에서 표현할 수 있는 거의 모든 것을 표현할 수 있다.

편집기의 기능을 자세히 논하는 것은 이 책의 범위를 벗어나므로, 무들 HTML 편집기에서 사용할 수 있는 몇 가지 중요 기능을 간략히 살펴보자.

무들 페이지에 텍스트 붙여넣기

여러분은 무들의 워드 프로세서를 사용하는 것보다 자신이 선호하는 워드 프로세서를 사용한 작업을 선호할 것이다. 아니면 여러분이 웹 서핑 중 찾아낸 문장 등을 무들 페이지상의 어느 위치에든 합법적으로 복사해서 붙여넣을 수도 있다. 무들 텍스트 편집기는 이런 작업들을 모두 할 수 있다.

윈도우 PC에서는 Ctrl+V를, 매킨토시에서는 Apple+V 키보드 단축키를 눌러 편집하고 있는 페이지에 문장을 붙여넣을 수 있으며 이 방법을 사용하면 텍스트의 형식이 보존된다.

원본 텍스트의 형식 없이 단순한 텍스트로 붙여넣으려면, 아래 보이는 바와 같이 Paste as Plain Text(평문으로 붙여넣기) 아이콘을 클릭한다.

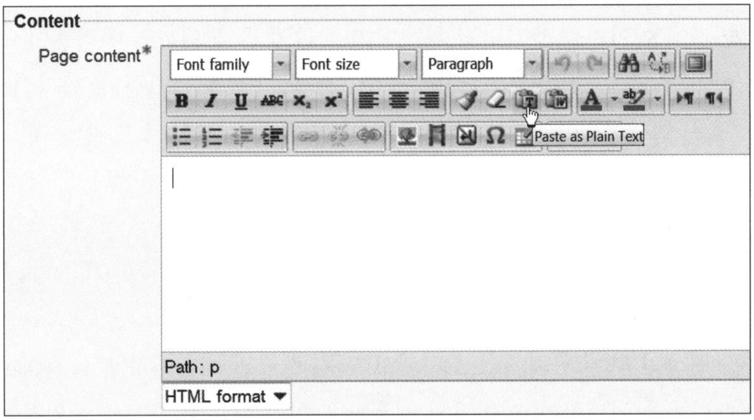

마이크로소프트 워드 문서의 내용을 웹페이지에 붙여넣으면 비표준 HTML 코드가 많이 포함되기 때문에 많은 브라우저에서 작동을 하지 않을 수도 있고 웹페이지의 HTML 코드를 수정하는 일도 매우 어렵다. 어도비 드림위버Adobe DreamWeaver 같은 고급 웹페이지 편집기는 워드 HTML 코드를 정제하는 기능이 있는데 무들의 웹페이지 편집기에도 워드 HTML 코드 정제 기능이 있어서 워드 문서에서 내용을 복사해 웹페이지 편집기에 붙여넣을 때는 다음 화면과 같이 Paste from Word(워드로부터 붙여넣기) 아이콘을 사용한다. 그렇게 하면 워드의 비표준 HTML 코드가 대부분 제거된다.

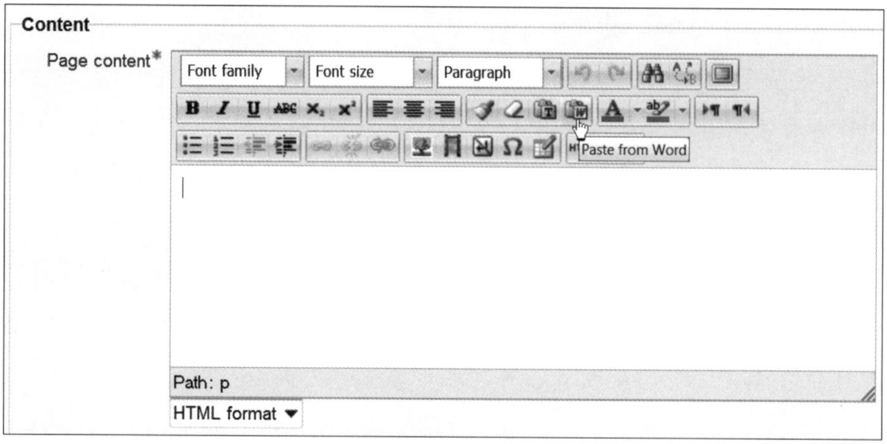

웹페이지에 이미지 추가

무들 페이지에 이미지를 추가하기 위해 이미지 항목을 선택하면 여러분이 이미 업로드한 이미지나 새 이미지를 업로드한 이미지 중 선택해 추가한다. 플리커Flickr나 비영리 교육 웹사이트에 호스팅되고 있는 이미지를 링크할 수도 있는데, 이렇게 다른 웹사이트에서 호스팅되고 있는 이미지를 링크하는 기능은 무들의 조금 부족한 기능 중 하나다.

링크된 이미지를 무들 웹페이지에 삽입

이번에는 웹상의 다른 위치에 호스팅되고 있는 링크된 이미지를 무들 웹페이지에 삽입하는 방법을 설명한다. 여러분의 컴퓨터에 있는 이미지 파일을 삽입하는 방법에 대해서는 이후에 나오는 '이미지 파일 삽입' 절을 참고하자.

1. 삽입하고자 하는 이미지를 찾는다.
2. 브라우저에서 이미지를 마우스 오른쪽 버튼으로 클릭하면 메뉴가 나타나는데, 이 메뉴의 선택 항목 중 하나를 선택하면 이미지의 웹 주소인 URL을 복사할 수 있다. 인터넷 익스플로러 8의 경우 Properties(속성) 항목을 선택해 이미지의 Address(주소)를 복사하고 파이어폭스 3 이상에서는 Copy Image Location(이미지 위치 복사) 항목을 선택한다.
3. 웹페이지를 편집하고 있는 무들로 돌아온다.

4. 편집하고 있는 웹페이지에 이미지를 추가할 곳을 클릭한다.

5. 다음 예제 화면에서 보는 바와 같이 이미지 삽입 아이콘을 클릭한다.

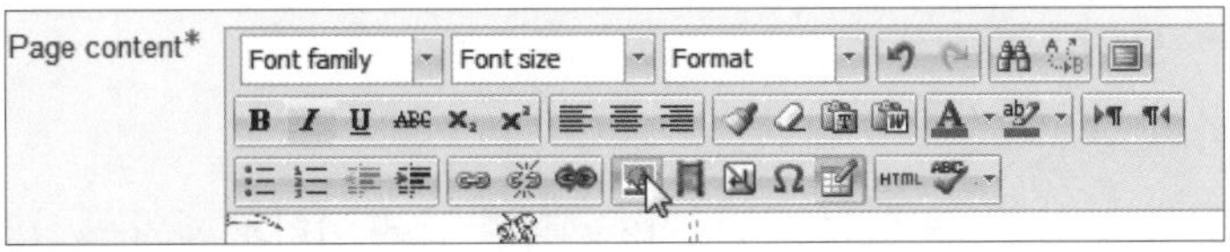

6. 나타난 팝업창의 Image URL(이미지 URL) 입력란에 이미지의 주소를 붙여넣는다. 다음 화면에서 Insert/edit image(이미지 삽입/편집) 창 아래 HTML 편집기가 있음을 확인한다. 화면 아래쪽에 보이는 이미지는 이미지의 원래 위치를 보여주고 있다.

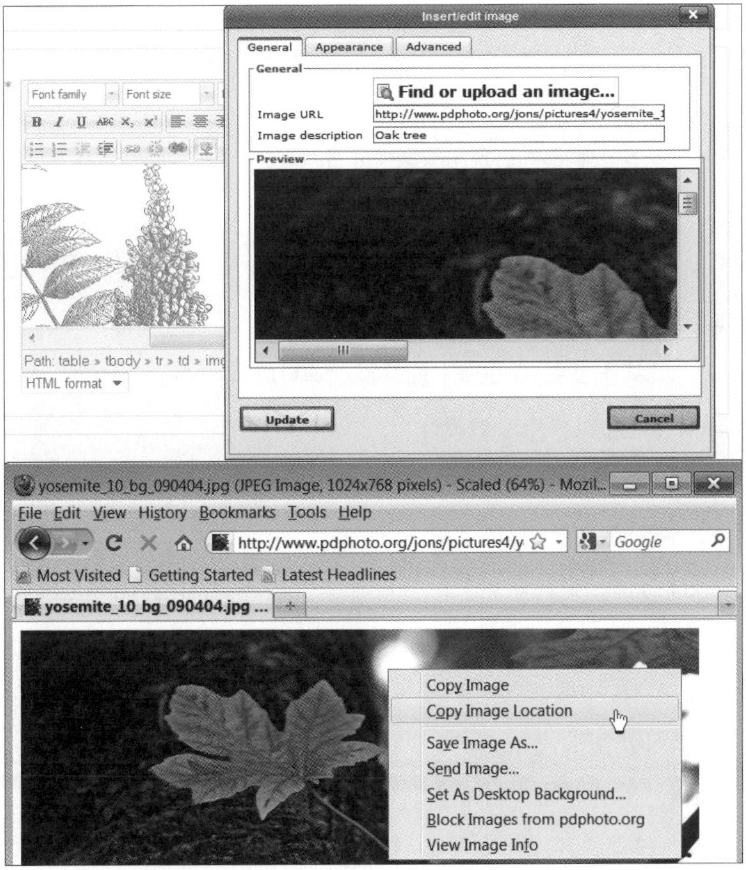

7. 필요하다면 Appearance(표시) 탭의 항목들을 입력한다. 특히 무들은 기본적으로 이미지를 본래 이미지 크기에 맞게 표시하므로 이미지의 크기를 변경하려면 표시 탭을 사용한다.

이미지 파일 삽입

이번에는 여러분의 PC에 있는 .jpg나 .png 파일 같은 이미지 파일을 삽입하는 방법을 살펴보자.

1. 무들 웹페이지상에 이미지를 삽입할 위치로 이동한다.
2. 다음 예제 화면에서 보는 바와 같이 이미지 삽입 아이콘을 클릭한다.

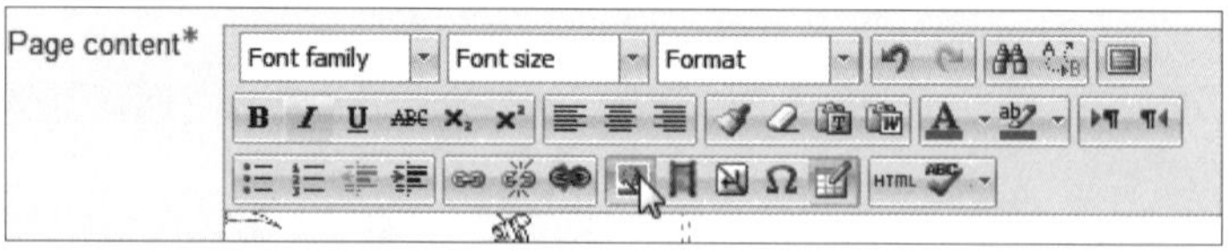

3. 나타난 팝업창에서 Find or upload an image(이미지 찾기 혹은 올리기)라고 적힌 버튼을 클릭한다.
4. 나타난 File picker(파일 선택도구) 창에서 Upload a file(파일 올림) 링크를 클릭한다.
5. Browse...(찾아보기) 버튼을 클릭한다.
6. 파일이 위치한 곳으로 이동해 파일을 선택한다.
7. Open 혹은 OK 버튼을 클릭한다.
8. 해당 파일을 무들 시스템에 다른 이름으로 저장하려는 경우 원하는 파일명을 입력한다.
9. Upload this file(이 파일 올림) 버튼을 클릭해 파일을 무들 시스템에 업로드한다.
10. 필요하다면 Appearance 탭의 항목들을 입력한다. 특히 무들은 기본적으로 이미지를 본래 이미지 크기에 맞게 표시하므로 이미지의 크기를 변경하려면 이 탭을 사용한다.
11. Insert 버튼을 클릭하면 이미지가 웹페이지에 삽입된다.

HTML 편집기로 작성해 무들에 업로드

길고 복잡한 HTML 페이지를 작성하려 한다거나 편하게 HTML을 작성하려면 드림위버DreamWeaver나 프론트페이지FrontPage 같은 HTML 편집기로 웹페이지를 작성한다. 자바스크립트 타이밍 효과를 삽입한다거나 여타 고급 기능을 삽입하는 등의 편집기 기능을 활용할 때 특히 좋다. 그렇다면 무들 강좌에서는 웹페이지 제작 시 어떻게 해야 할까? 단순히 웹페이지 편집기에서 편집한 내용을 복사해 무들 웹페이지 편집 창에 붙여넣으면 된다. 다음과 같이 실행해보자.

1. 여러분이 사용하는 웹페이지 편집기에서 HTML 보기 모드를 선택하자. 드림위버를 예로 들면 View ➤ Code를 선택하고, 프론트페이지의 경우 View ➤ Reveal Codes(코드 보기)를 선택한다.
2. 두 body 태그 사이의 HTML 코드를 모두 선택한다. 즉 <body> 태그 바로 아래부터 </body> 태그 바로 위까지 선택한 후 선택 메뉴 중 Edit ➤ Copy 메뉴를 선택하거나 Ctrl+C 단축키를 사용해 내용을 복사한다.
3. 웹페이지를 편집하고 있는 무들로 돌아온다.
4. <> 아이콘을 클릭해 HTML 코드를 표시한다.
5. Ctrl+V를 클릭해 코드를 붙여넣는다.

또 다른 방법은 무들 사이트의 외부 어디엔가 웹페이지를 게시하고 그 웹페이지를 연결하는 링크를 강좌에 생성하는 것이다.

HTML 자세히 알아보기

HTML 코드에 대해 더 자세히 알아보려면 표준을 정의하는 책임이 있는 기관부터 알아본다. 월드와이드웹 협회W3C, World Wide Web Consortium는 http://www.w3.org/RT/html4에 HTML 온라인에 대한 완전한 표준을 잘 정리해뒀으며 http://www.w3.org/MarkUp/Guide에 기본 지도서 또한 정리해뒀다. 이 기본 안내서에서 다루는 내용은 무들의 위지윅WYSIWYG 도구를 사용하는 데 충분하며, http://www.w3.org/MarkUp/Guide/Advanced.html의 고급 HTML 안내서는 특정 이미지 내에 클릭 가능한 영역을 지정한다거나 롤오버 사용과 같은 기능을 HTML 화면에 추가할 필요가 있을 때 사용하는 기능들도 다룬다.

학생들이 내려받을 수 있는 파일 추가

여러분이 강좌에 추가한 파일을 학생들이 각자의 컴퓨터로 내려받게 할 수 있다. 예를 들면 양식, 수업 전 완독할 파일, 편집용 워드 프로세스 파일 등 학생들이 사용할 수 있는 파일을 추가한다.

학생들이 강좌에서 파일을 선택했을 때 처리 방법

학생들이 강좌에서 파일을 선택했을 때 학생의 컴퓨터는 해당 파일을 열려고 시도한다. 무들은 단순히 학생의 컴퓨터로 파일을 전달할 뿐이다. 예를 들어 선택한 파일이 PDF 파일일 경우 학생의 컴퓨터는 어도비 아크로뱃을 사용해 파일을 열려고 할 것이며, 워드 프로세스 파일이라면 워드나 기타 워드 프로세서로 열려고 시도할 것이다.

여러분은 Force download(강제 다운로드)라는 항목을 설정해 컴퓨터가 파일을 여는 기능을 재정의할 수 있다. 이 설정을 선택하면 학생의 컴퓨터는 선택한 파일을 열려고 시도하지 않고 대신 파일을 내려받도록 학생에게 파일을 저장하라는 메시지를 표시한다.

학생이 선택한 파일을 즉시 사용하길 원한다면 무들에서 학생이 파일을 선택했을 때 파일을 열도록 지정하면 되고, 학생이 나중에 사용하기 위해 저장하길 원한다면 Force download 설정을 사용한다.

강좌에 파일 추가

1. 교사나 사이트 관리자 계정으로 강좌에 로그인한다.
2. 페이지 우측 상단에 Turn editing on라는 버튼이 보일 경우 이 버튼을 클릭하고, Turn editing off라고 적혀 있다면 그대로 둔다.
3. Add a resource 드롭다운 메뉴에서 File을 선택한다.
4. Adding a new URL(새 URL 추가하기) 페이지가 나타난다.
5. 파일의 Name(이름)을 입력한다. 이곳에 입력한 이름이 강좌의 홈페이지에 보이게 된다.

6. 파일에 대한 Description(설명)을 입력한다. 강좌 홈페이지에서 학생은 설명을 볼 수 없고 파일 이름만 볼 수 있지만, 언제든지 내비게이션 바에서 학습자원을 선택하면 설명이 나타난다.

   사이트 관리자는 파일에 대한 설명을 입력하라고 요청하는 기능을 해제할 수 있다. 이 기능은 기본적으로 켜져 있다.

7. Content(내용) 안의 Add... 버튼을 클릭하면 File picker 창이 나타난다.
8. 파일이 시스템에 이미 존재해 접근이 가능하다면 Server files(서버 파일), Recent files(최근 파일) 또는 Private files(개인 파일)에서 찾을 수 있다. 하지만 이 영역 내에서 파일을 찾을 수 없다면 Upload a file을 클릭한다.
9. Browse... 버튼을 클릭해 파일을 선택한다.
10. Save as 입력란에 파일의 이름을 입력한다.
11. Upload this file 버튼을 클릭한다. File picker 창이 닫히고 편집 중인 파일 페이지로 되돌아온다. 선택 항목은 다음과 같다.
12. Display 드롭다운 목록에서 파일을 표시할 때 여러분이 원하는 무들에서의 표시 방법을 선택한다.
13. Open과 Embed 항목을 선택하면 파일과 연결된 링크가 무들 페이지에 삽입된다. 무들의 다른 페이지를 선택하면 학생들은 내비게이션 바, 강좌에 추가한 블록, 페이지 상단을 가로지르는 내비게이션 링크 등을 보게 되는데, 페이지의 중앙에는 파일의 링크가 위치한다.

    In pop-up(팝업창으로) 항목을 선택하면 무들 페이지 위로 파일에 연결된 링크를 포함한 새로운 창이 나타난다.

    Automatic(자동) 항목을 선택하면, 링크된 페이지를 표시하기에 가장 적합한 방법을 무들이 자동으로 선택하도록 설정된다.

    Force download(강제 다운로드) 항목을 선택하면 학생이 파일을 강제로 내려받도록 설정된다.

14. Display resource name(학습자원 명칭 표시)과 Display resource description(자료 설명 표시) 확인란은 표시 방법을 Embed로 선택했을 때만 페이지의 표시에 영향을 미친다. 이 항목을 선택하면 파일의 이름은 파일 링크 위에 표시되며 설명은 파일 링크의 아래에 표시된다.

15. Options의 Show Advanced 버튼을 클릭하면 팝업창의 크기를 설정할 수 있는 입력란이 표시된다. 표시 방법을 In pop-up 항목으로 선택하지 않았다면 아무런 영향이 없다.

16. Common Module Settings에서 Visible 설정은 현재 등록하려는 학습자원을 학생에게 보여줄지 여부를 결정한다. 교사와 사이트 관리자는 학습자료를 항상 볼 수 있으며 Hide로 설정하면 학습자원을 완전히 볼 수 없게 된다.

Show/Hide와 Restrict availability

학습자원이 보이기는 하지만 사용하지 못하게 설정하고 싶다면 페이지의 더 아래쪽에 있는 Restrict availability 설정을 사용한다. 이 설정 항목은 학습자원의 이름과 설명은 표시하지만 학습자원을 사용할 수 없게 한다. 강좌의 시간 배정을 하기도 전에 학생들이 사용하길 원하지 않을 경우, 이 기능을 사용해 강좌의 학습자원 사용을 막는다.

17. ID number 입력란에는 성적부에서 현재의 학습자원을 구별할 수 있는 식별자를 입력한다. 성적부에서 성적을 내보내거나 외부 데이터베이스에서 성적을 가져오려 할 때 해당 데이터베이스에서 사용하는 식별번호와 이 입력란에 입력한 식별번호를 동일한 값으로 입력한다.

18. Restrict availability 설정은 학습자원을 학생들이 사용할 수 있도록 허용할지를 제어하는 두 가지 조건 중 하나를 선택하며 설정 항목은 다음과 같다.

19. Accessible from과 Accessible until 설정은 등록할 학습자원을 사용할 수 있는 기간을 설정한다.

Grade condition 설정은 학생이 등록할 학습자원을 접속하기 전에 다른 학습활동에서 성취해야 하는 성적을 지정한다. 학습활동 추가에 대해서는 6장과 7장에서 다룬다.

20. Before activity is available 설정은 학습자원을 사용할 수 없는 상황에서 학습 자원 항목을 보여줄지 여부를 결정한다. 만약 사용 불가능한 동안에도 보이도록 설정한다면 무들은 학습자원을 사용하는 데 필요한 등급이나 시작 일자 같은 조건을 표시한다.

21. 페이지 맨 아래의 Save 버튼을 클릭해 지금까지의 작업을 저장한다.

미디어(비디오와 오디오) 추가

강좌에 비디오나 오디오를 추가하려면 두 가지 선택사항이 있다. 첫 번째로, 파일로 추가하는 방법이다. 이 방법을 사용하면 학생이 파일을 선택했을 때 미디어 파일이 학생의 컴퓨터에 다운로드되어 학생의 컴퓨터에 설치된 소프트웨어에 의해 재생되거나 무들에 내장되어 있는 미디어 재생기로 파일이 실행되는 두 가지 이벤트 중 한 가지가 발생한다. 만약 Site administration ➤ Plugins의 멀티미디어 플러그인이 사용 가능하다면 무들은 내장된 미디어 재생기를 이용해 파일을 재생하지만, 멀티미디어 플러그인이 활성화되어 있지 않다면 학생 컴퓨터에서 사용 가능한 윈도우 미디어 플레이어나 퀵타임 같은 미디어 재생기를 사용해 파일을 재생한다.

두 번째로, 무들 페이지에 미디어 파일을 끼워 넣을 수 있다('웹페이지 추가' 절을 참고하라) 그렇게 하면 미디어 파일을 웹페이지상에서 재생할 수 있으며, 기본적으로 미디어는 무들에 내장되어 있는 미디어 재생기를 이용해 재생된다.

페이지에 비디오나 오디오 추가

무들 페이지에 비디오나 오디오, 애플릿을 추가하려면 다음 단계를 따라 진행하자. 먼저 추가하려는 파일을 갖고 있어야 한다. 즉 파일은 다른 웹사이트가 아닌 여러분의 컴퓨터에 저장되어 있어야 한다. 여러분이 사용할 파일이 다른 웹사이트에 있는 것이라면 이전에 살펴본, 페이지에 다른 웹사이트의 미디어를 포함시키기 위한 절차를 참고한다.

1. 무들 페이지에서 미디어를 끼워 넣을 위치로 이동한다.
2. 아래 보이는 화면과 같이 미디어 삽입 아이콘을 클릭한다.

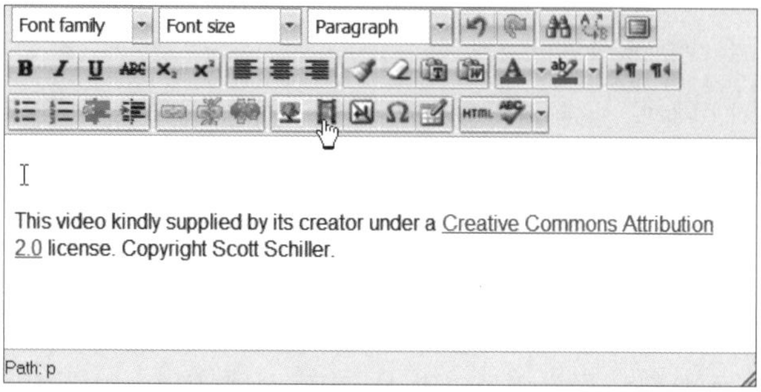

3. 팝업창이 나타나는데 이 창에서 Find or upload a sound, video, or applet(사운드, 비디오, 애플릿을 찾거나 올리기)이라고 적힌 버튼을 클릭한다.
4. File picker 창이 나타나면 이 창에서 Upload a file 링크를 클릭한다.
5. Browse... 버튼을 클릭한다.
6. 파일이 위치한 곳으로 이동한 후 선택한다.
7. Open 혹은 OK 버튼을 클릭한다.
8. 해당 파일을 무들 시스템에 다른 이름으로 저장하려는 경우 원하는 파일명을 입력한다.
9. Upload this file 버튼을 클릭해 파일을 무들 시스템에 업로드한다.
10. 필요하다면 Appearance 탭의 항목들을 입력한다. 특히 무들은 기본적으로 이미지를 본래 이미지 크기에 맞게 표시하므로 이미지의 크기를 변경하려면 이 탭을 사용한다.
11. Insert 버튼을 클릭하면 미디어가 웹페이지에 삽입된다.

페이지에 비디오 끼워 넣기

1. 연결할 미디어 파일을 찾는다. 예를 들어 Vimeo.com이나 Flickr.com 같은 사이트에서 사용 가능한 비디오를 찾아 사용할 수도 있다.
2. 자료의 라이선스를 확인해 여러분에게 해당 자료를 사용할 수 있는 권리가 있는지 확실하게 확인한다.
3. 아래 화면과 같이 웹페이지를 살펴보면 비디오를 끼워 넣는 데 필요한 HTML 코드를 제공하는 버튼이나 링크가 있다.

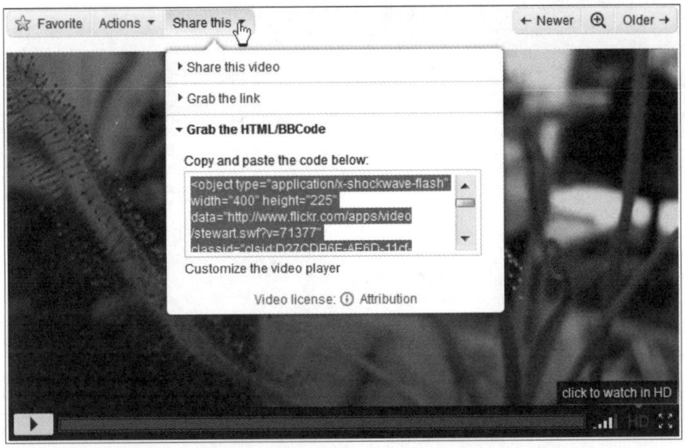

4. 비디오를 끼워 넣으려면 해당 코드를 복사한다.
5. 편집하고 있는 무들 페이지로 되돌아온다.
6. 무들 페이지에서 미디어를 끼워 넣을 위치로 이동한다.
7. HTML 편집 아이콘을 클릭한다.

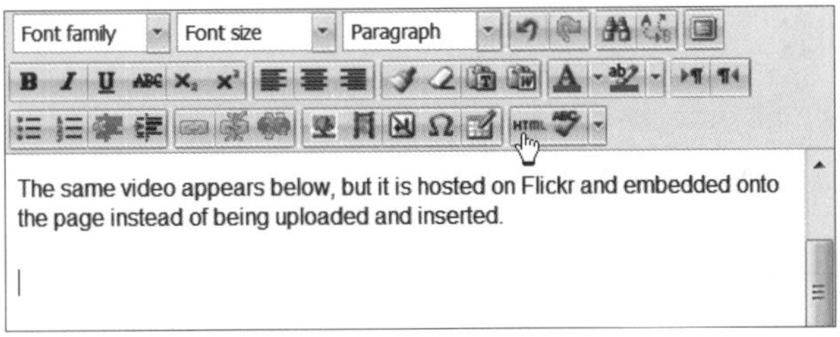

8. HTML Source Editor(HTML 소스 편집기)가 나타나면 비디오 공유 사이트에서 복사한 코드를 이 창에 붙여넣는다.

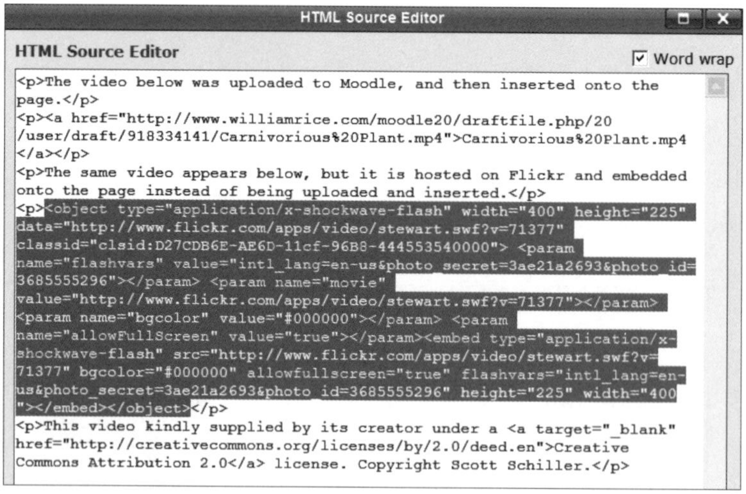

9. 편집기 창 아래쪽에 있는 Update 버튼을 클릭한다.

10. 편집 페이지로 돌아온다. 편집 작업을 진행한 후 작업을 마쳤다면 저장한다.

강좌 편성

무들에서 강좌를 편성하는 주요 도구는 주제Topics와 표지Labels다. 이번 절에서는 주제와 표지를 사용하는 방법과 강좌 페이지에서 학습자료를 이동하는 방법을 살펴본다.

주제 이름 지정

주제별 형식을 사용하는 강좌에서 주제는 자동으로 번호가 매겨지며, 원하는 주제명을 입력하고 주제에 대한 설명을 추가한다.

주제의 이름과 설명 추가

1. 교사나 사이트 관리자로 강좌에 로그인한다.
2. 웹페이지의 우측 상단에 Turn editing on이라고 적힌 버튼이 보인다면 클릭하고, Turn editing off라고 적힌 버튼이 보인다면 그대로 둔다.
3. 주제 번호 밑의 아이콘과 편집 버튼을 클릭한다.

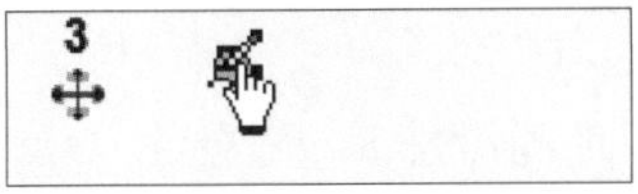

4. 해당 주제의 Summary(요약) 페이지가 표시되며, Use default section name(기본 영역명 사용) 체크박스를 선택하지 않은 상태로 변경한다. 만약 체크박스가 선택되어 있다면 주제의 이름과 설명을 편집할 수 없다.
5. Section name(영역명) 입력란에 주제의 이름을 입력한다.
6. Summary란에 주제에 대한 설명을 입력한다. 입력란은 모든 기능을 사용할 수 있는 웹페이지 편집기로, 텍스트뿐만 아니라 이미지와 미디어 입력이 가능하다.
7. 작업을 저장하면 강좌 홈페이지로 이동하며, 입력한 주제명과 설명이 표시된다.

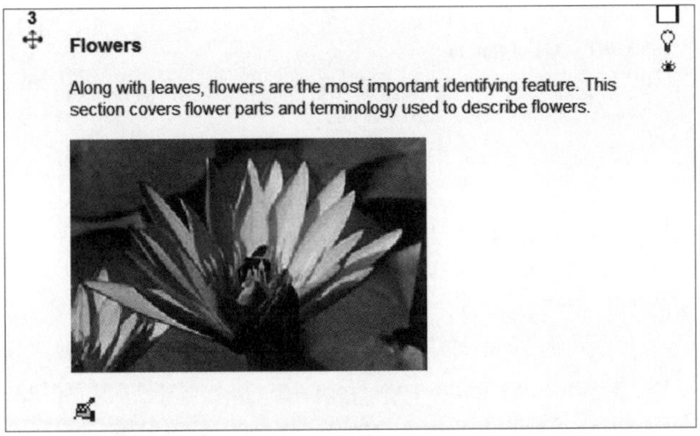

강좌 홈페이지에서 항목 재배치(이동)

강좌 구축 시 강좌에 학습자원과 학습활동을 추가하게 되는데, 무들에서는 추가된 항목들을 쉽게 재배치할 수 있다. 재배치가 쉽기 때문에 처음 생성한 위치에서 다른 곳으로 이동시키는 작업은 걱정하지 말고 계속 만들자. 생성한 후 나중에 재배치하면 된다.

강좌 페이지의 항목 재배치

1. 교사나 사이트 관리자로 강좌에 로그인한다.
2. 페이지의 우측 상단에 Turn editing on이라고 적힌 버튼이 보인다면 클릭하고, Turn editing off라고 적힌 버튼이 보인다면 그대로 둔다.
3. 이동하고자 하는 항목 옆의 십자선 아이콘으로 마우스 아이콘을 옮긴다.

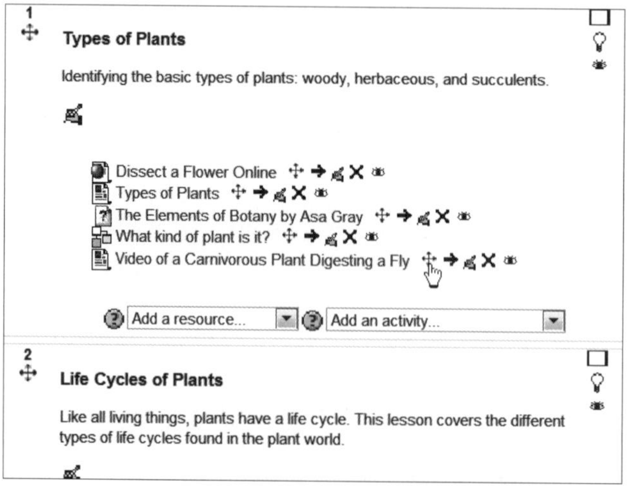

4. 선택한 항목을 이동할 곳으로 끌어다 놓는다.

> 여러분이 사용하는 브라우저가 Ajax 드래그 기능(Ajax-enabled drag)을 사용할 수 있다면 주제 전체를 끌어다 놓을(drag-and-drop) 수도 있다. 십자선 아이콘이 보이는지 여부로 이 기능이 사용 가능한지 알 수 있으며, 단순히 십자선 아이콘을 클릭한 후 원하는 위치에서 주제를 놓아주기만 하면 된다.

표지로 강좌의 방향성과 구조 제시

주제별 형식과 주별 형식의 강좌는 영역section으로 편성되는데, 표지는 영역 내에서 다른 구조를 나타내는 표지와 구분해 학습자료를 편성하는 데 도움을 준다. 표지는 어느 정도의 텍스트와 이미지 또는 웹페이지에 삽입 가능한 모든 내용을 추가할 수 있으며, 본질적으로는 HTML 문서라고 말할 수 있다. 하지만 HTML 콘텐츠를 사용할 수 있다는 이유만으로 표지를 이용해 웹페이지를 만들지는 않는다. 표지를 사용하는 주요 목적은 강좌 홈페이지에 구조를 부여하는 데 있다. 다음 화면을 보면 WildPlants(야생식물) 강좌에서 표지를 사용해 강좌 학습자원을 편성하고 있으며, 가로줄과 Jump to a topic(주제로 이동), Group Activities(모둠 활동), Before You Start the Course: Do These Activities(강좌 시작 전 선행 학습활동: 다음 학습활동을 행할 것) 등의 머리말은 표지다.

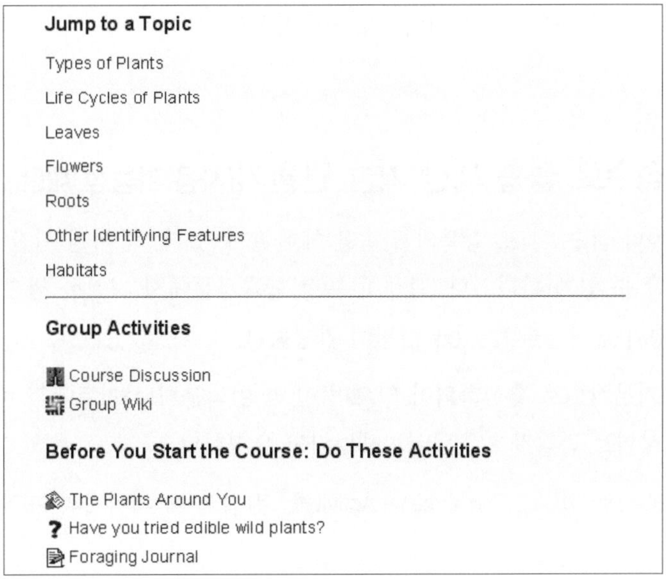

이 예제에서 강좌 제작자는 강좌 내용을 구분 짓기 위해 텍스트 표지를 사용했다. 표지에 그래픽도 포함할 수 있다고 했는데, 각 주제의 시작에 그래픽을 추가하는 것은 강좌에 시각적인 흥미를 부여하는 좋은 방법이다. 게다가 표지를 많은 양의 텍스트로 구성할 수도 있다. 문단 길이의 표지를 사용한 학습활동 소개가 가능하며, 이전 화면에서도 봤듯이 각 학습활동을 설명하는 문장은 학생이 강좌의 흐름을 이해하는 데 도움을 준다. 이 또한 표지를 사용해 추가할 수 있다. 강좌를 편성하고 관심과 정보를 제공할 수 있는 창의적인 표지를 만들어보자.

강좌 홈페이지에 표지 추가

1. 교사나 사이트 관리자로 강좌에 로그인한다.
2. 페이지 우측 상단에 Turn editing on이라고 적힌 버튼이 보인다면 클릭하고, Turn editing off라고 적힌 버튼이 보인다면 그대로 둔다.
3. Add a resource 드롭다운 메뉴에서 Label을 선택한다.
4. Adding a new Label(새 표지 추가하기) 페이지가 표시되면 Label 내용 입력란에 텍스트, 그래픽, 미디어 등 웹페이지에서 보여주고 싶은 내용을 입력한다.
5. 작업을 저장하면 강좌 홈페이지로 되돌아온다.

날짜나 점수로 접속 제한 기능 만들기(사용 가능성 제한 설정)

무들은 날짜나 점수score로 항목의 접속을 제한할 수 있다. 즉 특정 기간 동안만 항목을 사용할 수 있게 한다거나, 학생이 특정 학습활동에서 지정한 점수를 획득한 경우에만 항목을 사용할 수 있게 설정이 가능하다.

이 기능은 기본적으로 활성화되어 있으며, 만약 여러분의 사이트에서 비활성화되어 있다면 사이트 관리자에게 활성화해달라고 요청한다.

Restrict availability 설정은 Resource나 Activity를 편집할 때 페이지의 아래쪽에서 찾을 수 있다.

Restrict availability 설정은 학생들이 학습자원을 사용할 수 있는 조건 두 가지를 지정한다.

Accessible from과 Accessible until 설정은 자원을 사용할 수 있는 기간을 지정한다.

Grade condition 설정은 편집 중인 학습자원에 접근하기 위해 현재 강좌의 다른 학습활동에서 학생이 획득해야 하는 점수를 지정한다. 학습활동 추가에 관한 내용은 6장과 7장에서 다룬다.

Before activity is available 설정은 학습자원이 비활성화되어 있는 동안 이를 보여줄지 여부를 결정한다. 만약 추가한 학습활동의 사용이 불가능한 동안에도 보이도록 설정하면, 무들은 사용하기 위해 필요한 등급이나 시작 일자 등 학습자원을 사용하는 데 필요한 조건을 표시한다.

정리

텍스트 페이지, 웹페이지, 링크, 파일, 표지 같은 정적 강좌 자료는 대부분의 온라인 강좌의 핵심을 형성한다. 대부분의 학생과 교사는 학생이 읽고 본 것을 대상으로 상호작용하게 된다. 정적인 학습자료를 추가해보면 학습자료가 논의되고 사용되는 방법에 대해 생각해보게 된다. 이후의 장들에서는 좀 더 상호적인 자료를 추가하는 방법을 다룬다. 이 상호적인 자료를 통해 교사는 학생의 성취도를 알 수 있고, 학생들이 정적 자료를 얼마나 자기 것으로 만드는지를 평가할 수 있다.

6

완전학습과 과제로 상호작용 추가

학생들은 강좌의 학습활동을 통해 강사나 학습 시스템 또는 이들 모두와 상호작용을 한다. 이 책에서는 학습활동을 '정적static', '상호적interactive', '사회적social'으로 분류했지만 무들에서는 이런 식으로 분류하지 않는다. 무들에서 모든 학습활동은 Turn editing on(편집 모드 켜기) 옵션을 선택한 후에 나타나는 Add an activity(학습활동 추가) 메뉴를 통해 추가되며 '정적', '상호적', '사회적'이라는 용어는 무들에서 제공하는 학습활동을 쉽게 분류하기 위해 사용했다.

이전 장에서 웹페이지, 링크, 미디어 같은 정적 강좌 교재를 추가하는 방법을 다뤘다. 이번 장에서는 완전학습과 과제라는 두 종류의 학습활동을 강좌에 추가하는 방법을 살펴보자.

과제assignment는 학생이 완전히 오프라인에서 수행하는 학습활동이다. 학생이 과제를 완료하면 파일을 업로드하고 강사는 학생이 올린 과제를 검토한다. 하지만 파일을 업로드하는 과제와는 상관없이 학생들은 과제에 대한 점수를 받을 수 있다.

완전학습lesson은 일련의 웹페이지들로 구성되어, 질문에 대한 학생의 답변에 따라 다음 페이지가 보이도록 설정할 수 있다. 대개, '다음으로 가기 질문jump question' 은 해당 학습 자료에 대한 학생의 이해도를 측정하기 위해 사용한다. 답을 맞추면 다음 항목으로 진행하며, 틀리면 해당 페이지에 머무르거나 해당 내용을 보충하기 위해 만들어진 페이지로 이동한다. 이 질문은 학생들이 다음 학습에서 기대하는 관심거리가 무엇인지에 대한 내용이나 그 외의 질문으로 구성할 수도 있다.

완전학습은 상업용 컴퓨터 기반 교육CBT, computer-based traning 제품에서 시작된 분기 기능branching capability을 무들에 제공한다. 이를 기반으로 여러분은 강좌 요약과 분량이 많은 완전학습 하나와 퀴즈만으로 구성된 강좌 제작도 가능하다.

과제 추가

교사 계정으로 로그인한 후 편집 기능이 켜진 상태에서 Add an activity 메뉴를 이용해 과제를 추가한다. 다음 화면은 우리가 사용할 수 있는 네 종류의 과제 중 한 가지를 추가하는 모습이다.

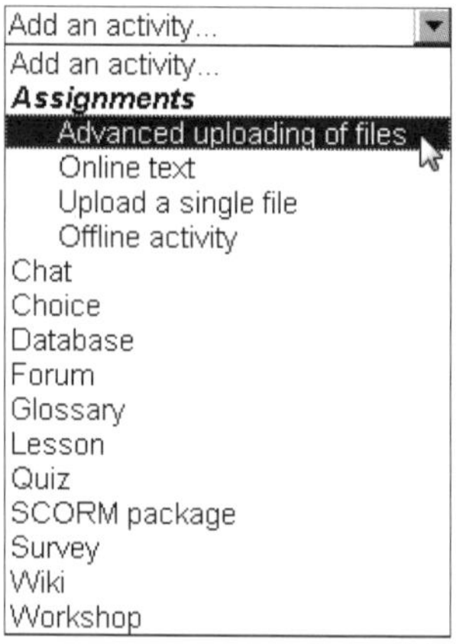

여러 가지 과제 추가

추가할 수 있는 과제의 종류는 아래 열거한 네 가지다. 각 과제를 살펴보자.

- Upload an single file(파일 1개 제출)
- Advanced uploading of files(파일 여러 개 제출)
- Online text(온라인 문서)
- Offline activity(오프라인 활동)

파일 1개 제출

학생들에게 온라인으로 1개의 파일을 제출하도록 하고 싶을 때 과제 유형 중 Uploading a single file(파일 1개 제출)을 사용한다. 다음은 파일을 제출하기 전 학생들이 보게 될 화면이다.

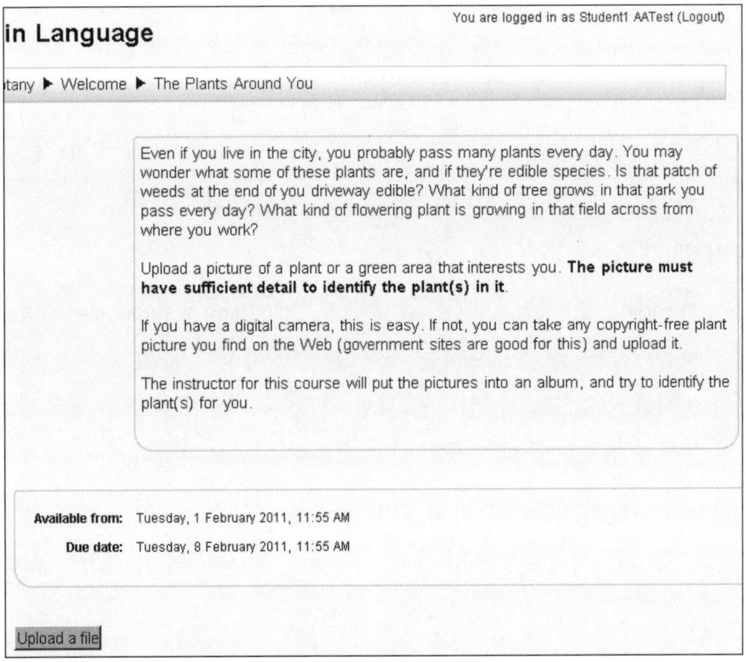
You are logged in as Student1 AATest (Logout)
in Language
tany ▶ Welcome ▶ The Plants Around You
Even if you live in the city, you probably pass many plants every day. You may wonder what some of these plants are, and if they're edible species. Is that patch of weeds at the end of you driveway edible? What kind of tree grows in that park you pass every day? What kind of flowering plant is growing in that field across from where you work?
Upload a picture of a plant or a green area that interests you. The picture must have sufficient detail to identify the plant(s) in it.
If you have a digital camera, this is easy. If not, you can take any copyright-free plant picture you find on the Web (government sites are good for this) and upload it.
The instructor for this course will put the pictures into an album, and try to identify the plant(s) for you.
Available from: Tuesday, 1 February 2011, 11:55 AM
Due date: Tuesday, 8 February 2011, 11:55 AM
Upload a file

다음 화면은 학생이 파일을 제출한 후 그 파일을 교사가 채점한 이후의 모습이다.

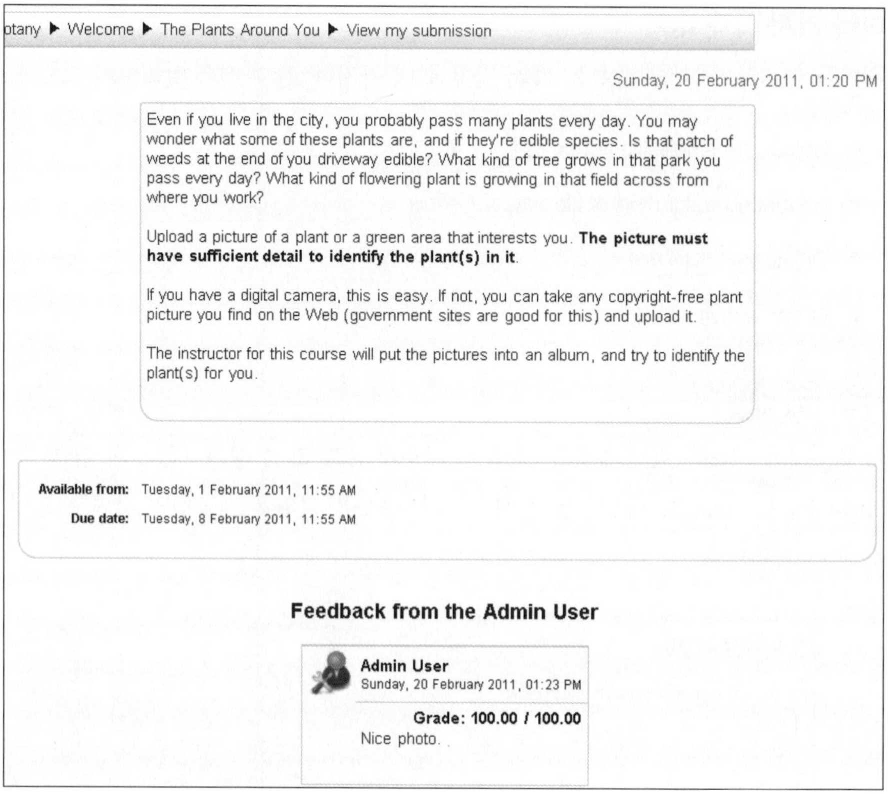

otany ▶ Welcome ▶ The Plants Around You ▶ View my submission
Sunday, 20 February 2011, 01:20 PM
Even if you live in the city, you probably pass many plants every day. You may wonder what some of these plants are, and if they're edible species. Is that patch of weeds at the end of you driveway edible? What kind of tree grows in that park you pass every day? What kind of flowering plant is growing in that field across from where you work?
Upload a picture of a plant or a green area that interests you. The picture must have sufficient detail to identify the plant(s) in it.
If you have a digital camera, this is easy. If not, you can take any copyright-free plant picture you find on the Web (government sites are good for this) and upload it.
The instructor for this course will put the pictures into an album, and try to identify the plant(s) for you.
Available from: Tuesday, 1 February 2011, 11:55 AM
Due date: Tuesday, 8 February 2011, 11:55 AM
Feedback from the Admin User
Admin User
Sunday, 20 February 2011, 01:23 PM
Grade: 100.00 / 100.00
Nice photo.

파일 여러 개 제출

Advanced uploading of files(파일 여러 개 제출) 유형도 Uploading a single file 유형과 동일하게 각 학생들이 파일을 업로드하는 것은 같지만 학생이 문서 초안을 비롯한 여러 버전의 문서를 업로드할 수 있다는 점이 다르다. 학생이 파일을 업로드하면 최종 버전의 문서를 업로드할 때까지 문서는 초안이라고 표시된다.

교사는 학생이 제출할 수 있는 과제의 버전 수를 지정할 수 있고, 학생은 과제를 업로드할 때 교사가 지정해놓은 버전에 다다랐을 때 마지막 버전임을 확인할 수 있다.

또한 학생은 제출한 파일에 주석을 추가할 수 있다. 다음 화면을 보면 학생이 파일을 업로드하고 주석을 추가했으며 제출한 문서가 초안 상태임을 알 수 있다. 다음 사항을 기억해두자.

- 학생은 업로드한 파일을 다른 파일로 교체할 수 있으며, 교체된 파일은 또 다른 초안으로 버전 번호가 부여된다.
- Edit 버튼은 주석을 수정할 때 사용한다.
- Send for marking(채점을 위한 제출) 버튼은 최종 제출일 때 사용하며, 교사가 지정한 최대 초안 수정 횟수 내에서 사용할 수 있다.

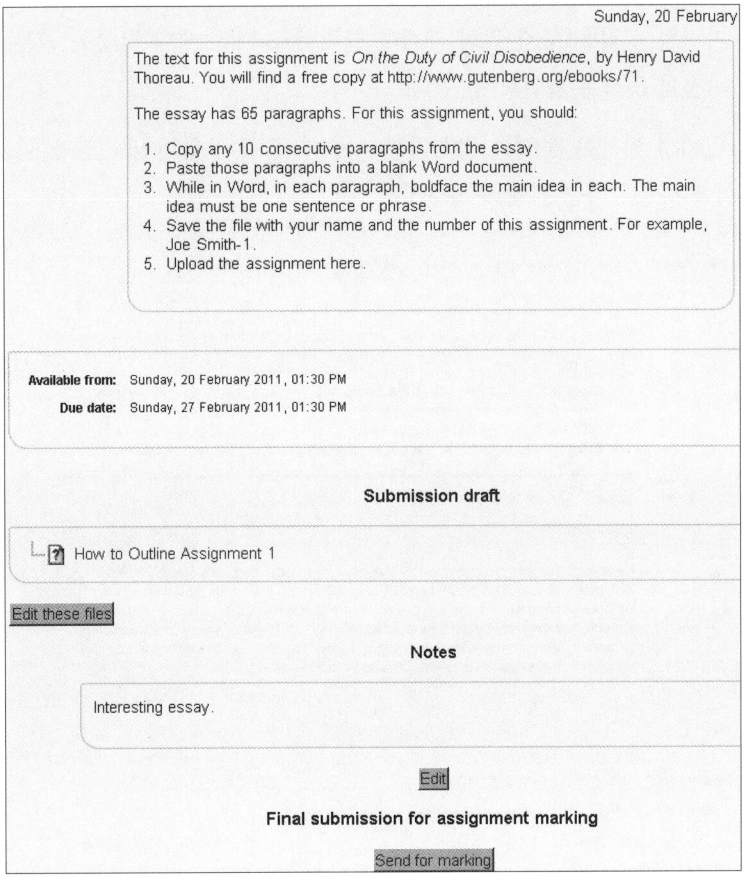

온라인 문서 과제 생성

학생들이 온라인에서 페이지를 생성하게 하려면 Online text(온라인 문서) 과제 유형을 선택한다. 단순히 '온라인 문서' 과제라고 부르긴 하지만 학생은 무들에 내장된 웹 페이지 편집기를 사용해 페이지를 생성하기 때문에 그래픽이나 링크처럼 웹페이지에서 포함할 수 있는 모든 사항을 페이지에 포함시킬 수 있다. 이 과제 유형을 사용하려면 온라인 편집기에서 그래픽, 링크, 멀티미디어, 표 등을 삽입하는 방법을 지도해야 한다는 점도 고려해야 한다. 온라인 편집기의 기능들 대부분은 설명이 잘 되어 있고 블로거들이 작업하기엔 유용하지만 이런 기능들을 학생들에게 설명하지 않는다면 문서를 작업하는 데 문제가 될 수도 있다.

과제를 채점하는 동안 교사는 학생의 온라인 문서 페이지를 편집할 수 있으며, 학생들이 자신의 성적을 보기 위해 과제를 클릭했을 때 학생이 작성한 원본 문서와 수정된 버전의 문서를 확인할 수 있다.

다음 화면에서 학생은 문서를 작성하고 제출하기 위해 완벽한 기능을 갖춘 워드 프로세서를 사용한다는 점에 주목하자.

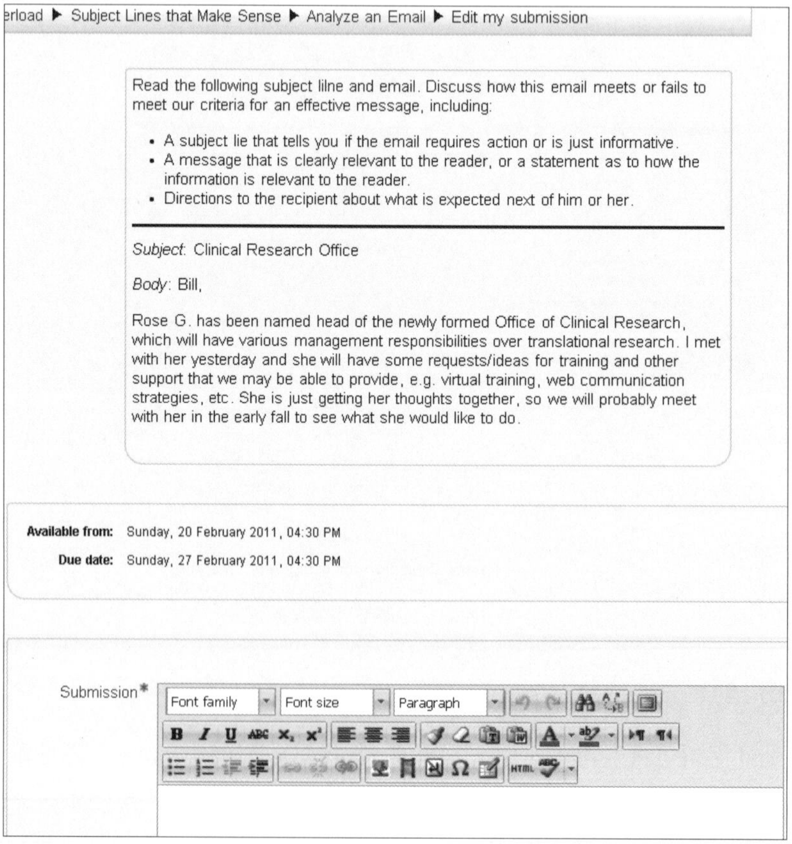

교사가 과제의 재제출을 허용한다면, 과제 제출 전후의 의견 수렴과 채점 과정이 교사가 과제를 마지막으로 채점할 때까지 계속 진행된다.

오프라인 활동

학생들이 무들의 바깥에서 무언가 하기를 원한다면 Offline activity(오프라인 활동)를 선택하자. '무들의 바깥'이라는 말이 '오프라인'만을 의미하진 않는다. 이 과제는 웹상의 어느 곳에서 이뤄질 수도 있고, 사진 찍기나 박물관 관람처럼 진정한 오프라인 과제가 될 수도 있다.

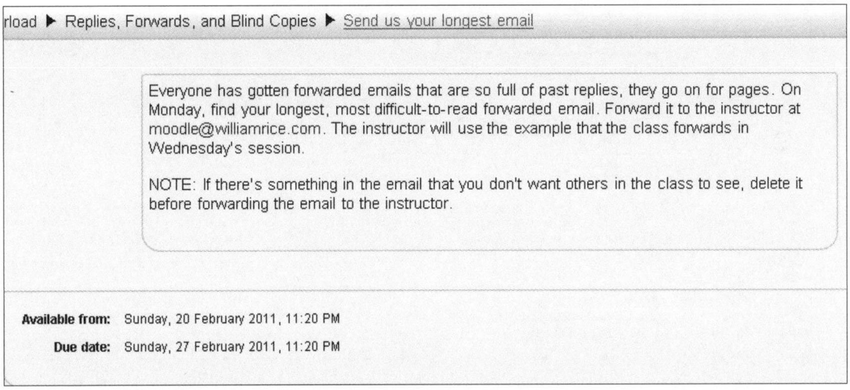

비록 활동이 무들의 바깥에서 이뤄진다고 하더라도 교사는 성적을 무들에 기록한다.

과제 생성

과제를 추가하면 다음 화면과 같은 Editing Assignment(과제 편집) 창으로 자동으로 이동한다.

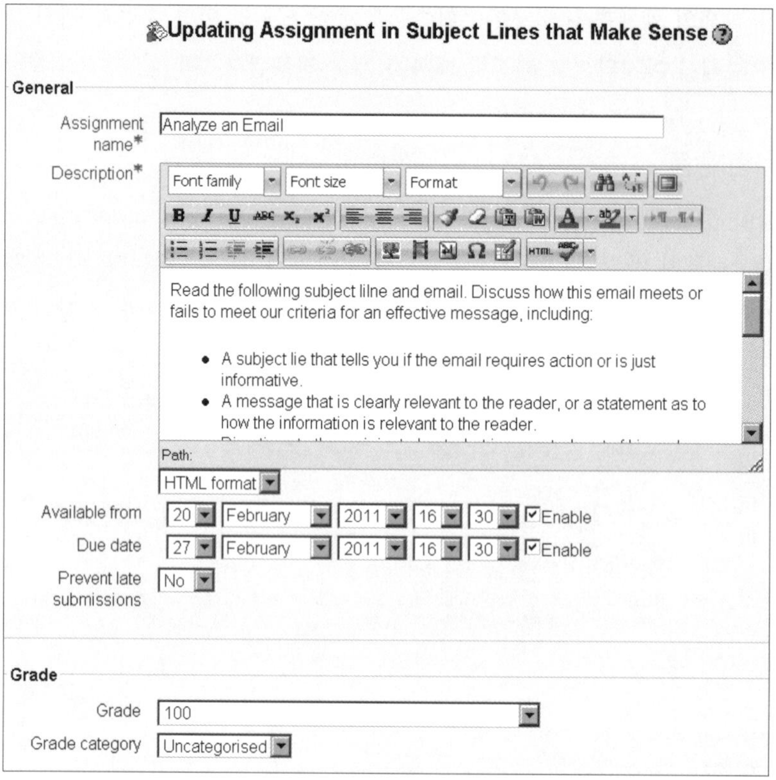

Assignment name(과제명) 항목은 강좌 페이지에 표시되며, 학생이 과제명을 클릭하면 Description(설명) 항목이 표시된다. 이 설명을 통해 과제 수행과 제출을 위한 지침을 제공한다.

마감일이 임박한 과제는 Upcomming Events(예정된 행사) 블록에 나타나며, 마감 일시를 설정하지 않는다면 기본적으로 현재 날짜(과제를 생성한 날)를 설정하고 이 날짜가 Upcomming Events 블록에 기한이 지난 것으로 표시된다. 그러므로 과제의 마감 기한이 적절히 설정됐는지 확인한다.

Editing assignment 창의 기타 설정들은 과제의 동작들을 제어한다.

Allow resubmitting(재제출 허용) 설정은 학생이 과제를 제출한 후에도 다시 제출할 수 있는지 여부를 결정한다.

Email alerts to teachers(교사에게 이메일 통지)를 선택하면 학생이 과제를 제출했을 때 교사에게 이메일을 발송한다.

> 이메일 통지는 학생들이 자신의 진행 속도에 맞도록 학습을 진행하는 강좌에서 특히 유용하다. 그런 형태의 강좌에서는 강좌를 확인하거나 성적부를 보지 않는 한 학생들이 언제 어떤 학습활동을 마쳤는지 알 수 없다.

Comment inline(인라인 댓글)은 온라인 문서 과제에만 있는 항목으로, 학생들이 제출한 문서에 교사가 댓글을 쉽게 추가할 수 있다.

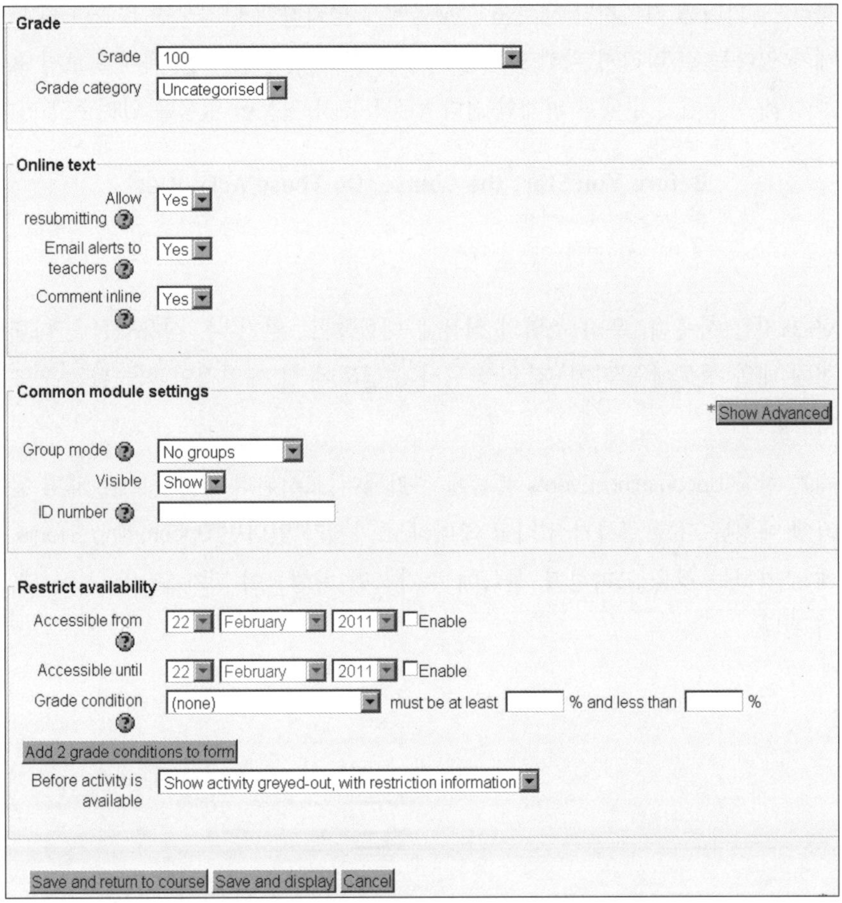

인쇄용 안내서

오프라인에서 과제를 완벽하게 작성하기 위해 인쇄된 안내서가 필요한 경우가 있다. 이때 안내서가 있다면 학생들이 과제를 제작할 때 도움이 된다. Description란에 추가된 이미지들의 폭이 인쇄된 페이지의 폭보다 좁은지 확인하자. 아니면 어도비 아크로뱃 파일(.pdf)로 된 안내서를 업로드하여 Description란에 학생들이 안내서를 출력해 사용하도록 지도한다.

필수 과제 만들기

강좌의 홈페이지에서 과제는 아이콘으로 표시된다. 이 아이콘은 '이 과제를 수행하라'는 의미를 지니지만 새로운 학생들에게 명확하게 다가오진 않는다. 수행할 과제가 있다는 걸 알리기 위해 표지를 사용할 수도 있는데, 다음 예제를 보면 표지를 이용해 학생에게 수행할 과제와 선다형 설문조사 질문이 있음을 알려주고 있다.

또한 표지를 사용해 '우리 주위의 식물에 대한 자료 읽기'나 '식용식물을 다뤄본 경험에 대한 설문에 답하기' 같은 반드시 수행해야 할 개인적인 학습활동을 표시한다.

과제는 항상 Upcomming Events 블록에 추가되어 표시된다. 견학, 토론, 채팅 같은 강좌에 예정된 다른 행사가 없다고 하더라도 과제가 있다면 Upcomming Events 블록에 추가하는 것을 고려한다. 블록에 추가하면 학생들이 과제를 기억하는 데 도움이 된다.

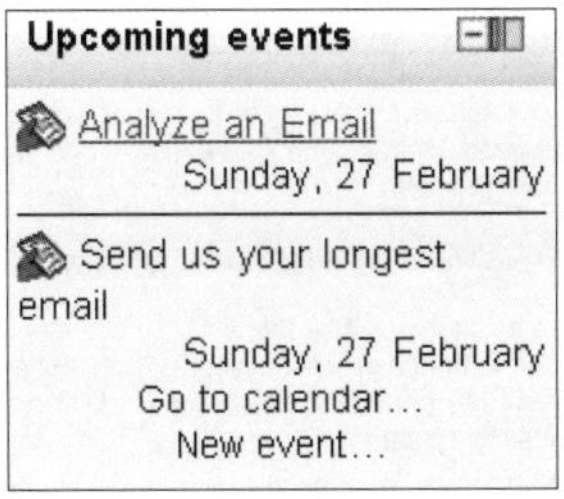

완전학습

완전학습이란 가장 복잡하고 강력한 학습활동 중 하나로, 정보와 질문을 담고 있는 일련의 웹페이지다.

무들 완전학습은 교육과 평가를 강력하게 결합하고, 웹페이지의 유연성과 퀴즈의 상호활동을 비롯한 분기 기능을 제공한다.

완전학습이란 무엇인가?

완전학습은 일련의 웹페이지들로 구성된다. 보통 완전학습 페이지는 수업 자료와 학생들이 살펴본 학습 자료들을 바탕으로 '다음으로 가기 질문'들을 포함하고 있어, 학습 자료에 대한 학생의 이해도를 측정하는 데 사용된다. 정답을 맞추면 다음 항목으로 진행하고, 틀리면 수업 페이지로 되돌아가거나 보충학습 페이지로 이동한다. 그뿐 아니라 다음 학습의 어떤 주제에 관심이 있는지 혹은 좋아하는 후보가 누구인지와 같은 쉬운 질문을 할 수도 있고, '계속'이라고 적은 표지를 사용해 다음 페이지로 학생을 이동시킬 수도 있다.

다음 화면은 교육용으로 제작한 완전학습 페이지로 보통의 웹페이지와 같으며, 다른 무들 웹페이지에 추가할 수 있는 내용은 완전학습 페이지에도 추가할 수 있다.

Relationship Between Distance and Perspective

In some photographs, space can appear compressed, so that objects appear closer together than they really are. In another photograph of the same scene, space can appear expanded so that objects appear farther apart than they are.

Distance from Camera Determines Perspective

Distortions in perspective are actually caused by the distance of the subject from the camera. The farther a scene is from the camera, the closer the objects in that scene appear. The closer a scene is to the camera, the farther apart objects in that scene appear. Distance compresses the space in a picture, and closeness expands the space.

In the photo below, look at the distance between the columns. The columns closer to the camera appear to be further apart, while those farther from the camera appear closer together.

Photo by Smiles for the world / Alex Lapuerta

Focal Length Does Not Determine Perspective

Many people think these distortions in perspective are caused the focal length of the lens being used. For example, they think that a long lens--a telephoto lens--compresses space, and a short lens--a wide angle lens--expands space. This isn't true.

A telephoto lens enables you to shoot a scene that is farther from the camera. Because the scene is far from the camera, it perspective is compressed. But it is the distance from the camera, not the telephoto lens, that is causing the compression.

A wide angle lens enables you to shoot a scene that is closer to the camera. Because the scene is close to the camera, it perspective is opened. But it is the closeness to the camera, not the wide angle lens, that is causing the opening of the space.

Click the Continue button below to go to the next page in this lesson.

Continue

완전학습 페이지의 아래쪽에는 Continue 버튼이 있는데, 여기서는 학생이 이 버튼을 클릭하면 다음 화면에 보이는 것과 같은 질문 페이지로 이동하게 된다.

You have earned 0 point(s) out of 0 point(s) thus far.

You are shooting a street scene and want to make the people in the scene appear close together. Do you:

- Move closer to the people you are photographing.
- Back away from the people you are photographing.
- Zoom in with your telephoto lens.

Please check one answer

퀴즈와 유사하게 각 질문의 답변에 대한 의견이 표시된다.

Your answer :

Move closer to the people you are photographing.

That's right. Reducing the actual distance between the scene and the camera--getting closer--will compress the distance between subjects in the scene.

Continue

Your answer :

Zoom in with your telephoto lens.

Sorry, but this isn't correct. Zooming in or out won't change the perspective in the scene.

You must get physically closer to the scene to reduce the apparent distance between subjects in the scene. Zooming in makes the scene appear closer, but it doesn't change the perspective. Only reducing the actual distance between the scene and the camera--getting closer--will compress the distance between subjects in the scene.

Your answer :

Back away from the people you are photographing.

Sorry, but this isn't correct. Backing away from the scene will make the apparent distance between subjects in the scene increase.

You must get physically closer to the scene to reduce the apparent distance between subjects in the scene. Only reducing the actual distance between the scene and the camera--getting closer--will compress the distance between subjects in the scene.

학생이 정답을 맞추면 다음 학습 페이지로 이동하지만, 틀리면 다음 화면과 같은 보충학습 페이지로 이동한다.

Remedial: Compressing Perspective

In the photo below, the space between each of the marchers in the front row is the same:

Photo by Celeste Hutchins.

Look at the two men closest to you. You can see that the space between them is over four feet. If one of them reached out his arm, he could not touch the other:

지금까지는 무들에서 가장 단순한 순서로 배열된 완전학습을 설명했다. 여러분은 몇 가지 고급 기능을 더 추가해 완전학습을 구성할 수 있는데, 이 사항은 기본 기능을 살펴본 후에 다루자.

완전학습 설정 구성

완전학습을 생성할 때는 우선 전체 완전학습의 설정을 선택할 수 있는 창이 제공되는데, 완전학습을 생성하기 전에 이 완전학습의 전체 설정 작업을 마쳐야 한다. 이런 설정을 확실하게 확인하지 않으면 내용을 단순히 추측만 하게 되므로 반드시 확인하자. 그리고 설정값은 나중에라도 언제든지 이 페이지를 통해 수정이 가능하다.

> 무들의 장점 중 하나는 설정값을 실험하거나 강좌 학습 자료를 변경하는 작업이 쉽다는 데 있다. 무들을 사용할 때 과감하고 좀 더 실험적으로 접근하는 데 익숙해진다면 무들을 훨씬 더 많이 즐길 수 있다.

Editing Lesson(완전학습 편집) 창은 6개 영역으로 나뉘어 있다.

- General(일반 설정)
- Grade options(성적 옵션)
- Flow control(흐름 조절)
- Lesson formatting(완전학습 형식)
- Access control(접근 조절)
- Dependent on(선수학습 유무)
- Pop-up to file or web page(파일이나 웹페이지 팝업)
- Other(기타)
- Common Module Settings(일반 모듈 설정)

이번에는 완전학습 편집 창의 내용을 차근차근 살펴보자. 대부분의 설정 항목을 살펴보고 효과적인 플래시 카드를 만드는 데 유용한 사항들을 중점적으로 다루어, 이번 절을 마치고 나면 학생의 경험에 영향을 줄 수 있도록 완전학습 편집 페이지를 설정하는 방법을 터득할 수 있다.

일반 설정

General(일반) 설정의 각 항목은 다음과 같다.

이름

학생이 강좌 홈페이지에서 보게 될 완전학습의 이름이다.

제한 시간

각 개별 페이지가 아닌 완전학습 전체에 대한 제한 시간이다. 이 옵션을 활성화하면 카운트다운되는 타이머가 표시된다. 이 타이머는 자바스크립트를 사용하기 때문에 학생이 사용하는 브라우저는 자바스크립트 사용이 활성화되어 있어야 한다.

> 제한된 시간에 도달하더라도 학생들은 완전학습에서 쫓겨나지 않고 그대로 남아 있지만, 제한 시간 이후로는 완전학습에 포함된 질문에 학생이 답을 하더라도 성적에 반영되지 않는다.

답의 최대 수

완전학습에 포함된 각 질문 페이지의 아래쪽에 퀴즈 질문을 둘 수 있다. Maximum number of answers/branches(답의 최대 수) 항목은 각 질문이 가질 수 있는 답변의 최대 개수를 지정한다. 각 답변에 따라 학생이 다른 페이지로 이동한다면 답변의 수는 분기 가능한 수와 같다. 참/거짓 질문이라면 2로 설정한다. 질문 페이지를 생성한 이후에도 이미 생성한 질문에는 영향을 주지 않고 이 설정의 값을 늘리거나 줄일 수 있다.

성적 옵션

완전학습을 모의로만 사용한다면 대부분의 성적 옵션은 필요하지 않다.

모의 학습

Practice lesson(모의 학습) 항목을 Yes로 설정하면 이 완전학습은 성적부에 나타나지 않는다.

성적 매기기

일반적으로 질문에 정확히 답변하면 그 질문에 부여된 점수를 받고, 틀리면 0을 받는다. Custom scoring(성적 매기기) 항목을 활성화하면 한 질문의 각 답변에 개별적으로 점수를 부여할 수 있다. 만약 어떤 답변이 다른 답변보다 좀 더 옳거나 틀린 경우가 있다면 이 항목을 활성화하자. 한 질문에 특정 점수를 부여하고 싶을 때도 사용 가능하다. 동일한 완전학습 내에서 특정 질문이 다른 질문보다 더 중요하다면 성적 매기기를 사용해 좀 더 많은 점수를 부여하자.

최대 성적

Maximum grade(최대 성적)를 0으로 설정하면 해당 완전학습은 성적 페이지에 나타나지 않고, 해당 완전학습의 학생 점수는 강좌의 학생 최종 점수에 반영되지 않는다.

재시도 허용됨

이 설정 항목은 학생이 해당 완전학습을 재시도할 수 있는지 여부를 결정한다.

재이수 처리 방법

이 설정 항목은 '재시도 허용됨' 항목을 Yes로 설정해 완전학습의 재시도가 가능한 경우만 사용 가능하다. 학생이 완전학습 재수강이 가능한 경우, 이 설정항목에서 설정한 옵션에 따라 Grades(성적) 페이지의 성적란에 재수강 시 받은 성적들의 평균을 표시할지, 최고 성적을 표시할지가 결정된다.

현재 점수 보기

이 설정 항목을 Yes로 설정하면 해당 완전학습의 각 페이지에 학생의 현재 점수와 받을 수 있는 총점을 표시한다.

> 이 옵션에서 선택한 설정 값에 따라 학생이 페이지에서 얻을 수 있는 점수를 페이지에 표시할지 여부가 결정된다는 사실을 기억해두자.

만약 완전학습이 선형으로 구성되어 있지 않고 각 학생의 학습이 분기되어 완전학습이 변경되어 진행된다면 각 학생은 다른 점수를 받을 수 있는 기회를 얻게 되며 이렇게 분기되는 완전학습에서는 학생들마다 다른 학습을 하기 때문에 '전체 완전학습에서 받을 수 있는 총 점수'는 무의미하다. 이런 학습환경을 예로 들어, 여러분은 여러 갈래 학습으로 분기되는 페이지로 구성된 완전학습을 생성했고 이 완전학습을 통해 학생은 적어도 200점을 받아야 한다고 가정하자. 이렇게 구성한 완전학습은 학생들을 독려해 필요한 점수를 얻을 때까지 학습을 탐색하게 하고 분기된 다른 학습을 시도하게 한다.

흐름 조절

Flow control(흐름 조절)의 몇몇 설정 항목은 완전학습을 플래시 카드처럼 작동하게 하며, 그 외의 설정항목들은 완전학습을 플래시 카드로 사용할 때는 사용하지 않는다.

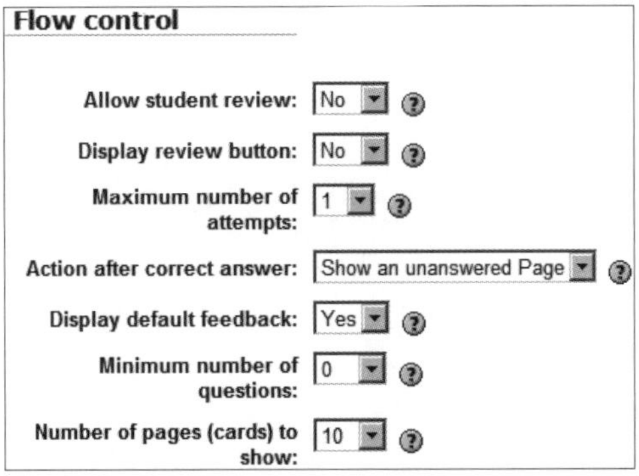

Allowing student review(검토 허용) 항목은 학생이 완전학습 내에서 뒤로 진행할 수 있게 하여 틀린 질문에 대한 재시도를 허용한다. 이 사항은 브라우저의 Back 버튼과는 다르다. 이 설정 항목을 활성화하면 학생이 이전에 수행한 질문을 재시도할 수 있지만 Back 버튼을 클릭해서는 불가능하다.

위 화면에서 Action after correct answer(답 맞힌 후 할 일) 항목을 보면 Show an unanswered Page(답하지 않은 페이지 보기)로 선택되어 있다는 점에 주목하자. 이 옵션은 학생이 질문의 정답을 맞춘 후에 그 학생이 보지 못했거나 틀린 답의 페이지를 보여주는 것을 의미한다. Show an unanswered Page 설정은 대개 플래시 카드 방식의 완전학습에서 사용되며, 학생에게 틀린 질문에 다시 한 번 도전할 수 있는 기회를 제공한다. 모의 학습에서는 일반적으로 Allow student review 설정을 이용해 학생들이 틀린 질문으로 되돌아가는 일을 허용한다.

Providing option to try a question again(질문 다시 풀기 옵션을 제공) 항목을 선택하면 학생이 질문에 틀린 답을 했을 때 메시지를 보여준다. 메시지는 학생이 틀린 질문으로 이동해 다시 풀게 하며 정답을 맞추더라도 점수는 없다.

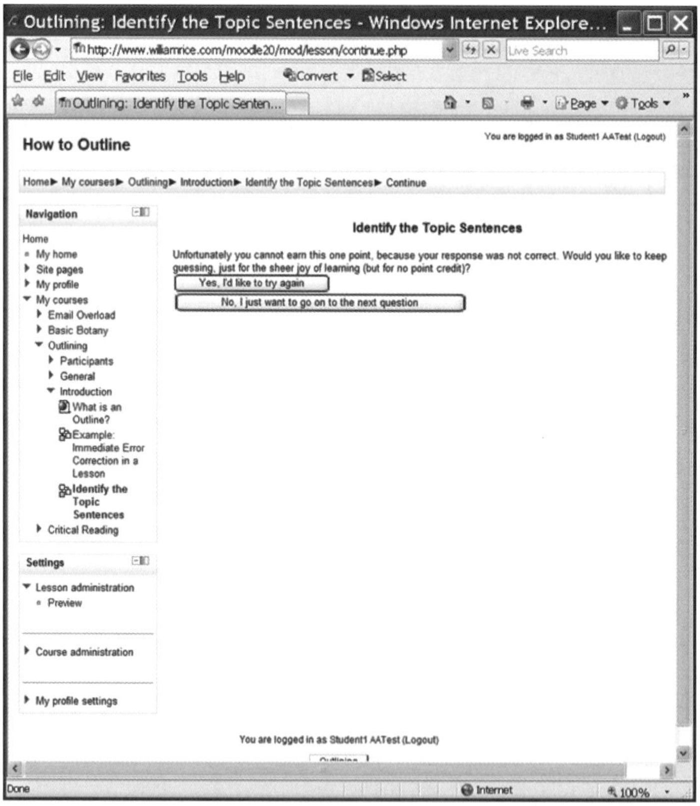

Lesson(완전학습)에서 질문을 생성할 때 해당 질문의 각 답변에 대해 피드백을 입력할 수 있다. 하지만 Provide option to try a question again 항목을 Yes로 설정했다면 각 답변에 설정했던 피드백을 표시하지 않는다. 대신 이전 화면에 보이는 메시지를 표시한다.

> 만약 Lesson의 각 답변에 사용자 의견을 생성했다고 하더라도 Provide option to try a question again 설정을 Yes로 선택했다면 여러분이 생성한 피드백은 표시되지 않는다. 이런 경우 질문 다시 풀기 옵션을 제공 설정을 No로 바꾸어 설정하면 사용자 피드백이 표시된다.

Setting Maximum number of attempts(최대 시도 수 설정) 항목은 학생이 질문에 재답변할 수 있는 횟수를 결정한다. 이 설정은 해당 완전학습 내의 모든 질문에 적용된다.

Setting Minimum number of questions(질문의 최소 개수 설정) 항목은 완전학습에서 학생의 성적을 계산하는 데 사용하는 질문의 최소 개수를 설정한다. 이 설정 항목은 완전학습이 채점이 되는 상태에서만 해당된다. 만약 학생이 질문의 최소 개수만큼 답변하지 않으면 해당 완전학습은 채점되지 않는다.

이 설정항목이 보이지 않는다면 아마도 Practice lesson 항목이 Yes로 설정되어 있을 수 있으며, 이 경우 Practice lesson 항목을 No로 설정하고 페이지를 저장하면 설정 항목이 나타난다.

Displaying default feedback(기본 피드백 문장 보이기) 항목을 Yes로 설정했지만 여러분이 질문에 사용자 피드백을 추가하지 않았다면, '정답'이나 '오답' 같은 기본 메시지를 표시한다. No로 설정했을 때도 질문에 추가한 사용자 피드백이 없다면, 학생이 질문에 답변을 하더라도 피드백은 표시되지 않는다.

Displaying left menu(왼쪽 메뉴 표시)를 선택하면 슬라이드쇼 창의 맨 왼쪽에 내비게이션 바가 표시된다. 학생은 내비게이션 바를 이용해 원하는 슬라이드로 이동할 수 있다. 내비게이션 바가 없다면 학생은 완전학습 페이지의 처음부터 끝까지 순서대로 슬라이드 쇼를 진행해야 하며, 슬라이드 쇼를 마치려면 학습을 완료하거나 창을 강제로 닫아야만 한다. 가끔 학생이 완전학습을 자유롭게 돌아다니는 것보다 순서대로 완전학습을 완료하게 하고 싶은 경우가 있다. 이런 경우 Only display if Student has grade greater than(다음 성적 이상일 때 왼쪽 메뉴 표시) 설정을 사용한다. 학생이 특정 성적을 받은 경우에만 내비게이션 메뉴를 볼 수 있으며, 학생들이 완전학습 페이지를 자유롭게 이동할 수 있도록 허용하기 전에 학생들이 해당 완전학습을 완전히 통과했는지를 확인하고 싶을 때 이 설정을 사용할 수 있다.

Displaying Progress bar(진행 막대 표시) 설정은 완전학습의 아래쪽에 진행 막대를 표시한다.

Setting Number of pages(cards) to show(보여줄 페이지 수 설정)는 얼마나 많은 페이지를 보여줄지 결정한다. 완전학습이 이 설정값보다 많은 페이지를 포함하고 있다면, 완전학습은 이곳에서 지정한 페이지에 도달한 후에 종료한다. 완전학습이 설정값보다 적은 페이지를 포함하고 있다면 완전학습은 모든 카드를 보여준 후에 종료하며, 만약 0으로 설정한다면 완전학습은 모든 페이지를 보여준 후에 종료한다.

흐름 조절: 고급 설정

Flow control(흐름 조절)의 Advanced(고급) 설정 항목을 사용하면 완전학습을 팝업창으로 띄워 슬라이드 쇼를 진행할 수 있다. Slide Show(슬라이드 쇼) 설정을 Yes로 설정해 슬라이드 쇼 창을 생성한다. 여기서 width(폭), height(높이), backgroud color(배경색) 등, 슬라이드 쇼 창의 형식을 설정할 수 있다. 배경색 설정은 웹에서 사용하는 'Hex RGB'라고 불리는 6자리 코드 색상 문자를 사용한다. 이 색상 코드의 차트에 대해 알아보려면 'hex rgb chart'라는 용어로 웹에서 검색해보거나 http://www.w3.org/TR/2001/WD-css3-color-20010305#x11-color에서 일부 차트를 확인한다.

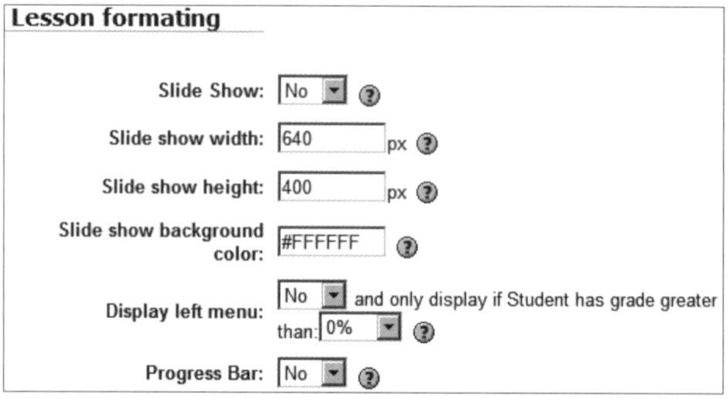

파일이나 웹페이지 팝업

학생의 완전학습 시작과 동시에 새 웹페이지나 파일 실행이 가능하다. 이 페이지나 파일은 별도의 창에서 시작되며, 완전학습에서 페이지나 파일을 주목하게 하는데 이용할 수 있다. 예를 들어 팝업창을 띄워 심장박동 애니메이션을 실행해 완전학습에서 심장의 일부를 보여주고 학생들에게 심장박동 중 심장의 각 부분이 어떤 일을 하는지에 대한 퀴즈를 출제하는 데 이용할 수도 있다.

무들의 자체 뷰어가 지원하는 파일 유형은 다음과 같다.

MP3	일반 텍스트(plain text)
미디어 플레이어(Media Player)	GIF
퀵타임(Quicktime)	JPEG
리얼미디어(Realmedia)	PNG
HTML	

무들의 내장 뷰어가 지원하지 않는 파일 유형은 대신 다운로드 링크를 통해 실행된다.

무들의 뷰어가 지원하는 파일 유형이라도 뷰어로 실행하는 대신 웹페이지에 파일을 포함시키고 싶은 경우 웹페이지에 파일을 연결하고 페이지 상단에 다음과 같은 설명을 추가한다. "완전학습이 진행되는 동안 이 그래픽을 참조합니다. 현재의 창과 완전학습 창을 재배치해 두 창을 동시에 보거나, 쉽게 두 창을 전환해서 볼 수 있습니다."

만약 이런 설정을 Slide Show 설정과 결합해 사용한다면 이 장 초반부에서 봤던 무들 슬라이드 쇼가 한 창에 표시되고 다른 창에는 지정한 파일을 표시한다.

완전학습은 등급별로 분류할 수도 있고 분류하지 않을 수도 있다. 또한 완전수업을 재수강이 가능하도록 설정할 수 있다. 완전학습을 등급별로 분류할 수 있다 하더라도 완전학습의 주 목적은 평가가 아닌 교육임을 기억하자.

> 퀴즈나 과제를 출제하기 위해 완전학습을 이용하지 말자.

완전학습의 점수는 각 페이지의 효과에 대한 피드백을 제공하며, 학생들에는 자신의 진도를 판단하게 한다.

첫 번째 질문 페이지 추가

완전학습 설정을 저장하고 나면 곧바로 다음과 같은 페이지가 나타난다.

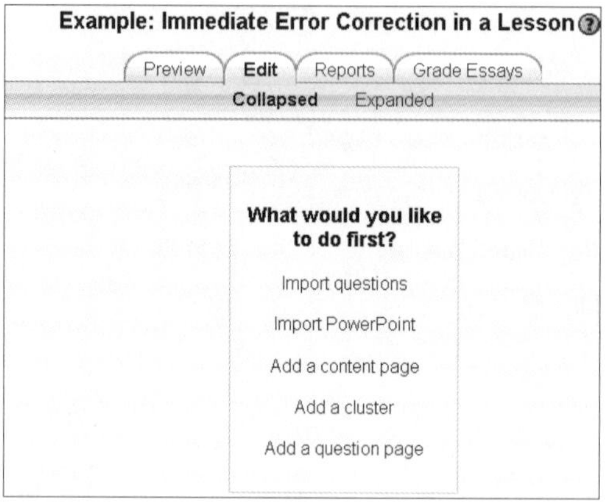

이제 첫 번째 질문 페이지를 생성하거나 다른 시스템에서 질문 페이지를 가져올 차례다. 이때 필요한 각 옵션을 살펴보자.

질문 가져오기(Importing questions)

Importing questions를 선택해 다른 무들 시스템이나 다른 온라인 학습 시스템에서 생성한 질문을 가져온다. 가져올 수 있는 형식은 다음과 같다.

GIFT 형식과 무들 XML 형식	무들이 특허를 갖고 있는 형식으로, GIFT는 텍스트만 포함하며 XML은 그래픽과 특수문자를 포함할 수 있다.
Aiken 형식	선다형 질문에 사용한다.
빈칸 채우기 형식	빈칸 채우기 선다형 질문에 사용한다.
블랙보드	블랙보드에서 무들로 변환한다면 블랙보드에서 질문을 내보내기 한 후 질문을 무들로 가져온다.
WebCT 형식	이 형식은 WebCT의 선다형과 단답형 질문을 지원한다.
Course Test Manager	Course Test Manager에서 무들로 변환한다면 Course Test Manager에서 질문을 내보내기한 후 질문을 무들로 가져온다.
답 내장형 (Embedded answers(Cloze))	이 형식은 복수 질문, 답이 내장된 복수 질문에 사용한다.

파워포인트 가져오기(Importing PowerPoint)

파워포인트의 기본 텍스트와 그래픽을 무들로 가져올 수 있지만, 고급 기능은 사용할 수 없다.

> 
> 애니메이션, 특수문자 효과, 분기, 여타 고급 기능을 포함한 복잡한 파워포인트 프리젠테이션 문서를 생성했다면 이 모든 기능을 무들 완전학습으로 가져올 수 있으리란 기대는 하지 말자.

파워포인트 슬라이드 쇼를 가져오기 전에 먼저 파워포인트를 웹페이지로 내보내는 작업을 거쳐야 한다. 이 기능은 파워포인트에 내장되어 있는 기능으로, 어렵지 않고 별도의 소프트웨어도 필요 없다. 하지만 무들이 파워포인트를 직접 읽을 수 없다는 사실을 기억하자. 대신 파워포인트가 내보내기한 웹페이지는 읽을 수 있다.

콘텐츠 페이지 추가(Adding a content page)

콘텐츠 페이지는 완전학습에서 다른 페이지로 연결되는 링크를 포함하는 웹페이지들로 구성된다. 완전학습 설정 페이지 작업을 마치고 나면 완전학습은 아무 페이지도 없는 빈 상태이지만, 만약 학습 지침으로 시작되는 완전학습을 제작하려면 콘텐츠 페이지를 추가하고 다음 페이지로 이동하도록 제작할 수가 있다. 다음 화면과 같이 콘텐츠 페이지를 생성한다.

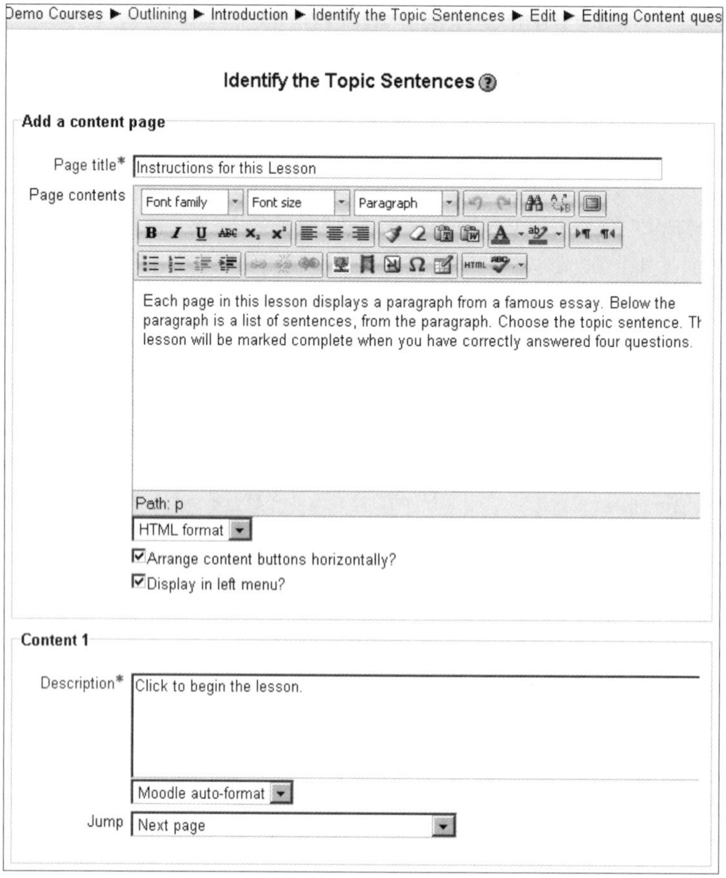

학생들이 완전학습을 실행하면 콘텐츠 페이지는 다음과 같이 표시된다.

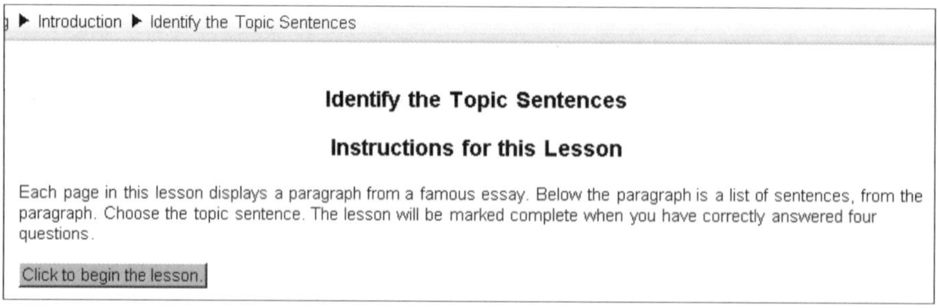

질문묶음 추가(Adding a cluster)

질문묶음cluster이란 질문 페이지의 묶음으로, 질문묶음 내에서 다른 학습으로 이동하기 전에 학생이 맞춘 질문의 수를 알아낼 수 있으며, 학생이 학습의 개념을 이해했는지 확인하는 데 이 수를 이용한다.

질문묶음에서 임의의 페이지를 표시할 수 있으며, 페이지에서 완전학습 내의 다른 페이지로 이동도 가능하다. 이렇게 학생을 완전학습 내에서 임의의 다른 학습 경로로 이동시킬 수 있으므로 모든 학생이 동일한 학습경험을 하진 않는다.

질문묶음은 질문묶음 시작 페이지와 끝 페이지 그리고 그 사이의 페이지들로 구성된다.

질문 페이지 추가(Adding a question page)

이 옵션은 무들에 내장되어 있는 편집기를 사용해 완전학습에 질문 페이지를 추가한다. 질문 페이지를 생성하는 과정은 '질문 페이지 생성' 절에서 설명한다.

먼저 질문 페이지를 추가해보자. 그런 다음 완전학습의 도입 부분에 학습 지침의 콘텐츠 페이지를 집어넣고, 필요하다면 학습 분기나 질문묶음에 질문 페이지를 구성하고, 마지막으로 학생들에게 수고했다는 내용의 콘텐츠 페이지를 완전학습의 마지막에 추가하자.

질문 페이지 생성

Settings 페이지를 모두 입력하고 저장했다면 이제 첫 번째 질문 페이지를 생성할 차례다. 질문 페이지라고 부르긴 하지만 페이지에는 질문뿐만 아니라 훨씬 더 많은 것을 추가할 수 있다. 질문 페이지는 웹페이지이기 때문에 어떤 내용이든 추가할 수 있다. 대개 정보와 학생들의 이해도를 테스트하기 위한 질문을 추가한다. 여러분이 추가할 수 있는 질문의 유형은 다음과 같다.

- 선다형Multiple choice
- 참/거짓True/False
- 단답형Short answer
- 수치형Numerical
- 짝짓기형Matching
- 에세이Essay

또한 질문의 각 답변에 대한 피드백을 입력할 수 있으며, 퀴즈 질문의 답안에 대한 피드백을 입력하는 방법과 유사하다. 그리고 학생이 선택한 답안에 따라서 완전학습을 다른 새로운 페이지로 이동하도록 설정할 수도 있다.

다음 예제에서는 텍스트, 그래픽과 삼지선다 질문을 포함한 질문 페이지를 보게 될 것이다. 각 답안에는 학생이 답을 제출한 후 바로 표시되는 내용인 Response(응답)가 있으며, Jump(건너뛰기)도 있다. 2개의 틀린 답안에서의 Jump는 동일한 페이지를 표시해서 학생이 질문을 다시 풀게 하고, 맞는 답안에서의 Jump는 다음 페이지를 표시한다.

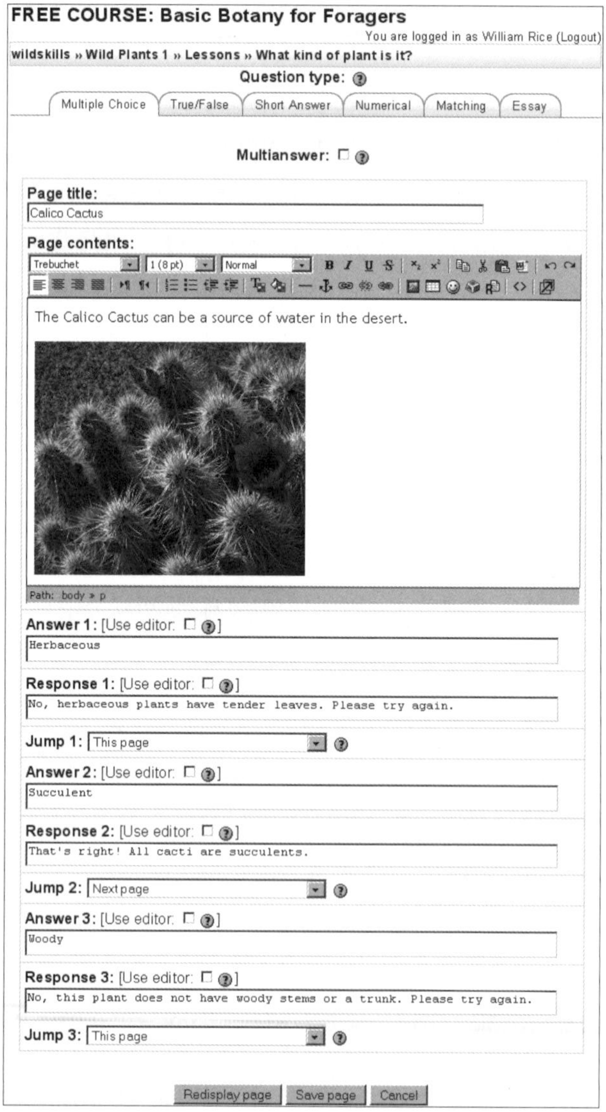

페이지 제목

Page title(페이지 제목)은 완전학습의 페이지를 열었을 때 페이지 상단에 표시된다.

페이지의 내용

전에 이야기했듯이 완전학습 페이지는 웹페이지이기 때문에 무들 웹페이지가 포함할 수 있는 내용은 무엇이든지 추가할 수 있다. 대개 정보와 학생의 이해도를 측정할 질문을 입력한다.

답안

Answer(답안)는 Page contents(페이지의 내용)의 바로 아래쪽에 표시된다. 학생은 Page contents에 포함된 질문에 대한 답안을 선택한다.

응답

학생이 답안을 선택하면 새로운 페이지로 이동하기 전에 Response(응답) 내용을 보게 된다.

건너뛰기

학생이 선택한 각 Answer에 따라 다른 페이지로 Jump(건너뛰기)하여 이동한다.

제자리

Jump를 This page(제자리)로 설정한다면 학생은 동일한 페이지에 머무르며 동일한 질문을 다시 푼다.

다음 페이지 또는 앞 페이지

Jump를 Next page(다음 페이지)나 Previous page(앞 페이지)로 설정했다면 학생은 각각 다음 페이지 혹은 앞 페이지로 이동한다. 상대적인 건너뛰기relative jump이기 때문에 만약 완전학습 내에서 페이지를 재배치하면 다른 결과가 발생할 수 있다는 점을 주의하자.

페이지 지정

건너뛸 특정 페이지를 선택할 수가 있다. 완전학습의 페이지 제목이 모두 드롭다운목록에 표시된다. 페이지 지정으로 설정한다면 완전학습 내의 페이지를 재배치하더라도 이전에 설정한 동일한 페이지로 이동한다.

묶음질문 내의 보지 않은 질문

분기표Branch Table는 곧 완전학습에 포함되어 있는 페이지를 나열한 콘텐츠 표라고 알아두자. 완전학습에 분기표를 추가할 때 동일한 완전학습에 분기 끝End of Branch을 삽입할 수도 있다. 분기표와 분기 끝 사이에 있는 페이지는 분기가 된다. 예를 들면 2개의 분기를 가진 완전학습은 다음과 같이 표시된다.

```
Cluster 1
Question Page
Question Page
Question Page
End of Cluster
Cluster 2
Question Page
Question Page
Question Page
End of Cluster
```

Jump로 Unseen question with a branch(콘텐츠 페이지 내의 보지 않은 질문) 항목을 선택한다면 학생을 제대로 답변하지 못한 질문 페이지로 이동시킨다. 그 페이지가 동일한 묶음질문의 현재 페이지가 된다.

> Unseen question with a branch 항목을 선택하면 학생은 제대로 답변하지 못한 질문 페이지로 이동한다. 이전에 봤던 질문 페이지일 수 있지만 맞추지 못한 질문 페이지다.

콘텐츠 페이지 내의 무작위 질문

Jump로 Random question within a content page(콘텐츠 페이지 내의 무작위 질문) 항목을 선택하면 학생은 동일한 묶음질문 내에서 무작위로 선택된 질문 페이지로 이동하며 그 페이지가 현재 페이지가 된다.

Lesson Settings(완전학습 설정) 페이지에서 Maximum number of attempts(최대 시도 수)를 1보다 큰 수로 설정했다면 학생은 이전에 본 페이지로 이동할 수도 있다. 하지만 설정한 최대 시도 수만큼만 다시 표시된다. 최대 시도 수를 1로 설정했다면 무작위로 나타나는 질문 페이지는 학생이 이전에 보지 못한 질문 페이지를 보여주며, Unseen question within a cluster(묶음질문 내의 보지 않은 질문)를 선택했을 때와 동일한 효과라 보면 된다.

즉 완전학습 설정 페이지에서 최대 시도 수를 1로 설정하면 Random question within a content page는 Unseen question within a cluster와 정확히 동일하게 작동한다. 최대 시도 수를 1보다 큰 값으로 설정하면 Random question within a content page는 완전히 무작위로 질문을 표시한다.

이 설정을 전략적으로 사용하려면 Unseen question within a cluster의 사용을 삼가야 한다. Unseen question within a cluster 대신 Random question within a content page를 사용하고 최대 시도 수를 1로 설정한다. 그렇게 하면 최대 시도 수를 2 이상의 값으로 설정하는 것만으로 완전학습에 포함된 모든 질문으로 무작위 건너뛰기를 할 수 있는 옵션이 된다.

페이지를 작성하고 건너뛰기 할당하기

질문 페이지를 모두 작성하면 Answer1은 자동적으로 정답으로 간주되며 Jump1은 자동적으로 Next page로 설정된다. 이는 대부분의 경우에 이런 식으로 작동되기 때문인데 다음 페이지에 정확한 응답을 보여준다. 하지만 건너뛸 완전학습 내의 페이지를 선택할 수 있는데, 단 건너뛸 페이지가 없는 첫 질문 페이지를 작성할 때는 This page로 설정된다는 점을 기억해두자. 여러 페이지를 생성한 후, 각 페이지로 되돌아와서 건너뛰기를 변경한다.

> 먼저 질문 페이지를 모두 생성한 후, 각 페이지로 되돌아와서 건너뛰기를 설정하는 방법이 가장 효과적이다.

여러분이 생성한 건너뛰기는 학생에게 보여주는 페이지의 순서를 결정한다. 답안에 완전학습의 마지막 페이지를 설정할 수 있으며, 이 마지막 페이지에 학습 종료 메시지를 표시한다. 마지막 페이지에 완전학습의 성적을 표시할지 결정하고 강좌의 홈페이지로 이동할 링크 또한 표시한다.

페이지 흐름

질문 페이지와 건너뛰기를 가장 명확하게 사용하는 방법은 완전학습 구조를 직관적으로 적용하는 것이다. 정답일 때는 '정답입니다' 같은 긍정적인 응답을 보여준 후 다음 페이지로 건너뛰고, 오답일 때는 부정적인 응답을 보여주거나 교정하게 한다. 틀린 답안은 먼저 본 예제처럼 Jump1: This page로 설정해 페이지를 다시 표시한 후 학생이 다시 풀도록 설정한다. 아니면 보충학습 페이지로 이동한다.

학생이 모든 질문을 정확하게 풀었을 때의 페이지 순서를 논리적 순서logical order 라고 하며, 이 순서는 교사가 완전학습 편집 시 동일한 창에서 모든 페이지를 표시할 때 보이는 순서와 같다.

질문 없는 질문 페이지

이전 버전의 무들에서는 질문이 없는 페이지가 필요한 경우 질문 페이지를 만들고 답변을 입력하지 않았다. 이렇게 답변을 생략하면 학생을 다음 페이지로 이동시키는 Continue 링크가 나타났다.

무들 2.0에서는 하나의 Question(질문) 페이지에는 하나의 답변을 입력해야 한다. 질문이 없는 정보 페이지가 필요하다면 Content(콘텐츠) 페이지를 생성해야 하며, Content 페이지에 단순히 링크 하나를 생성하고 다음 페이지로 건너뛰도록 설정한다.

완전학습 편집

각각의 완전학습 페이지를 생성한 후에는 Edit 탭을 이용해 완전학습 흐름을 살펴보고 편집할 수 있다.

제목 펼침과 내용 전체 펼침

Edit 탭에서 완전학습의 콘텐츠를 수정한다. 이 탭에서 개별 완전학습 페이지를 추가, 삭제, 재배치, 편집한다.

Edit 탭에서 Collapsed(제목 펼침)를 선택하면 다음 화면처럼 완전학습에 포함된 모든 페이지의 목록을 볼 수 있다.

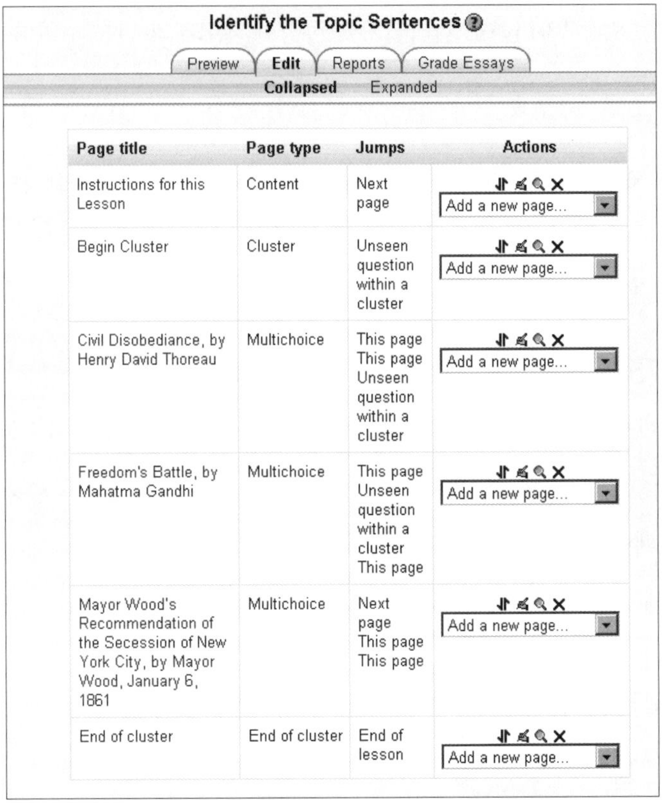

이때 페이지들은 학생이 모든 질문을 맞추어 완전학습을 최단 경로로 마칠 수 있는 논리적 순서로 나열되며, 페이지의 내용은 표시되지 않는다는 점을 기억하자. 이 화면의 목적은 개별 질문을 수정하는 게 아니라 완전학습의 순서를 보는 데 도움을 주기 위한 것이다.

페이지 재배치

페이지를 재배치하려면 페이지를 이동할 방향으로 위/아래 화살표 를 클릭한다. 이때 건너뛰기는 무들이 표시하는 페이지의 순서로 결정된다는 사실을 기억해두자. 만약 질문이 다음 페이지로 건너뛰도록 설정되어 있다면 페이지 재배치는 건너뛰기를 변경한다. 질문은 특정 페이지로 건너뛰도록 지정할 수 있다. 이런 경우 페이지를 재배치하더라도 건너뛰기로 설정한 페이지의 변동이 없다.

페이지 편집

Edit 탭에서 페이지를 편집하려면 편집 아이콘 을 클릭한다. 이 아이콘을 클릭하면 페이지 수정 페이지로 이동한다. 수정 페이지는 이전에 완전학습 페이지 편집을 다룰 때 살펴봤다.

페이지 추가

Add a page here(페이지 추가하기) 드롭다운 목록을 이용해 완전학습에 새로운 페이지를 삽입한다. 이때 선택할 수 있는 페이지의 종류는 다음과 같다.

- 질문 페이지는 보통 완전학습 페이지다.
- 이전에 설명했듯이 콘텐츠 페이지는 완전학습의 다른 페이지로 이동하는 링크를 포함하는 페이지를 의미한다.
- 묶음질문은 질문 페이지 모둠이며, 그중 하나가 무작위로 선택된다.

콘텐츠 페이지

학생이 완전학습의 다른 페이지로 건너뛸 수 있는 콘텐츠 페이지를 추가할 수 있으며, 콘텐츠 페이지는 완전학습에 포함된 다른 페이지로 연결된 링크가 있는 페이지로 구성된다. 이 링크 페이지는 콘텐츠 표로 이용할 수 있는데, 예를 들어 여러분이 윌리엄 윌리스William Wallace에 대한 완전학습을 개발 중이라 가정하자. 한 사람의 인생에 대한 전통적인 교수 방법은 연대표timeline로 정보를 구성하는 것으로, 위에서 설명한 직선 형태의 학습 경로를 가진 완전학습으로 쉽게 개발할 수 있다. 하지만 한 사람 인생의 다른 면에 대해 가르치려 한다면 모든 상황을 연대표에 맞추는 방법은 부적당하다. 예를 들어 윌리스의 역사적 업적은 연대표로 구성하는 방법이 적당할지 모르지만, 윌리스의 개인적 신념이나 종교를 연대표 형태로 적용하는 건 좋은 방법이 아니다. 윌리스의 가족은 연대표 형태에 적합할 수도 있겠지만, 그가 살았던 문화와 사회에 대한 배경 정보에는 적합하지 않다. 직선 형태의 완전학습은 윌리스의 삶을 표현하기에 적당하지 않으며, 대신 콘텐츠 페이지가 적당할 것이다. 콘텐츠 페이지의 각 링크는 역사적 업적, 개인적 신념, 가족, 그가 살았던 세계 같은 윌리스 삶의 모든 측면을 나타낼 수 있다. 완전학습의 도입부에서 학생은 탐색하기 위해 분기되는 한 지점을 선택하고, 각 분기 지점의 끝에서 완전학습의 시작 부분인 콘텐츠 페이지로 돌아갈지 아니면 완전학습을 빠져나갈지를 선택하게 된다.

End of Branch(분기 끝) 페이지를 이용해 분기의 끝을 표시할 수 있으며, 이 페이지는 학생을 앞의 콘텐츠 페이지로 되돌려보낸다. 이 되돌려보내는 건너뛰기는 편집할 수 있지만 거의 대부분 그대로 내버려둔다. 만약 End of Branch 페이지로 분기의 끝을 표시하지 않는다면 분기 바깥으로 빠져나가 다음 질문이 계속 진행된다.

정리

무들의 과제와 완전학습을 이용해 학생과 상호작용하는 강좌 자료를 생성할 수 있다. 상호작용이 있는 강좌는 학생들이 보는 정적인 자료로 이뤄진 강좌보다 좀 더 매력적이고 훨씬 더 효과적이다. 정적인 자료를 추가해 강좌를 생성하기 시작했다면 이젠 "강좌에 어떻게 상호작용하는 자료를 추가할 수 있을까?"라는 질문을 해보자. 각 페이지의 마지막에 질문이 있는 웹페이지로 구성된, 완전학습이 많은 정적인 웹페이지들을 대신해 학생과 상호작용하는 학습 자료가 될 것이다.

7
학생 평가

7장에서는 무들이 학생들을 평가하기 위해 제공하는 옵션 중 일부를 살펴본다. 다음 표의 내용은 살펴볼 각 옵션에 해당하는 학습활동의 형태다.

학습활동	설명
간편설문 ?	간편설문은 본질적으로 강사가 학급의 학생들에게 묻는 객관식 질문 하나를 뜻한다. 질문의 결과는 학급에 표시할 수도 있고, 교사와 개별 학생 간에만 표시할 수도 있다. 간편 설문은 학급의 학생들로부터 피드백을 받을 수 있는 좋은 방법 중 하나로, 간편설문을 강의 도입부에 편성할 수도 있고 학생의 피드백이 필요할 때까지 숨겨놓을 수도 있으며 여러분이 필요할 때마다 추가해 사용할 수도 있다.
퀴즈	퀴즈는 강좌에서 생성하며, 이때 생성한 질문은 다른 강좌에서 재사용할 수 있다. 질문 범주 생성하기, 질문 생성하기, 의미 있는 질문명 선택하기 등의 내용을 다룰 것이다.
피드백	피드백은 퀴즈와 유사하게 여러 가지 유형의 질문을 생성한다. 학생을 대상으로 하는 설문조사나 여론조사 같은 데이터를 수집하는 데 이용하며, 피드백 학습활동의 결과를 학생들과 공유할 수 있다.

학생의 지식을 평가하고 싶다면 퀴즈를 사용하고, 학생들의 수업 태도를 평가하고자 한다면 피드백을 사용하자. 그리고 학생들에게 출제한 질문에 대한 결과를 학급 학생들과 공유하고자 한다면 간편설문을 사용하자.

퀴즈 생성

무들 시스템은 여러 유형의 문제를 제작하기에 편리한 퀴즈 생성기를 제공한다. 각 질문은 유효한 HTML 코드를 포함하고 있는 하나의 웹페이지다. 즉 텍스트, 이미지, 음원 파일, 동영상 파일처럼 웹페이지에 담을 수 있는 모든 것을 질문에 추가할 수 있다.

교사가 주도하는 강좌의 대부분은 주로 퀴즈나 테스트로 구성된다. 교사는 퀴즈를 배포하고, 취합하고, 채점하는 작업에 시간의 대부분을 할애한다. 무들 시스템을 사용하면 퀴즈를 생성, 취합, 채점 작업에 걸리는 시간이 굉장히 단축되며, 퀴즈를 강좌 전체에 자유롭게 사용할 수 있다. 예를 들어 퀴즈를 다음과 같이 사용할 수 있다.

- 학생이 교재를 제대로 읽었는지 확인하기 위해 각 읽기 과제 후에 간단한 퀴즈를 사용한다. 질문을 섞어놓아서 학생들 간에 답안 공유를 방지하고 읽기를 마쳤다고 생각되는 학생만 주나 월 단위의 일정 기간 동안 퀴즈를 풀도록 설정할 수 있다.
- 퀴즈를 모의 테스트용으로 사용한다. 재시도를 허용하거나 학생이 질문에 대한 답을 맞출 때까지 다시 풀 수 있도록 허용하는 Adaptive mode(적응 모드)를 사용하면 퀴즈는 연습 자료와 학습 자료 두 가지 형태 모두로 사용 가능하다.
- 퀴즈를 선행평가로 사용한다. 학생이 강좌에 입장하기 전에 퀴즈를 풀게 한다.

문제 은행

이번 장에서는 퀴즈를 생성하고 퀴즈에 질문을 추가하는 방법을 살펴본다. 진행되는 동안 질문을 생성하면 무들의 문제 은행에 추가된다는 점을 기억해두자.

문제 은행Question Bank은 무들의 퀴즈 질문 집합이다. 퀴즈는 단순히 문제 은행에서 선택한 질문들을 담아두고 한꺼번에 표시하기 위한 장소일 뿐이다. 퀴즈에서 질문을 삭제해도 질문은 문제 은행에 그대로 존재한다.

학습 사이트의 자산은 퀴즈가 아니라 여러분과 동료 교사들이 오랜 시간 동안 구축한 문제 은행이며, 이 문제 은행의 질문들은 분류와 공유가 가능하다.

퀴즈 설정 구성

퀴즈를 처음 생성하면 Settings(설정) 페이지가 나타난다. 이 페이지에서 설정한 내용은 해당 퀴즈에만 영향을 주며, 질문 또한 퀴즈의 설정과는 별개의 설정으로 추가된다. 즉 이 페이지에서 설정한 내용은 생성하고 있는 해당 퀴즈에는 영향을 주지만, 여타 퀴즈와 추후에 퀴즈에 추가될 질문에는 아무런 영향을 주지 않는다.

설정 페이지는 9개의 영역으로 나뉘어 있으며, 이제 각 영역을 하나씩 살펴보자.

일반

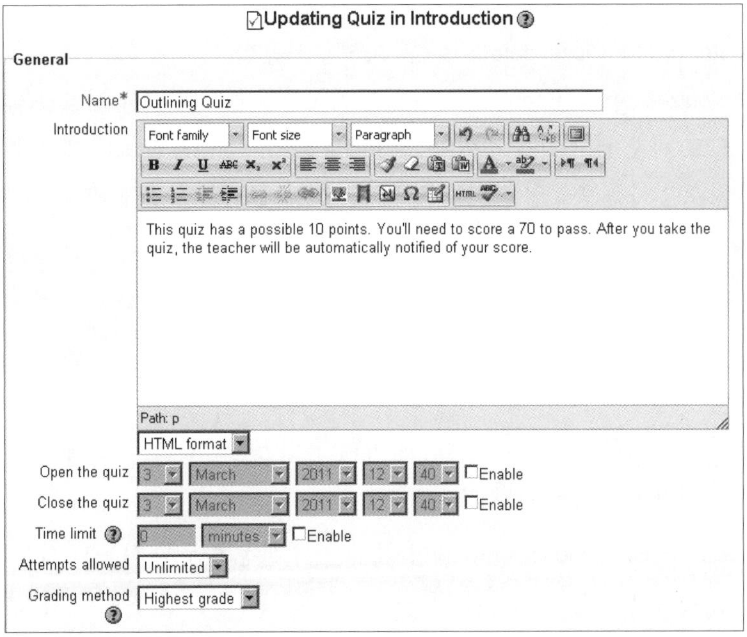

퀴즈의 Name(이름)은 강좌의 홈페이지에 표시되며, 학생이 퀴즈를 선택했을 때 퀴즈에 대한 Introduction(소개)이 아래 보이는 화면처럼 표시된다.

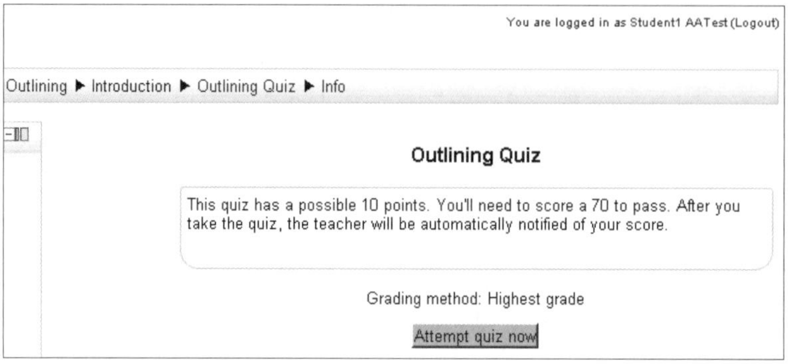

Introduction에는 학생이 해당 퀴즈를 풀어야 하는 이유를 설명하고, 애니메이션을 재생하기 위해 플래시 플러그인을 사용한다거나 팝업창을 사용하는지 여부와 같은 예외적인 기능들을 학생들에게 알려준다. 학생이 Attempt quiz now(퀴즈 풀기 시작) 버튼을 한 번 클릭하면 퀴즈로 입장하므로, 학생이 버튼을 클릭하기 전에 퀴즈를 푸는 이유와 방법을 이해할 수 있게 도와줘야 한다.

Open date(시작일)와 Close date(종료일)는 퀴즈를 사용할 수 있는 기간을 정의한다. Open the quiz(퀴즈 시작)의 Enable 체크박스를 체크하지 않으면 사용 시작일을 지정하지 않으므로 계속 열려 있을 것이며, Close the quiz(퀴즈 종료)의 Enable 체크박스를 체크하지 않으면 사용 종료일을 지정하지 않으므로 계속 열려 있게 된다.

> 퀴즈가 종료됐더라도 강좌 홈페이지에는 여전히 표시되어 학생이 선택할 수 있음을 기억해두자. 만약 학생이 종료된 퀴즈를 선택한다면 퀴즈가 종료됐다는 메시지가 나타난다.

퀴즈를 감추고 싶은 경우, 설정 페이지 아래에 있는 Visible 설정을 Hide로 바꾸면 퀴즈는 더 이상 보이지 않는다.

기본적으로 퀴즈는 Time limit(시간 제한)이 없지만 이 설정 항목을 사용해 시간 제한을 설정한다. 제한된 시간이 지나면 퀴즈는 자동적으로 그 시간까지 푼 퀴즈들의 답만 제출한다. 시간 제한을 설정해두면 학생들이 퀴즈를 푸는 동안 참고자료를 찾아보는 것을 방지하는 데 유용하다. 예를 들어 퀴즈의 답이 모두 교재의 내용에 있다면 타이머를 설정해 학생들이 각 문제의 답을 찾아보는 행위를 방지하여 학생의 기억만으로 문제를 풀 수 있게 설정한다.

Attempts allowed(허용된 시도) 설정은 학생이 퀴즈를 풀 수 있는 횟수를 제한하는 데 사용한다. 페이지 아래로 내려가면 퀴즈를 재시도하는 경우 재시도 사이에 기다려야 할 시간을 설정하는 항목이 있으며, 여러 번 시도할 수 있게 설정한 경우에만 대기 시간 설정이 적용된다.

시험지 서식

Layout(시험지 서식)의 설정들은 퀴즈에 포함된 질문의 순서와 얼마나 많은 질문을 페이지에 표시할지를 조절한다.

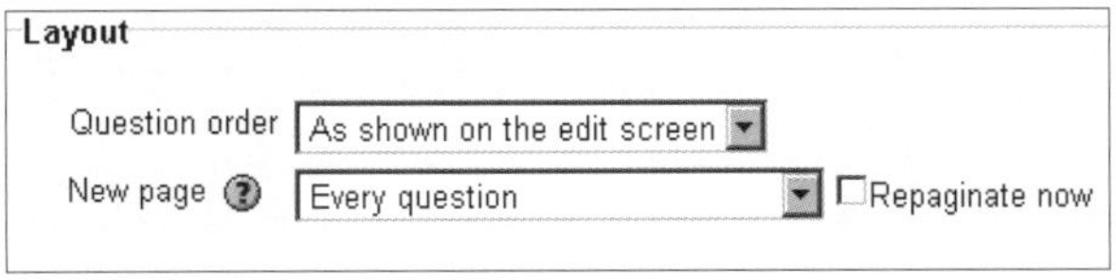

Question order(질문 순서) 설정은 질문들을 여러분이 편집한 순서대로 표시할지, 아니면 무작위로 표시할지를 결정한다. 무작위로 설정하면 퀴즈가 표시될 때마다 순서가 바뀐다. 이 설정은 학생들이 서로 답안을 공유하지 못하게 하며, 퀴즈를 제출했을 때 문제에만 집중할 수 있게 한다.

New page(새 페이지) 설정은 질문 모두를 한 페이지에 모두 표시할지, 질문 2개를 한 페이지에 표시할지, 아니면 다른 방식으로 표시할지와 같은, 질문 페이지의 분할 방법을 결정한다. 퀴즈에 포함된 질문을 편집하는 페이지에서 페이지 분할 이동이 가능하다.

기본적으로 퀴즈의 모든 질문은 한 페이지에 표시되지만 New page 설정은 퀴즈를 여러 페이지에 분할해 표시한다. Editing quiz(퀴즈 편집) 페이지에서 분할된 페이지의 이동이 가능하며, 퀴즈를 여러 페이지로 분할했다면 질문은 각 페이지에는 동일한 수로 나뉘어 표시된다. 각 페이지에 다른 수의 질문이 표시되길 원하는 경우에도 이 설정을 사용해 페이지 분할을 수정한다.

질문 진행 방식

Shuffle within questions(질문 섞기) 설정을 통해 질문의 일부를 무작위로 출제한다. 이 설정은 다음의 세 가지 조건이 참일 때만 효력이 발생한다. 첫째 이 질문 섞기 설정 항목이 Yes로 설정되어 있어야 하며, 둘째 다지선다 질문이거나 짝짓기 질문 등이어야 하는데 빈칸 채우기 같은 질문에는 아무런 영향을 끼치지 않는다. 셋째, 각 질문에도 '섞기' 설정이 있는데 이 설정값도 Yes로 설정되어 있어야 한다.

Adaptive mode(적응 모드) 설정 항목은 각 질문에 여러 차례 시도할 수 있게 하는데, 전체 퀴즈에 여러 차례 시도할 수 있게 하는 Attempts allowed(허용된 시도)와는 의미가 다르다.

퀴즈를 적응 모드로 설정할 때, 각 질문에서 사용할 수 있는 옵션은 다음과 같다.

- 학생의 답안이 틀렸을 때 메시지를 표시하고 틀린 질문을 다시 보여줄지 여부
- 학생의 답안이 틀렸을 때 메시지를 표시하고 다른 질문을 보여줄지 여부

Show Advanced(고급 표시) 버튼을 클릭하면 두 가지 설정을 더 보여준다.

Apply penalties(감점 적용)는 답안이 틀렸을 경우 퀴즈로 얻은 점수가 차감되도록 설정한다. 질문을 생성할 때 차감 점수를 선택할 수 있으며, 감점 적용 설정은 세 가지 조건이 참일 때만 효력이 발생한다. 첫째 Adaptive mode가 Yes로 설정되어 있어야 하며, 둘째 Apply penalties 또한 Yes로 설정되어 있어야 한다. 셋째, 감점 점수가 지정되어 있어야 한다. 질문이 세 가지 조건에 맞게 설정되어 있어야만 감점 적용이 설정된다.

Each attempt builds on the last(각 시도는 마지막 시도에 누적됩니다) 설정은 여러 번 재시도가 가능한 경우에만 영향을 받는다. 이 설정이 활성화되면 학생이 매번 시도했던 내용들이 바로 전에 시도했던 결과와 취합되어 표시되며, 학생은 이전에 시도했던 답변의 내용과 얻은 점수를 보게 된다.

Each attempt builds on the last 설정은 퀴즈를 평가의 도구가 아닌 가르치기 위한 도구로 사용할 때 특히 유용하다. Attempts allowed 설정은 학생이 퀴즈를 계속 다시 풀 수 있게 하고, Each attempt builds on the last 설정은 처음 시도할 때부터 이후의 시도까지 답변을 유지하므로, 두 가지 설정을 같이 사용하면 학생이 문제를 맞출 때까지 계속 재시도가 가능한 퀴즈를 생성할 수 있어서 퀴즈를 평가의 도구에서 가르치는 도구로 전환시킨다.

검토 옵션

검토 옵션Review options은 학생이 자신이 푼 퀴즈를 검토할 때 보게 될 정보를 결정한다.

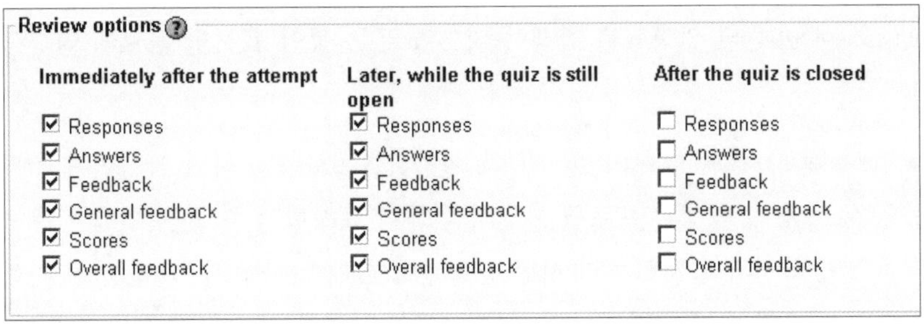

학생이 볼 수 있는 정보는 다음과 같다.

설정	학생에게 보여줄 정보의 유형
Responses(응답)	학생이 질문에 대해 선택한 답변 전체
Answers(답안)	학생이 선택한 답변들
Feedback(피드백)	각 질문의 응답에 대한 피드백으로, 이 옵션을 선택하면 학생이 선택한 각 응답, 즉 학생의 각 답변에 대한 피드백을 나타낸다.
General feedback (일반적인 피드백)	각 질문에 피드백을 하며, 이 피드백은 질문에 대해 학생이 답변하는 방법과는 상관없이 표시된다. 각 질문의 일반적인 피드백을 표시한다.
Scores(점수)	학생의 점수 또는 학생이 각 질문에서 얻은 점수다.
Overall feedback (전반적인 피드백)	퀴즈에서 학생이 얻은 점수에 대한 피드백이다.

정보가 공개되는 시점에 대한 설정은 다음과 같다.

기간	의미
Immediately after the attempt (퀴즈 제출 직후)	퀴즈를 마친 후 2분 내에
Later, while the quiz is still open (나중에, 퀴즈 마감 이전)	퀴즈를 마친 후 2분 동안은 학생에게 열려 있다.
After the quiz is closed (퀴즈 마감 이후)	Close the quiz에 설정한 날짜와 시간이 지난 이후를 의미하지만, 퀴즈를 닫지 않았다면 적용되지 않는다.

표시

Display(표시)에 포함된 설정들은 학생이 퀴즈를 푸는 동안 표시할 정보에 영향을 미친다.

Show the user's picture is set(사용자 사진 제시) 항목을 Yes로 설정하면 학생이 퀴즈를 푸는 동안 퀴즈 창에 학생의 프로필 사진과 이름이 표시된다. 이는 시험을 치르는 학생이 로그인 학생과 일치하는지 시험 감독관이 쉽게 알아볼 수 있게 하여 시험 감독관이 학생 어깨 너머로 화면에 표시된 학생의 사진과 이름을 확인할 수 있다.

Decimal places in grades(성적의 소수점 자릿수) 설정과 Decimal places in question grades(퀴즈 성적의 소수점 자릿수) 설정은 학생에게 보여줄 성적을 표시할 때 영향을 준다. 첫 번째 설정은 퀴즈에 대한 전체 성적을 표시할 때 영향을 주며, 두 번째 설정은 개별 질문의 각 성적을 표시할 때 영향을 준다.

얼마나 많은 소수점 이하의 숫자로 표시하든 무들 데이터베이스의 성적 계산은 정확하다.

강좌 생성 시 페이지 좌측이나 우측에 블록을 추가할 수 있으며, Show blocks during quiz attempts(시험 시 블록 보이기) 설정은 학생이 퀴즈를 푸는 동안 블록을 표시할지 여부를 결정한다. 대개는 No로 설정해 학생이 퀴즈를 푸는 동안 퀴즈에 집중할 수 있게 한다.

시도에 대한 특별 제한

Require password(비밀번호 입력)란에 문자를 입력하는 것과 동일하게 학생이 퀴즈에 접속하기 위해서는 암호를 입력해야 한다.

Require network address(허용 네트워크 주소 제한) 설정으로 퀴즈에 접속하는 특정 IP 주소를 제한할 수 있으며, 입력 가능한 값을 예로 들면 다음과 같다.

- 146.203.59.235와 같은 단일 IP 주소. 이는 단일 컴퓨터에서만 퀴즈에 접속할 수 있도록 제한한다. 만약 컴퓨터가 프록시로 작동한다면 이 컴퓨터를 통해 접속하는 컴퓨터 또한 접속 가능하다.
- 146.203과 같은 IP 주소 범위. 이들 숫자로 시작하는 IP 주소를 가진 컴퓨터로 접속을 제한한다. 이 숫자가 여러분의 회사에 속해 있는 숫자라면 여러분 회사의 캠퍼스만 접속할 수 있게 효과적으로 제한한다.
- 146.203.59.235/20과 같은 서브넷. 해당 서브넷 내의 컴퓨터들에 대해서만 퀴즈 접속을 제한한다.

Enforced delay(강제 대기) 설정 항목은 퀴즈를 푼 후 기다림 없이 다음 퀴즈를 풀려고 하는 행위를 방지한다. 학생들이 퀴즈 답안을 제출한 후 학생들에게 정답을 보여주려 한다면, 다음 질문을 풀기 전까지 지연 시간을 지정해야 한다. 이 작업은 학생이 정답을 본 후 해당 질문의 정답이 기억에 남아 있는 동안 퀴즈를 다시 풀려는 행위를 방지할 수 있다.

Browser security(브라우저 보안) 항목을 Full-screen popup...(전체화면 팝업)으로 설정한다면 퀴즈는 새롭게 뜬 브라우저 창에 나타나며 복사하기, 저장하기, 인쇄하기 등이 불가능하도록 자바스크립트를 사용한다. 하지만 이 보안은 안전하지 않으며 보안 효과의 역할만 한다.

좀 더 높은 보안 기술

종이를 이용한 테스트 방법이 평가를 안전하게 하는 유일한 방법이라는 사실을 이해해야 한다. 학생들이 다른 학생의 시험지를 볼 수 없도록 충분한 거리를 두어 앉히고, 시험 감독관을 시험장에 배치해 학생들을 감독하며, 학생들을 모둠으로 구성해 각 모둠이 다른 문제를 풀게 한다. 웹 기반으로 부정행위를 완벽하게 방지하며 평가할 수 있는 방법은 없다. 부정행위를 방지하는 웹 기반의 평가를 반드시 제공해야 한다면 다음과 같은 전략을 고려해보자.

- 매우 많은 수의 질문을 생성해 그중 소수의 질문만을 선택해 퀴즈에 사용한다. 하지만 이 방법은 질문을 다른 학생들과 공유하는 데 그다지 유용하지 않을 것이다.
- 질문과 답안을 뒤섞는다. 이 방법도 다른 학생들과 질문을 공유하기는 어렵다.
- 시간 제한을 둔다. 이 방법은 자료 찾는 일을 어렵게 한다.
- 아주 적은 시간 동안만 퀴즈를 공개한다. 학생들은 퀴즈를 풀 시간을 예약할 수 있으며, 여러분은 그 예약된 시간 동안만 기술적으로 도움을 주기 위해 시간을 내면 된다.
- 퀴즈의 각 페이지에 한 문제씩만 출제한다. 이 방법은 전체 퀴즈를 화면갈무리하는 것을 방지한다.

성적

만약 몇 번의 시도를 가능하게 했다면 성적을 정하는 방법을 이용해 Highest(최고 등급), Average(평균), First(처음), Last(마지막) 성적 등으로 강좌의 성적부에 기록되는 성적을 결정한다.

Apply penalties 항목은 퀴즈가 적응 모드일 때만 적용된다. 각 질문에 학생이 틀리게 답변했다면 학생의 점수가 차감되며, 질문을 생성할 때 해당 질문의 차감 점수를 지정할 수 있다(앞서 본 적응 모드의 설정을 살펴보자).

Decimal digits(소수점 처리)는 학생의 성적에 적용된다.

재검토 허용 여부

Students may review(재검토 허용 여부) 설정 항목은 학생이 자신이 푼 퀴즈의 내용을 검토할 수 있는지 여부를 제어한다. Later(나중에)나 After the quiz is closed(퀴즈 마감 이후)가 아닌 Immediately after(답안을 제출한 즉시)로 설정해 학생이 자신의 퀴즈를 검토할 수 있게 한다면 학생은 제출 직후 단 한 번만 자신이 제출한 퀴즈를 검토할 수 있으며, 다른 검토 페이지를 둘러보고 올 경우 더 이상 검토할 수 없다.

순서적으로 봤을 때 Responses(응답)는 질문에 대한 학생의 답안을 의미하며, Scores(점수)는 각 질문에 대한 개별 점수다. Feedback(피드백)은 각 질문에 대한 개별적인 의견이며, Answers(정답)는 각 질문에 대한 정확한 답을 의미하고, General feedback(일반적인 피드백)은 전체 퀴즈에 대한 의견을 의미한다.

보안

Show quiz in a "secure" window(보안 창에 퀴즈 보이기) 설정 항목은 퀴즈를 새로운 브라우저 창에 띄우며 복사, 저장, 프린트를 방지하기 위해 자바스크립트를 사용하지만, 이 보안은 절대 안전하지 않다. 여러분이 Require password(비밀번호 입력)란에 특정 문자를 입력했다면, 학생이 퀴즈에 접속하기 위해서는 반드시 비밀번호를 입력해야만 한다.

전반적인 피드백

무들에서는 각 퀴즈에 다른 피드백을 생성할 수 있다. 피드백을 생성할 수 있는 항목은 다음과 같다.

- 학생의 점수가 변경되는 전체 퀴즈에 생성할 수 있는 피드백은 Overall feedback(전반적인 피드백)이며, Grade boundary(등급 경계)라는 기능을 이용한다.
- 학생의 점수와는 상관없는 질문으로 모든 학생이 동일한 피드백을 받으며 General feedback(일반적인 피드백)이라 부른다. 각 개별 질문에는 General feedback을 하나씩 설정할 수 있다. 질문에 생성할 수 있는 피드백의 정확한 유형은 질문의 유형에 따라 다르다.
- 학생이 질문에 대해 정답을 선택했을 때 받게 되는 피드백으로 응답이 있다.

다음 화면은 Grade boundary를 사용하는 Overall feedback을 보여준다. 퀴즈에서 90~100%의 점수를 받은 학생은 "당신은 마법사입니다!"라는 피드백을 받으며 80~89.99%를 받은 학생은 "참 잘했어요!"라는 피드백을 받는다.

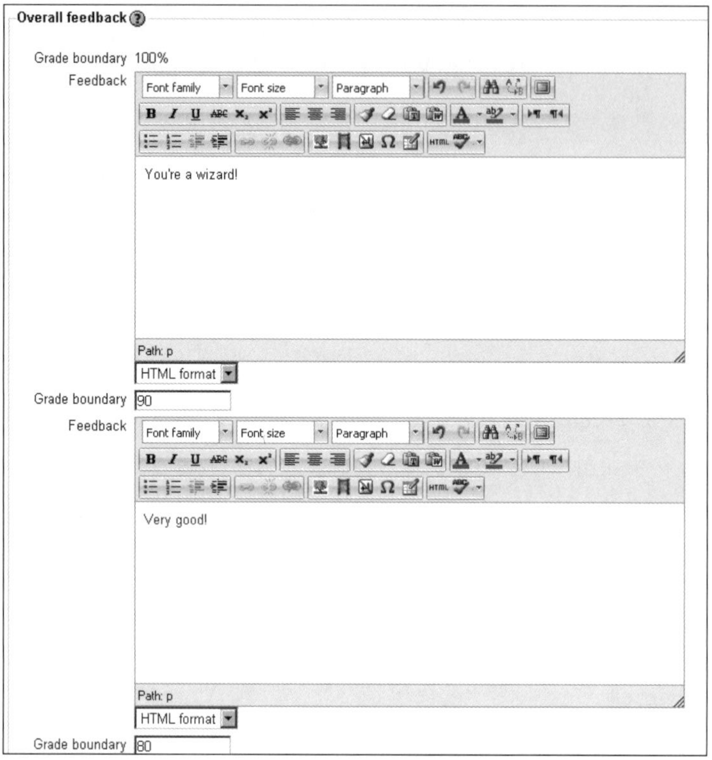

일반 모듈 설정

Group mode(모둠 모드)는 여타 학습자원에 대해서도 동일하게 동작하지만, 학생들 각자가 퀴즈를 풀기 때문에 퀴즈 모둠 설정의 실제 사용은 Quiz Results(퀴즈 결과) 블록에 모둠의 최고 점수를 표시하는 것 외에는 없다.

Visible 설정을 이용해 학생에게 퀴즈를 보이거나 감출 수 있으나, 교사나 강좌 제작자는 언제나 퀴즈를 볼 수 있다.

퀴즈에 질문 추가

강좌 홈페이지에서 퀴즈를 선택한 후 질문을 추가할 수 있는데, 먼저 Settings(설정) ➤ Quiz administration(퀴즈 관리) ➤ Edit quiz(퀴즈 편집)를 선택하면 나타나는 Editing quiz 페이지에서 Add a question...(질문 추가) 버튼을 볼 수 있다.

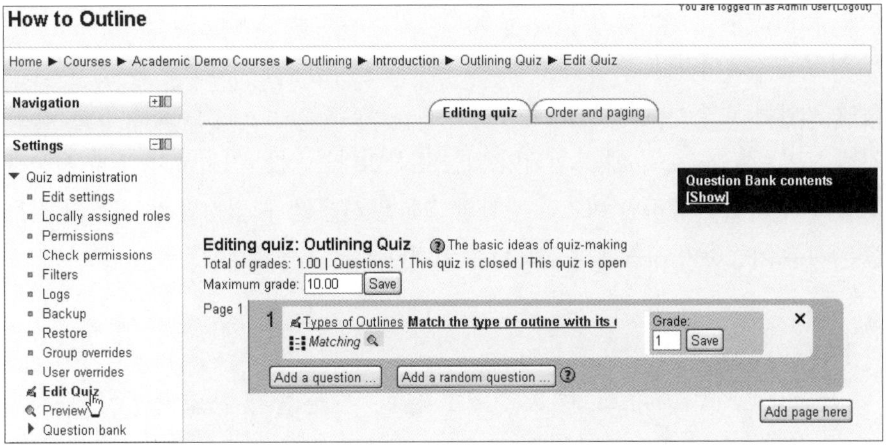

새 질문을 추가하는 방법을 살펴보기 전에 Question Bank contents(문제 은행 콘텐츠)라고 적힌 버튼을 먼저 살펴보자. 이 내용은 Quiz administration 메뉴의 Question bank 옵션을 통해서도 접근 가능하며, 이를 통해 문제 은행을 사용한다.

문제 은행

문제 은행은 무들 사이트에서 사용하는 퀴즈 질문들의 모음으로, 사이트에서 여러분이 위치한 곳에 따라 문제 은행에서 사용할 수 있는 질문들이 달라진다.

다음 화면을 보면 사용자는 Outlining(개요)을 설명하는 강좌에 들어와 문제 은행을 선택했으며 작업할 질문 모둠을 선택하고 있다.

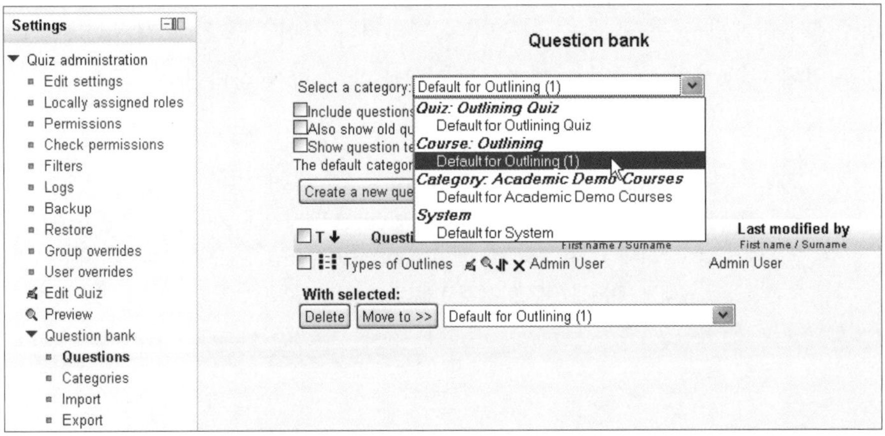

사용자가 선택할 수 있는 질문은 현재 선택한 퀴즈(Quiz: Outlining Quiz(퀴즈: 개요 퀴즈))에만 저장된 질문이거나, 현재 강좌(Course: Outlining(강좌: 개요))에 저장되어 있는 질문, 강좌에 포함된 범주(Category: Academic Demo Courses(범주: 학술 데모 강좌))에 있는 질문, 또는 전체 사이트(System(시스템))에 포함되어 있는 질문이라는 점을 기억하자. 만약 사용자가 다른 강좌로 이동하면 퀴즈와 강좌의 질문은 사용할 수 없지만 새 강좌의 질문들은 사용 가능하며 시스템의 질문들은 언제나 사용 가능하다.

> **질문 공유**
> 현재 퀴즈에서 사이트의 다른 사용자들도 사용할 수 있는 질문을 생성하려면 Question bank에서 질문을 생성하고 Category나 System 목록으로 옮겨두자. 보안 설정에 따라 접근할 수 있는 질문 범주가 달라진다는 점도 기억하자.

'퀴즈에 질문 추가' 절에서 알아봤듯이 퀴즈에 직접 질문을 추가할 수 있으며, 이전 절에서는 문제 은행에 질문을 생성하고 퀴즈에 추가하는 방법을 알아봤다. 급하게 퀴즈에 질문을 생성해야 한다면 Edit Quiz를 선택한 후 질문을 생성하고, 필요하다면 나중에 문제 은행으로 이동시킨다.

특정 범주의 질문들을 한 번에 표시할 수 있는데, 범주 드롭다운 목록을 이용해 사용할 Category를 선택한다.

퀴즈에서 사용하고 있는 질문을 삭제하려면 문제 은행에서 질문을 삭제하지 말고 감추는 방법을 사용한다. Also show old questions(오래된 질문도 보여주기) 설정을 이용하면 범주에서 삭제한 질문도 볼 수 있으며, 삭제되거나 감춰진 혹은 오래된 질문들은 질문 옆에 파란 상자 아이콘으로 표시해 질문 목록에 함께 나타난다.

> 문제 은행을 깨끗하게 유지하면서 교사들이 삭제된 질문을 사용하는 일을 방지하기 위해서는 삭제한 질문들을 '삭제된 질문들'이라는 범주로 이동시킨다. '삭제된 질문들'이라는 범주를 생성하고 삭제된 질문들이 보이게 하는 Also show old questions 설정을 사용한 후 질문들을 선택해 '삭제된 질문들' 범주로 옮겨놓는다.

범주 간의 질문 이동

범주로 질문을 옮겨놓으려면 먼저 해당 범주에 접근해야 한다. 즉 모든 강좌의 교사들이 사용할 수 있게 해당 범주가 게시되어 있어야 한다.

이동시킬 질문을 선택하고, 범주를 선택한 후 Move to(이동) 버튼을 클릭한다.

질문과 범주의 확장 관리

사이트 관리자로서 여러분은 새로 생성되는 질문 범주의 이름이 서로 중복되지 않고 사이트의 목적에 맞게 작성되고 있는지 모니터링하길 원할 수도 있다. 이런 기준으로 작성된 질문 범주와 질문은 강좌 제작자들 사이에 공유되어 강력한 협업 도구가 된다. 따라서 새 질문과 범주를 교사와 강좌 제작자에게 알릴 수 있는 사이트 범위의 Teachers forum(교사 포럼) 사용을 고려하자.

질문 범주의 생성과 편집

모든 질문은 범주에 속해 있으며 질문 범주는 Categories 탭페이지에서 관리한다. 새 질문을 생성하면 Default(기본) 범주에 속하게 되는데, 생성된 질문이 적당한 범주에 속하는지 확인한다.

새 범주를 생성하는 과정은 다음과 같다.

1. Quiz administration ➤ Question bank ➤ Categories를 선택한다.
2. 페이지 아랫부분의 Add category(범주 추가) 부분으로 스크롤한다.
3. Parent(상위 범주)를 선택한다. Top(맨 위)을 선택했다면 최상위 범주가 만들어지며, 다른 범주를 선택하면 새로 생성되는 범주는 여러분이 선택한 범주의 하위에 생성된다.
4. Name 입력란에 새 범주의 이름을 입력한다.
5. Category Info(범주 정보) 입력란에 새 범주의 설명을 입력한다.
6. Add category 버튼을 클릭한다.

범주를 편집하는 과정은 다음과 같다.

1. Quiz administration ➤ Question bank ➤ Categories를 선택한다.
2. Category 옆의 편집 아이콘 을 클릭하면 Edit categories(범주 편집) 페이지가 표시된다.
3. Parent(상위 범주), Category name(범주 이름), Category Info(범주 정보), Publish(게시) 설정 등을 수정할 수 있다.
4. 작업을 마치고 변경사항 Update 버튼을 클릭하면, 변경사항은 저장되고 Edit categories 페이지로 되돌아간다.

질문 생성

1. 퀴즈 질문을 생성하려면 Quiz administration ➤ Edit Quiz를 선택한 후 Question Bank contents 옆의 Show 링크를 클릭한다. 퀴즈에 추가된 질문들이 페이지에 표시되며, 문제 은행 또한 표시된다.

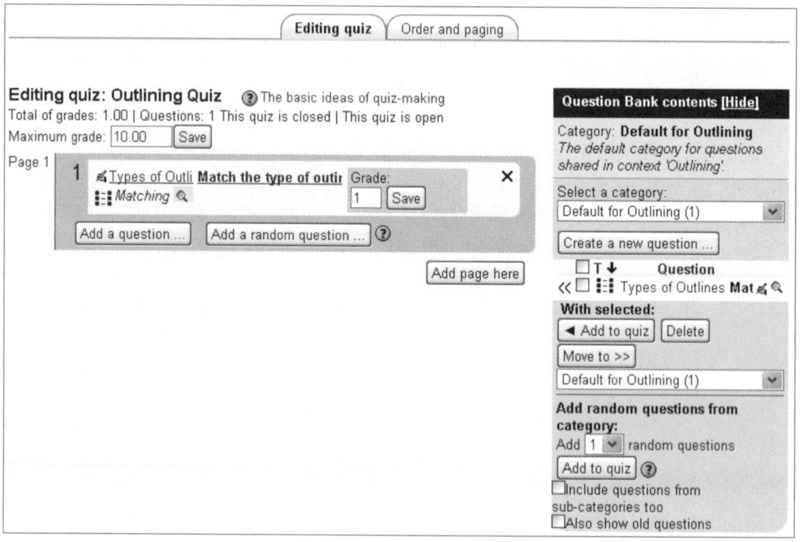

두 가지 단계를 거친다. 먼저 질문을 생성한 다음, 생성된 질문을 퀴즈에 추가한다. 퀴즈를 생성하는 과정은 다음과 같다.

1. Create a new question(새 질문 만들기) 버튼을 클릭한다.
2. 팝업창이 나타나면 생성할 질문의 유형을 선택한다.

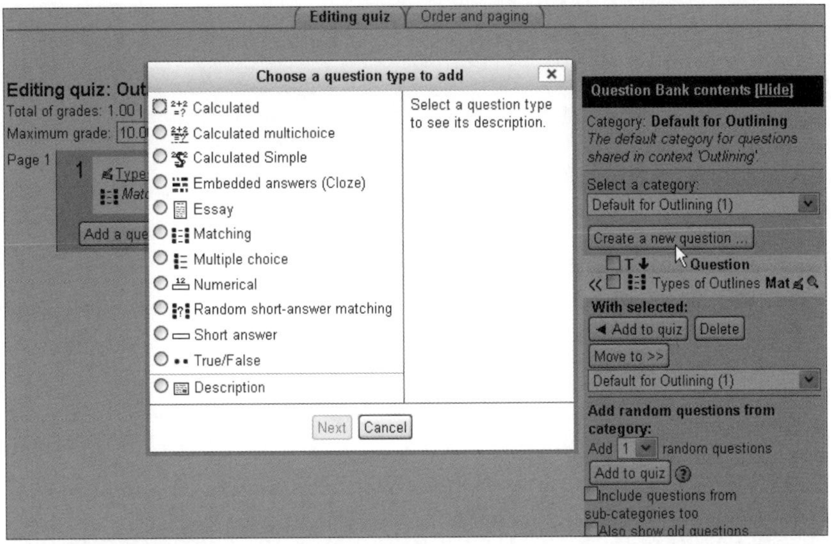

> 다른 유형의 질문에 대한 설명은 이후에 나오는 '질문 유형' 절을 참고하자.

3. Next 버튼을 클릭한다. 해당 질문의 편집 페이지가 나타나는데, 질문의 각 유형마다 편집 페이지는 조금씩 다르지만 몇몇 기능은 모든 유형의 질문에서 동일하다.

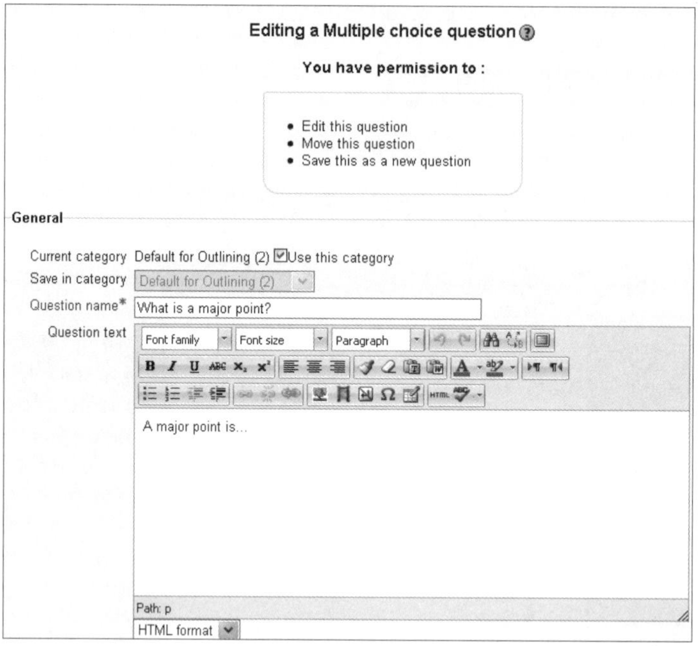

4. 질문의 Name은 퀴즈를 구축하고 검토할 때 교사에게 보이며, 학생에게는 보이지 않는 항목이므로 '질문 1'보다는 '생물의원리-8장-3페이지'처럼 질문의 출처가 되는, 교사에게 의미 있는 이름을 짓자. 질문의 의미를 잊었을 때는 질문 옆의 🔍 버튼을 클릭해 질문을 미리보기한다.

5. Question text(질문 문장)는 학생들이 보게 될 실제 질문이다.

6. General feedback(일반적인 피드백)은 해당 질문에 대해 학생이 선택한 답안과는 상관없이 보게 될 피드백으로, 질문 피드백에 대한 자세한 사항은 이후에 나오는 '질문에 피드백 추가' 절을 참고한다.

7. 해당 질문에 있는 선택들Choice의 답안Answer을 입력한다.

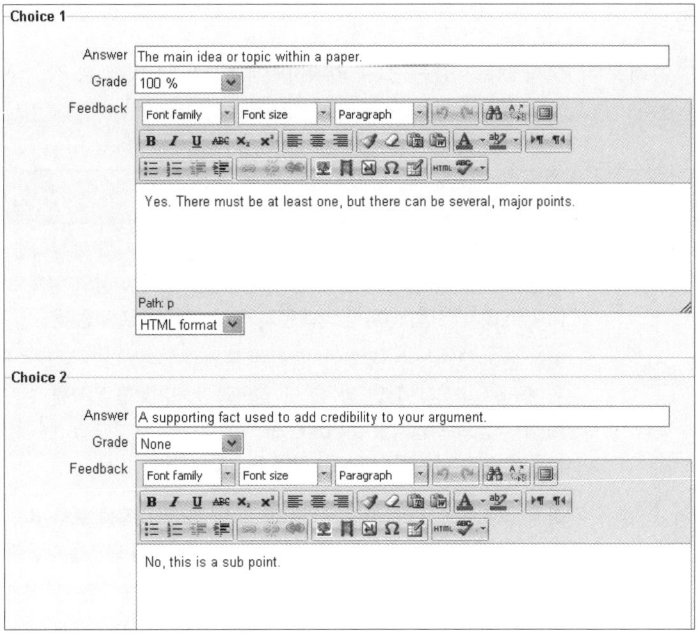

8. 페이지 아래쪽에 질문에 대한 태그를 입력한다.

9. 질문을 저장하면 선택한 범주 아래의 질문 목록에 질문이 추가된다.

10. 퀴즈에 질문을 추가하려면 질문 옆의 체크박스를 선택하고 Add to quiz(퀴즈에 추가) 버튼을 클릭한다.

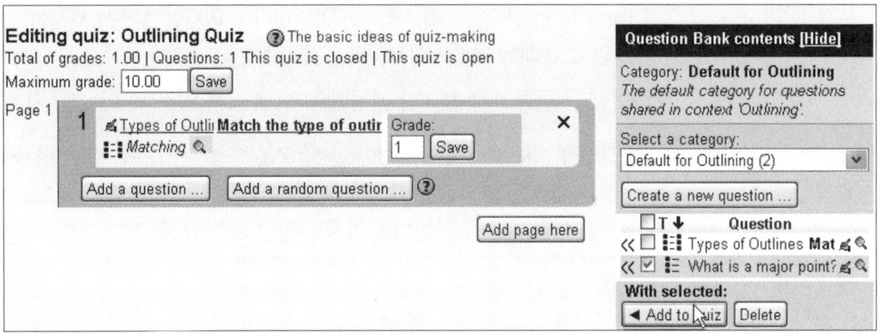

질문 유형

다음 표는 여러분이 생성할 수 있는 질문의 유형에 대한 설명으로, 각 유형의 사용 팁을 제공한다.

질문 유형	설명과 사용 팁
Calculated (계산형)	계산형 질문을 생성하고자 할 때 질문 문장에 표시할 계산식을 입력한다. 계산식에는 문제를 풀 때 숫자로 대치되는 하나 이상의 임의의 문자기호(wildcards)가 포함되며, 임의의 문자기호는 중괄호로 묶인다. 예를 들어 '3 * {a}는 무엇인가?'라는 문제를 입력했다면 무들은 {a}를 무작위 숫자로 바꾼다. 답안 항목에도 임의의 문자기호를 입력할 수 있어서 3 * {a}를 정답으로 입력할 수 있다. 퀴즈가 실행될 때 '3 * {a}는 무엇인가?'는 질문이 되고 3 * {a}의 계산된 값이 정답이 된다.
Description (설명)	이 유형은 질문이 아니며, 여러분이 입력한 모든 내용을 표시한다. 설명을 추가하면 무들은 웹페이지를 생성할 때와 동일한 편집 화면을 제공한다. Quiz 탭을 재호출해 퀴즈의 페이지를 나눌 수 있다. 퀴즈를 여러 부분으로 나누고, 학생이 나뉜 페이지의 각 부분을 완료하기 전에 충분한 설명을 추가하고 싶다면, 각 부분의 첫 페이지에 Description을 삽입하는 방법을 고려하자. 예를 들어 '이 차트를 보고 다음 세 질문을 푸시오'라는 설명을 추가한 후 차트를 보여준다.
Essay (에세이)	학생에게 에세이 질문이 주어지면 페이지에는 답을 작성하기 위한 온라인 편집기가 제공되지만 한 페이지에 여러 개의 에세이 질문이 출제되더라도 온라인 편집기는 첫 번째 에세이 질문 하나에만 제공된다. 이는 무들의 단점으로, 이렇게 여러 개의 에세이 질문을 출제해야 한다면, 퀴즈에 페이지 나누기(page breaks)를 추가해 각 페이지에 하나의 에세이 질문을 표시한다. 탭으로 된 Quiz 페이지에 페이지 나누기를 입력한다. 또한 학생들에게 몇 분마다 에세이를 저장하도록 알려주는 설정이 가능하다.
Matching (짝짓기형)	짝짓기형 질문을 생성한 후 하위 질문 목록을 생성하고, 각 하위 질문에 대한 정답을 입력한다. 학생은 각 질문에 대해 정답 짝짓기를 해야 하고, 각 하위 질문은 해당 질문의 점수 비중과 동일한 점수를 받는다.

(이어짐)

<table>
<tr><th>질문 유형</th><th>설명과 사용 팁</th></tr>
<tr><td>Embedded answers (Cloze)
(답 내장형)</td><td>
답 내장형 질문은 문장 내에 답이 추가되어 있는 문장의 구절로 구성되며 선다형, 빈칸 채우기, 수치형 답안 등을 질문으로 추가할 수 있다. 무들 도움말은 다음 예제를 제공한다.

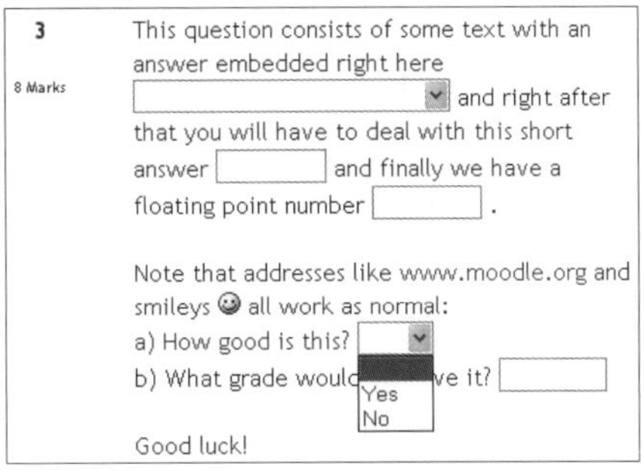

질문의 첫 부분에 드롭다운 목록이 보이는 것에 주목하자. 이는 선다형 질문에 유용하다. 그 다음으로 단답형(빈칸 채우기) 질문이 보이며 수치형 질문도 있다. 마지막으로, 또 다른 선다형 질문(예/아니오)과 수치형 질문이 보인다.

답 내장형 질문을 생성하기 위한 그래픽 인터페이스는 없으며, 도움말 파일에 설명된 특정 형식을 사용해야 한다.
</td></tr>
<tr><td>Multiple choice
(선다형)</td><td>
선다형 질문은 학생들이 하나의 답이나 여러 개의 답을 선택할 수 있게 한다. 각 답은 전체 점수에 대한 각 문제의 지정된 비율만큼 계산된다.

한 질문에 하나의 답만을 선택하도록 설정했을 때는 보통, 정답을 선택하면 특정 점수로 채점하고, 틀린 답을 선택하면 0점으로 채점한다. 한 질문에 여러 개의 답을 선택할 수 있게 설정한다면 모든 답을 선택해야만 100%의 점수를 받을 수 있으므로 각 정답에 부분점수를 할당한다. 또한 각 오답에 차감 점수를 할당할 수도 있다. 오답에 차감 점수를 할당하지 않는다면, 학생이 보기로 나온 답을 모두 선택했을 때 100%의 점수를 받는다. 차감 점수는 획득 점수와 동일하거나 획득 점수보다 크게 설정해 학생이 보기로 나온 답을 모두 선택했을 때 점수를 얻지 못하게 한다. 해당 질문에서 학생이 마이너스 점수를 받을 것이라는 걱정은 하지 말자. 무들에서 가장 낮은 점수는 0점이다.

Editing Quiz 페이지에서 답안 섞기를 선택했다면 퀴즈에서 사용하고 있는 모든 선다형 질문을 확인하자. 질문들 중에 '위 답안 모두'나 'A와 C 둘 다' 같은 답안이 있다면 답안 섞기 설정은 해당 질문을 쓸모없게 만들므로, 이런 경우 'A와 C 둘 다'라는 답안보다는 질문에 '답을 모두 선택하시오'라고 적고 A와 C에 부분점수를 주는, 즉 선다형 질문을 수정하기보다는 각 정답에 부분점수를 제공한다.
</td></tr>
</table>

(이어짐)

질문 유형	설명과 사용 팁
Short answer (단답형)	학생은 답안란에 단어나 문구를 입력한다. 올바른 답변이나 답안을 기준으로 확인하며, 각 답안에 따라 다른 성적으로 채점될 수 있다. 답변으로 별표(*) 문자를 사용할 수도 있고, 대소문자를 구분하도록 설정할 수 있다.
Numerical (수치형)	단답형 질문으로만 사용하며 학생은 답변란에 답을 입력한다. 하지만 수치형 질문의 답변으로 허용하는 오류를 가질 수 있는데, 이런 경우에도 질문을 생성할 때 설정할 수 있다. 예를 들어 정답을 5 플러스, 마이너스 1로 지정할 경우 4에서 6까지의 숫자가 입력되면 정답으로 처리한다.
Random (무작위)	퀴즈에 이 유형의 질문이 추가되면 현재 범주에서 질문을 무작위로 선택한다. 학생은 무작위로 선택된 질문으로 퀴즈를 풀게 되며, 질문 개수가 충분하다면 학생은 퀴즈에서 같은 질문을 두 번 볼 일은 없다. 즉 무작위로 질문을 선택하는 범주에 포함된 질문의 수는 적어도 무작위로 선택하는 횟수만큼은 있어야 한다.
Random short-answer matching (무작위 단답 짝짓기형)	하위 질문과 각 하위 질문에 짝지어진 답안으로 구성된 짝짓기형의 질문을 재호출한다. Random short-answer matching을 선택하면 무들은 현재 범주에서 단답형 질문을 무작위로 선택해 단답형 질문과 답안을 짝짓기형 질문 생성에 사용한다. 학생에게는 짝짓기형 질문처럼 보이겠지만, 차이점은 하위 질문이 현재 범주의 단답형 질문들로부터 무작위로 선택된다는 것이다.
True/False (참/거짓)	학생은 두 가지 옵션, 즉 True(참) 또는 False(거짓) 중에서 답을 선택한다.

질문에 피드백 추가

무들에서는 퀴즈에 각기 다른 종류의 피드백을 생성할 수 있다. 다음과 같은 항목에 피드백을 생성할 수 있다.

- 학생들의 점수를 변경하는 전체 퀴즈. 전반적인 피드백이라 불리며, 등급 경계라는 기능을 사용한다.
- 질문. 질문에 생성할 수 있는 피드백의 정확한 유형은 질문의 유형에 따라 달라진다. 이번 절에서는 선다형 질문의 피드백을 다루며, 이후의 '퀴즈 조합' 절에서 전체 퀴즈의 피드백을 살펴본다.

질문에 대한 피드백의 유형

선다형 질문에 생성할 수 있는 피드백의 종류는 세 가지다.

피드백 유형	설명과 사용 방법
General feedback (일반적인 피드백)	만약 질문에 일반적인 피드백을 생성했다면, 질문에 답변한 학생들은 선택한 답변과는 상관없이 모두 피드백을 받는다. 학생이 추측을 통해 문제를 풀어야 한다면, 일반적인 피드백을 사용해 정답을 찾는 방법을 설명하는 데 사용할 수 있으며, 일반적인 피드백을 질문의 요점을 설명하는 데 사용하는 것 또한 고려하자.
Any correct response (정답에 대해)	선다형 질문은 정답이 여러 개일 수 있으며, 모두 100% 정답이다. 예를 들어 '아래 사람들의 목록 중에서 독립선언서에 서명한 한 사람을 고르시오'라는 질문이 있다고 하자. 그 목록에 답이 여러 명일 수 있으며 그 중 하나를 선택해도 100% 정답일 것이다. 학생이 여러 답 중 하나를 선택해 정답을 맞췄을 때 정답에 대한 피드백을 받게 되는데, 이 Any correct response 항목은 선택한 답이 정답이며 정답의 이유를 학생에게 가르치려 할 때 유용하다.
Any partially correct response (부분적으로 옳은 응답에 대해)	점수를 얻으려면 여러 개의 답을 선택해야만 하는 선다형 질문을 생성할 수 있다. 예를 들어 '아래 사람들의 목록 중에서 독립선언서에 서명한 사람 둘을 고르시오'라는 질문이 있다고 하자. 이런 경우 학생이 선택한 각각의 답안에 대해 50%의 응답을 제공한다. 학생은 해당 질문에 대해 100%의 점수를 받으려면 두 응답 모두 올바르게 선택해야 하며, 만약 학생이 옳은 선택을 하지 못했다면 부분적으로 옳은 응답에 대한 피드백을 받게 되는데, 이 Any partially correct response 항목은 학생들에게 올바른 응답 간의 관계를 가르치는 데 유용하다.
Any incorrect response (틀린 응답에 대해)	0 이하의 비율을 가진 응답은 올바르지 못한 응답으로 간주된다. 만약 학생이 틀린 응답을 선택했다면 틀린 응답에 대한 피드백을 받게 되는데, 이 Any incorrect response 항목은 틀린 응답에 공통점이 있다거나 그 공통점에 대해 피드백을 제공하고자 할 때 유용하다.

피드백 유형은 학생들의 모든 응답에 활성화되진 않는다는 사실을 기억하자. 피드백 유형들은 학생이 올바르거나, 부분적으로 올바른, 혹은 올바르지 못한 응답을 선택했을 때 활성화된다.

개별적인 응답에 대한 피드백을 생성하고 싶다면, 이어서 나오는 '개별적인 응답에 대한 피드백' 절을 살펴보자.

개별적인 응답에 대한 피드백

질문의 개별적인 응답에 대해 피드백을 생성할 수도 있는데, 이때의 응답은 학생이 선택하거나 입력한 답안이다. 각 응답은 각 응답에 포함된 피드백을 표시한다.

다음 예에서 각 응답에 피드백을 포함시키는 방법을 주목해보자. 이 예에서는 학생이 올바르지 못한 응답을 선택하면 지정된 응답에 대한 피드백과 함께, 올바르지 못한 응답에 대한 피드백도 받는다.

다음 화면에는 몇 가지 피드백을 사용한 선다형 질문이 있다. 학생이 아닌 강좌 제작자의 관점에서 이 질문을 보면, 첫 번째로 "대부분의 뉴욕커가 '잃어버린 4번가' 문제에 대해 생각해본 적이 없다는 건 사실이다."라는 일반적인 피드백을 볼 수 있다. 문제를 풀고 득점을 한 후 이 문제를 푼 학생들은 받은 점수와는 상관없이 이 피드백을 보게 된다.

아래로 내려가 보면 Choice 1부터 Choice 4까지 볼 수 있는데, 각 응답에 대해 모두 피드백이 포함되어 있다. 예를 들면 학생이 Sixth Avenue(6번가)를 선택하면 피드백은 '아니오. 그 이름은 이미 사용되고 있습니다. 6번가는 '미국의 거리'로 알려져 있습니다."라는 피드백을 받는다.

이 질문에서는 단 하나의 응답만 정답이고 나머지 응답은 오답이기 때문에 Feedback for any correct answer(정답에 대한 피드백)나 Feedback for any partially correct answer(부분적으로 옳은 응답에 대한 피드백)은 입력할 필요가 없다. 이 옵션은 정답이나 부분적으로 옳은 응답 같은 여러 응답을 처리할 때 유용하다.

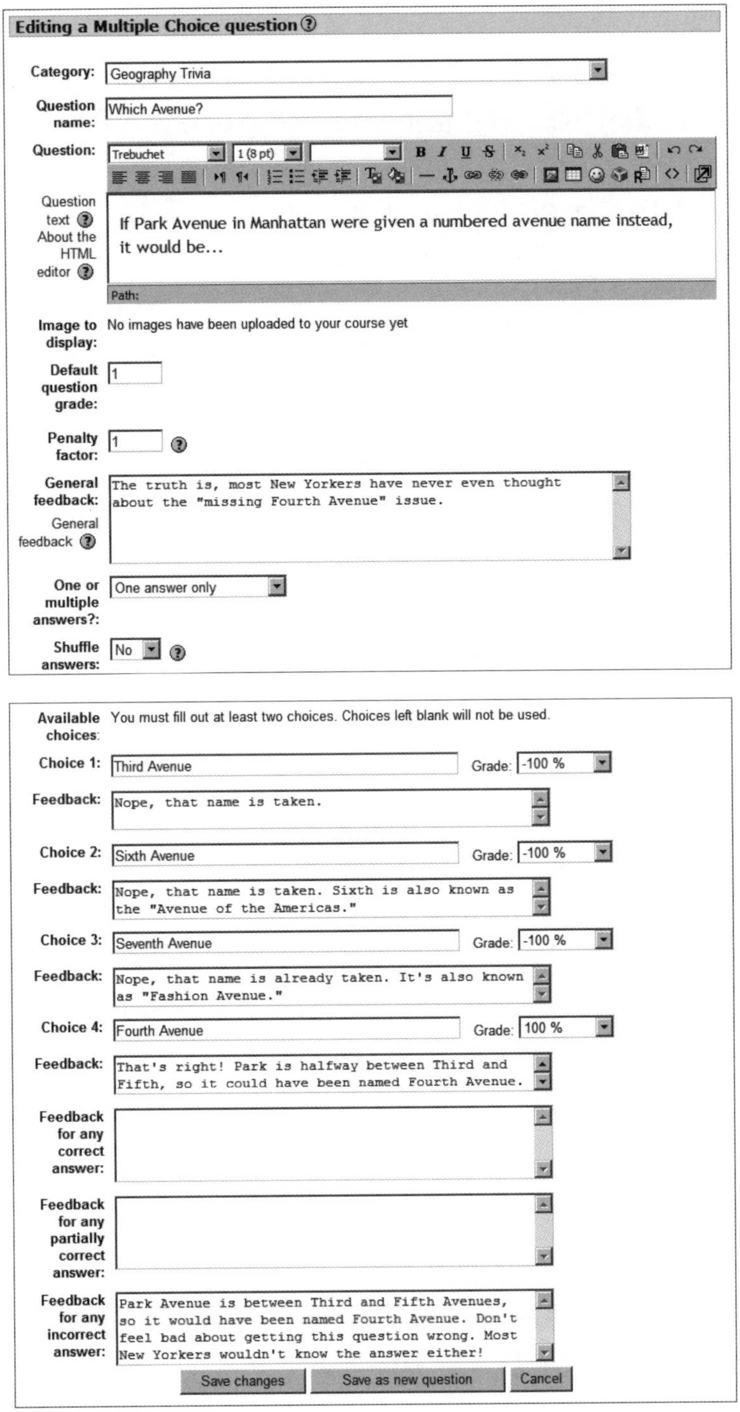
Editing a Multiple Choice question
Category: Geography Trivia
Question name: Which Avenue?
Question:
Trebuchet
1 (8 pt)
Question text
About the HTML editor
If Park Avenue in Manhattan were given a numbered avenue name instead, it would be...
Path:
Image to display: No images have been uploaded to your course yet
Default question grade: 1
Penalty factor: 1
General feedback: The truth is, most New Yorkers have never even thought about the "missing Fourth Avenue" issue.
General feedback
One or multiple answers?: One answer only
Shuffle answers: No
Available choices: You must fill out at least two choices. Choices left blank will not be used.
Choice 1: Third Avenue Grade: -100 %
Feedback: Nope, that name is taken.
Choice 2: Sixth Avenue Grade: -100 %
Feedback: Nope, that name is taken. Sixth is also known as the "Avenue of the Americas."
Choice 3: Seventh Avenue Grade: -100 %
Feedback: Nope, that name is already taken. It's also known as "Fashion Avenue."
Choice 4: Fourth Avenue Grade: 100 %
Feedback: That's right! Park is halfway between Third and Fifth, so it could have been named Fourth Avenue.
Feedback for any correct answer:
Feedback for any partially correct answer:
Feedback for any incorrect answer: Park Avenue is between Third and Fifth Avenues, so it would have been named Fourth Avenue. Don't feel bad about getting this question wrong. Most New Yorkers wouldn't know the answer either!
Save changes
Save as new question
Cancel

수치형 질문에 대한 피드백

다음 화면은 수치형 질문에 대한 피드백을 보여준다. 이 화면에서 강좌 제작자는 HTML 편집기를 사용하고 있지 않다는 점에 주목하자. 대신 강좌 제작자는 일반 텍스트로 질문을 편집하고 있다. 여러분 개인정보의 HTML Editor(HTML 편집기) 설정에서 HTML 편집기 사용 설정을 켜거나 끌 수 있다.

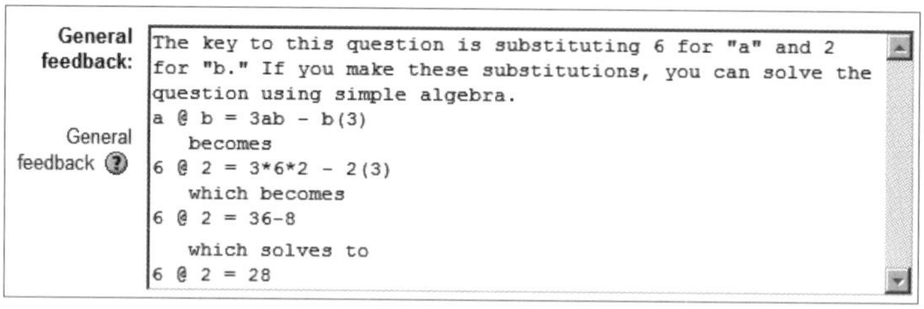

General feedback은 질문을 해결하는 방법을 설명한다고 했던 점을 기억하자. 이 피드백은 질문에 답변을 한 이후에 해당 문제를 맞춘 학생들에게도 표시된다. 정답을 맞춘 학생에게는 설명을 보여줄 필요가 없다고 생각할지도 모르겠다. 하지만 학생이 문제를 풀기 위해 추측을 했다거나 General feedback에서 제공하는 방법과는 다른 방법으로 문제를 푼 경우 질문을 푸는 방법을 설명해주면 학생들은 질문을 통해 더 많은 것을 배울 수 있다.

수치형 답변 질문에서 학생은 답변을 숫자로 입력한다. 즉 말 그대로 학생은 숫자를 입력할 수 있다는 뜻이다. 답변의 경우의 수가 너무 많아 학생들의 모든 답변에 맞는 맞춤 피드백을 작성하는 일은 불가능하지만 타당한 수치 답변에 대해서는 맞춤 피드백을 작성할 수가 있다. 이 질문에서는 잘못된 답변에 대한 응답을 작성했다. 첫 번째 학생 모둠에 이 테스트를 제공한 후, 잘못된 답변의 수가 가장 많은 응답에 대해 검토해볼 필요가 있으며, 만약 해당 응답에 대한 피드백이 포함되어 있지 않다면 질문의 피드백에 추가할 필요가 있다.

다음 화면에는 각 응답에 대한 맞춤 피드백이 작성되어 있다. Answer 1은 정답, Answer 2는 문제를 푸는 동안 2개의 숫자를 전환한 결과 나온 답일 수 있다. 이것은 오류라고 생각되어 답변에 피드백을 포함시켜 학생의 실수를 설명하고 있다. Answer 3은 'b의 세제곱'이라고 해석하는 대신 'b 곱하기 3'을 의미하는 b3이라고 해석한 결과값이다. 이 또한 실수라고 생각해 답변에 대한 피드백을 첨부했다. Answer 4는 문자기호로 학생이 위의 답안 3개 외의 답을 제출했을 때 적용한다.

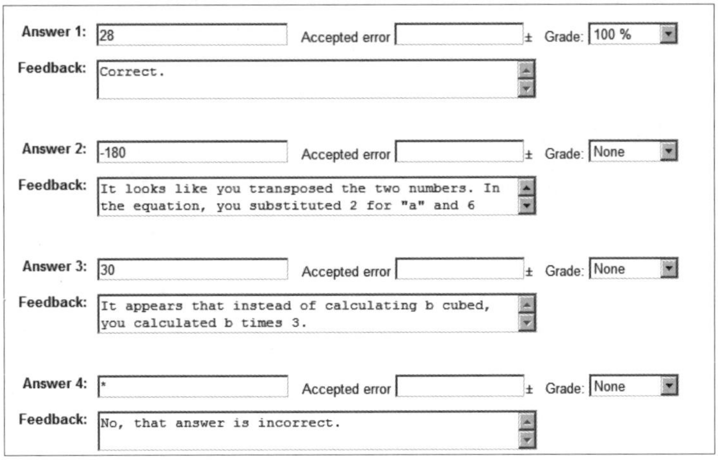

퀴즈 조합

질문을 생성했으면 이제 질문을 퀴즈에 추가하자. 퀴즈를 선택한 후 Settings > Quiz administration > Edit Quiz를 선택한다.

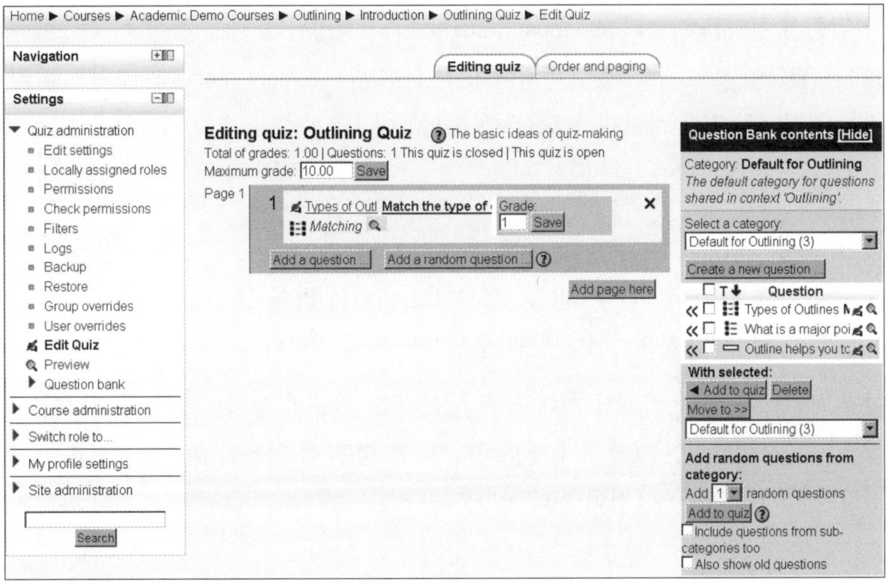

Edit Quiz 페이지의 기능들 대부분은 설명 주석이 달려 있지만 이 페이지에는 기능을 사용할 때 필요한 약간의 팁이 포함되어 있다. 일반적으로 퀴즈를 조합할 때는 Editing quiz 탭페이지를 사용해 질문의 순서를 정하고, 페이지 나누기를 생성할 때는 Order and paging(퀴즈 정렬과 페이지 나누기) 탭을 사용한다.

퀴즈 편집 탭페이지

Editing quiz(퀴즈 편집) 탭페이지에서는 다음과 같은 작업이 가능하다.

- 문제 은행에서 선택한 질문 추가
- 새 질문 생성
- 각 질문에 점수 설정
- 퀴즈에 전체 점수 설정

그럼 이 탭페이지에서 사용할 수 있는 기능들을 살펴보자.

최대 성적

퀴즈의 Maximum grade(최대 성적)는 해당 강좌에 부여된 퀴즈 점수를 나타내는데, 이 예에서는 해당 퀴즈가 강좌의 학생 총 점수 중 10점을 차지하고 있다.

각 질문의 성적은 퀴즈의 Maximum grade에 따라 결정된다. 예를 들어 이 퀴즈에는 5개의 질문이 있고 각 질문은 1점씩이다. 하지만 Maximum grade가 10이므로 각 질문은 학생의 전체 성적에서 2점씩에 해당된다.

각 질문의 성적

각 질문에는 점수가 있는데, 그 값은 퀴즈의 Maximum grade에 따라 결정된다. 예를 들어 퀴즈가 2만큼의 성적값을 갖고 있고 퀴즈의 최대 성적이 10이라면, 그 질문은 퀴즈 성적의 5분의 1에 해당되는 성적을 가질 것이다.

이전 예제에서 보면 퀴즈의 최대 성적은 10이고 질문의 성적은 1이다. 하지만 이 질문은 항목이 4개인 짝맞추기 질문이다. 이런 경우 이 질문의 성적을 4점으로 설정하면 각각의 정답은 1점이 된다.

문제 은행 콘텐츠 사용

페이지 우측 부분에서 Question Bank contents라고 적힌 영역을 볼 수 있다. 이 영역을 보려면 unhide(보이기) 링크를 클릭해야 한다.

문제 은행에서 다음과 같은 항목 아래에 퀴즈를 추가할 수 있다.

- Quiz(퀴즈)
- Course(강좌)
- Category(범주)
- System(시스템)

현재 페이지에서 새 질문을 생성할 수도 있다.

문제 은행에 퀴즈를 추가하는 과정은 다음과 같다.

1. 질문을 추가할 범주를 선택한다.

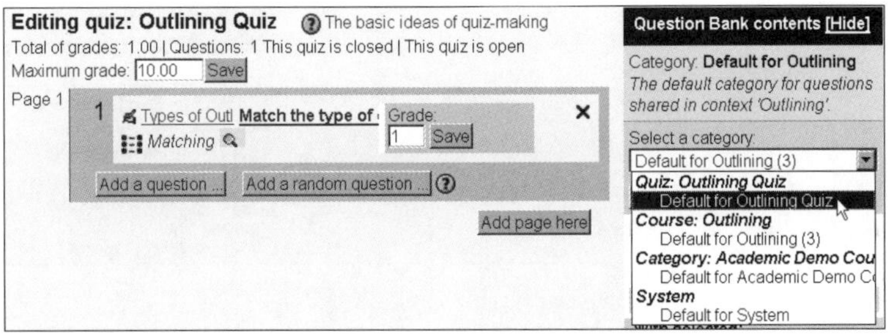

2. 질문 옆의 체크박스를 선택해 추가할 질문을 선택한다.

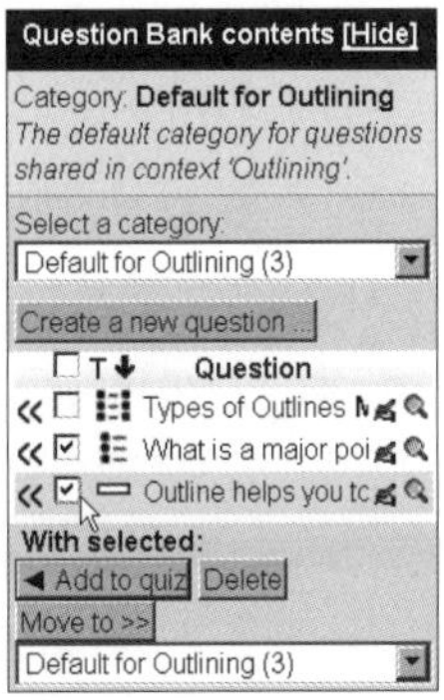

3. Add to quiz 버튼을 클릭하면 퀴즈에 선택한 질문들이 추가된다.
4. 여러분이 선택한 질문에 Grade(성적)를 부여하는 것을 잊지 말자.

퀴즈에 무작위 질문 추가

퀴즈에 무작위 질문들을 추가할 수 있다. 다음 화면을 보면, 선택한 범주에 3개의 질문이 있다. 그리고 사용자가 현재 범주에서 최대 3개의 무작위 질문을 추가할 수 있다는 점도 주목하자.

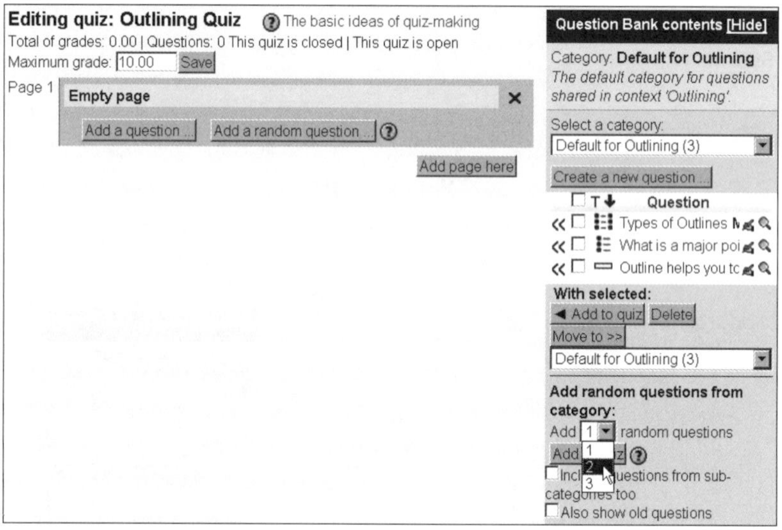

여러 범주에서 선택한 무작위 질문들을 동일한 퀴즈에 추가할 수도 있다.

퀴즈를 풀 때 학생들은 무작위 질문에 포함됐던 문제들 중에서 동일한 질문을 볼 수 없지만, 문제를 다시 풀 경우에는 문제들이 재설정되어 학생이 같은 퀴즈를 두 번 시도한다면 동일한 문제를 볼 가능성이 있다. 만약 퀴즈에서 사용하고 있는 질문을 삭제한다면, 문제 은행에서는 삭제되지 않는 대신 질문은 감춰진다. Also show old questions 설정을 통해 범주에서 삭제된 질문들을 사용할 수 있으며, 이런 지워지거나 감춰진 혹은 오래된 질문들은 목록의 이름 옆에 파란 상자가 표시되어 있다.

퀴즈 정렬과 페이지 나누기

Editing quiz 텝페이지에서 퀴즈상의 순서와 페이지 나누기 변경이 가능하다. 하지만 Order and paging(퀴즈 정렬과 페이지 나누기) 탭페이지에는 더 많은 옵션이 있다. 이제는 이 탭에서 어떤 작업이 가능한지 살펴보자.

질문의 순서 변경

질문을 재배치하는 데는 몇 가지 방법이 있다. 첫 번째, 질문 옆의 입력란에 숫자를 입력해 순서를 지정한다. 예를 보면, 사용자가 D.E.C 질문 옆에 12를 입력했다. 그럼 Reorder questions(질문 재정렬) 버튼을 클릭하기 전에 질문의 순서를 눈여겨보자.

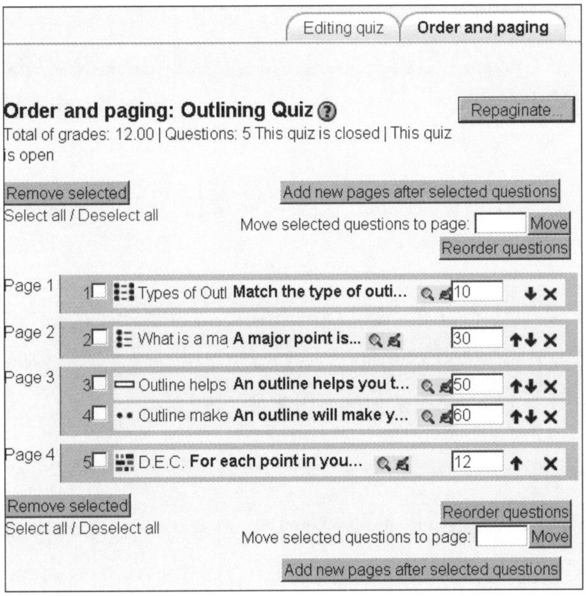

Reorder questions 버튼을 클릭한 후에 D.E.C 질문이 두 번째로 옮겨졌음을 주목하자. 해당 질문의 순서 번호는 20으로 바뀌고 비워진 Page 4는 삭제가 가능하다.

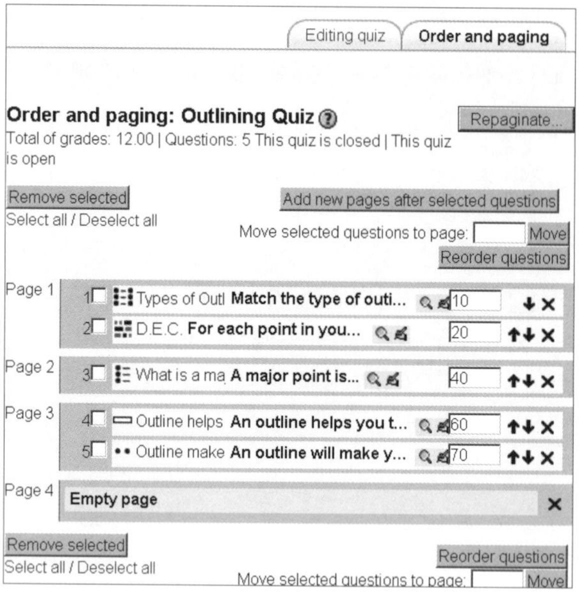

질문을 재배치하는 또 다른 방법은 각 질문의 옆에 있는 위아래 화살표를 이용하는 것이다.

마지막으로, 각 질문의 좌측에 있는 체크박스를 사용해 하나 또는 여러 개의 퀴즈를 선택한 후 Move selected questions to page:(선택한 질문을 페이지로 옮김)라고 적힌 글귀 옆 입력란에 페이지 번호를 적고 Move 버튼을 클릭한다.

페이지 나누기 변경

퀴즈의 모든 질문을 한 페이지에 배치했다면, 학생의 브라우저를 새로고침하거나 퀴즈 답안 제출 전에 브라우저가 멈춘 경우 방금 전 학생이 선택했던 답안을 모두 잃어버린다. 이런 경우를 피하기 위해 페이지 나누기를 사용해 각 페이지에 몇 개의 문제를 배치하면 한 페이지로 작업할 때보다 학생이 답안을 잃어버리는 위험이 줄어든다.

> 페이지를 제거하려면 먼저 페이지에 포함된 질문을 모두 이동시킨 후 페이지의 X 표시를 클릭한다.

페이지를 추가하려면 새 페이지에 선택할 질문을 선택하고 Add new pages after selected questions(선택된 질문 뒤에 새 페이지 추가) 버튼을 클릭한다. 만약 여러 개의 질문을 선택했다면 새 페이지는 선택한 각 질문의 뒤에 추가된다.

퀴즈 질문에 용어집 자동 연결 방지

강좌에 용어집이 포함되어 있다면, 퀴즈 질문에서 사용되는 용어는 연관된 용어 목록에 연결된다. 학생들이 퀴즈를 풀 때 이런 자원 사용을 원하지 않는다면 용어집으로 이동해 Automatically link glossary entries(용어집 입력 항목으로 자동 링크) 설정을 No로 설정한다. 아니면, 퀴즈 질문의 용어를 입력할 때 온라인 편집기를 HTML 보기로 바꾸고 다음과 같이 단어에 `<nolink></nolink>` 태그를 추가한다.

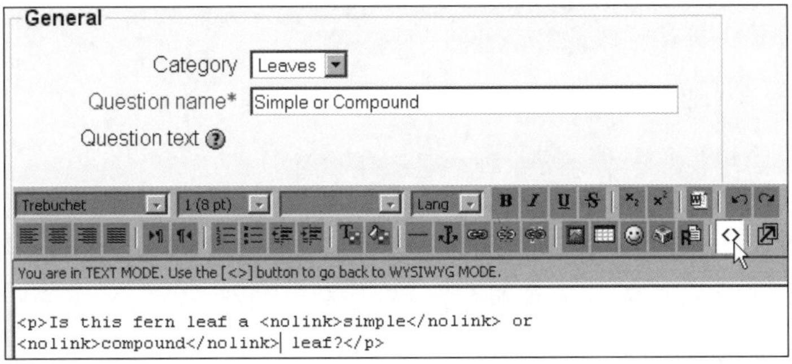

오픈북 퀴즈 방지

대부분 무들 강좌에서 퀴즈는 오픈북open-book으로 치뤄진다. 그 이유는 학생이 온라인 강좌를 수강하는 경우 학생이 자료를 찾아보는 것을 제재할 수 없기 때문이다. 그래도 방지하길 원한다면 몇 가지 수동적인 간섭을 통해 가능하다.

퀴즈가 오픈북으로 치뤄지는 것을 방지하는 가장 쉬운 방법은 퀴즈를 퀴즈만 포함된 별도의 퀴즈 주제로 지정하는 것이다. 그리고 다른 모든 강좌 주제를 숨긴다. 이 방법은 각 주제에서 한 번의 클릭으로 완성할 수 있으며, 퀴즈를 풀면 그 다음 주제를 다시 표시한다.

피드백

피드백 모듈을 통해 학생을 대상으로 한 설문 생성이 가능하다. 그렇다고 설문 활동Survey activity과 혼동하진 말자. 설문에는 미리 만들어놓은 여러 설문에서 설문들을 선택해야 한다. 하지만 여러분이 직접 설문을 생성할 수는 없다. 또한 앙케이트Questionnaire 모듈과 혼동하지 말자. 피드백은 무들 2.0에 기본적으로 포함되어 있지만, 앙케이트 모듈은 추가로 설치하는 애드온add-on이다.

피드백은 학생만을 위한 게 아니다

분명히 피드백 학습활동은 학생들에게 설문조사를 하기 위해 사용할 수 있지만, 다음과 같은 목적으로도 사용 가능하다.

- 직장에서 직원을 대상으로 설문조사를 실시
- 연구 주제에 동의한 사람들로부터의 데이터 수집
- 사이트 방문자를 대상으로 한 여론조사 실시

피드백 학습활동을 사용하면 선다형, 드롭다운 선택형, 단답형 등 다른 종류의 질문을 생성할 수 있으며, 피드백 학습활동의 결과를 학생들과 공유할 수도 있고 또는 기밀로 유지할 수도 있다.

피드백 학습활동 생성

피드백 학습활동을 생성하는 방법은 퀴즈를 추가하는 방법과 유사하다. 우선 학습활동을 추가한 후 질문을 추가한다. 이제 이 두 작업을 살펴보자.

피드백 학습활동을 추가하는 과정은 다음과 같다.

1. Add an activity... 메뉴에서 Feedback을 선택하면 학습활동 설정 페이지가 나타난다.
2. Name 입력란에 피드백 학습활동 이름을 입력한다. 입력한 피드백 학습활동의 이름은 강좌 홈페이지에 표시된다.

3. Description 입력란에 문자와 이미지를 입력한다. 입력한 내용은 학생이 해당 학습활동을 시작하기 전에 학생에게 보이기 때문에 이 정보를 해당 학습활동을 설명하는 데 사용하자. 모든 기능을 갖춘 HTML 편집기를 사용하므로 Description에는 문자, 그래픽, 미디어 등을 입력할 수 있음을 기억하자.

4. Timing(타이밍) 내에 학습활동을 시작하고 마감하는 시간을 입력한다. 만약 시작 시간을 입력하지 않으면 즉시 시작하며, 마감 시간을 입력하지 않으면 무한정 열려 있는 상태가 유지된다.

5. Record User Names(사용자 이름 기록) 옵션은 교사가 볼 수 있는 사항에만 영향을 주며, 학생은 다른 사람들의 각 응답을 볼 수 없다. 만약 Record User Names 항목을 Users' Names Will Be Logged and Shown With Answers(기명, 답안 내용 공개)로 설정하면 교사는 답변과 함께 피드백을 완료한 사용자들의 목록을 볼 수 있다.

6. Show analysis page after submit(제출 후 분석 결과 보기) 항목을 Yes로 설정하면 사용자는 피드백을 제출한 후 피드백 결과에 대한 요약 내용을 보게 된다.

7. Send E-Mail-notification(이메일 통지) 항목을 Yes로 설정하면 교사와 강좌 관리자는 누군가 피드백을 제출했을 때 이메일을 받는다.

8. Multiple submissions(중복 제출) 항목을 Yes로 설정하면 사용자는 피드백을 여러 번 제출할 수 있으며, Record User Names 항목이 Anonymous(익명)로 설정되어 있는 경우 이 설정을 사용할 수 있다. 제한 없는 수의 익명의 사용자가 횟수에 제한 없이 중복으로 피드백을 제출할 수 있으며, 사용자 이름을 추적하는 경우 이 옵션을 사용하면 로그인한 각 사용자가 횟수에 제한 없이 피드백을 제출할 수 있다.

학습활동 생성 시 설정 제대로 지정하기

몇 가지 이유로 사용자가 피드백 학습활동을 수행한 이후에는 Multiple submissions의 설정사항을 변경할 수 없으므로, 사용자가 피드백 학습활동에 대한 답변을 시작하기 전에 설정 항목을 제대로 지정해야 한다.

9. 피드백 학습활동의 질문에 번호를 부여하려면 Automated numbers(자동 질문 번호) 설정 항목을 Yes로 선택하자.

10. Page after submit(제출 후 페이지) 설정 항목에서 페이지를 작성하면 사용자가 답변을 제출한 후 작성했던 페이지가 표시되며, 이 페이지를 사용해 학습활동 이후의 진행을 설명하는 데 사용할 수도 있다. 이 작성란을 비워두면, 사용자들이 저장했던 답변을 사용자에게 전달하는 간단한 메시지로 표시한다. 페이지의 아래쪽에 Continue 버튼이 표시된다.

11. URL for continue(계속 버튼 ULR) 입력란에는 사용자가 답변 Page after submit을 확인한 다음 이동해 보기 원하는 페이지를 지정한다. 이 입력란을 비워두면, 사용자가 Continue 버튼을 클릭했을 때 강좌의 홈페이지로 돌아간다.

계속 버튼의 URL 지정에 유의하자

URL for continue를 사용해 사용자를 사이트의 다른 페이지로 이동시키고 싶을 수 있다. 하지만 해당 학습활동을 다른 강좌나 다른 무들 사이트로 옮기면 URL은 더 이상 쓸모없어진다는 점을 기억하자.

12. 일반 모듈 설정과 Restrict availability(사용 가능성 제한) 설정 항목은 그 밖의 학습활동에 대해서만 작동하며, 이 내용은 이 책의 다른 절에서 다룬다.

13. 설정을 저장하기 위해 Save and display(저장 후 강좌로 복귀) 버튼을 클릭하면 피드백 학습활동의 Questions(질문) 탭이 나타나고 이곳에 질문들을 추가하기 시작하면 된다.

피드백 학습활동에 질문을 추가하는 과정은 다음과 같다.

1. 피드백 학습활동을 선택한다.
2. 좌측 메뉴에서 Settings ➤ Feedback administration ➤ Questions 메뉴를 선택한다. 이미 단순히 생성해 저장한 학습활동이 있다면 그 페이지가 표시된다.
3. Edit questions(질문 편집) 탭을 선택한다.
4. Add question to activity(활동에 질문 추가)라고 적힌 드롭다운 목록에서 원하는 질문의 유형을 선택한다.

> 질문의 특별한 유형과 설정에 대해서는 다음 절에서 다루며, 여기서는 거의 모든 질문 유형의 일반적인 설정을 다룬다.

5. 해당 질문에 대해 Required(필수)라고 표시했다면 사용자가 피드백을 제출하기 위해서는 해당 질문에 대한 답변을 해야 하며, 질문 옆에는 붉은색 별표 모양의 문자가 표시된다.
6. Question 입력란에는 질문 문자열을 입력한다. 퀴즈 질문과는 달리, 피드백 질문에는 단순히 문자들만 입력할 수 있다.
7. Label 입력란에는 피드백의 결과를 보여줄 때 교사에게만 보일 표지를 입력한다. Label을 입력하는 가장 중요한 이유는 만약 피드백의 결과를 엑셀 워크시트로 내보내기했을 때 표지가 결과와 함께 내보내져 데이터베이스의 짧은 표지가 있는 피드백 결과와 비교해 맞추는 데 사용되기 때문이다.
8. Position(위치)란은 피드백 페이지에 질문을 처음 추가했을 때 질문의 순서를 결정한다. 질문이 추가된 후에 숫자가 재정의되고 질문은 페이지의 특정 위치로 이동한다.
9. Depend item(의존하는 항목)과 Depend value(의존값) 설정 항목은 이전 질문의 답변에 의존하는 질문의 외형을 구성하는 데 사용한다. 예를 들어, 먼저 사용자에게 "트위터 계정이 있으십니까?"라고 물을 수 있다. 사용자가 Yes라고 답변했다면 "얼마나 자주 트위터를 사용하십니까?"라는 질문을 표시할 수 있다. 사용자가 No라고 답변했다면 이후의 질문을 표시하지 않는다.

   현재 질문을 표시할지 여부를 결정할 질문을 Depend item 드롭다운 목록에서 선택한다. 그리고 Depend value에 현재 질문을 표시하게 할 답변을 입력한다.
10. 특정 유형의 질문에만 적용되는 입력란의 내용은 '질문 유형' 절을 참고한다.
11. 질문을 저장한다.

질문 유형

피드백 학습활동에는 여러 가지 유형의 질문을 추가할 수 있다. 이 유형 중 일부는 실제 질문은 아니지만 동일한 드롭다운 메뉴를 통해 추가한다.

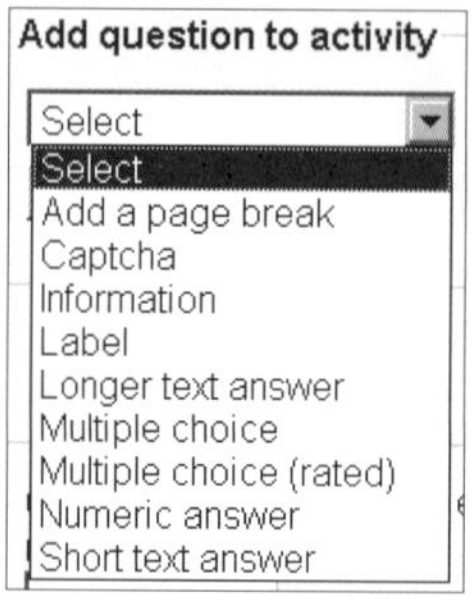

페이지 나눔 추가

Add a page break(페이지 나눔 추가)는 피드백 학습활동에 페이지 나눔을 추가한다.

보안문자 사용으로 소프트웨어 로봇 피하기

보안문자captcha는 인간이 온라인 양식에 값을 입력하고 있음을 증명하기 위한 확인 작업으로, 문자로 된 그림을 표시하고 사용자는 그 문자를 읽고 입력한다. 사용자가 정확한 문자를 입력하지 않는다면 피드백 양식은 거부되며 소프트웨어 로봇이 피드백 입력사항을 자동으로 입력해, 내용과는 무관한 쓸데없는 결과 제출을 방지한다.

정보 추가

Information(정보) 질문 유형을 사용해 양식에 피드백과 관련된 정보를 삽입한다. 무들에 추가된 이 정보는 사용자의 답변과 함께 제출되는데, 이때 사용하는 옵션은 다음과 같다.

- Responsestime(응답 시간): 사용자가 피드백을 제출한 날짜와 시간
- Course(강좌): 이 피드백 학습활동이 포함되어 있는 강좌의 짧은 이름
- Course category(강좌 범주): 이 피드백 학습활동이 포함되어 있는 강좌의 범주

표지 추가

피드백에 Label(표지) 질문을 추가하는 작업은 강좌 홈페이지에 표지를 추가하는 작업과 동일하다. 표지에는 웹페이지에 추가 가능한 건 모두 추가할 수 있기 때문에 학습활동에 설명, 지시, 격려 등을 삽입하는 데 아주 좋은 방법이다.

논술형 답안을 입력하기 위한 입력상자 생성

사용자에게서 장문의 답안을 원한다면 Longer text answer(논술형 답안) 질문 유형을 사용하자. 입력 가능한 문자 수와 입력 가능한 줄 수를 지정해 입력상자의 높이를 정하는데, 만약 사용자의 입력이 공간을 넘어가면 입력상자에 스크롤바가 나타나 계속 입력할 수 있다.

선다형 질문 표시

선다형 질문multiple choice은 응답의 목록을 표시하며, 선다형 질문의 하위 유형에는 세 가지가 있다.

multiple choice – multiple answers형 질문은 각 응답 옆에 체크박스를 표시하며, 사용자가 원하는 응답 모두를 선택할 수 있다.

multiple choice – single answer형 질문은 각 응답 옆에 라디오 버튼을 표시하며, 사용자는 옵션 목록 중 하나의 응답만을 선택한다.

multiple choice – single answer allowed(drop-down list)형 질문은 응답들을 드롭다운 목록으로 보여주며, 사용자는 드롭다운 목록 중에서 하나의 응답만을 선택한다.

선다형 질문에 사용하는 응답을 생성하려면 Multiple choice values(복수 선택값) 입력란 내에 한 줄에 하나씩 응답을 입력한다. 다음 설정 예를 참고하자.

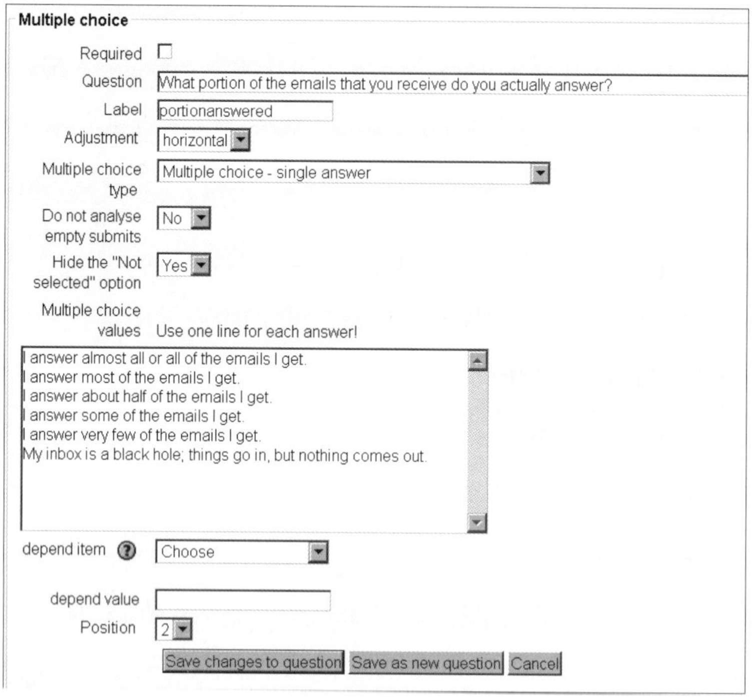

위 설정은 다음과 같은 질문을 생성한다.

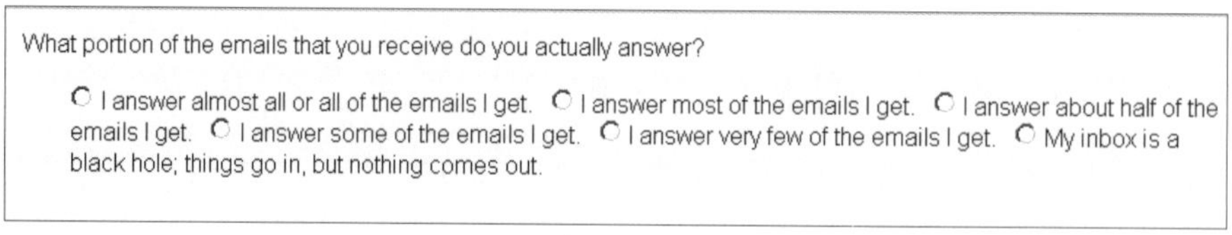

What portion of the emails that you receive do you actually answer?
I answer almost all or all of the emails I get.
I answer most of the emails I get.
I answer about half of the emails I get.
I answer some of the emails I get.
I answer very few of the emails I get.
My inbox is a black hole; things go in, but nothing comes out.

> 이 질문 유형의 Adjustment(정돈) 설정이 horizontal(수평으로)로 지정되어 있음을 알아두자. 그래서 응답 목록이 수직이 아닌 수평으로 나열됐다.

Hide "not selected" option('선택되지 않음' 옵션 숨기기) 설정을 알아두자. 이 옵션을 No로 설정한다면 여러분이 생성한 응답의 목록에 Not Selected(선택되지 않은) 응답이 추가되지만, Yes로 설정한다면 여러분이 생성한 응답의 목록만을 표시한다.

선다형(순위) 질문 생성

Multiple choice(rated)(선다형(순위)) 유형의 질문은 사용자가 보기에 multiple choice - single answer 질문과 동일한 방식으로 나타난다. 하지만 여러분이 그 결과를 검토할 때 각 답변과 관련된 숫자를 보게 되는데, 이 숫자는 여러분이 수집한 데이터를 바탕으로 평균을 계산하고 그 밖의 계산을 수행할 수 있게 해준다.

다음 예에서 보는 바와 같이 각 답변은 4에서 0까지의 순위가 정해져 있다.

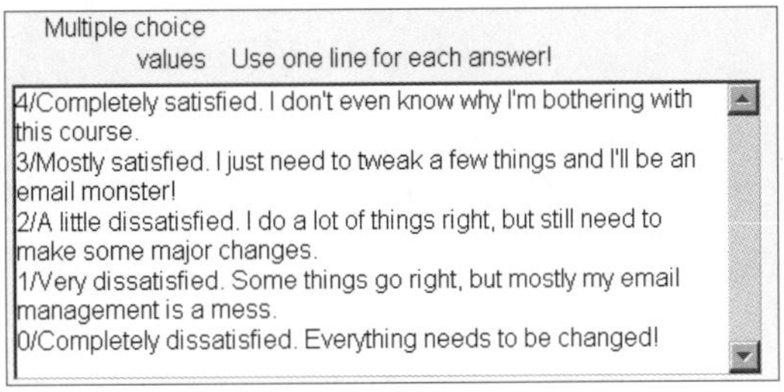

사용자들은 답안을 선택할 때 이 숫자들을 볼 수 없지만 교사가 이 질문에 대한 분석 화면을 보면 평균이 표시된다.

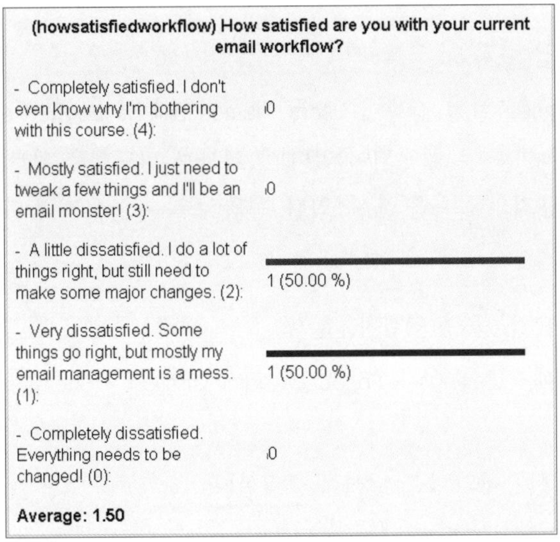

게다가 피드백의 결과를 엑셀로 내보내기하면 정해져 있는 순위 숫자 또한 함께 내보내져, 스프레드시트를 사용한 피드백 결과의 고급 분석 작업이 가능하다.

숫자형 답안

Numeric answer(숫자형 답안) 질문을 사용해 사용자에게 숫자를 입력하게 하며, 정확한 값을 입력하게 하거나 여러분이 기대하는 범위의 어림값을 입력하도록 지정할 수 있다.

단답형 답안

Short text answer(단답형 답안) 질문은 사용자가 입력할 수 있는 문자의 수를 제한한다. 문자 입력상자의 크기와 입력상자에 입력할 수 있는 문자 수를 지정한다.

피드백 검토

교사나 관리자는 피드백 학습활동의 응답들을 검토할 수 있으며, 각 응답에 대해 한 번에 하나씩 볼 수도 있고 모든 응답 요약 내용을 볼 수도 있다.

개별적으로 응답 보기

Record User Names 설정 항목이 Users' Names Will Be Logged and Shown With Answers(기명, 응답 내용 공개)로 설정되어 있다면, 교사는 피드백을 완료한 사용자와 답안을 제출한 사용자의 목록을 볼 수 있다. 응답의 목록을 보려면 다음 단계를 수행한다.

1. 피드백 학습활동을 선택한다.
2. 좌측 메뉴에서 Settings > Feedback administration > Show responses를 선택한다.
3. 보고 싶은 사용자의 응답 날짜를 클릭한다.

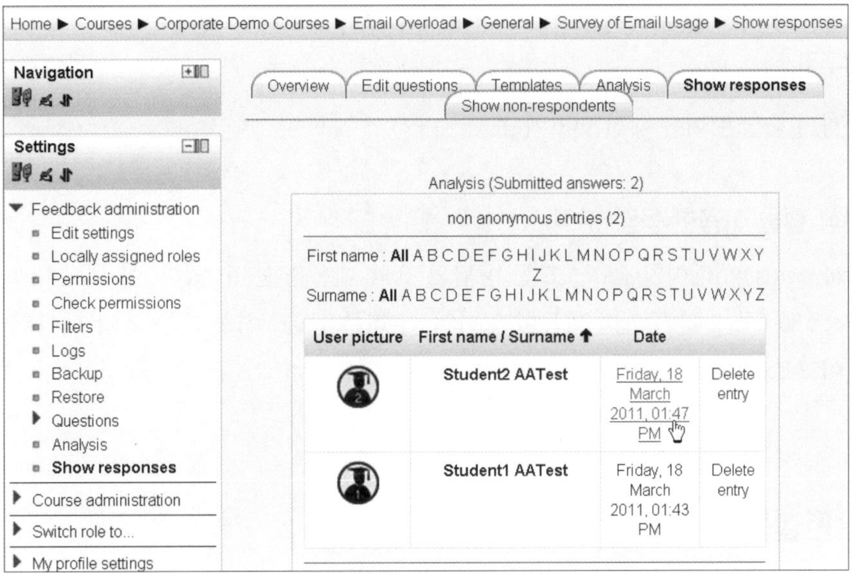

해당 세션의 응답이 표시된다.

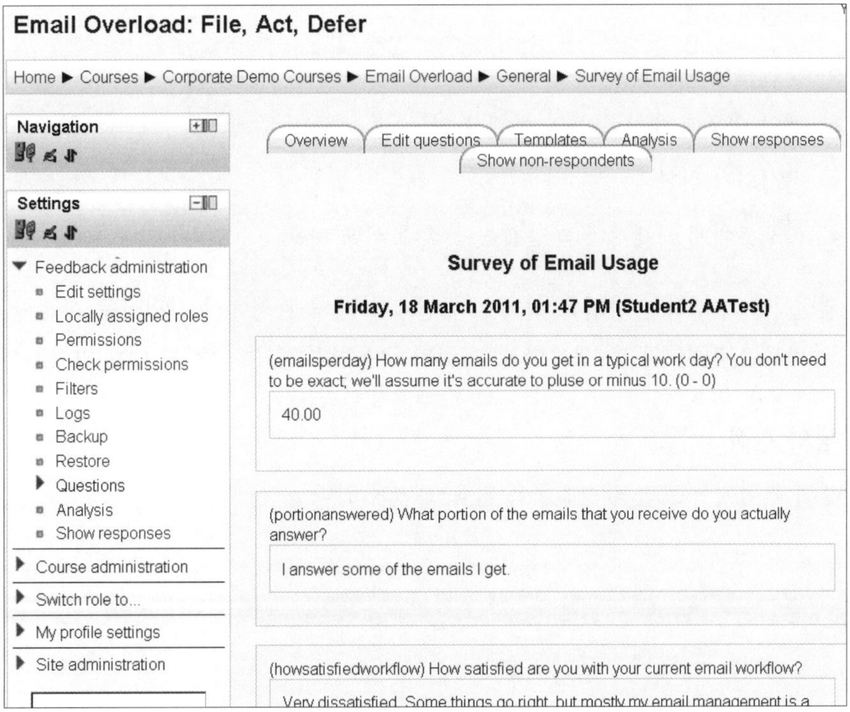

사용자가 여러 번 피드백했다면 사용자가 답했던 날짜들이 표시된다는 점을 기억해두자.

익명의 응답은 이름 대신 번호가 표시된다.

분석 탭을 이용한 응답 분석

Analysis(분석) 탭페이지에서는 모든 응답의 요약 내용을 볼 수 있다. 이 페이지에는 Export to Excel(엑셀로 내보내기) 버튼이 있어서 이 버튼을 클릭하면 모든 응답 데이터가 마이크로소프트 엑셀 스프레드시트로 다운로드된다.

간편설문

무들의 간편설문Choice은 가장 단순한 형태의 학습활동으로, 하나의 질문을 생성하고 응답하는 데 필요한 선택문을 지정한다. 간편설문은 다음과 같이 사용한다.

- 간단한 투표
- 토론에서의 입장 선택
- 계약 내용에 대한 학생의 이해 확인
- 찬성의견 취합
- 학생들에게 에세이나 프로젝트의 주제 선택 허용

간편설문을 수행하는 방법을 살펴보기 전에 학생의 관점에서 간편설문 학습활동을 살펴보고, 간편설문을 생성할 때 교사가 사용할 수 있는 설정에 대해 알아본다.

학생의 관점

학생의 관점에서 보면 간편설문은 다음 화면과 같다.

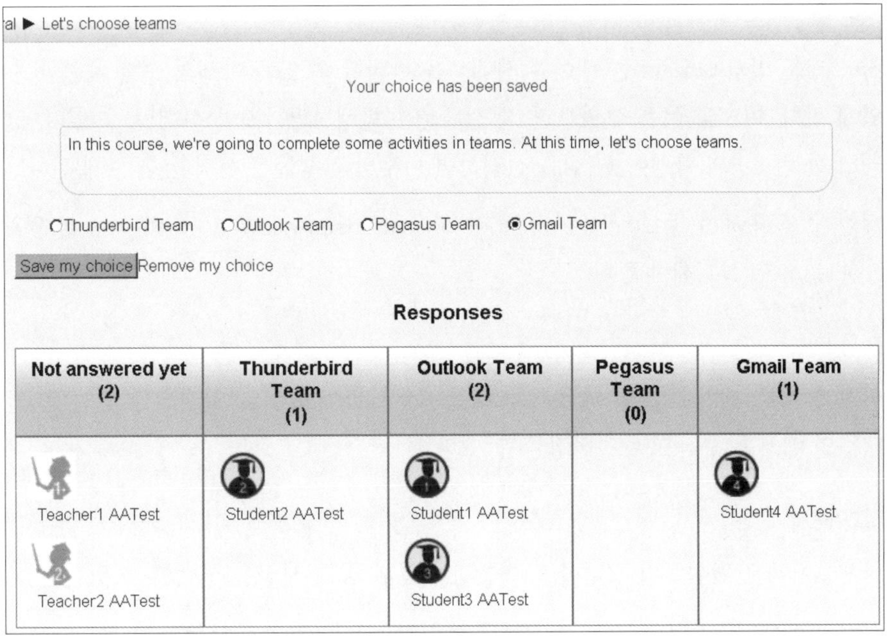

간편설문에 대해 몇 가지 사항을 기억해두자.

- 학생은 얼마나 많은 학생이 각 응답을 선택했는지 볼 수 있다.
- 각 응답을 선택할 수 있는 학생의 수가 제한된다.
- 학생은 자신이 선택한 응답을 지우고 다시 선택할 수 있다.

이런 옵션을 간편설문 학습활동에 설정할 수 있으며, 교사 또한 다른 학생의 응답을 보이지 않도록 숨긴다든지, 각 응답을 선택할 수 있는 학생의 수를 제한하지 않거나 학생이 선택한 응답을 바꾸지 못하도록 설정할 수 있다.

교사의 관점

앞서 몇 가지 간편설문 학습활동을 살펴봤으니 이제는 Editing Choice(간편설문 편집) 페이지에서 사용 가능한 설정을 살펴보자. 이 과정을 통해 해당 기능들의 창의적인 활용 방법을 확인할 수 있다.

한도

각 선택문 옆의 Limit(한도)는 주어진 선택문을 선택할 수 있는 학생의 수를 제한할 수 있게 한다. 이전의 예를 살펴보면 각 선택문은 학생 4명까지만 선택할 수 있다. 그래서 한 번 4명의 학생이 한 팀을 선택하면 이후의 학생들은 선택할 수 없게 된다.

제한을 적용하려면 Limit the number of responses allowed(응답 인원 제한) 설정을 Enable(사용)로 설정해야 한다.

표시 모드

이전의 예를 보면 Display Mode(표시 모드)는 Horizontal(수평으로)로 설정되어 있는데, 선택문의 배치를 수직으로도 변경할 수 있다.

결과 공개

학생들에게 간편설문의 결과를 공개할지 여부와 공개 시점을 선택할 수 있다.

이전의 예에서 Publish results(결과 공개) 설정은 Always show results to students(언제나 학생들에게 결과 공개)로 설정되어 있어서 학생들은 얼마나 많은 학생이 각 응답을 선택했는지 볼 수 있었다. 만약 이 설정 항목이 Do not publish results to students(학생들에게는 결과를 공개하지 않음)로 설정됐다면 얼마나 많은 학생이 각 응답을 선택했는지 보여주지 않는다.

응답을 선택하는 학생의 수를 제한하고 싶다면 Always show results to students 옵션의 사용을 고려하자. 이 방법을 사용하면 학생은 얼마나 많은 학생이 각 응답을 선택했는지, 그리고 각 응답에 몇 자리나 남았는지 확인 가능하다.

결과의 정보 보호

만약 간편설문의 결과를 공개한다면 각 응답을 선택한 학생들의 이름 또한 공개할지 여부를 선택할 수 있다. 이전에 살펴본 예에서는 Privacy of results(결과의 정보 보호) 설정 항목이 Publish full result(실명으로 선택 내용까지 완전히 공개)로 설정돼서 간편설문을 마친 학생은 이미 각 응답을 선택한 학생이 누구인지 확인할 수 있다.

설문 응답 수정 허용

Allow choice to be updated(설문 응답 수정 허용) 설정은 학생들이 답안 제출 후 자신의 답안을 수정할 수 있는지 여부를 결정한다. 만약 이 설정 항목을 Yes로 설정했다면 학생은 간편설문 학습활동을 학습활동 기간이 끝날 때까지 다시 수행할 수 있지만, 하나의 옵션만을 선택할 수 있다.

정리

피드백과 간편설문은 교사에게 학생과 학생의 태도, 강좌에 대한 만족도를 평가하는 기회를 준다. 피드백은 특히 강좌 초반에 학급의 태도와 경험을 평가하는 데 유용하며, 직원 설문조사나 연구 자료 수집 같은 강좌를 수강하지 않는 사람들을 대상으로 한 설문조사를 생성하는 데도 활용할 수 있다.

간편설문 학습활동은 특히 학생과 교사 간에 체계적이고 지속적인 대화를 해나가는 데 아주 유용하며, 여러 개를 생성할 수 있어서 평상시 감춰뒀다가 학생들의 태도를 측정하고 싶을 때 보여준다.

무들의 퀴즈 학습활동은 피드백이 풍부하다. 여러 가지 피드백 유형을 이용해 퀴즈를 배움을 위한 학습활동으로 전환할 수 있으므로, 퀴즈 학습활동을 테스트뿐만이 아니라 가르침의 도구로 사용해보자.

8
강좌에 사회활동 추가

사회적 강좌 학습활동은 학생 간의 상호작용을 권장한다. 학생 간의 상호작용은 무들이 제공하는 가장 강력한 학습도구 중 하나로, 학습하는 행위뿐만 아니라 학습의 탐구 또한 권장하며, 학생들이 지식을 공유함으로써 강좌를 더욱 흥미롭게 만들어 참여도와 만족도를 증가시킨다. 8장에서는 강좌에 사회적 학습자원을 추가하는 방법과 그 학습자원을 최대한 활용하는 방법을 알아본다.

채팅

채팅Chat 모듈은 학생이 실시간으로 온라인 채팅을 할 수 있는 채팅방을 생성한다. 온라인 채팅은 실생활의 학급회의에 비해 고유한 장점이 있다. 학생은 공개적으로 이야기하는 것을 두려워할 필요가 없고, 채팅 내용의 기록을 편집해 학습 자료로 사용할 수 있으며, 참가자에게 생각할 시간을 주어 여유롭게 채팅을 진행할 수 있다. 이러한 장점 활용의 핵심은 사전준비에 있다. 학생들이 채팅방의 예법과 소프트웨어 사용법을 확실히 이해하도록 준비시키고, 여러분도 학습 자료를 채팅방에서 복사하고 붙여넣을 수 있게 준비해, 채팅방의 모든 사람이 채팅의 목표와 주제에 집중할 수 있게 해야 한다. 채팅은 다른 어떤 온라인 학습활동보다도 성공적인 학습 경험으로 이끌 수 있는 교사의 지도자 역할을 요구한다.

강좌에 채팅방을 추가하면 강좌를 수강하고 있는 학생은 언제든 그 채팅방에 입장할 수 있으며, 학생들이 함께 작업하고 정보를 교환할 수 있는, 수강생을 위한 만남의 장소가 될 것이다. 학생들에게 모둠 과제를 내준다거나 학생들이 다른 학생의 과제를 추천하게 하는 경우, 강좌에 채팅방을 추가하고 학생들이 적극적으로 사용하게 해보자. 또한 학생들에게 또 다른 참고 도구가 될 수 있도록 채팅방의 채팅 내용을 저장하는 것도 고려하자.

채팅을 예약하면 강좌의 일정에 나타나며 다음 화면과 같이 Upcomming events(예정된 행사) 블록에도 표시된다.

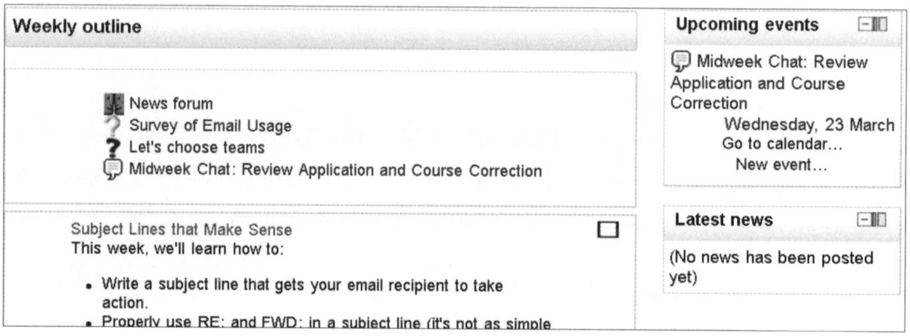

학생이 채팅을 선택하면 여러분이 채팅방을 생성할 때 입력한 Description을 보게 되므로 채팅방의 목적을 학생에게 알리는 데 이 Description을 사용한다.

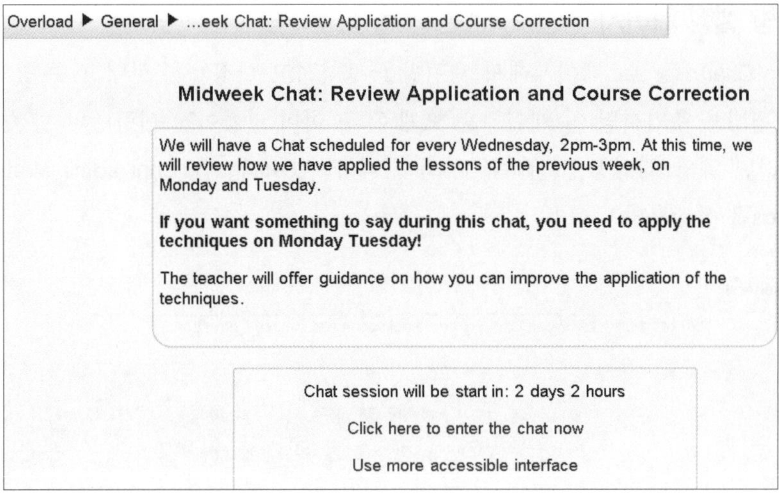

채팅방에 입장하면 다음과 같이 팝업창이 나타나므로 학생의 브라우저가 팝업 기능이 차단되어 있는지 확인한다.

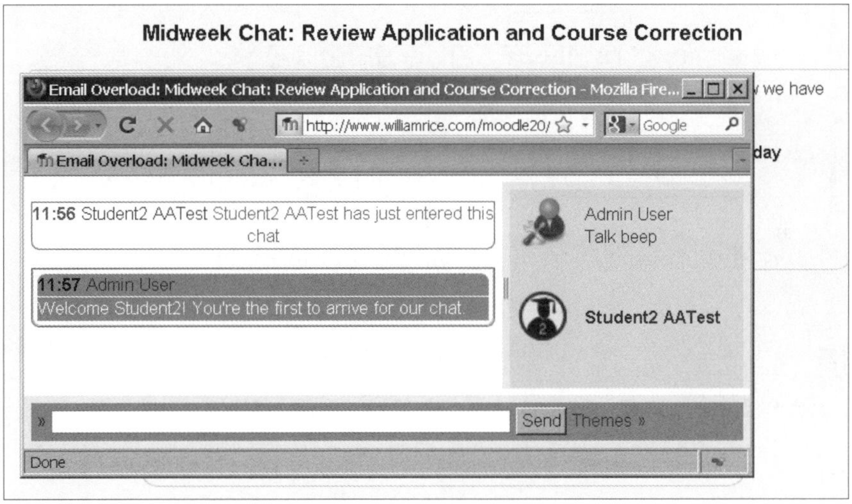

그럼 채팅방 생성 시 지정할 수 있는 설정들을 살펴보자.

채팅방 설정 페이지

Editing Chat(채팅방 편집) 페이지에서 채팅방을 생성하고 설정들을 선택할 수 있다. 처음 채팅방을 추가하면 이 페이지를 보게 된다. 이미 만들어진 채팅방의 설정을 편집하려면 해당 채팅방을 선택하고 좌측 메뉴의 Settings ➤ Chat administration ➤ Settings을 선택한다.

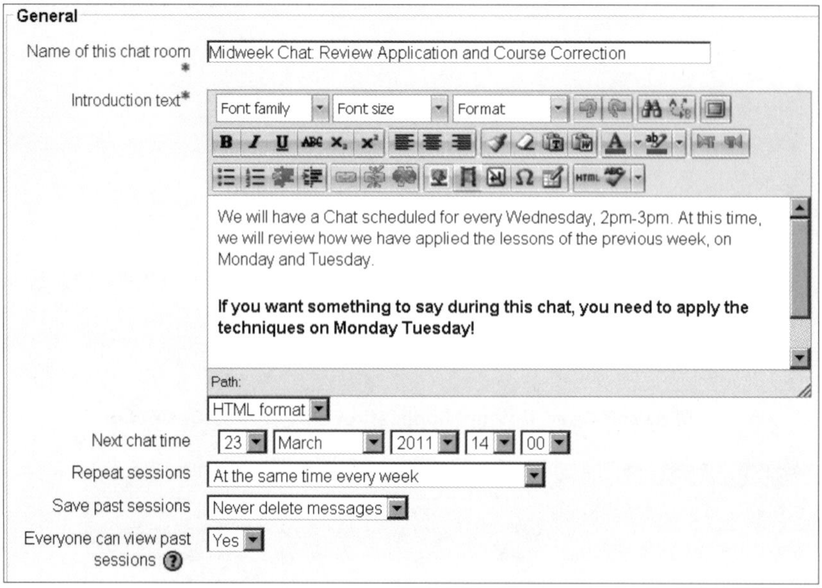

그럼 이제 설정 페이지에서 볼 수 있는 설정 항목을 살펴보자.

이름

이 이름은 학생들이 강좌의 홈페이지에서 볼 수 있다.

소개글

학생이 채팅방을 선택하면 채팅방으로 이동하기 전에 이 소개글을 보게 된다.

다음 채팅 시간과 반복 채팅

시작 부분에서 이야기했듯이 학생은 자신이 볼 수 있는 채팅방에 언제든지 입장할 수 있으므로 Next chat time(다음 채팅 시간)과 Repeat sessions(반복 채팅)의 설정은 채팅을 시작하거나 종료하지는 않지만 수업 일정에 채팅방의 시간과 날짜를 설정한다.

채팅 시간은 Calendar(달력)와 Upcoming events(예정된 행사) 블록에 나열된다. 기억해야 할 사항은 채팅은 설정된 시간에 한정되지 않으며, 단 수강생에게 '약속'된 채팅 시간을 일러주기만 한다는 점이다. 강좌 홈페이지에 들르는 학생이 많으면 자발적인 채팅이 이뤄지므로 학생이 사이트에 방문했을 때 누가 온라인 상태인지 표시해 다른 학생을 채팅방에 초대할 수 있는 Online Users(온라인 사용자) 블록을 추가하는 것도 고려하자.

지정된 시간 동안만 이용할 수 있는 채팅방을 만들려면 채팅을 실행하는 사람이 편집 권한이 있는 교사인지 확인해야 하며 실행 시간 외에는 채팅방을 숨긴다. 채팅이 시작되면 교사는 채팅방을 공개하고 지난 채팅방의 채팅은 저장해 모든 사람이 지난 채팅을 볼 수 있게 한다.

과거 채팅 저장과 모든 사람이 과거 채팅 내용을 볼 수 있음

이 설정을 통해 과거 채팅이 저장된다. Save past sessions(과거 채팅 저장) 설정을 이용해 채팅을 저장할 때의 제한 시간을 설정할 수 있다. Everyone can view pass sessions (모든 사람이 과거 채팅 내용을 볼 수 있음) 설정은 학생이 과거 채팅을 볼 수 있는지(Yes) 여부나 교사만 지난 채팅을 볼 수 있는지(No) 여부를 결정한다.

채팅 보안

모둠 모드group mode를 켜는 것이 채팅방의 유일한 보안으로, 선택된 모둠의 학생들만이 채팅방에서 서로를 볼 수 있다.

한 가지 기억해둘 사항은 Course Settings(강좌 설정) 페이지에서 Enrolment duration(등록 기간)을 Unlimited(무제한)로 설정할 수 있다는 점인데, 이 경우 학생이 강좌에 한 번 등록하면 여러분이 그 학생을 미등록으로 처리하기 전까지는 계속 등록된 상태로 존재한다. 등록된 학생들을 대상으로 강좌를 공개한 상태로 둔다면 채팅방을 모둠

단위로 분리하는 방법을 고려하자. 그리고 현재 등록된 학생들만 포함된 모둠을 생성하자. 이 방법은 이전 학생들에게 채팅방의 채팅 내용이 노출되는 일을 방지한다.

포럼

포럼은 무들의 가장 강력한 기능 중 하나로 운영이 잘 되는 모임의 포럼은 사려 깊은 토론을 자극하고, 참여한 학생에게 동기를 부여하며, 예상치 못한 통찰력을 얻게 한다.

강좌에 포럼을 추가할 수 있으며 사이트의 시작 페이지에도 추가할 수 있다. 강좌에 접속할 수 있는 강좌의 포럼에 접속할 수 있으며, 모둠 모드를 사용해 특정 모둠에만 접속을 제한할 수도 있다.

다음 화면에서 보는 바와 같이 학생이 포럼에 입장하면 포럼 생성 시 입력한 설명을 보게 된다.

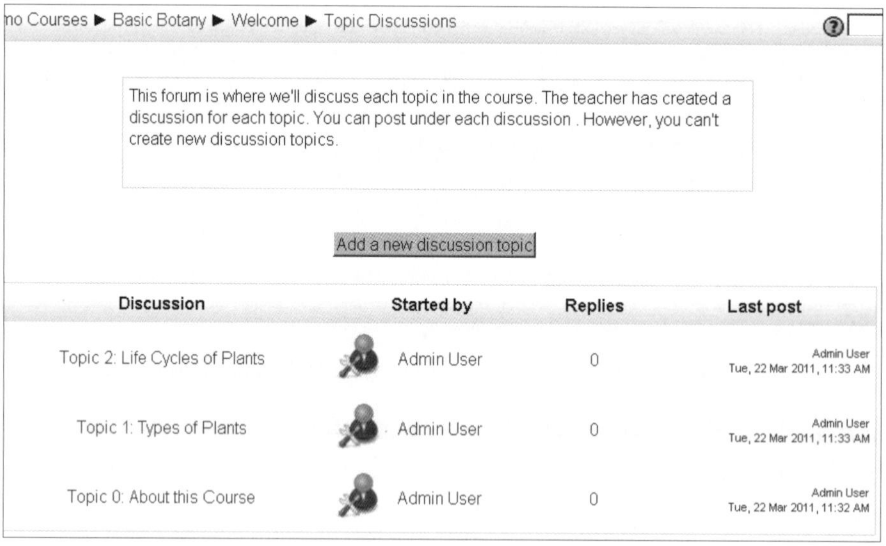

포럼 게시물 작성 시 학생은 무들에서 웹페이지를 작성할 때 봤던 동일한 온라인 위지윅WYSIWYG 편집기를 사용한다. 또한 학생이 포럼에 파일을 업로드할 수 있도록 설정할 수 있다. 만약 학생들에게 과제를 협업하게 하거나 다른 학생의 작업을 검토하게 하려면 과제를 토의할 수 있도록 특별히 포럼을 추가하는 방법을 고려하자. 학생들이 다른 학생의 작업과 과제의 협업을 미리볼 수 있도록 포럼을 활용하도록 권장하자.

주제와 동일한 토론

무들 포럼에서 토론discussions은 주제topics나 그에 얽힌 주제threads들과 동일하게 Settings(설정) > Forum administration(포럼 관리) > Permissions(권한) 메뉴에서 누가 새 토론을 생성할 수 있으며, 누가 새 답글을 게시할 수 있는지 제어 가능하다.

다음 화면에서 보이는 포럼의 소개에서 교사는 새 토론을 생성할 수만 있다는 점에 주목하자. 학생은 토론에 답변할 수 있지만 새 토론을 생성할 수는 없으며, 이러한 설정들은 권한을 사용해 이뤄진다. 방법은 다음과 같다.

> 관리자만이 이 과정을 수행할 수 있으며, 여러분이 교사 권한만 갖고 있다면 관리자 권한을 얻어야 한다.

1. 포럼을 선택한다.
2. Settings > Forum administration > Permissions을 선택한다.
3. Advanced role override(고급 역할 재정의) 드롭다운 목록에서 Student(학생)를 선택한다.

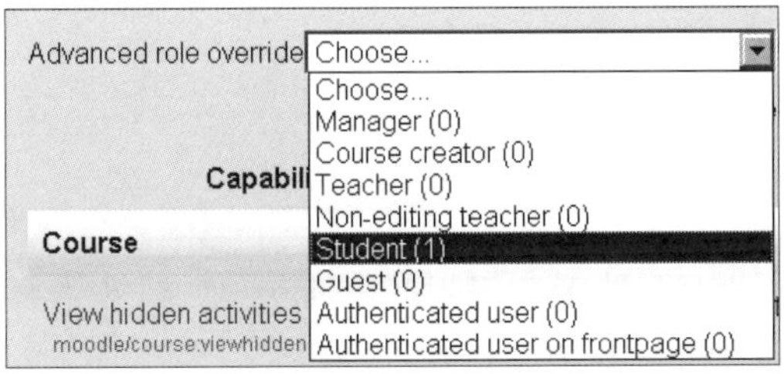

4. 이 학습활동을 위한 학생의 권한이 나열된 페이지가 표시된다. Activity: Forum(학습활동: 포럼)이라고 적힌 부분이 나올 때까지 아래로 스크롤해 Start new discussions(새 포럼을 시작하기) 권한으로 이동한다.

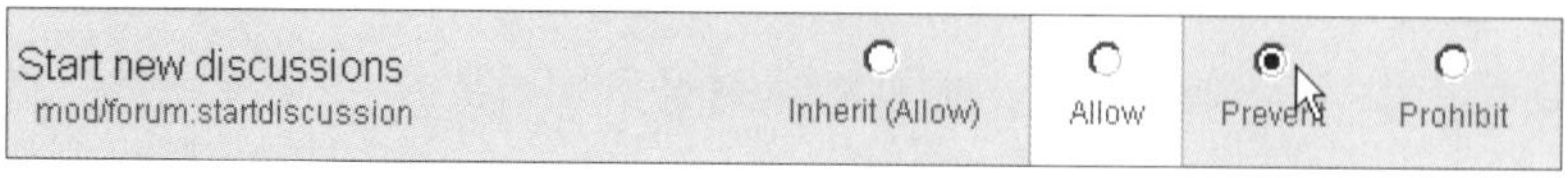

5. Prevent(방지)로 권한을 변경한다.
6. 페이지 하단에서 변경사항을 저장한다.

대량의 이메일을 보내기 위한 새 포럼 사용

무들에는 특별히 이메일 공지를 보내기 위한 모듈은 없다. 그래서 학급의 모든 학생에게 이메일을 보내고 싶다면 모든 학급에 자동으로 추가되어 있는 기본적인 News Forum(뉴스 포럼)을 사용한다. 기본적으로 뉴스 포럼의 Subscription mode(구독 모드)는 Forced subscription(강제 구독)으로 설정되어 있으며, 교사만 포럼에 메시지를 게시할 수 있다. 교사가 메시지를 게시하면 포럼을 구독하고 있는 모든 사람은 이메일을 통해 메시지를 받으며, 구독하는 모든 사람과 전체 학급은 각각의 게시글 사본을 이메일로 받는다.

다중 포럼

여러분이 원하는 만큼의 포럼을 생성할 수 있다는 사실을 기억하자. 여러분의 강좌가 모둠을 사용한다면 포럼에 모둠을 사용할 수 있으며, 기존 포럼들을 숨기고 새로운 포럼을 생성할 수 있다. 이 방법은 여러분이 규칙적인 일정으로 강좌에 학생들을 수강시킬 때 유용한데, 단순히 기존 포럼을 숨기고 새 포럼을 생성하는 것만으로도 강좌의 일부가 새로워진다.

포럼 설정

여러분이 선택한 설정사항이 있는 포럼의 Settings(설정) 페이지다. 각 설정이 어떻게 사용자 경험에 영향을 주는지 살펴보자.

일반 설정

다음은 일반 설정 중의 일부다.

포럼 이름

포럼 이름은 학생이 강좌 홈페이지에 나열된 포럼 목록에서 보게 된다.

포럼 유형

무들의 포럼 유형은 몇 가지가 있다. 각 유형은 다른 방식으로 사용되며, 포럼의 유형은 다음과 같다.

포럼 유형	설명
Single simple discussion (하나의 간단한 토론)	전체 포럼은 한 페이지에 나타난다. 페이지 상단의 첫 게시는 포럼의 주제다. 이 주제는 대개 교사가 생성한다. 주제를 생성하면 학생은 이 주제 아래에 답변을 게시한다. 단일 주제 포럼은 짧고 높은 집중도의 토론에 가장 유용하다.
Each person posts one discussion (개인별 단독 포럼)	각 학생은 하나의 토론과 단 하나의 새 주제를 생성하며, 모든 학생은 모든 주제에 답변할 수 있다.
Q and A (질의 응답 포럼)	교사가 포럼에 주제를 생성한다는 점에서 단일 주제 포럼과 같다. 포럼을 생성하면 학생은 해당 주제에 답변한다. 하지만 학생은 답변을 게시하기 전에는 다른 사람의 답변을 볼 수 없다. 주제는 주로 교사가 게시한 문제가 되고 학생의 답변은 주로 그 문제의 답안이 된다.
Standard forum displayed in a blog-like format (블로그 형식의 표준 포럼)	표준 포럼에서 모든 사용자가 새 주제를 시작할 수 있다. 교사와 학생이 새 주제를 시작하고 기존의 게시물에 답변한다. 블로그 형식의 포럼은 각 토론의 제목과 본문 모두 표시한다.
Standard forum for general use (일반 용도의 표준 포럼)	표준 포럼에서 모든 사용자가 새 주제를 시작할 수 있다. 교사와 학생은 새 주제를 시작하고 기존 게시물에 답변한다. 토론의 제목들만 보인다. 그 아래 게시된 게시물을 보려면 해당 토론을 클릭해야 한다.

포럼 소개

학생이 포럼에 들어오면 포럼 페이지 상단의 Forum introduction(포럼 소개)을 보게 된다. 이 소개글은 해당 포럼에 대한 내용을 학생에게 알려주는 역할을 하므로, 만약 다른 학생들이 게시물을 추천하게 한다거나 해당 포럼을 사용하기 위한 더욱 광범위한 지침을 담은 문서를 연결하는 경우에도 학생들에게 알리기 위해 이를 사용할 수 있다. 이 소개글은 완전히 웹페이지이므로 표준 웹페이지에 담을 수 있는 내용이면 무엇이든 페이지에 담을 수 있다.

구독 모드

Force subscription(강제 구독) 옵션을 선택하면 자동적으로 모든 학생이 포럼을 구독하게 되며, 심지어는 추후에 강좌에 등록한 학생들도 구독하게 된다. 이 설정을 사용하기 전에 강좌를 수강하는 학생들에게 미칠 장기적인 영향을 고려하자.

만약 맨 마지막 모둠의 학생에게 같은 수업을 재사용한다면 이전 모둠의 학생들도 여전히 수업에 등록되어 있을 것이다. 이전 모둠의 학생들도 현재 수업의 포럼의 새 게시물에 대한 공지를 받길 원하는가? 그렇지 않다면 다음과 같은 해결 방법이 있다.

- 모든 학생에게 가입을 강요하지 않는다.
- 모둠을 이용해 학급의 이전 모둠으로부터 현재 학생 모둠을 분리한다.
- 새로 생성한 각 모둠에 대해 강좌의 새로운 인스턴스를 생성한다.

만약 Auto subscription(자동 구독)을 선택했다면 강좌의 모든 학생은 포럼을 구독하게 된다. 하지만 이후에 학생들의 구독을 해지할 수 있다. Force subscription을 설정한 경우, 학생은 강좌에 등록되어 있는 동안에는 구독을 해지할 수 없다.

읽었는지 여부를 추적할 것인가?

Read tracing for this forum?(읽었는지 여부를 추적할 것인가?) 설정이 켜져 있으면 학생이 읽지 않은 메시지는 강조되어 표시된다.

만약 포럼의 내용을 학생이 이메일을 통해 구독하고 있다면, 이메일로 전달된 게시물은 읽어도 읽었는지 여부를 반영하지 않기 때문에 그다지 유용하지 않다.

첨부파일 최대 크기

학생은 포럼 게시물에 파일을 첨부할 수 있다. 학생이 업로드할 수 있는 파일의 최대 크기를 설정한다. 포럼에 파일을 업로드할 수 있는 기능을 해제하면 포럼의 업로드는 허용되지 않는다.

첨부파일의 최대 개수

Maximum number of attatchments(첨부파일의 최대 개수) 설정은 한 게시물에 첨부할 수 있는 파일의 최대 개수를 지정한다. 이 값이 전체 포럼에 적용되는 최대 개수가 아님을 기억하자.

차단을 위한 게시 한도 설정

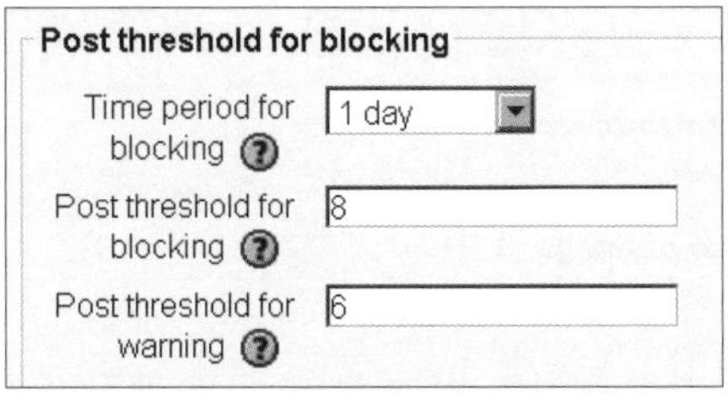

Post threshold for blocking(차단을 위한 게시 한도) 설정은 일부 사람들이 포럼에 글을 많이 올리는 행위를 막는 데 유용하다. 사용자들은 주어진 시간 동안 주어진 숫자의 게시물보다 많이 게시하면 차단되며, 한도에 다다르면 경고 메시지를 받는다.

위의 예에서는 학생이 하루에 6개의 게시물을 작성하면 시스템은 하루에 작성할 수 있는 게시물의 수에 근접했다는 경고 메시지를 보내며, 8개의 게시물을 작성하면 그날은 더 이상 게시물을 작성할 수 없다.

추천

포럼에서 '추천rating'은 사실 '성적'을 의미한다. 추천이 가능하도록 설정해두면, 교사가 각 포럼의 게시물에 성적을 부여할 수 있도록 허용하는 셈이다. 다음 화면에서 교사가 작성한 포럼의 첫 게시물을 볼 수 있을 것이다. 그 아래에 학생1이 남겨놓은 답글을 볼 수 있으며 그 학생의 답글을 교사가 추천해놓았다.

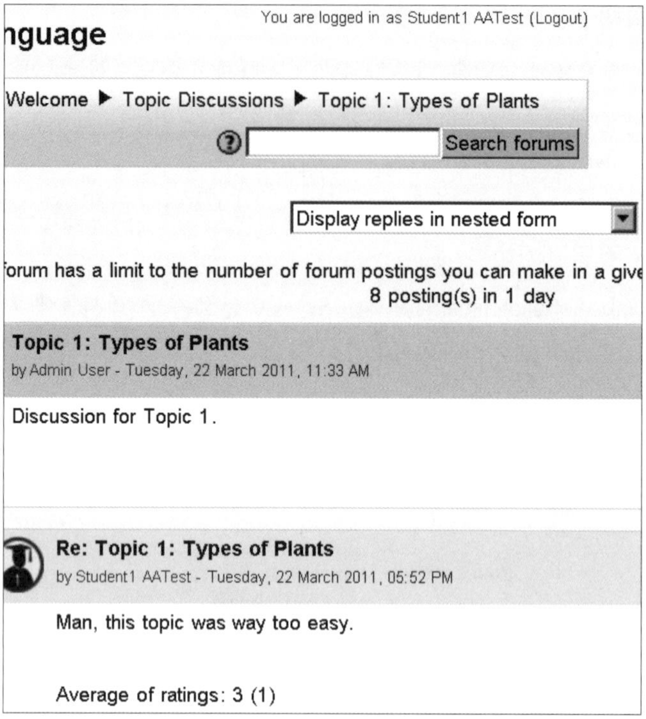

기본적으로는 교사나 편집 권한이 없는 교사, 그리고 강좌 관리자만이 포럼 게시물을 추천할 수 있다. 학생들도 포럼의 게시물을 추천할 수 있도록 설정하려면, 이후의 '학생이 포럼 게시물을 추천할 수 있게 하기' 절에서 설명하는 단계를 따른다. Permissions(권한) 페이지에서 해당 작업을 수행한 후 Settings 페이지를 떠나기 전에 수행한 작업을 반드시 저장한다.

> 관리자만이 이 단계를 수행할 수 있다. 여러분에게 교사 권한만 있다면, 이 작업을 위해서는 관리자 권한을 받아야 한다.

학생이 포럼 게시물을 추천할 수 있게 하기

1. 포럼을 선택한다.
2. Settings > Forum administration > Permissions을 선택한다.
3. Advanced role override 드롭다운 목록 버튼에서 Student를 선택한다.

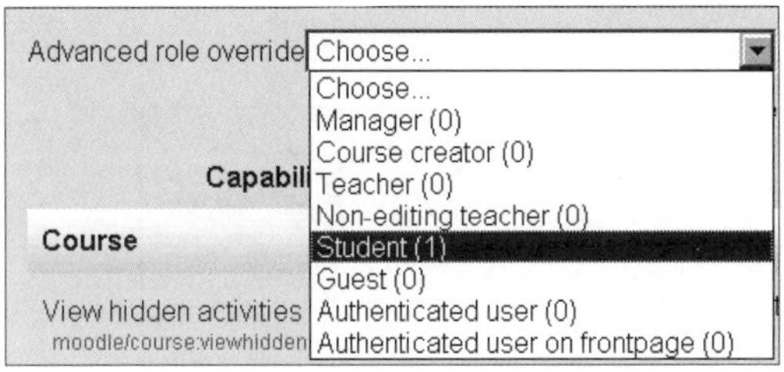

4. 이 학습활동을 위한 학생의 권한이 나열되어 있는 페이지가 나타난다. Activity: Forum(활동: 포럼)이라고 적힌 부분이 나올 때까지 아래로 스크롤한 후 Rate posts(게시물 추천) 권한으로 이동한다.
5. Allow(허용)라고 적힌 라디오 버튼을 선택한다.
6. Save changes(변경사항 저장) 버튼을 클릭한다.

용어집

Glossary(용어집) 학습활동은 무들에서 가장 과소평가되고 있는 기능 중 하나다. 표면적으로 용어집은 학생이 접근할 수 있는 단어나 정의의 목록이다. 하지만 강좌 제작자는 학생이 용어집에 단어를 추가할 수 있도록 허용할 수 있으며, 이 작업은 용어집을 정적인 어휘 목록에서 학습의 협업 도구로 탈바꿈시킨다.

이 설정이 활성화되면 용어집에 포함된 단어가 강좌에서 쓰일 때 회색으로 강조되며, 그 단어를 클릭하면 그 단어가 포함된 용어 목록이 팝업창으로 나타난다.

여러분은 지난 시험 문제 모음, 유명한 인용문이나 그림의 주석 모음 같은 학급 디렉토리를 구축할 때도 용어집을 이용할 수가 있다.

사이트에 용어집 활성화

사이트 관리자는 Site administration(사이트 관리) ➤ Plugins(플러그인) ➤ Manage filters(필터 관리) 아래의 Grossary Auto-linking(용어집 자동 연결) 기능을 작동시킬 수 있다.

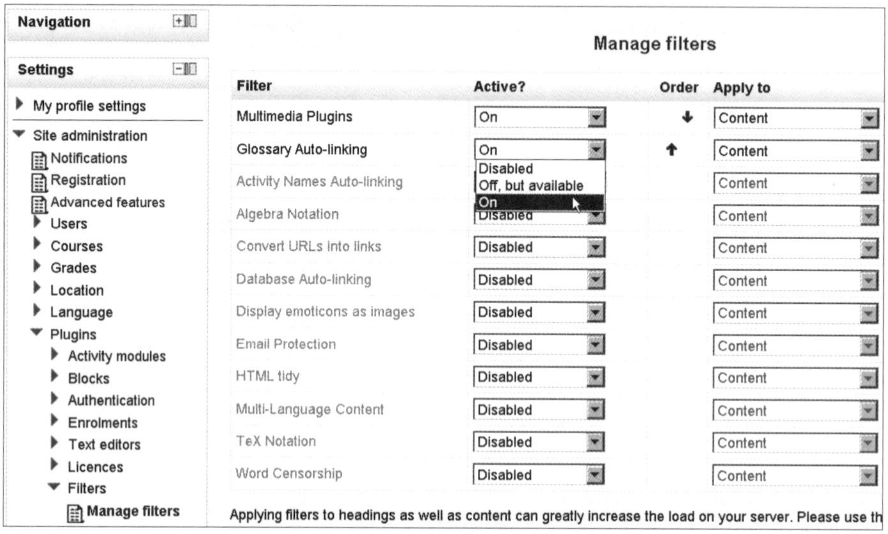

도와주세요! 저의 용어집이 작동하지 않아요!

여러분이 생성한 용어집이 작동하지 않는다면 용어집 플러그인이 사용 가능한지 사이트 관리자에게 문의한다.

용어 목록 추가

강좌 메뉴에서 Glossary를 선택하면 용어집의 소개 페이지가 나타난다. 이 페이지에서 용어집을 편집하고 검색한다. 교사는 자기 강좌의 용어집을 편집할 수 있으며, 여러분은 학생이 새 용어 목록을 제출하는 행위를 허용할 수도 있다.

다음 화면에 Browse(검색) 탭페이지를 볼 수 있는데, 이곳에서 새로운 목록을 추가한다.

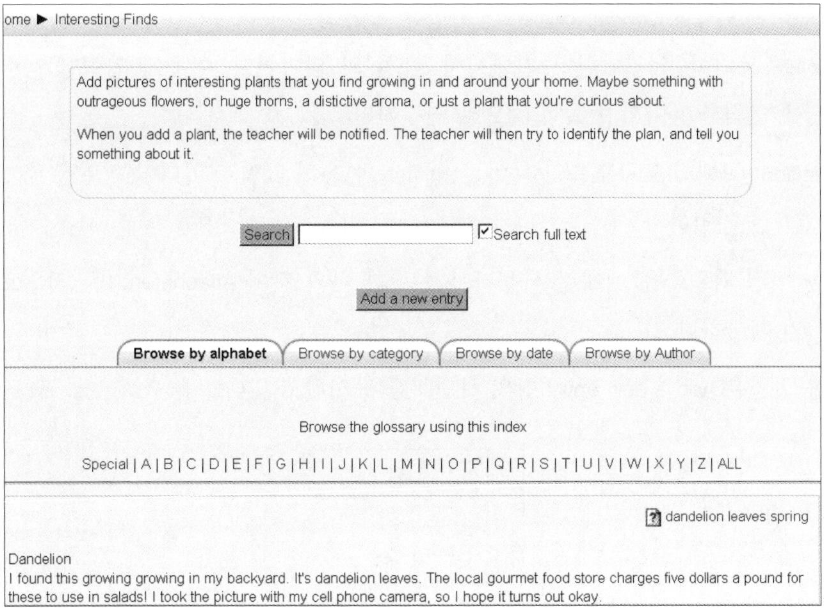

Add a new entry(새 항목 추가) 버튼을 클릭해 새 용어집 항목을 생성한다. 용어집을 검색하면 모든 탭의 아래에 이 버튼이 나타나 언제든 용어 추가가 가능하다. 다음 화면은 새 항목 페이지의 상단부를 보여준다.

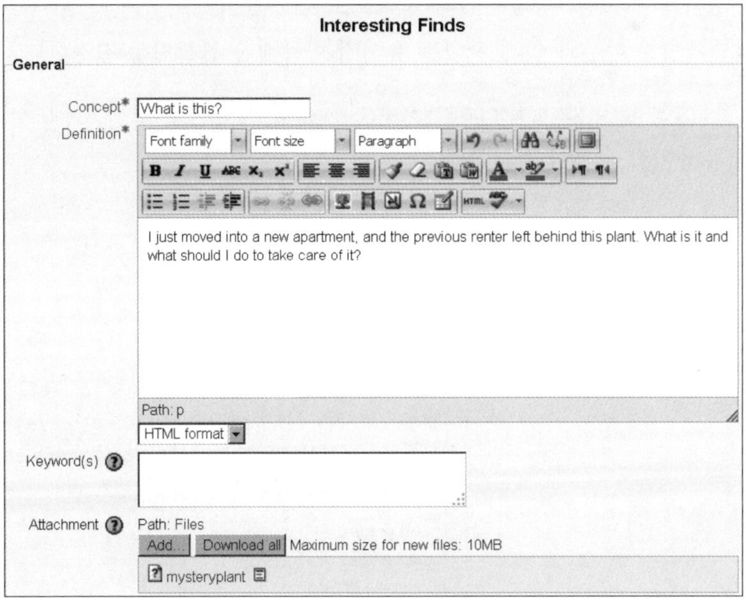

이 페이지에서의 Concept(개념)은 용어집에 추가되는 용어를 의미한다. Keyword(s)(검색어)는 동의어, 색인이나 사전에서의 '또는'의 의미이며, 이곳에 입력한 용어는 개념에 입력한 용어와 동일한 뜻으로 연결된다.

Definition(정의)에서 도구모음의 아이콘 을 이용해 그림과 미디어 파일을 추가할 수 있음을 기억하자.

또한 이런 파일들은 예에서 사용자가 실행한 바와 같이 Attachment(첨부) 파일로도 추가가 가능하다.

다음 화면은 Add a new entry 창의 하단부를 표시하고 있다.

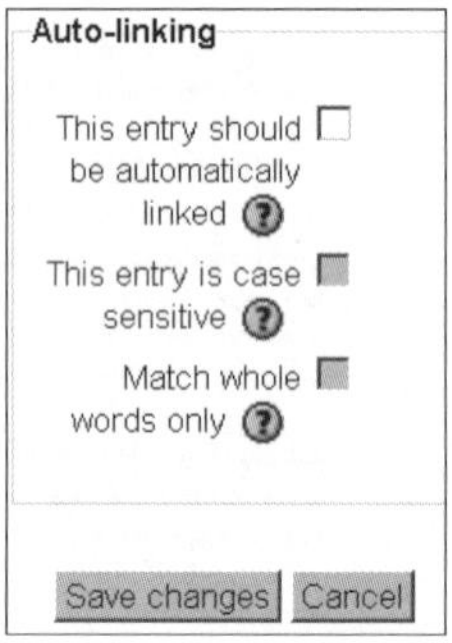

단어가 강좌에 표시될 때 용어집의 항목으로 연결할 수 있다. Auto-linking(자동 연결) 옵션은 연결할지 여부와 언제 단어를 용어집 항목에 연결할지를 결정한다.

교사에게 Import(항목 가져오기), Export(항목 내보내기) 링크를 사용하면 강좌 간에 혹은 무들 설치 간에 용어집 교환이 가능하다.

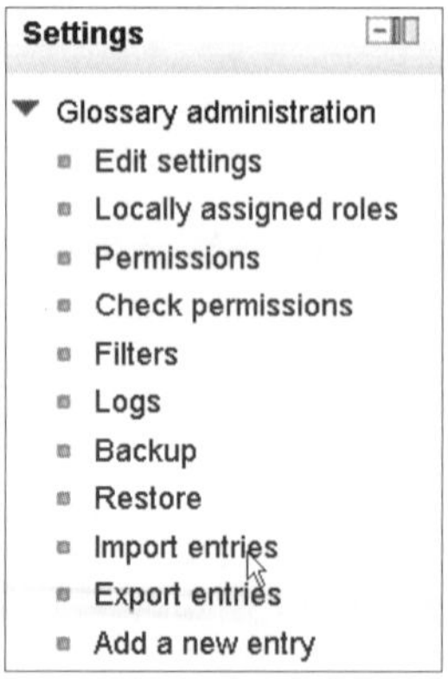

작은 용어집이 있는 강좌를 생성해서 학생들이 자신이 발견한 새로운 개념을 용어집에 추가하도록 하고 싶은 경우, 처음 만들어 사용하고 있는 용어집을 내보내기하면 다음 강좌에서 사용이 가능하다. 다음번에 그 강좌를 다시 가르칠 때 종료된 강좌에서 학생 정보와 용어집을 제외한 모든 사항을 내보내기한 후 강좌를 새로 복사하고 단순히 빈 용어집을 생성한 후에, 이전에 만들어뒀던 용어집을 가져오기하여 사용한다.

또한 편집 창에서 정의에 하이퍼링크를 포함시킬 수도 있어서(아이콘) 위키피디아(http://www.wikipedia.org)의 정보처럼 웹상의 자유롭게 사용 가능한 정보들을 연결하는 데 사용한다는 사실도 기억해두자.

용어집을 생성할 때는 Settings 창에서 학생들이 추가한 용어를 자동으로 승인할지, 아니면 교사의 승인이 필요한지 여부를 선택한다. Approved by default(승인) 기능을 꺼놓으면 새로 추가된 용어는 교사의 승인이 날 때까지 추가되지 않는다. 다음 화면에서 우측 상단의 Waiting approval(승인 대기) 링크를 주목하자.

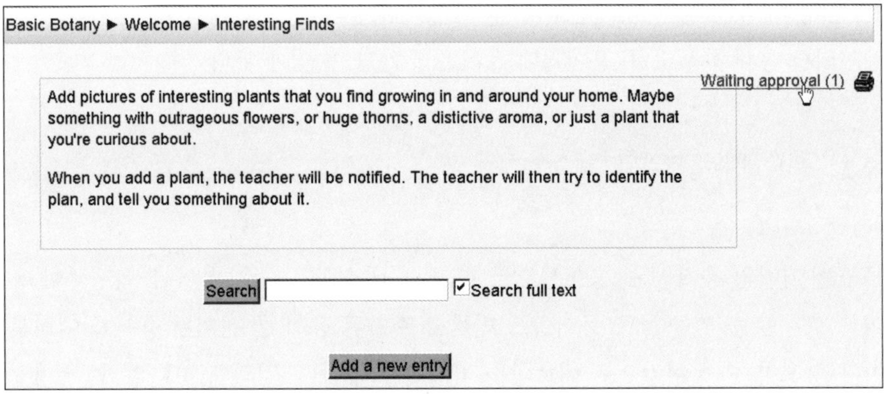

공용 용어집과 지역 용어집 비교

기본적으로 용어집은 용어집이 포함된 강좌에만 적용된다. 하지만 용어집을 공용으로 사용하겠다고 선택할 수도 있는데, 이 경우 용어집의 단어들은 사이트 전체에서 강조 표시되어 클릭이 가능해진다. 한 강좌에서 마친 작업은 사이트 전체 강좌에서도 사용 가능하다. 만약 사이트의 주제가 전체적으로 매우 유사한 내용을 다루고 있다면 공용 용어집 사용을 고려해볼 만하지만 대학의 학습 사이트처럼 사이트의 주제가 폭넓은 내용을 다루고 있다면 혼란을 피하기 위해 지역 용어집을 사용해야 한다. 예를 들어 여러분의 사이트에 화학 강좌와 통계학 관련 강좌가 포함되어 있다고 생각해보자. 'granular'라는 단어는 두 강좌에서 사용되지만, 화학에서는 분말 형태의 물질을 나타내는 반면 통계학에서는 높은 수준의 상세화를 나타낸다.

> 관리자만이 용어집을 공용 용어집으로 변환할 수 있다. 여러분에게 교사 권한만 있다면 이 작업을 위해서는 관리자 권한을 받아야 한다.

주 용어집과 보조 용어집

학생들이 용어집에 용어를 추가할 수 있게 하려면 Secondary glossary(보조 용어집)를 만들어야 한다. 무들 1.7 이전 버전에서는 교사만이 Main glossary(주 용어집)에 용어를 추가할 수 있었고, Secondary glossary에는 학생과 교사가 추가할 수 있었다. 무들 1.7 버전과 역할Role이 소개된 이후에 설정을 재정의할 수 있게 되어, 역할의 기능 재정의를 통해 학생도 주 용어집에 용어를 추가할 수 있게 됐다.

> 역할 재정의는 관리자만 할 수 있다.

보조 용어집의 용어는 주 용어집으로 한 번에 내보내기할 수 있어서, 학생들이 용어를 추가할 수 있는 보조 용어집을 만들고 추가된 용어 중 선별된 용어를 여러분이나 학생이 주 용어집으로 내보내는 작업이 가능하다. 강좌에 하나의 주 용어집과 보조 용어집을 그때그때 생성해 사용한다고 상상해보자. 주 용어집은 각 수업에서 선별해 추가된 용어의 저장소가 될 것이다.

여러분은 강좌의 각 부분에 보조 용어집을 추가할 수 있다. 예를 들어 각 주week나 주제topic에 보조 용어집을 추가할 수 있어서 각 보조 용어집에서 추가된 모든 용어가 자동으로 추가되는 주 용어집을 생성할 수 있으며, 그 주 용어집을 강좌 홈페이지 상단의 Topic 0에 추가하는 일도 가능하다. 보조 용어집의 다른 사용 방법은 주 용어집으로 사용하는 것이다. 그리고 강좌의 각 부분에서 사용하는 용어집 내에 카테고리를 생성한다. 그렇게 하면 모든 용어집의 용어들은 한곳에서 관리된다.

강좌에 용어집을 하나만 두고 학생들이 용어를 추가하게 하고 싶다면 용어집을 보조 용어집으로 생성한다. 비록 '보조'라는 말이 기본 용어집, 주 용어집을 의미하진 않지만 상관없다. 강좌에 주 용어집이 없다고 하더라도 (하나 이상의) 보조 용어집을 생성해 사용할 수 있다.

추천

여러분은 학생들이 포럼의 게시물을 추천하듯이 용어집의 용어도 추천하게 할 수 있다. '용어집 용어의 명확도는?', '이 용어는 유용한가?', '용어를 생성할 때 여러분의 작문 실력은?'이라는 질문에 대해 학생들이 추천하게 하고 싶은지 생각해볼 필요가 있으며, 추천을 지원하기 위해 사용자 척도custom scale를 생성할 필요가 있다. 다음 화면에서 보는 바와 같이 Settings 페이지에서 누가 용어집의 용어를 추천할 수 있는지 그리고 사용할 척도는 무엇인지를 결정한다.

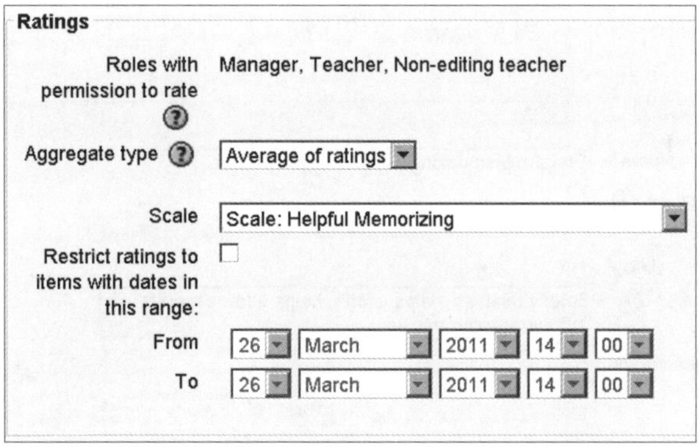

위 화면에서 강좌 제작자는 용어집에 Helpful Memorizing(기억하는 데 유용한)이라는 사용자 척도를 적용했다. 이 사용자 척도는 교사가 이 페이지에 들어오기 전에 생성됐다.

사용자 척도가 생성된 후 교사는 용어집 Settings 페이지로 가서 척도 항목으로 이동해 척도를 선택했다.

강좌 관리자, 교사, 편집 권한이 없는 교사만 강좌의 용어를 추천할 수 있다는 점을 주목하자. 교사가 할 다음 작업은 학생들이 항목을 추천할 수 있도록 권한을 변경하는 것이다.

이 작업은 이어지는 절에서 세 부분으로 나누어 설명한다.

학생의 용어 추천 허가

학생의 용어 추천을 허가하는 작업은 세 부분으로 진행된다.

1. 추천 척도 생성하기
2. 용어집에서 척도 선택하기
3. 학생이 추천할 수 있도록 권한 부여하기

추천 척도 생성

1. Settings(설정) ➤ Grade administration(성적 관리) ➤ Scales(척도)를 선택한다.
2. Add a new scale(새 척도 추가) 버튼을 클릭한다.
3. 새 Scale 페이지에서 척도 Name을 입력한다. 이 이름은 교사에게만 보인다.

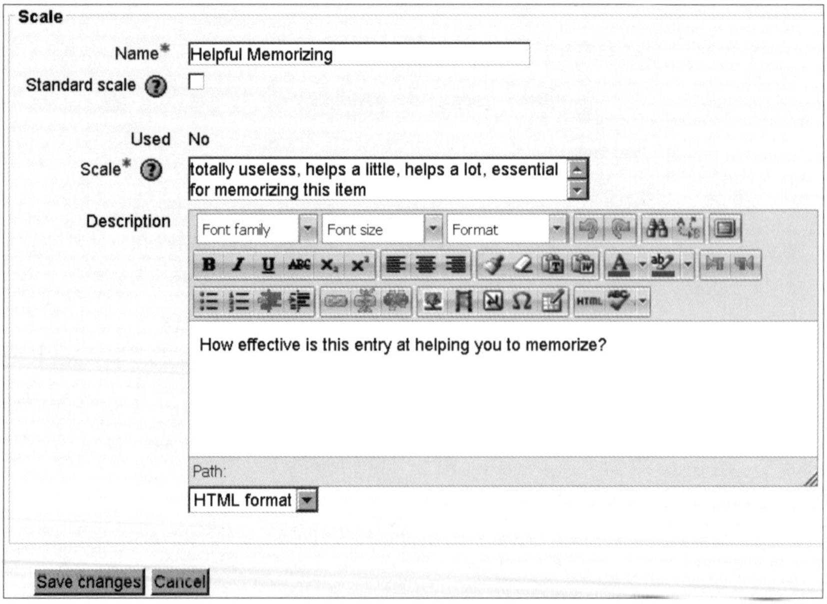

4. Scale 항목에 사용자들이 선택할 척도의 값을 입력한다.
5. Description 항목에 해당 척도의 목적을 기억하는 데 도움이 될 짧은 설명을 입력한다.
6. 변경사항을 저장한다.

용어집에서의 척도 선택

1. 용어집 Settings 페이지로 이동한다.
2. Scale 항목에서 바로 전에 생성했던 척도를 선택한다.
3. 이 페이지의 여타 설정 항목들을 수정한다.
4. 변경사항을 저장한다.

이제 학생들은 해당 용어가 교육 자료를 암기하는 데 얼마나 도움이 되는지 추천할 수 있게 됐다. 그 결과를 학생의 관점에서 보면 다음과 같다.

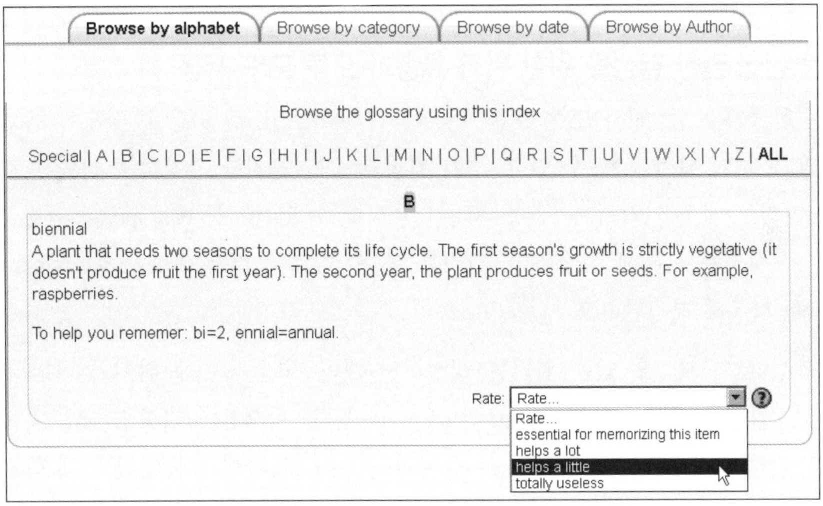

위키

무들 위키Wiki 모듈은 학생들이 모둠 작문 프로젝트에서 협업하고, 지식 기반을 구축하고, 학과 주제에 대해 토론하는 일 등을 가능케 한다. 위키는 사용하는 방법이나 구성원 간의 상호작용, 날짜별로 조직화하기 편하기 때문에 참가자 간의 협업을 권장하며 모둠 지식을 얻는 데 아주 좋은 도구다. 포럼과 위키 간의 중요한 차이점을 살펴보자. 포럼에서는 사용자가 입장했을 때 주제와 관련된 게시물thread을 보게 되며, 각 항목은 짤막하고 사용자는 한 번에 한 게시물의 항목을 하나씩 읽는다. 포럼의 이런 구성은 토론을 강조하는 반면, 위키의 경우 사용자는 마지막으로 작성된 글을 보게 되며 작성한 글의 변경 이력을 보려면 History(이력) 탭을 선택해야 한다. 이런 위키의 구성은 마지막으로 작성된 글을 강조한다.

과거에 작성한 위키는 삭제되지 않으며 복원도 가능하다. 여타 강좌 교재처럼 검색 또한 가능하다. 지금부터는 Editing Wiki(위키 편집) 페이지의 설정 항목들을 살펴보고, 그 설정 항목들이 사용자 경험에 어떤 영향을 끼치는지 살펴본다.

위키 편집 권한 결정을 위한 위키 유형과 모둠 모드 사용

모든 학급과 모둠, 교사 또는 모든 학생이 위키를 보고, 편집할 수 있도록 공개할 수 있다. 누가 위키를 볼 수 있고, 누가 편집할 수 있는지를 결정하는 사람은 강좌 제작자라는 점을 기억하자. 누가 위키를 수정할 수 있는지는 Wiki mode(위키 모드) 드롭다운 상자를 사용해 지정하며, 위키를 볼 수 있는 사람은 Groups mode(모둠 모드) 모드를 사용해 지정한다.

한 학생만 수정할 수 있는 위키를 생성하면 개인 저널journal에 위키가 나타나고, 저널은 해당 학생과 교사에게만 보인다는 점이 단일 학생용 위키와 저널의 차이점이다. 단일 학생 위키는 개인적으로 유지할 수도 있고 학생 모둠이나 전체 학급이 볼 수 있도록 공개할 수도 있다.

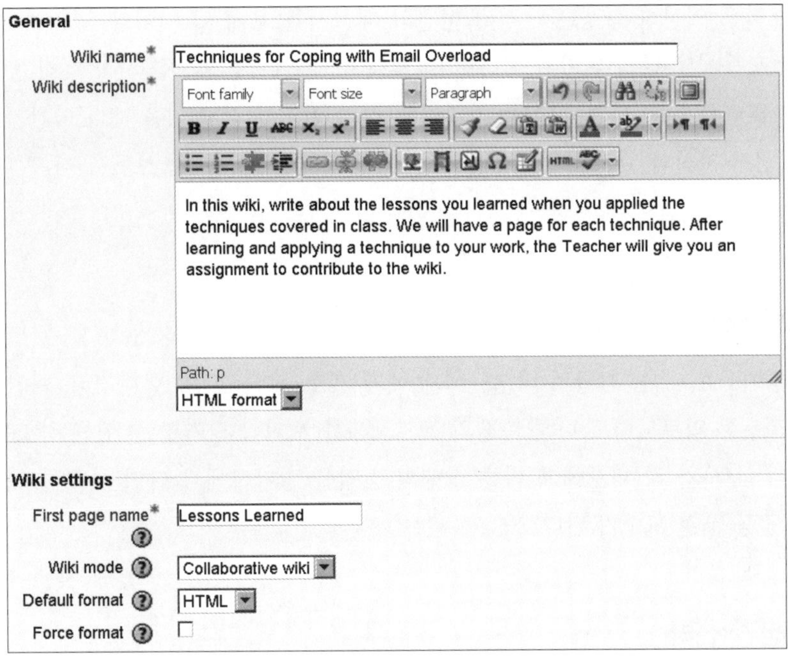

기본 형식

Default format(기본 형식) 설정 항목은 위키 저자가 위키 작성 시 표준 위키 마크업을 사용할지 HTML 코드를 사용할지를 결정하며, 만약 학생들의 학습활동에서 사용하는 HTML 편집기를 사용한다면 HTML only(HTML만)를 선택하는 것이 좋다. 학생들에게 친숙한 HTML 편집기를 사용해 다른 위키 마크업을 배울 필요가 없어 학생들의 학습활동을 간소화한다. 하지만 위키에 친숙한 학생들은 경험 있는 타이피스트들이 사용해 입력이 훨씬 빠른 일반적인 위키 마크업인 크리올Creole을 사용하길 원할 수도 있다.

첫 페이지 이름

First page name(첫 페이지 이름) 항목에 입력하면 위키의 첫 페이지에 이름으로 나타난다.

전체 학생을 대상으로 하나의 위키가 생성되어 있는 상황에서 첫 번째 학생이 위키에 입장하면 그 학생은 시작 페이지를 보게 되고, 그 첫 학생이 페이지를 수정하면 그 다음 입장한 학생은 수정된 버전의 페이지를 보게 될 것이다. 만약 한 학급의 각 모둠에 하나의 위키가 있다면 각 모둠은 여러분이 생성한 시작 페이지만 있는 새 위키를 받게 되며, 학생들 각자가 자신의 위키를 갖고 있을 때와 마찬가지로 각 학생이 자신의 위키에 입장했을 때 자신만의 시작 페이지를 보게 된다.

상호평가

상호평가workshop는 학급의 학생들에게 예제 프로젝트를 보게 한다거나, 개인적인 프로젝트를 업로드하고 다른 학생의 프로젝트를 보거나 평가할 수 있는 장소를 제공한다. 교사가 각 학생에게 다른 학생의 작업을 평가하게 한다면 상호평가는 강력한 공동 채점 도구가 된다.

상호평가 전략

상호평가는 채점을 하지 않을 수도 있고, 동료들이 채점을 할 수도, 교사가 채점을 할 수도 있다. 아니면 동료와 교사가 함께 채점을 할 수도 있으며, 대상 학년에 대한 매우 구체적인 평가 기준도 생성 가능하다. 또한 작업 결과 제출 기한과 작업에 대한 채점일을 지정할 수 있어서, 이 기능과 그 밖의 여러 기능을 사용해 여러분의 강좌에서 상호평가를 최대한 활용할 수 있는 전략을 구축할 수 있다.

과제에 대한 동료 평가

과제를 채점하기 전에 학생들이 다른 학생의 작업을 평가하게 한다. 예를 들어 강사에게 제출해 채점받기 전에 학생들이 다른 학생이 작성한 기말 논문의 주제나 개요, 가설 등을 서로 평가하게 한다거나, 다른 학생의 특정 기술이나 예술적 기준이 담긴 사진을 서로 평가하는 상호평가를 생성할 수가 있다.

제출과 평가 시기 선택

상호평가는 작업 제출 기한과 학생들 간의 작업 평가 기간을 다르게 설정할 수 있다. 두 기한을 동일하게 설정한다면, 많은 학생이 제출 마감일 전에 작업을 제출해야 하기 때문에 평가 마감일까지 모두 평가하지 못할 수 있다. 그러므로 제출 마감일은 평가 마감일 훨씬 전으로 지정하는 것을 고려하자. 그런 다음 학생들에게 평가 기능 부여를 공개하기 전에 작업이 제출되는지 시험해보고 그 작업이 여러분이 원하는 기대치에 부합하는지 확인한다. 작업의 제출과 평가 사이의 시간을 평가 기준을 개량하는 데 사용하고 싶을 수도 있다.

네 가지 질문

상호평가 창의 항목들은 많은 선택사항을 제공한다. 각 항목에서 입력한 내용과는 상관없이 여러분의 선택은 다음과 같이 요약된다.

- 학생들에게 어떤 행동을 원하는가? 오프라인에서 파일을 생성하고 상호평가에 업로드하는가? 저널 항목을 작성하는가? 온라인 채팅에 참여하는가? 오프라인 학습활동을 수행하고 이메일이나 위키로 보고하는가? 상호평가 창이 학생들의 파일 업로드를 허용한다고 하더라도 여러분은 학생들에게 다른 학습활동을 요구할 수 있다.
- 누가 과제를 평가하는가? 교사는 모든 과제를 평가할 수 있는가? 학생은 다른 학생의 과제를 평가해야 하는가? 학생들은 각자 자신의 작업을 평가하는가?
- 과제를 어떻게 평가하는가? 각 과제를 평가하는 기준의 수, 채점의 척도, 채점의 유형 등을 결정할 수 있다.
- 학생의 과제 제출과 평가는 언제 가능한가? 과제는 학생이 확인하자마자 제출할 수 있지만 여러분은 학생이 자신의 작업을 제출하기 전에 예제를 평가하도록 요구할 수 있으며 과제 제출 마감일을 설정할 수도 있다.

지금부터 다룰 항목들은 위 질문들의 변형된 형태라고 할 수 있다. 온라인 도움말은 각 항목의 사용법을 가장 잘 설명하고 있다. 지금부터는 각 항목의 사용법을 다시 설명하는 대신 여러분이 선택한 사항이 어떻게 학생과 교사의 경험에 영향을 미치는지에 초점을 두어 살펴본다.

편집 설정 페이지

상호평가 학습활동은 무들의 도구 중 가장 복잡하다. 상호평가는 학생의 작업을 구조화된 프레임워크 내에 제출해 동료들이 검토할 수 있도록 설계됐다. 에세이나 연구 논문 같은 공개된 과제에 대해 강사와 동료가 피드백을 할 수 있는 일련의 과정을 제공해 교사뿐만 아니라 학급의 학생에게도 무들을 최대한 활용할 수 있는 장소를 제공하는데, 과제를 업로드하고 자신의 과제를 스스로 평가하며 동료가 다른 학생의 논문을 검토하는 등의 작업을 쉽게 할 수 있는 인터페이스로 되어 있다. 상호작용의 핵심은 주어진 작업의 품질에 대한 판단을 내리는 특정 기준의 집합인 채점 가이드라고 할 수 있다. 채점 가이드는 상호작용의 몇 가지 설정 항목으로 다음 절에서 살펴본다.

이름과 소개

General(일반)의 설정 항목들은 "학생들에게 어떤 행동을 원하는가?"라는 질문에 대한 부분적인 답변이다.

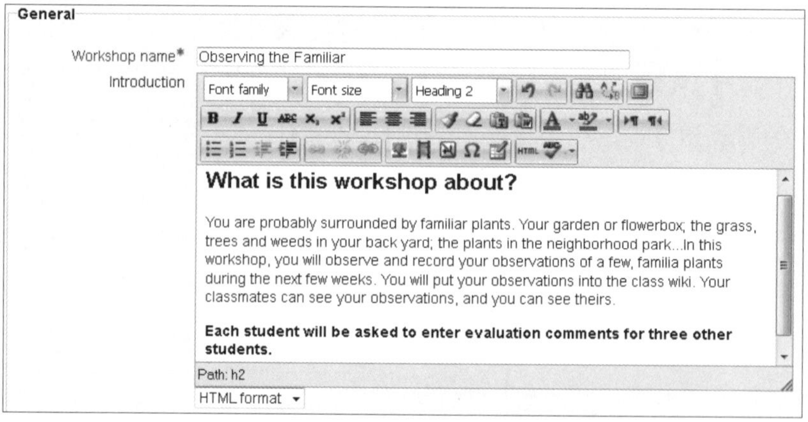

여러분의 학생들이 Workshop name(상호평가 이름)을 보고 클릭하면 상호평가를 완벽하게 설명해놓은 Introduction(소개글)을 보게 된다. 인쇄용 소개글을 제공하고 싶다면 강의 파일 영역에 .pdf 파일을 업로드한 후 상호평가의 설명란에 해당 파일의 링크를 추가해놓는다.

상호평가 기능

Workshop features(상호평가 기능) 내의 설정 항목들은 "누가 과제를 평가하는가?"라는 질문에 대한 답변이다.

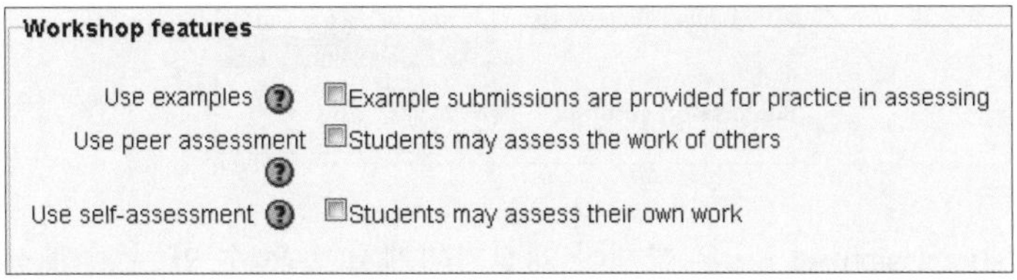

예제 사용(Use examples)

상호평가에서 예제를 사용하면 사용자는 교사가 제공하는 예제를 평가할 수가 있다. 예제에 대한 사용자의 평가는 교사의 평가와 비교되는데, 사용자가 예제 평가를 통해 다른 학생의 작업을 평가하기 전에 미리 평가 작업을 연습할 수 있다.

예제에 대한 사용자의 평가는 교사의 평가와 비교해 얼마나 일치하는지로 점수를 받지만 성적표에는 반영하지 않는다.

동료 평가 사용(Use peer assessment)

상호평가에서 동료 평가를 사용한다면 각 사용자에게는 평가할 다른 사용자의 제출물들이 제공되고 사용자는 동료를 평가한 점수를 바탕으로 점수를 받는다.

각 사용자가 평가한 동료의 수와 평가한 결과가 어떻게 채점됐는지는 이 페이지의 다른 곳에서 설정된다.

자기평가 사용(Use self-assessment)

상호평가에서 자기평가를 사용하면 각 사용자는 자신의 작업을 평가하고 자신의 평가를 바탕으로 점수를 얻는다.

점수화 설정

Grading settings(점수화 설정) 항목은 학생이 상호평가에서 얻을 수 있는 최대 점수를 결정한다.

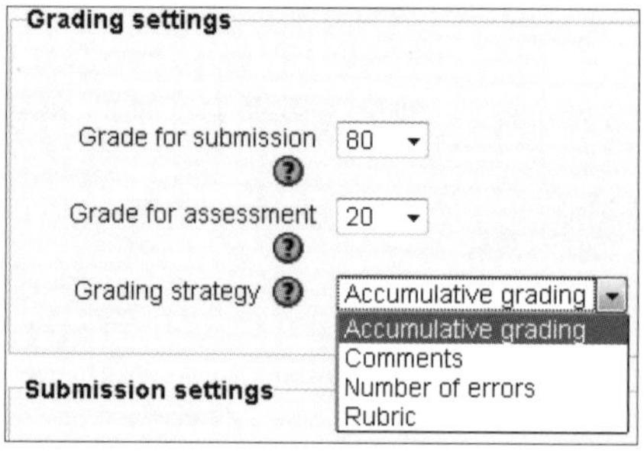

Grade for submission(제출 성적)은 학생이 채점자에게서 받을 수 있는 최대 점수다.

Grade for assessments(평가 성적)는 다른 학생의 제출물을 평가한 점수를 바탕으로 평가한 학생이 받는 성적으로, 동일한 제출물에 대해 평가한 학생들의 평균 점수에 평가한 학생의 점수가 얼마나 근접하는지에 따라 다르다. 예를 들어 학생 A가 과제를 제출하고 학생 B, C, D가 학생 A가 제출한 과제를 10, 9, 5로 평가했다. 평균 평가는 8로 학생 B, C는 학생 D의 평가보다 높은 평점을 받게 된다. 본질적으로 평가 성적은 채점 성적grade for grading이라고 할 수 있다.

Workshop features 중 Use peer assessment(동료 평가 사용)를 활성화하지 않는다면 이 평가 성적은 전체 성적에 영향을 주지 않는다.

채점 전략

상호평가 과제는 사용하는 채점 체계의 유형에 따라 매우 유연하다. 이 설정 항목은 전체 체계를 결정한다. 이 설정 항목의 다양한 옵션을 살펴보자.

누적 채점

Accumulative grading(누적 채점) 전략에서 각 요소의 점수는 누적 점수에 합산된다. 이런 채점 방식은 숫자로 구성된 척도를 검토자reviewer에게 제시할 수도 있고 “이 상호평가는 요구사항을 만족하는가?”와 같은 질문의 ‘예’, ‘아니오’를 제시할 수도 있으며, 또는 ‘나쁨’, ‘보통’, ‘좋음’, ‘우수’ 같은 성적 척도를 제시할 수도 있다. 예/아니오 혹은 성적 척도를 사용한다면 각 반응에 대한 점수값을 할당해 각 반응에 해당하는 값의 검토자를 알리는 것을 고려하자. 예를 들어 단순하게

- 나쁨
- 보통
- 좋음
- 우수

라고 적기보다는

- 나쁨(1점)
- 보통(2점)
- 좋음(3점)
- 우수(4점)

과 같이 적자.

댓글

Comments(댓글) 채점 전략이 선택되면 학생은 각 평가 요소에 댓글을 남길 수 있지만 성적은 선택되지 않는다. 교사는 학생의 댓글을 채점할 수 있다. 이런 경우 상호평가는 본래 의미인 학생이 다른 학생을 채점하는 장소에서, 교사가 각 학생의 댓글을 채점하는 장소로 바뀐다.

이 전략은 학생들에게 제시한 교재에 대해 체계적인 토론을 할 때 특히 유용하다. 강좌 제작자가 상호평가에 업로드된 자료를 학생들에게 제시하거나 상호평가의 설명을 이용해 평가해야 할 자료가 있다고 학생들에게 알리면, 학생들은 이 자료를 살펴본 후 상호평가에 입장해 제시된 요소element들에 따라 댓글을 남긴다. 상호평가 내에서 학생들은 평가 대상이고 학생들은 제시된 각 요소를 완료해야 하기 때문에 토론은 위키나 포럼을 사용할 때보다 더욱 체계적이 된다.

오류의 수

Number of errors(오류의 수) 옵션을 선택하면 학생은 일련의 예/아니오 질문을 이용해 상호평가를 평가한다. 대개 요구사항에 맞게 제출됐는지 여부를 평가하기 위해 "학생은 다양한 기회를 제시했는가?"와 같은 질문을 생성한다.

여러 질문 중 하나를 작성할 때 '예/아니오'만으로 대답할 수 있는지를 확인한다. 질문을 수정할 필요가 있다는 신호는 다른 답이 있음을 의미하는데, 예를 들어 "학생의 식물 설명은 다른 식물과 구별할 수 있을 정도로 잘 설명했는가? 아니면 설명한 식물에 대해 여전히 의심스러운가?"와 같은 질문은 '예/아니오'로 대답할 수 없다.

평가 질문에 대한 답변은 때로는 매우 명확하고, 때로는 주관적이다. 예를 들어 "학생의 식물 설명은 다른 식물과 구별할 수 있을 정도로 잘 설명했는가?"라는 질문은 주관적이다. 한 검토자는 학생의 식물 설명이 괜찮았다고 생각할 수도 있을 테지만 다른 사람은 반대로 생각할 수도 있다. 이런 질문은 각 학생의 작업에 주관적으로 동료 평가를 수행하는 데 좋은 방법이 될 수 있다.

만약 "그 학생은 이 수업에서 다뤘던 확인할 수 있는 다섯 가지 특징을 모두 갖추고 있는가?"와 같이 객관적인 평가가 좀 더 필요한 작업이라면 상호평가가 필요 없을 수도 있다. 그런 객관적인 평가는 교사가 수행하거나 과제를 사용해 쉽게 수행할 수 있다.

루브릭

Rubric(루브릭) 채점 척도로 사용할, 프로젝트에 적용할 문장 여러 개를 작성한다. 각 문장에는 점수가 설정된다. 검토자는 해당 프로젝트를 가장 잘 설명하는 문장 하나를 선택한다. 이 한 번의 선택으로 검토를 완료한다.

이런 요소 여러 개를 생성할 수 있으며, 검토자는 각 요소에서 사용할 문장을 선택해야 한다.

제출 설정

Submission settings(제출 설정)은 사용자를 위해 지시사항을 입력하고, 학생이 얼마나 많은 파일을 업로드할 수 있으며, 얼마나 큰 파일을 업로드할 수 있는지를 결정하는 곳으로, "학생 각자에게 원하는 행동은 무엇인가?"에 대한 부분적인 답이라 할 수 있다.

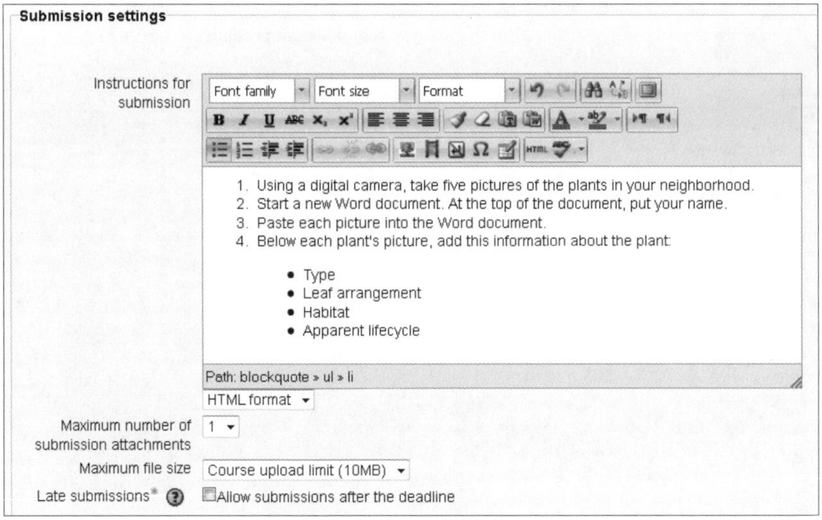
Submission settings
Instructions for submission
Font family
Font size
Format
1. Using a digital camera, take five pictures of the plants in your neighborhood.
2. Start a new Word document. At the top of the document, put your name.
3. Paste each picture into the Word document.
4. Below each plant's picture, add this information about the plant:
Type
Leaf arrangement
Habitat
Apparent lifecycle
Path: blockquote » ul » li
HTML format
Maximum number of submission attachments
1
Maximum file size
Course upload limit (10MB)
Late submissions*
Allow submissions after the deadline

사용자가 상호평가로 이동하면 Instructions for submission(제출 요령)을 보게 된다.

Maximum number of submission attachments(첨부물의 최대 수)와 Maximum file size(파일의 최대 용량)는 사용자가 얼마나 많은 파일을 업로드할 수 있으며 얼마나 큰 파일을 업로드할 수 있는지를 결정한다.

Late submissions(늦은 제출)은 마감일 이후에도 학생의 작업 제출을 허용할지를 결정하며, 마감일은 페이지 아랫부분에서 설정한다.

평가 설정

Assessment settings(평가 설정)의 설정 항목들은 사용자에게 평가를 수행하는 방법에 대한 지침을 전달하는 데 사용되며, 평가 예제를 언제 사용자에게 제시할지 결정한다.

평가에서 사용하는 실제 기준은 이 페이지에서 생성하지 않고 다음 예에 보이는 Settings(설정) ➤ Workshop administration(상호평가 관리) ➤ Edit assessment form(평가 양식 편집)에서 생성한다.

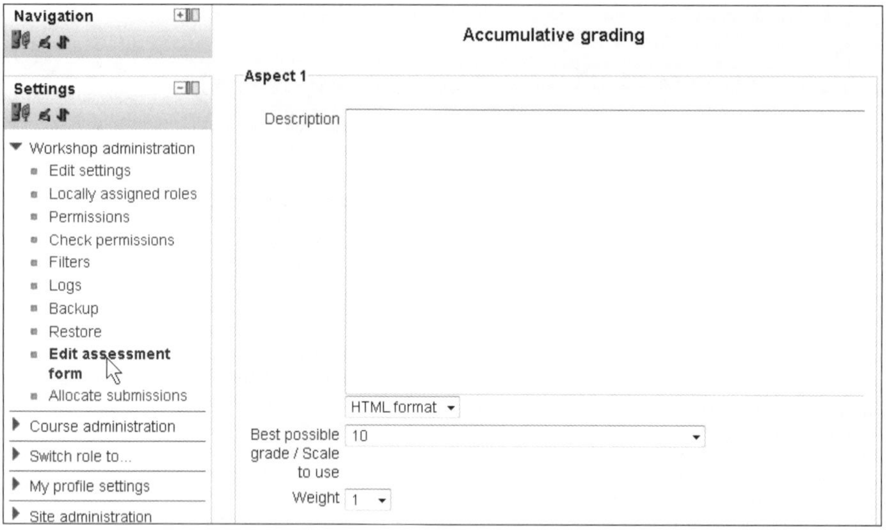

평가 양식을 생성하는 과정은 잠시 후에 살펴보고, 지금은 평가를 위한 사용자 지침을 살펴보자.

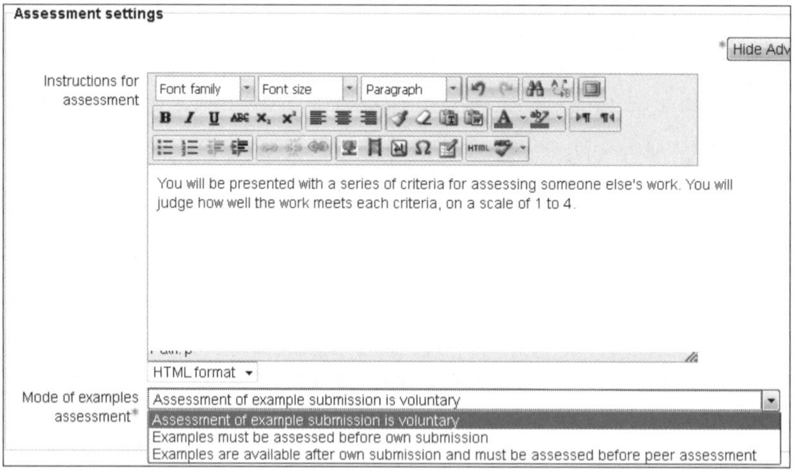

Mode of assessment(예제 평가 모드)가 회색 처리되어 사용할 수 없다면, 이전 페이지에서 본 Use example(예제 사용) 항목을 선택하지 않았기 때문이다.

접속 조정

Access control(접속 조정)의 설정 항목들은 "학생의 과제 제출과 평가는 언제 가능한가?"라는 질문에 답하고 있다.

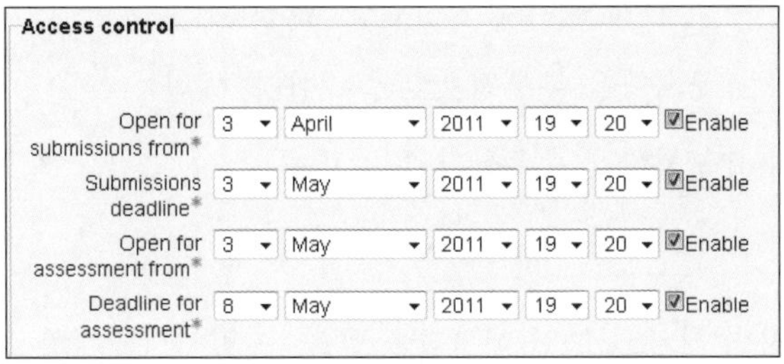

제출과 평가는 같은 날 공개할 수 있다는 점에 주목하자. 하지만 평가는 제출 전에 공개할 수 없다(평가할 사항이 없다).

평가 양식 편집 페이지

Edit assessment form(평가 양식 편집) 페이지에서 평가 기준을 입력하며, 이 페이지의 구성은 Workshop settings(상호평가 설정) 페이지에서 선택한 평가 형식에 따라 다르다.

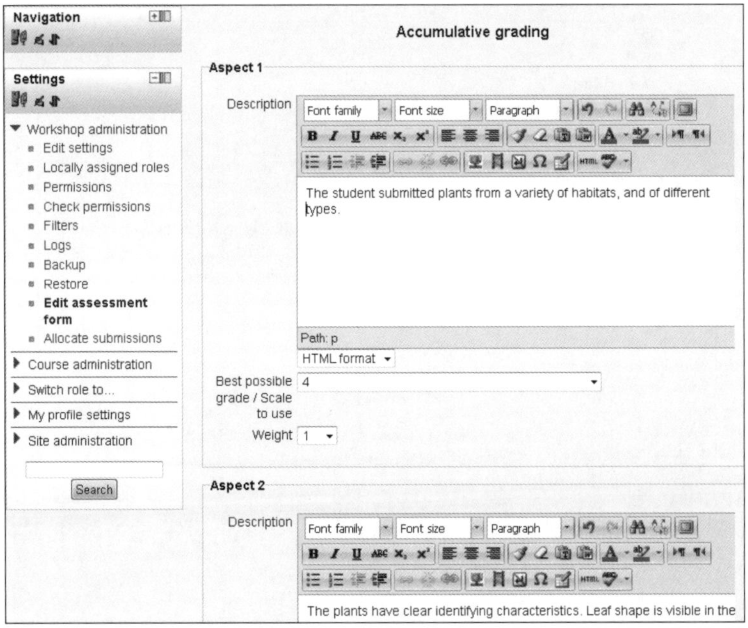

평가 요소에 최대 점수가 있으면 학생들은 쉽게 자신의 점수를 이해할 수 있다. 예를 들어 상호평가에서 다섯 요소를 평가한다고 가정하자. 평가자는 다섯 요소에 대한 평가를 네 문장 중에서 선택한다.

- 상호평가는 어떤 면에서 이 요구사항을 충족하지 않는다. (0점)
- 상호평가가 요구사항을 부분적으로 충족한다. (1점)
- 상호평가가 요구사항을 충족한다. (2점)
- 상호평가가 요구사항을 아주 잘 충족한다. (3점)

위 문장을 사용하면 각 요소는 최대 3점을 받을 수 있어서 5개의 요소가 상호평가에서 받을 수 있는 최대 점수는 15점이 된다. 이렇게 하면 학생들이 자신의 점수를 이해하기 편할 것이다.

학생들의 관점에서 보면 평가 양식은 다음과 같다.

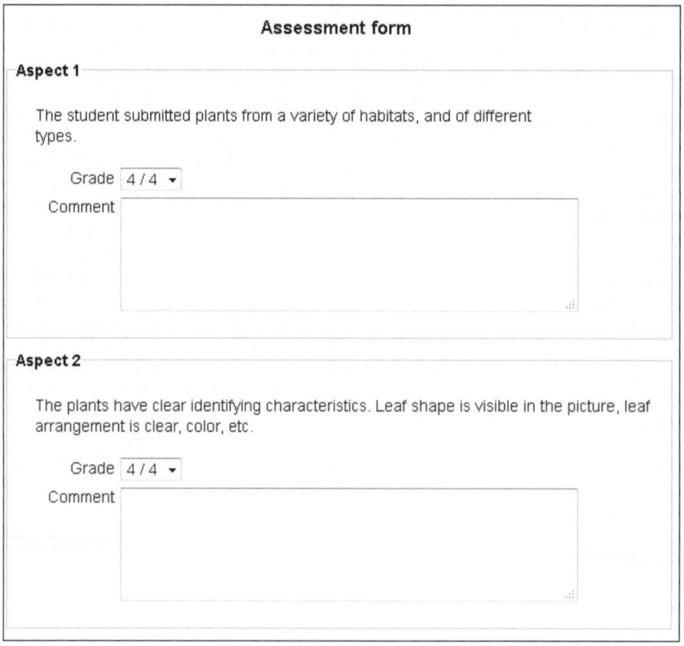

Assessment form

Aspect 1

The student submitted plants from a variety of habitats, and of different types.

Grade 4 / 4

Comment

Aspect 2

The plants have clear identifying characteristics. Leaf shape is visible in the picture, leaf arrangement is clear, color, etc.

Grade 4 / 4

Comment

각 평가 기준에 대해 학생들이 댓글을 입력할 수 있다는 점에 주목하자. 보이는 화면이 이 상호평가의 기본 설정이다.

상호평가에 예제 추가

상호평가의 설정과 평가 양식을 저장한 후 상호평가에 예제를 추가한다. 상호평가를 선택하면 다음과 같은 화면이 나타난다.

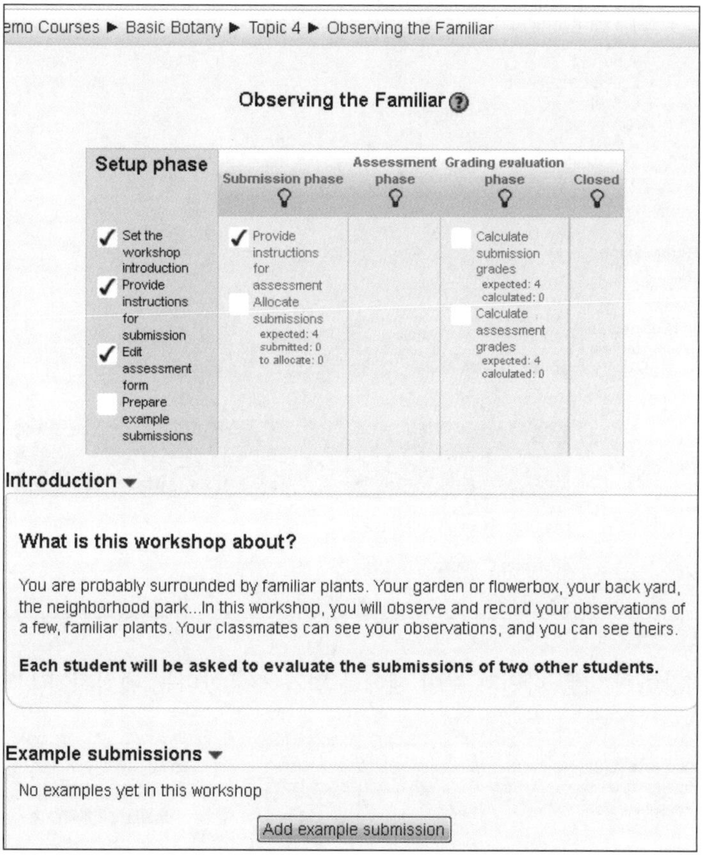

예제 제출을 추가하기 위해 Add example submission(예제 제출 추가) 버튼을 클릭하면 사용자들이 보게 될 평가 지침과 동일한 페이지가 나타난다. 그곳에서 평가하기 위한 예제를 업로드한다.

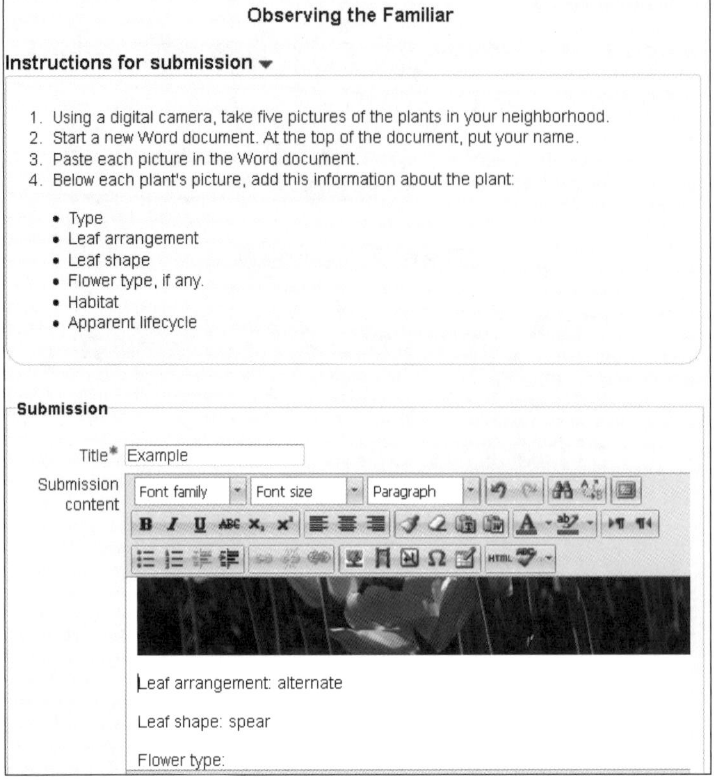
Observing the Familiar
Instructions for submission
1. Using a digital camera, take five pictures of the plants in your neighborhood.
2. Start a new Word document. At the top of the document, put your name.
3. Paste each picture in the Word document.
4. Below each plant's picture, add this information about the plant:
• Type
• Leaf arrangement
• Leaf shape
• Flower type, if any.
• Habitat
• Apparent lifecycle
Submission
Title* Example
Submission content
Font family
Font size
Paragraph
Leaf arrangement: alternate
Leaf shape: spear
Flower type:

예제를 저장하면 다음 화면과 같이 예제를 평가해야 한다는 메시지가 나타난다.

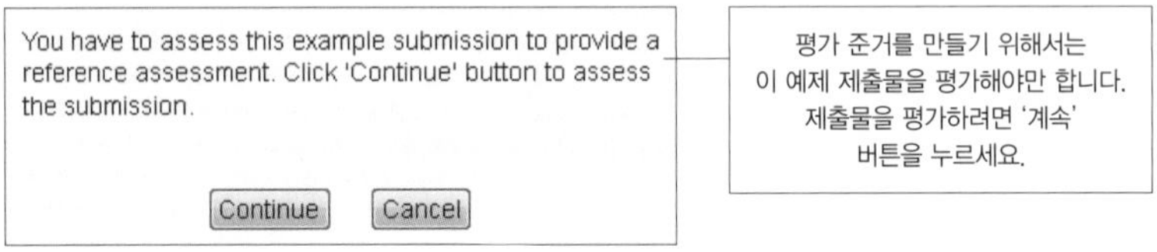
You have to assess this example submission to provide a reference assessment. Click 'Continue' button to assess the submission.
Continue
Cancel
평가 준거를 만들기 위해서는 이 예제 제출물을 평가해야만 합니다. 제출물을 평가하려면 '계속' 버튼을 누르세요.

예제 평가가 끝나면 다음 화면과 같이 상호평가 홈페이지로 돌아와 평가 진행 상태를 보게 된다.

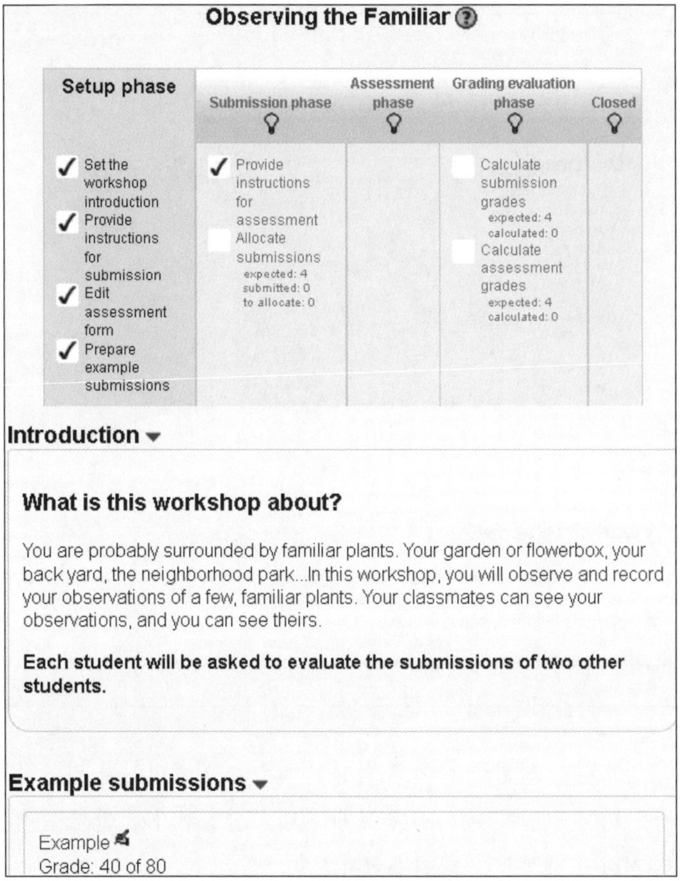

다음은 평가를 위해 학생의 제출물을 할당하는 단계로, 교사가 진행한다는 점에 주목하자. 하지만 아직 아무도 제출하지 않았다. 이 시점에 교사는 학생이 작업을 제출할 때까지 기다려야 한다.

학생의 작업 제출

학생이 상호평가를 선택하면 다음 예제 화면과 유사한 페이지가 나타난다.

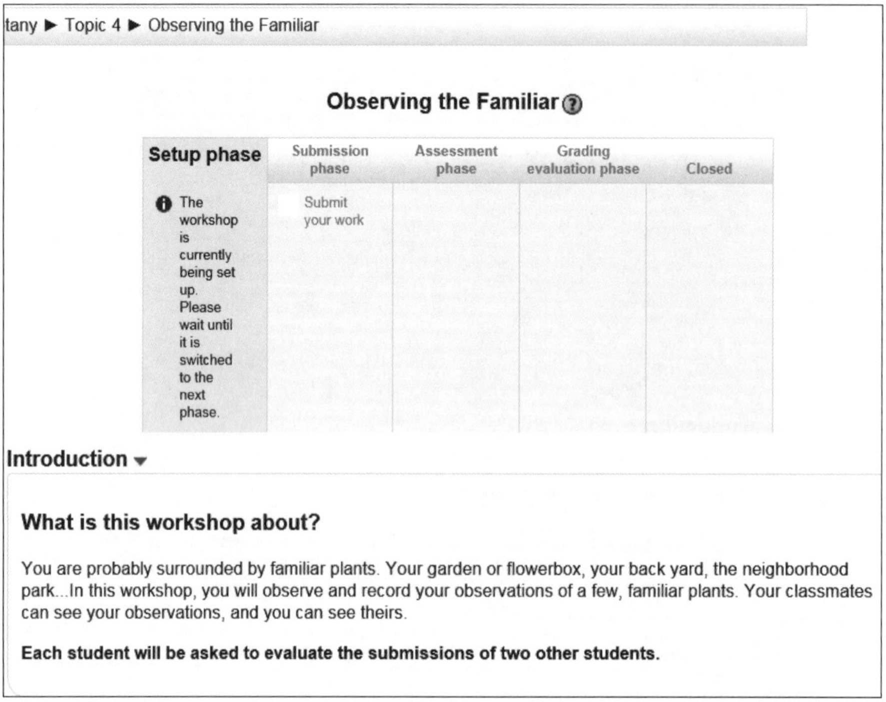

비록 교사가 상호평가 설정을 끝내고 학생이 작업을 제출하기를 기다리고 있다 하더라도 학생은 다음과 같은 메시지를 보게 된다. "상호평가가 현재 설정 중입니다. 다음 단계로 전환될 때까지 기다려주십시오."

> 교사는 상호평가를 현 단계에서 다음 단계로 수동으로 전환해줘야 한다. 여러분이 상호평가를 설정하고 제출물을 받을 준비가 됐다 하더라도 무들은 그 사실을 알지 못한다.

다음 단계로 전환하기 위해 교사는 그 단계 위에 있는 전구 아이콘을 클릭한다. 이 예제에서는 교사가 제출 단계의 위에 있는 전구를 클릭하면, 이어서 다음 화면과 같은 메시지를 보게 된다.

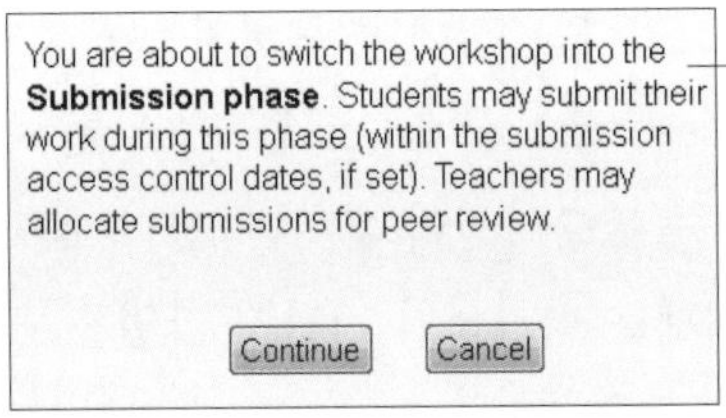

You are about to switch the workshop into the **Submission phase**. Students may submit their work during this phase (within the submission access control dates, if set). Teachers may allocate submissions for peer review.
Continue
Cancel

상호평가를 **제출 단계**로 전환하고자 합니다. 학생들은 이 단계에서는 각자가 한 일을 제출하게 됩니다(제출 접속 제어일이 설정된 경우 기일 안에). 선생님들은 동료 평가를 위해 과제를 할당할 수도 있습니다.

이제 학생이 상호평가를 선택하면 다음 화면과 같이 작업을 제출하라는 메시지를 보게 된다.

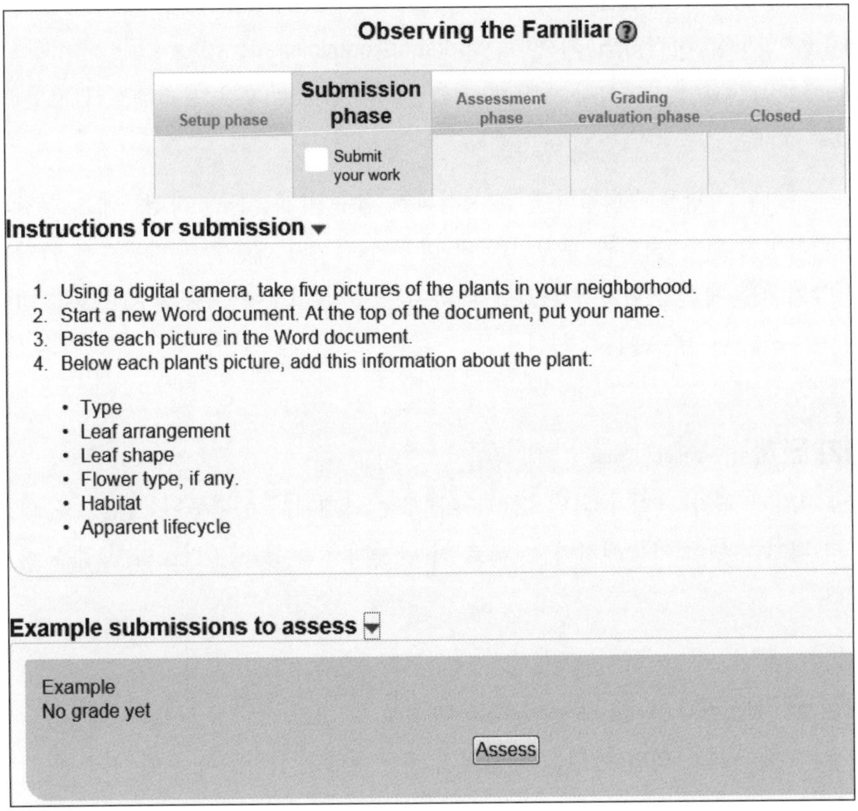

Setup phase

Submit your work

1. Using a digital camera, take five pictures of the plants in your neighborhood.
2. Start a new Word document. At the top of the document, put your name.
3. Paste each picture in the Word document.
4. Below each plant's picture, add this information about the plant:

• Flower type, if any.

• Apparent lifecycle

No grade yet

이 시점에서 학생은 예제를 평가할 수도 있다는 점에 주목하자. 이 상호평가의 Settings 페이지에서 Mode of examples assessment(예제 평가 모드)를 voluntary(예제 제출에 대한 평가는 자발적인 것임)로 설정했기 때문에 예제는 필수사항이 아니다. 만약 예제 평가를 강제적으로 하도록 설정했다면 학생이 예제를 평가하기 전까지 작업을 제출할 수 없다는 메시지를 받게 된다.

제출물 할당

학생들이 자신의 작업을 제출하기 시작하면 다른 학생들이 평가할 수 있도록 제출물 할당을 시작하면 되는데, Workshop administration(상호평가 관리) ➤ Allocate submissions(제출물 할당) 메뉴를 이용해 제출물을 수동으로 혹은 무작위로 할당할 수 있다.

만약 무작위 할당을 수행한다면 그 시점까지 접수된 제출물만 학생들에게 할당되어 평가받게 된다. 하지만 무작위 할당 이후에 접수된 제출물은 자동으로 할당되지 않기 때문에 상호평가가 완료될 때까지는 할당 이후에 제출된 제출물에 대해 다시 무작위 할당을 해줘야 한다.

평가 단계Assessment phase

상호평가가 평가 단계가 되면 여러분이 제출 단계에서 수행했던 작업으로 학생들의 평가 수행이 가능해진다. 실제로 이 단계에서 학생들은 서로의 작업을 평가한다.

채점 평가 단계Grading evaluation phase

채점 평가 단계가 되면 학생들의 성적을 자동으로 계산하도록 무들 시스템에 명령할 수 있으며, 필요하다면 성적을 재정의하거나 여러분이 부여한 성적을 입력할 수도 있다.

이 단계에서 학생은 제출한 제출물을 더 이상 수정할 수 없다.

종료 단계Closed phase

상호평가를 마치면, 최종 성적은 강좌의 성적표에 기록된다.

정리

무들은 학생과 학생 간의, 그리고 학생과 교사 간의 상호작용을 위한 옵션을 제공한다. 사용할 사회적 학습활동을 결정할 때는 여러분이 원하는 수준의 학생과 학생 간, 그리고 학생과 교사 간 상호작용의 구조와 빈도를 고려하자. 예를 들어 채팅방과 위키는 상대적으로 학생과 학생 간의 상호작용을 많이 할 수 있는 비정형화된 환경을 제공하며, 학생들을 학급의 일부 통제에서 자유롭게 하는 좋은 방법이다. 포럼은 항목이 주제별로 분류되기 때문에 좀 더 구조적인 환경을 제공하며, 교사에 의해 절제되어 더욱 체계화된다. 상호평가는 학생들이 서로의 작업을 평가할 때 사용해야 하는 평가 기준을 설정할 수 있어, 가장 잘 체계화된 환경을 제공한다. 학습활동이 더욱 체계화되면 학생이 다른 학생에 대해 알 수 있는 기회는 줄어든다는 점을 기억하자.

여러분은 학생 간의 단결심을 구축하기 위해 강좌 초반에 채팅방이나 포럼을 소개하고 싶을 것이다. 그리고 모둠 쓰기 프로젝트 같은 공동으로 제작하는 위키를 사용하게 되고, 마침내는 학생들이 서로를 좀 더 많이 알게 되어 함께 작업하기가 편해지면 여러분은 마지막 프로젝트로 상호평가를 사용할지도 모른다.

9
블록

모든 블록에는 사이트나 강좌에 기능을 추가하는 기능이 있다. 9장에서는 무들에 포함된 많은 블록을 살펴보고, 여러분이 사이트에 구현하고 싶은 블록을 선택하도록 도와주며, 또한 선택한 블록을 구현하는 방법도 살펴본다.

블록은 페이지 양쪽 세로단의 작은 영역에 정보를 표시한다. 예를 들어 블록은 달력, 최신 뉴스 또는 강좌에 등록한 학생들을 표시하므로 블록을 작은 애플릿이나 도구 정도로 생각하자.

무들 사이트 구성 시 사이트 시작 페이지상에 블록들의 표시 유무와 위치 설정이 가능하다. 강좌 구성 시에도 강좌 홈페이지상의 블록 표시 유무와 위치 설정이 가능하다. 사이트의 시작 페이지나 강좌 홈페이지의 블록 작동 방식은 동일하다. 사이트의 시작 페이지는 본질적으로는 강좌라고 할 수 있으며, 학생들 자신의 개인적인 페이지인 내 무들 페이지에 블록을 추가할 수 있는 권한을 학생들에게 부여할 수 있다.

표준 설치한 무들에는 많은 블록이 포함되어 있으며, http://moodle.org에서 블록을 조회해 추가로 설치할 수 있다.

블록 위치 설정

무들 초기 버전에서는 강좌에 블록을 추가하면 강좌의 홈페이지에만 블록이 표시되어 강좌의 학습자원이나 학습활동 페이지에는 보이지 않았다. 버전 2부터는 강좌의 홈페이지뿐만 아니라 강좌의 모든 학습자원과 학습활동 페이지에도 블록을 표시하도록 구성할 수 있으며, 특정 범주에 포함된 강좌에 블록이 표시되도록 구성할 수도 있다.

블록이 표시될 위치의 구성은 Page contexts(웹페이지 문맥) 설정과 Restrict to these page types(페이지 유형에 표시) 설정을 통해 이뤄진다. 예를 들어 다음 화면은 사용자가 Email Overload(이메일 재정의) 강좌에서 Blog menu(블로그 메뉴) 블록을 구성 중인 모습이다.

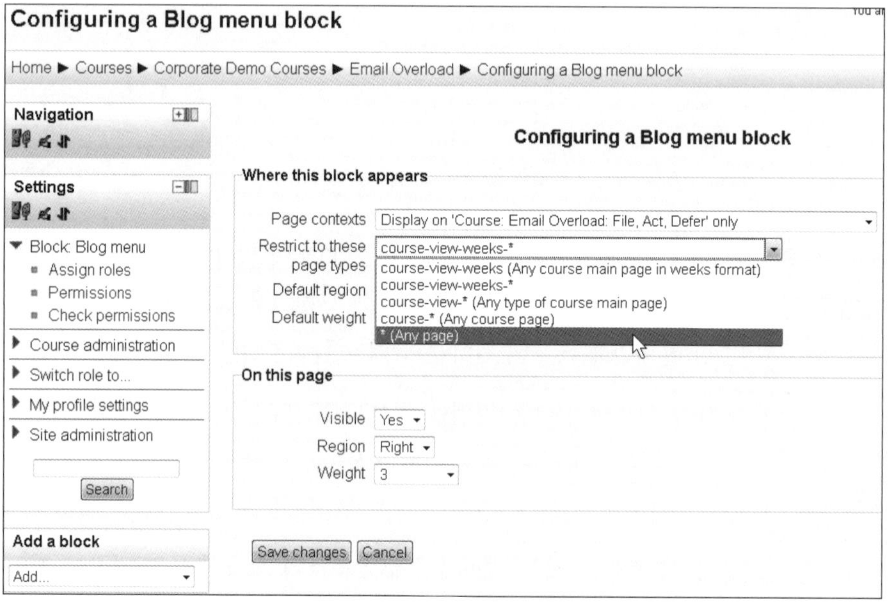

- 이 설정은 블록이 표시될 위치를 결정하기 위한 조합으로 이뤄지며, 몇몇 위치에서는 설정 내용이 효과가 없다. 다음 내용들은 유용한 조합의 목록이다.
- 강좌의 홈페이지에 블록을 추가해 강좌의 홈페이지에만 표시되길 원한다면 Page contexts 항목은 Display on course name only(시작 페이지에만 표시)를 선택하고 Restrict to these page types 항목은 course-*(모든 강좌 페이지)를 선택한다.

- 강좌의 홈페이지에 블록을 추가해 강좌의 모든 페이지(모든 학습활동과 학습자원)에 표시하고 싶다면 Page contexts 항목은 Display on course name and any pages within it(시작 페이지와 시작 페이지에 추가된 페이지들 표시)을 선택하고 Restrict to these page types 항목은 *(모든 페이지)를 선택한다.
- 범주 홈페이지에 블록을 추가해 범주에 속한 모든 강좌의 홈페이지에 표시하고 싶다면 Page contexts 항목은 Display on course name only를 선택하고 Restrict to these page types 항목은 course-*를 선택한다.

블록 유형

무들은 강좌에 추가할 수 있는 많은 표준 블록을 제공한다. 그중 가장 유용한 블록들을 살펴보자.

학습활동 블록

Activities(학습활동) 블록은 강좌에서 사용할 수 있는 모든 학습활동의 목록을 나열한다.

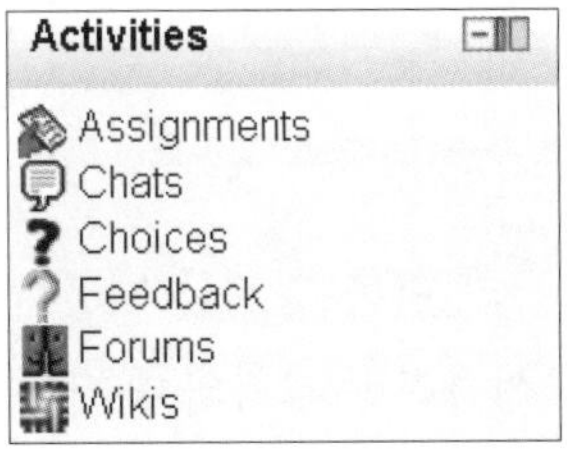

강좌에서 사용하고 있지 않은 학습활동의 유형은 나타나지 않으며, 강좌에서 한 번이라도 사용한 적이 있는 학습활동만 표시된다. 사용자가 학습활동의 유형을 클릭하면 강좌에서 사용되고 있는 해당 유형의 학습활동들이 나열된다. 다음 예제 화면과 같이 사용자가 Activities 블록에서 Assignments를 클릭하면 강좌에 있는 과제의 목록이 나열된다.

emo Courses ► Email Overload ► Assignments

Week	Name	Assignment type	Due date	Submitted	Grade
Subject Lines that Make Sense	Analyze an Email	Online text	Sunday, 27 February 2011, 04:30 PM		-
Replies, Forwards, and Blind Copies	Send us your longest email	Offline activity	Sunday, 27 February 2011, 11:20 PM		-

> 이 블록이 사이트 시작 페이지에 있다면, 전체 사이트에 있는 학습활동이 아닌 시작 페이지상에 존재하는 해당 학습활동의 목록을 나열한다.

블로그 메뉴 블록

기본적으로 모든 무들 사용자는 사이트에 개인 블로그를 갖고 있다. Blog menu(블로그 메뉴) 블록을 선택하면 강좌의 사이드바에 블로그 메뉴가 나타난다.

이 블록은 강좌에 블로그 목록의 단축 경로를 제공한다는 점에 주목하자. 블로그 작성을 강좌의 일부분으로 구성하려면 강좌의 홈페이지에 이 블록을 포함시키자.

블로그 태그 블록

Tags(태그) 블록은 사이트에서 사용하는 전체 블로그 태그를 표시하며, 알파벳순으로 정렬되어 나열된다. 블로그에서 많이 사용되는 태그는 블록 내에서 더 큰 글자로 표시된다.

달력 블록

Calendar(달력) 블록에는 상호평가, 과제, 퀴즈, 일정 등이 표시된다.

위 화면에서 보는 바와 같이 사용자는 13일에 시작하는 일정을 가리키고 있으며, 팝업창이 나타나 일정 이름을 보여준다. 이 행사는 강좌에 추가됐기 때문에 강좌 내에서만 표시되는 일정이다.

강좌 제작자나 관리자가 달력 블록의 아래쪽에 있는 네 링크 중 하나를 클릭하면 해당 유형의 일정은 표시되지 않는다. 예를 들어 달력 블록이 강좌 홈페이지에 표시되고 있다면 위 링크를 클릭해 전체 일정과 사용자 일정은 표시되지 않길 원할 수 있다. 그렇게 하면 강좌 내 일정과 강좌 내 모둠을 위한 일정만 달력에 표시할 수 있다.

댓글 블록

Comments(댓글) 블록은 사용자들에게 댓글을 남기거나 읽을 수 있게 도와준다. 댓글은 모두 저장되며 누적된다.

다음 화면을 보면 학생1 사용자가 로그인했는데 자신이 남긴 댓글은 지울 수 있지만 강좌 관리자가 남긴 댓글은 지울 수 없다는 점에 주목하자.

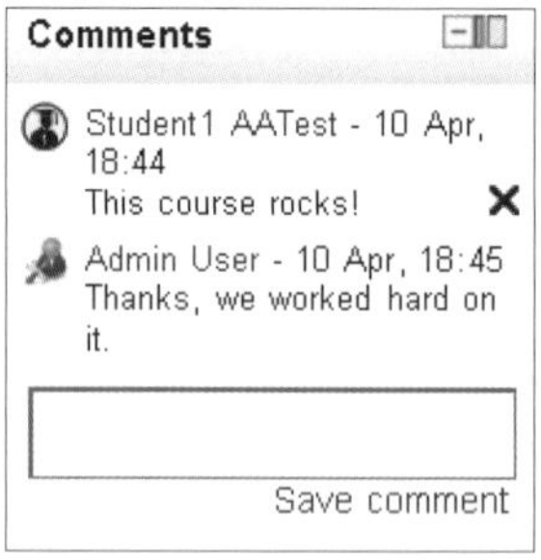

물론 강좌 관리자와 사이트 관리자는 모든 사람의 댓글을 삭제할 수 있다.

모든 댓글이 저장되어 목록이 길어지면 여러분은 댓글 블록을 하나의 강좌로 제한하고 싶을 것이다. 즉 사이트 전체에서 볼 수 있는 댓글이나 범주에 속한 모든 강좌에 댓글을 추가하는 일을 원하지 않는다. 그렇지 않으면 블록은 댓글로 넘쳐날 것이다(여러분이 이런 효과를 원하지 않는다면 말이다).

학습활동과 학습자원에 Comments 블록을 추가하는 것이 좋다. 그리고 다음과 같이 첫 댓글을 사용해 학생들이 피드백을 남길 수 있도록 권장하는 댓글을 남기자.

강좌 이수 블록

Course completion(강좌 이수) 블록은 강좌 이수 추적 기능을 이용해 작동한다. 10장 '교사를 위한 기능'에서 강좌 이수 추적에 관해 더 자세히 다루므로 이를 참조하길 바란다.

강좌 블록

Courses(강좌) 블록은 학생이 등록한 강좌들을 표시하고, 추가적으로 블록의 아래쪽에 All courses(모든 강좌)로 연결된 링크를 표시한다. Navigation(내비게이션) 블록은 학생이 등록한 강좌들만 표시한다는 점에 주목하자. 내비게이션 블록은 학생에게 모든 강좌 범주의 목록을 제공하진 않는다.

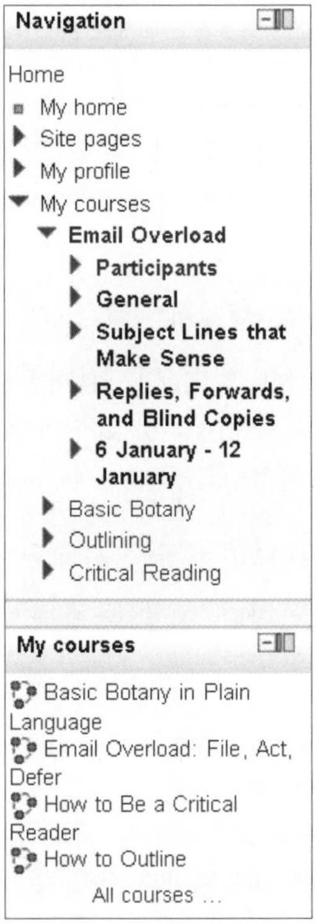

강좌/사이트 설명

Course/Site Description(강좌/사이트 설명) 블록은 강좌 Settings 페이지에 입력되어 있는 요약 내용을 조회해 표시하는데, 이 내용은 사이트의 시작 페이지에 나열된 강좌의 정보 아이콘 ❶를 클릭했을 때 표시되는 내용과 동일하다.

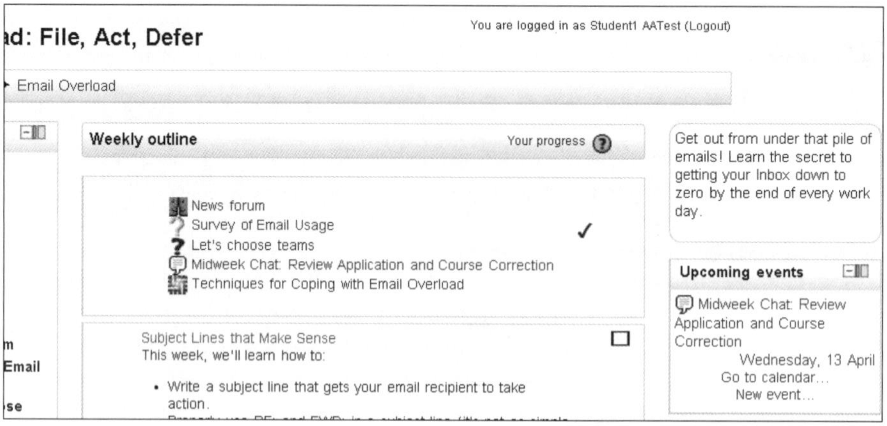

HTML 블록

HTML 블록은 사이드바에 블록을 생성하는데, 이 블록에는 웹페이지에 입력할 수 있는 내용이면 무엇이든지 HTML 형식으로 입력할 수 있다. 대부분의 블로그 소프트웨어에서 사이드바에 메뉴와 흥미로운 링크를 배치하는 예에서 볼 수 있듯이, 경험 있는 웹 사용자에게 페이지의 주 내용에 사이드바의 내용을 추가하는 방식은 익숙하므로, 표준을 준수하고 HTML 블록을 사용해 강좌의 내용이 아닌 추가적인 흥미로운 내용을 담을 것을 제안한다. 예를 들어 관심 있는 타 사이트의 링크를 주석과 함께 입력할 수 있다.

강좌의 사이드바에 입력할 수 있는 축소된 웹페이지 형태의 HTML 블록에 대해 고려하자.

HTML 블록 편집 시 무들은 강좌에 웹페이지를 추가할 때 사용했던 것과 동일한 모든 기능을 갖춘 웹페이지 편집기를 제공한다.

최신 뉴스 블록

새 강좌를 생성하면 기본적으로 뉴스 포럼이 생성된다. Latest news(최신 뉴스) 블록은 이 포럼에 최근 등록된 게시물을 표시한다.

포럼의 이름이 변경된다 하더라도 이 포럼에 등록된 게시물을 표시한다. 이 블록에 표시하는 게시물의 수는 News items to show(볼 새 소식) 항목으로 설정한다.

사이트의 시작 페이지는 또 하나의 강좌라고 언급했었다. 사이트의 시작 페이지에 최신 뉴스 블록을 표시한다면, 사이트에 등록된 전체 최신 포럼 게시물이나 Course Settings(강좌 설정) 페이지의 Site News(사이트 뉴스)가 표시된다.

뉴스 포럼에 새로운 게시물이 등록됐을 때 학생에게 이메일을 보내도록 설정했다면, 학생들이 그 뉴스를 구독하고 있다고 볼 수 있기 때문에 최신 뉴스 블록을 표시할 필요는 없다. 하지만 뉴스 아이템이 강좌를 등록하지 않은 방문자에게 흥미로운 내용이거나 손님 접속guest access이 가능한 강좌라면 최신 뉴스 블록을 표시하기를 원할 것이다.

로그인 블록

방문자가 로그인하지 않은 상황이면 페이지의 우측 상단 구석이나 페이지 하단 중앙에 작은 Login(로그인) 링크를 표시한다. 하지만 링크가 눈에 잘 띄지 않기 때문에 Login 블록이 훨씬 더 눈에 잘 띄는데, 이렇게 작은 로그인 링크와 비교해 로그인 블록의 가장 큰 장점은 가시성에 있다.

사이트 전체 페이지에 로그인 블록을 표시하고 싶다면, Page Contexts 설정 항목을 Display throughout the entire site(사이트 전체에 표시)로 설정하고 Restrict to these page types 설정 항목을 *로 설정한다.

사용자가 로그인한 후에 로그인 블록은 사라진다.

주 메뉴 블록

Main menu(주 메뉴) 블록은 사이트의 시작 페이지에서만 사용 가능하다. 강좌 편집 화면에서 Add a resource(학습자원 추가) 혹은 Add an activity(학습활동 추가)라고 적힌 풀다운 메뉴를 선택해 강좌에 추가할 수 있는 항목이면 이 블록에 추가할 수 있다.

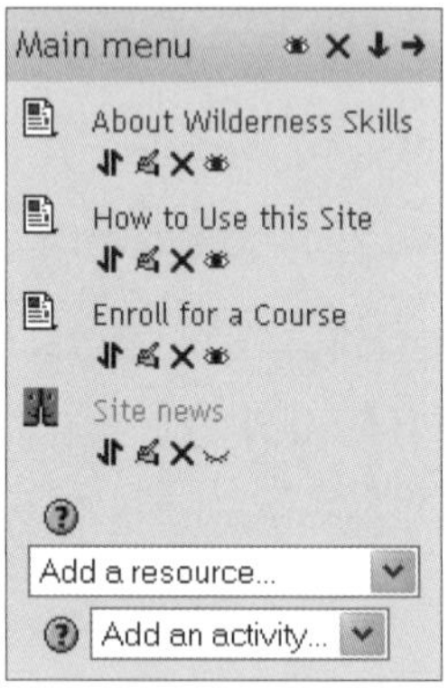

예제 사이트에서는 주 메뉴를 사용해 사이트의 정보와 사이트를 이용하는 방법을 전달하고자 했으며, 방문자가 강좌를 등록하고, 사용할 때 필요한 지침을 방문자가 쉽게 얻을 수 있도록 구성하길 원했다. 블록의 이름을 How to Use this Site(사이트를 사용하는 방법)라고 바꿔야 할지도 모르겠다. 그러려면 language 폴더 내에 있는 moodle.php에서 다음 줄을 찾는다.

```
$string['mainmenu'] = '주 메뉴';
```

'주 메뉴'를 메뉴의 이름란에 표시하고 싶은 단어로 변경한다.

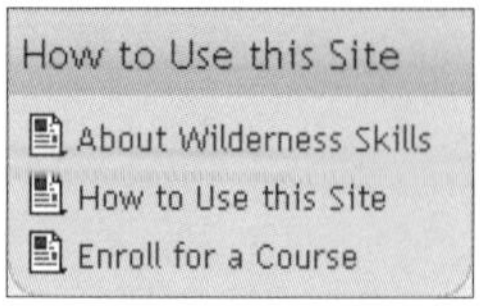

쪽지 블록

Messages(쪽지) 블록은 무들의 메시지 관리 페이지로 이동하는 바로가기를 제공하며 최근에 받은 쪽지를 표시한다. 이 바로가기를 이용해 이동하는 페이지는 Settings ➤ My profile ➤ Messages를 선택했을 때 이동하는 페이지와 동일하다.

온라인 사용자 블록

Online Users(온라인 사용자) 블록은 현재 강좌에 들어와 있는 사용자의 목록을 표시한다. 사이트의 시작 페이지에 블록을 추가했다면 현재 사이트에 온라인 상태인 사용자들의 목록을 보여주며 몇 분 간격으로 사용자 목록이 갱신된다.

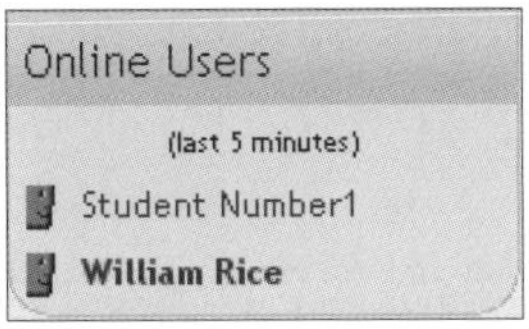

퀴즈 결과 블록

Quiz results(퀴즈 결과) 블록은 강좌에 퀴즈가 있을 때만 사용할 수 있다. 강좌의 퀴즈에서 달성한 최고 점수나 최저 점수를 표시하며, 원한다면 학생의 이름을 익명으로 처리할 수도 있다.

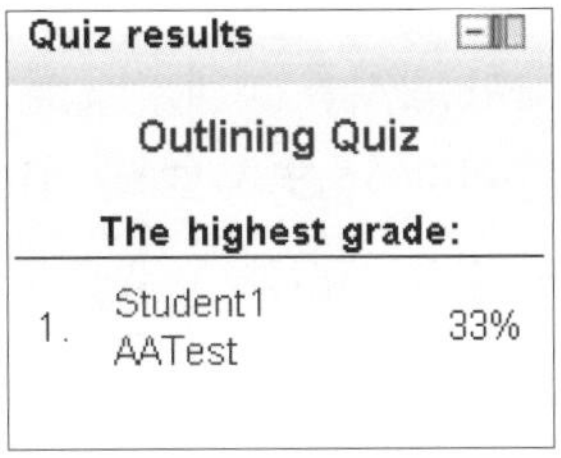

무작위 용어집 입력 항목 블록

무들의 Random Glossary Entry(무작위 용어집 입력 항목) 블록은 선택한 용어집의 모든 용어 목록을 표시하며, 강좌에서 사용하고 있는 용어집에서 용어 목록을 가져올 수 있다.

다음 화면에서 블록이 사용하는 용어집은 학급 인명부로 용어집에 각 학생의 등록 사항이 입력되어 있다.

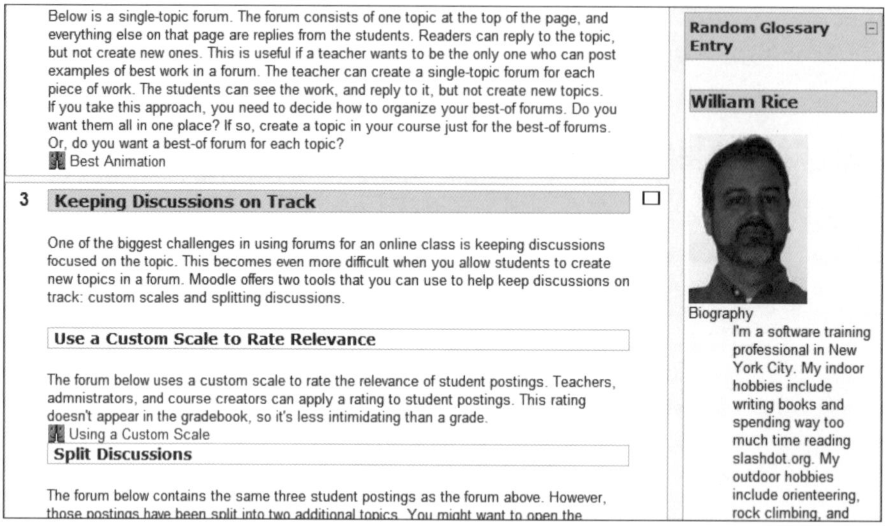

이 블록을 '무작위' 용어집 입력 항목이라고 부르긴 하지만 용어집에서 조회한 입력 항목들의 순서와 새 입력 항목을 보여주는 빈도를 제어할 수도 있다. 예를 들어 여기서 무작위 용어집 입력 항목 블록은 입력 항목을 일정한 순서로 표시하고 매일 입력 항목을 변경하도록 설정했다.

다음은 용어집 외의 용도로 무작위 용어집 입력 항목 블록을 사용하는 방법이다.

- 학급의 예전 학생이 제출한 과제를 눈에 띄도록 강조한다. 학급이 긴 기간의 프로젝트 작업을 진행 중이라면, 그 프로젝트를 완료한 이전 학급의 우수한 작업 사례를 포함한 용어집을 생성해 프로젝트 작업이 진행되는 동안 생성한 용어집을 표시한다.
- 연구 분야와 관련된 영감을 주거나 정보를 제공하는 인용구
- 여러분이 기업 환경에서 가르치고 있다면 용어집 내에 역할role과 절차procedure를 포함하는 것이 좋다. 예를 들어 '인적 자원 정책 용어집', '구매 주문 용어집' 등과 같이 역할이나 절차의 유형에 따라 별도의 용어집을 생성할 수 있다.

- 과거의 시험 문제와 답안. 학생들은 시험을 준비할 때 이를 또 다른 학습자원으로 사용할 수 있다.
- 연구 분야와 관련된 재미있는 일화
- 일반적인 과오와 교정. 예를 들어 소프트웨어 버그나 일반적인 외국어 문법 실수를 찾는 방법을 들 수 있다.

최근 활동 블록

Recent activity(최근 활동) 블록이 강좌의 홈페이지에 추가되면 사용자가 마지막으로 로그인한 이후 강좌에서 발생한 학생과 교사의 모든 활동을 블록에 나열한다. Full report of recent activity(최근 활동 상세 보고) 링크는 강좌의 활동을 보고하는 데 사용할 수 있는 페이지를 표시한다.

사이트의 시작 페이지에 블록을 추가하면 사용자가 마지막으로 로그인한 이후 모든 학생과 교사의 활동을 시작 페이지의 블록에 나열하지만, 개인적인 강좌에서의 활동은 해당되지 않는다. 만약 사용자가 손님 사용자로 로그인했다면 손님이 마지막으로 로그인한 시간 이후의 활동을 블록에 표시한다. 손님들이 지속적으로 방문한다면 손님 사용자에 대한 이 블록의 사용을 제한해야 할 수도 있다. 이런 경우, 사이트의 시작 페이지에서 이 블록을 제거해 익명의 사용자가 볼 수 없게 하고 사용자 인증 과정이 필요한 강좌에만 블록을 추가하는 방법을 쓸 수 있다.

RSS 피드 블록

Remote RSS Feeds(RSS 피드) 블록을 강좌 홈페이지에 추가하면 강좌 제작자는 RSS 피드를 선택하거나 생성해 블록에 표시한다.

이 예제는 어드벤처 레이싱 사이트의 RSS 피드를 보여주는데, 이 피드는 다음 화면에서 표시된 구성의 결과다.

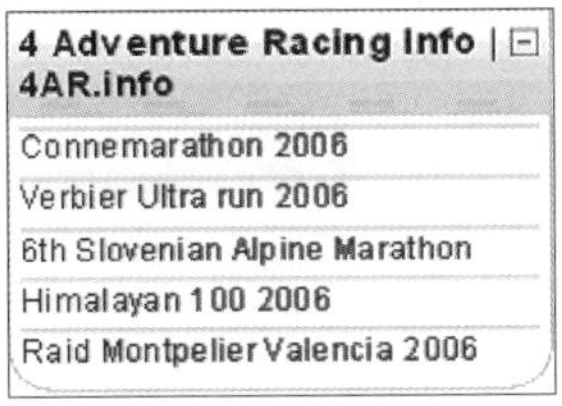

피드는 사이트 관리자에 의해 추가되며, 강좌 제작자는 블록에 사용할 피드를 선택한다. 대신에 강좌 제작자가 RSS 블록을 추가했다면 곧바로 피드도 추가할 수 있다. 다른 모든 강좌 제작자는 새로 추가한 피드를 다른 강좌에 사용할 수 있다. 이는 퀴즈 질문이 작동하는 방식과 유사하다. 누가 만들었든 간에 모든 퀴즈 질문은 모든 강좌 제작자가 강좌에 사용할 수 있다.

포럼 검색 블록

Search forums(포럼 검색) 블록은 포럼 검색 기능을 제공한다. 다른 유형의 학습활동이나 학습자원은 검색하지 않는다. 이 블록을 사이트의 시작 페이지에 추가하면 시작 페이지의 포럼만 검색한다.

이 블록을 강좌의 홈페이지에 추가하면 강좌에 포함된 포럼만 검색한다. 이 블록은 사이트의 시작 페이지에 자동으로 표시되는 Search courses(강좌 검색) 항목과는 차이가 있다. Search courses 항목은 포럼이 아닌 강좌 이름과 설명을 검색한다.

주제 블록

Topics(주제) 블록은 강좌에 포함된 번호가 정해진 주제나 주week로 이동하는 링크를 표시한다. 링크를 클릭하면 해당 주제의 페이지로 이동한다. 이 블록은 주제명은 표시하지 않는다. 만약 주제 링크를 주제의 이름으로 표시하고 싶다면 여러분이 직접 링크를 생성해야 한다. 다음 화면은 그 예를 보여준다.

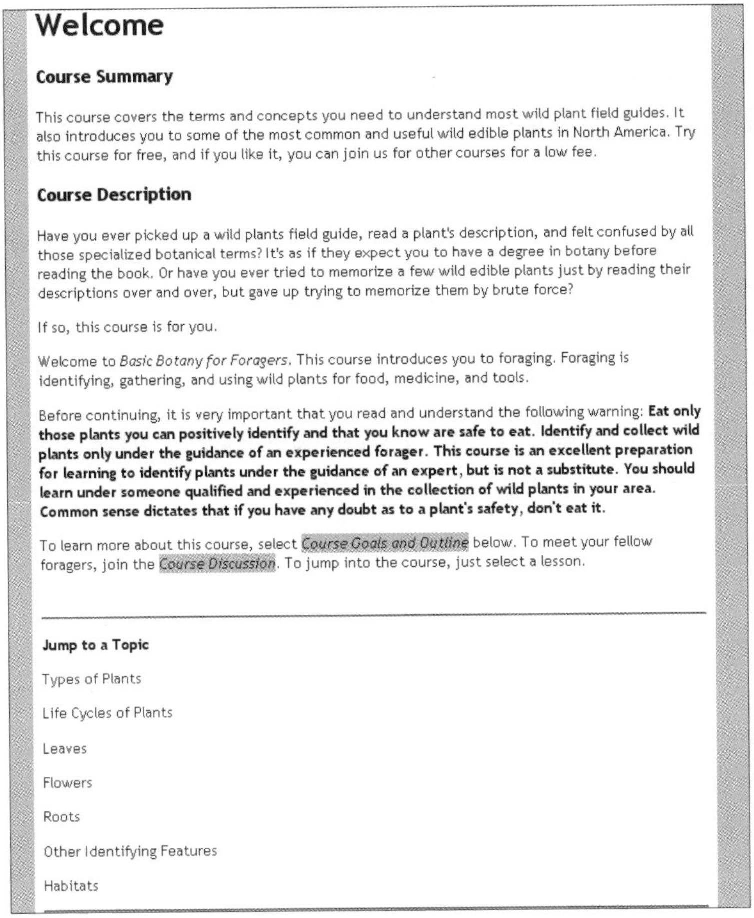
Welcome
Course Summary
This course covers the terms and concepts you need to understand most wild plant field guides. It also introduces you to some of the most common and useful wild edible plants in North America. Try this course for free, and if you like it, you can join us for other courses for a low fee.
Course Description
Have you ever picked up a wild plants field guide, read a plant's description, and felt confused by all those specialized botanical terms? It's as if they expect you to have a degree in botany before reading the book. Or have you ever tried to memorize a few wild edible plants just by reading their descriptions over and over, but gave up trying to memorize them by brute force?
If so, this course is for you.
Welcome to Basic Botany for Foragers. This course introduces you to foraging. Foraging is identifying, gathering, and using wild plants for food, medicine, and tools.
Before continuing, it is very important that you read and understand the following warning: Eat only those plants you can positively identify and that you know are safe to eat. Identify and collect wild plants only under the guidance of an experienced forager. This course is an excellent preparation for learning to identify plants under the guidance of an expert, but is not a substitute. You should learn under someone qualified and experienced in the collection of wild plants in your area. Common sense dictates that if you have any doubt as to a plant's safety, don't eat it.
To learn more about this course, select Course Goals and Outline below. To meet your fellow foragers, join the Course Discussion. To jump into the course, just select a lesson.
Jump to a Topic
Types of Plants
Life Cycles of Plants
Leaves
Flowers
Roots
Other Identifying Features
Habitats

이름으로 된 링크를 생성하는 방법은 다음과 같다.

1. 강좌의 홈페이지에서 브라우저의 주소창을 보면 강좌의 웹 주소를 볼 수 있는데, 여기서는 다음과 같이 입력하겠다. http://moodle.williamrice.com/course/view.php?id=4. 이 주소를 선택한 후 복사한다.
2. Topic 0에 표지를 추가한다. Add a resource(학습자원 추가) 드롭다운 메뉴를 클릭해 Add a label(표지 추가)을 선택한다.
3. 워드 편집기 형태의 창이 나타나면 표지로 쓸 텍스트를 입력한다. 여기서는 수평 괘선을 추가한 후 Jump to a Topic(주제로 이동)이라고 입력한다. 원한다면 링크에 대해 소개글을 추가로 입력한다.

4. Types of Plants(식물의 종류)라고 첫 주제의 이름을 입력한다.
5. 주제의 이름을 드래깅하여 선택한다.
6. 링크를 생성하기 위해 Link 버튼을 클릭하면 링크의 URL을 입력할 수 있는 팝업창이 나타난다.
7. 앞서 강좌의 홈페이지 주소를 복사했었는데 이 주소를 Insert Link(링크 삽입) 팝업창에 붙여넣는다. 그리고 링크 끝에 해시 기호(#)를 입력하고 주제 또는 주week 번호를 입력한다.
8. 각 주제에 대해 4단계부터 7단계까지의 과정을 반복한다.
9. Edit label(표지 편집) 창에서의 작업이 끝나면 Save changes 버튼을 클릭한다. 강좌 홈페이지로 이동하면 Topic 0으로 이동하는 링크를 보게 된다.

예정된 행사 블록

Upcoming Events(예정된 행사) 블록은 Calendar 블록의 기능을 확장해 달력에서 행사 정보를 가져온다. 예정된 행사 블록은 기본적으로 10개의 행사를 표시하며, 최대 20개까지 표시한다. 기본적으로 앞으로 21일 내의 행사를 나타내며, 최대 200일을 설정할 수 있다. 설정한 최대치보다 더욱 많은 행사가 있는 경우 최대치를 넘는 예정된 행사는 표시되지 않는다.

이 블록은 학생들에게 강좌를 이수하는 데 필요한 작업들을 학생들이 잊지 않도록 일깨워주는 데 유용하다.

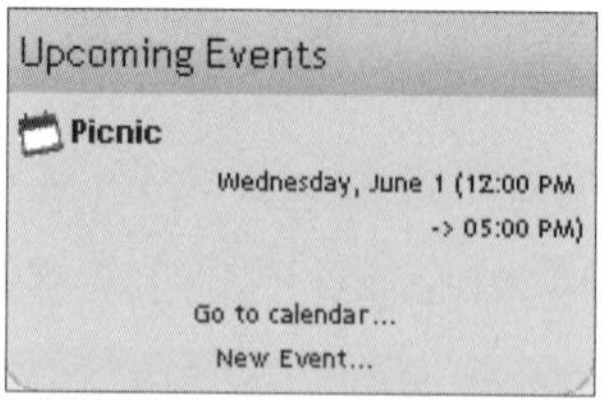

정리

표시할 블록을 결정할 때는 학생의 편의 수준을 고려하는 게 좋다. 만약 학생들이 경험 있는 웹 검색자라면 강좌의 정보를 블록에 표시할 때 많은 기능을 보완하면 학생들이 만족할 것이다. 경험 있는 웹 검색자는 자신에게 필요 없는 정보를 무시하는 데 능숙하다(웹상의 배너광고에 관심을 기울인 적이 마지막으로 언제였는가?). 만약 초보 컴퓨터 사용자라면 페이지상에 블록이 있으면 그 블록에 집중해야 하고 그 블록과 상호작용을 해야 한다고 생각할 수도 있다. 여러분은 필요하다면 블록의 사용을 켜거나 끌 수 있다는 점을 기억하자.

10
교사를 위한 기능

무들에는 교사가 특히 흥미로워할 만한 기능들이 있는데, 이 기능들은 강좌를 통해 학생들이 얼마나 많이 향상되는지 측정하는 데 초점을 맞추고 있다. 보고서와 로그는 사이트나 강좌 내에서 행해지는 무언가를 완료한 사용자를 보여준다. 성적은 학생이 점수를 얼마나 잘 받고 있는지를 말해줄 뿐만 아니라, 너무도 쉽게 평준화되거나 편중될 수 있다.

로그와 보고서

무들은 사이트에서 사용자들이 수행하는 모든 학습활동의 상세 로그를 기록하며, 이 로그를 사용해 사이트에서 누가 제일 활동적인지, 사용자들이 무엇을 수행하고 언제 완료하는지를 측정할 수 있다.

> 어떤 보고서는 강좌 수준(level)에서 사용할 수 있으며 교사는 이 보고서에 접근할 수 있다. 또 어떤 보고서는 사이트 범위에서 사용 가능하다. 이들 보고서에 접근하기 위해서는 사이트 관리자여야만 한다. 10장에서는 두 종류의 보고서를 살펴본다.

무들에는 평범한 보고서 보기 시스템이 있다. 하지만 복잡한 로그 분석을 위해 무들의 외부 환경을 살펴볼 필요가 있다.

강좌의 로그와 보고서를 보려면 교사나 관리자로 로그인해야 하며 My courses ➤ name of course ➤ Reports를 선택한다.

Reports 페이지에서 볼 수 있는 세 종류의 정보는 위에서부터 차례로 다음과 같다.

- 순수 로그Raw logs
- 활동 보고서Activity reports
- 참여 보고서Participation reports

그렇다면 하나씩 구분해 살펴보자.

강좌 로그 보기

무들에서는 로그 파일을 강좌별, 참가자별, 일자별, 활동별, 조치action별로 걸러서 조회할 수 있다는 사실을 기억하자. 이렇게 데이터를 거르기 위해 각 조건값 중 하나를 선택할 수 있다.

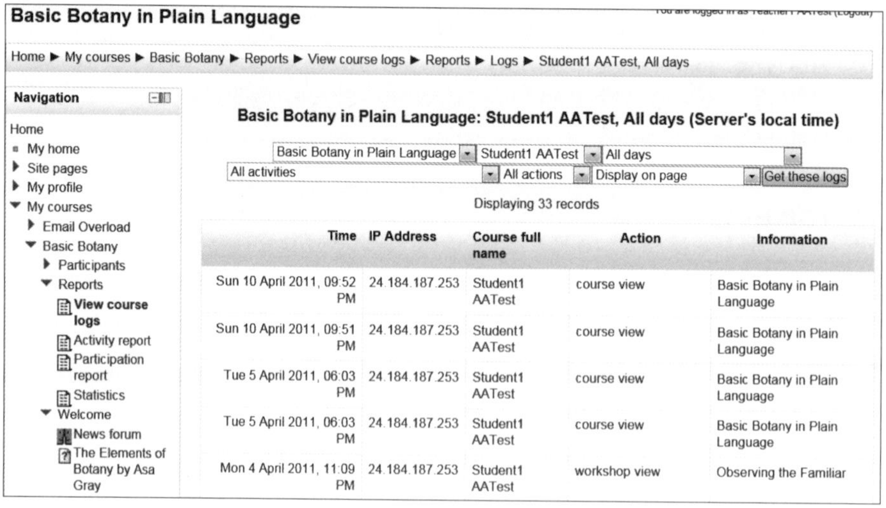

각 조건값은 여러 개 선택할 수 없다. 즉 동시에 두 강좌의 로그를 본다거나, 동시에 참가자 네 명의 로그 혹은 며칠 치 로그를 동시에 조회할 수 없다. 더욱 세련된 로그를 보고 싶다면, 무들에서 기본으로 제공하는 로그 보기 도구가 아닌 다른 도구를 사용해야 한다.

다행히도 로그를 테스트 파일로 내려받을 수 있어서 스프레드시트 같은 도구에서 그 파일을 불러서 사용할 수 있다. 로그를 내려받으려면 다음 화면과 같이 맨 마지막 드롭다운 목록을 사용한다.

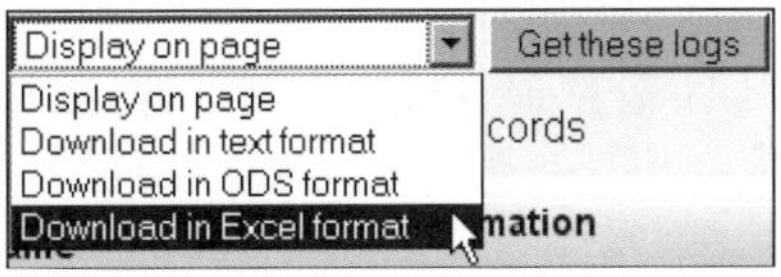

예를 들어 차트나 데이터 분석 같은 형식을 구성하기 위해 엑셀 데이터 메뉴를 사용한다. 엑셀 데이터 기능에 대한 자세한 논의는 이 책의 주제를 벗어나지만 이 기능들을 사용하는 데 유용한 많은 참고자료가 있다.

다음 그림은 가져온 데이터를 이용해 엑셀에 테이블을 생성하는 예인데, 여기서는 가장 활동적인 사용자를 한눈에 살펴보기 위해 참여자(Full name(전체 이름))로 정렬했다.

	A	B	C	D	E	
1	Course	Time	IP Address	Full name	Action	Information
2	FreePics	2007 February 24 19:34	82.27.68.16	LisaMarie Alexandria	course view	Free Wild Pictures
3	FreePics	2007 January 16 19:43	82.27.73.24	LisaMarie Alexandria	course view	Free Wild Pictures
4	FreePics	2007 January 16 19:23	82.27.73.24	LisaMarie Alexandria	resource view	Common Burdock in the Spring
5	FreePics	2007 January 16 19:23	82.27.73.24	LisaMarie Alexandria	course view	Free Wild Pictures
6	FreePics	2007 January 16 19:23	82.27.73.24	LisaMarie Alexandria	course enrol	Deer Habits
7	Debris Huts	2007 February 18 16:43	86.136.132.	Bradford Sorens	course view	Debris Huts
8	Debris Huts	2007 February 18 16:43	86.136.132.	Bradford Sorens	course enrol	Debris Huts
9	Bow Drill	2007 February 18 16:43	86.136.132.	Bradford Sorens	course view	Bow Drill Firestarting
10	Bow Drill	2007 February 18 16:43	86.136.132.	Bradford Sorens	course enrol	Debris Huts
11	Tracking Basic	2007 February 18 16:42	86.136.132.	Bradford Sorens	user view all	
12	Tracking Basic	2007 February 18 16:41	86.136.132.	Bradford Sorens	course view	Tracking Basics
13	Tracking Basic	2007 February 18 16:41	86.136.132.	Bradford Sorens	course enrol	Debris Huts
14	Water's Edge	2007 February 18 16:40	86.136.132.	Bradford Sorens	course enrol	Debris Huts
15	Water's Edge	2007 February 18 16:40	86.136.132.	Bradford Sorens	course view	By the Water's Edge
16	FreePics	2007 February 18 16:31	86.136.132.	Bradford Sorens	course view	Free Wild Pictures
17	FreePics	2007 February 18 16:31	86.136.132.	Bradford Sorens	resource view	Wild Plant Pictures
18	FreePics	2007 February 18 16:31	86.136.132.	Bradford Sorens	course view	Free Wild Pictures
19	FreePics	2007 February 18 16:31	86.136.132.	Bradford Sorens	course enrol	Debris Huts

A열을 보면 쉽게 알 수 있듯이 위 표에는 여러 강좌의 정보가 포함되어 있음을 주목하자. 여러 강좌로부터 가져온 데이터를 한곳에 담는 데는 두 가지 방법이 있다.

첫 번째는 관리자 역할로 로그인한 후 관리자 화면에서 보고서를 실행하는 방법으로 사이트 전체 강좌를 대상으로 보고서를 실행할 수가 있다. 두 번째는 교사 역할로 로그인해 각 강좌별로 데이터를 내려받아 엑셀 워크시트에 병합하는 방법이다.

활동 보고서 보기

활동 보고서Activity report는 한 강좌의 활동 내용을 사용자에게 친숙한 화면으로 제공한다. 로그는 완료된 정보를 보여주는 반면에, 활동 보고서는 강좌의 항목만을 대상으로 하며 각 항목의 수행 내용과 그 항목의 마지막 활동 시간 등을 보여준다. 다음 화면과 같이 메뉴에서 활동 보고서를 선택하면 강좌에 포함된 모든 활동 목록이 표시된다.

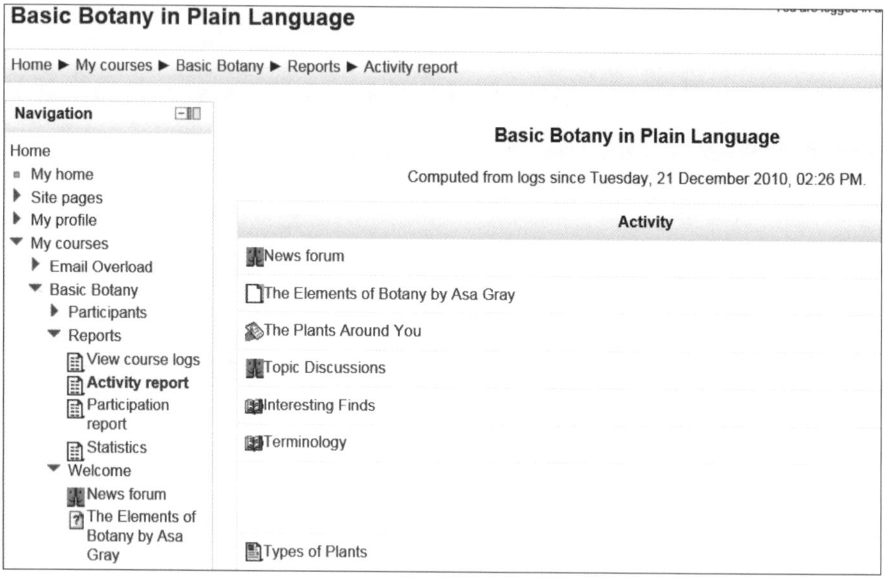

활동 목록에서 보고서를 생성하고자 하는 활동을 선택하면 해당 활동으로 이동한다. 이 예에서 교사는 The Plants Around You(주위의 식물)를 선택했다.

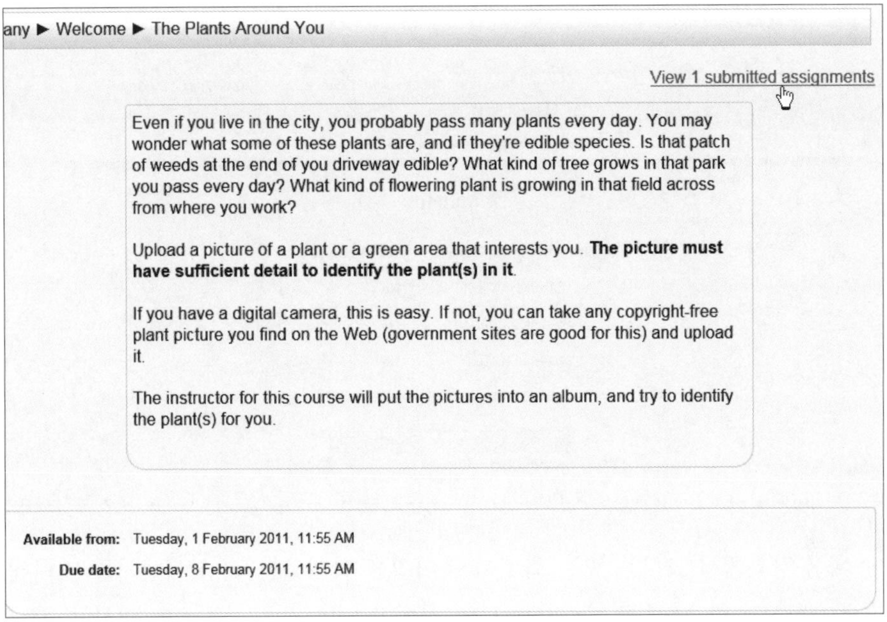
any ► Welcome ► The Plants Around You
View 1 submitted assignments
Even if you live in the city, you probably pass many plants every day. You may wonder what some of these plants are, and if they're edible species. Is that patch of weeds at the end of you driveway edible? What kind of tree grows in that park you pass every day? What kind of flowering plant is growing in that field across from where you work?
Upload a picture of a plant or a green area that interests you. The picture must have sufficient detail to identify the plant(s) in it.
If you have a digital camera, this is easy. If not, you can take any copyright-free plant picture you find on the Web (government sites are good for this) and upload it.
The instructor for this course will put the pictures into an album, and try to identify the plant(s) for you.
Available from: Tuesday, 1 February 2011, 11:55 AM
Due date: Tuesday, 8 February 2011, 11:55 AM

활동 보고서는 강좌의 활동으로 이동하는 링크 역할만 한다는 점에 주목하자. 활동을 선택하면 보고서에서 선택한 활동을 보기 위한 방법으로 사용된다.

참여 보고서

참여 보고서Participation report는 학생이 완료해야 하는 활동을 학생이 발견하고 완료할 수 있게 학생에게 알림을 보내는 데 특히 유용하다. 다음 예에서는 교사가 Interesting Finds(흥미로운 발견)라는 활동에 대한 보고서를 찾고 있다. 용어집 학습활동으로 교사는 학급 학생들의 기록을 표시하고 있지만 용어집에 학생들의 게시물에 대한 기록만 보기를 원한다.

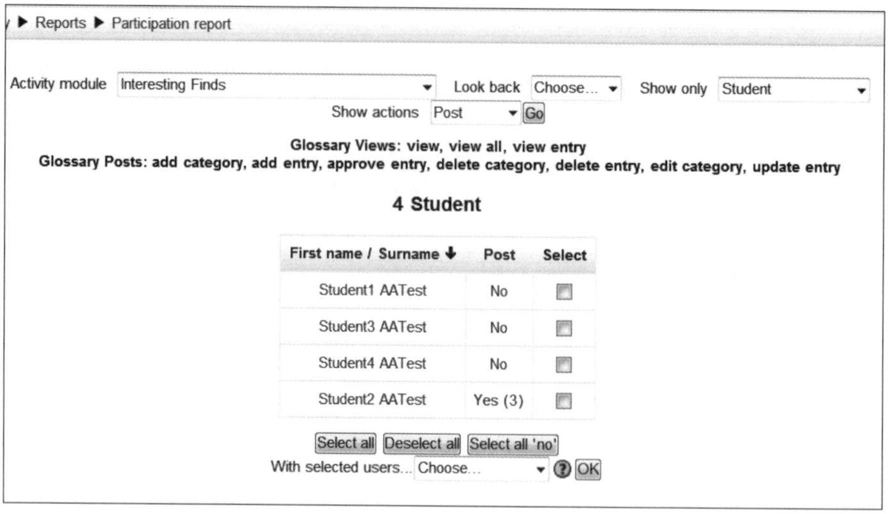

이 예제 강좌에서 교사는 모든 학생이 용어집을 작성하는 데 참여하기를 기대해 학생1, 학생3, 학생4에게 메시지를 보낼 것이다. 메시지를 보내려면 교사는 학생들을 선택하고 다음 화면과 같이 With selected users...(선택된 사용자를...) 드롭다운 목록에서 Send a message(쪽지 보내기)를 선택한다.

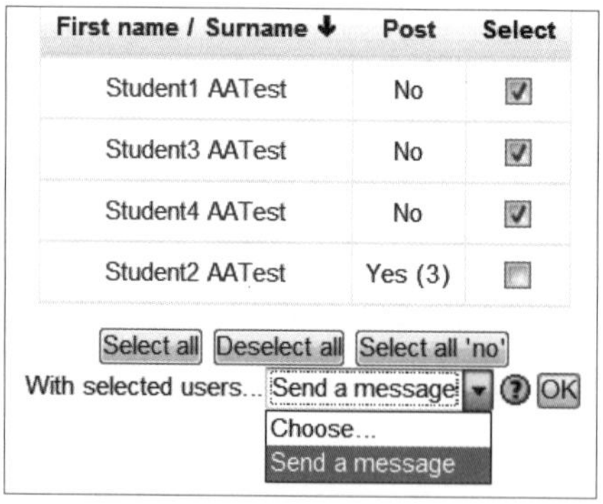

그러면 교사는 쪽지를 생성하고 보낼 수 있는 페이지로 이동한다. 쪽지는 학생들의 이메일 주소로 보내지며 무들 쪽지에도 저장된다.

통계

통계statistics는 사이트 관리자만 사용할 수 있는 기능이다. 여러분이 웹사이트를 운영하고 있다면 사이트 사용량을 추적하기 위해 사이트 통계를 사용하는 데 익숙할 것이다. 이 통계는 웹 서버에 의해 기록되고 통계 분석기에 의해 표시된다. 무들 시스템은 사이트와 각 강좌에 대한 통계 데이터를 기록하며, 동시에 웹 서버는 웹사이트의 통계 데이터를 기록한다. 무들 시스템은 통계 분석기와 유사하게 통계치를 그래프로 생성해 표시한다.

통계 페이지는 무들 사이트 내에 있는 각 페이지의 조회 수를 보여주는데, 관리자는 특정 날짜 혹은 특정 시간의 조회 수도 볼 수 있다. 하지만 통계 페이지는 각 페이지에 방문한 사람들의 목록은 보여주지 않으며, 이 기능은 사이트 로그를 사용해야 한다.

사이트 통계 기능을 활성화하면 무들 시스템은 발생한 학습활동을 기록하고 여러분이 지정한 시간에 통계 작업을 처리해 통계 페이지에 표시할 그래프와 차트를 생성한다. 매우 활성화된 사이트의 경우 이 처리 작업이 오래 걸리기 때문에 관리자는 학생들에게 서비스하는 바쁜 시간을 피해 처리 시간을 지정해야 한다. 또한 통계 처리와 백업 루틴backup routine이 같은 시간에 실행되지 않도록 두 기능의 처리 지정 시간을 몇 시간 차이를 두어 지정한다.

사이트 통계를 활성화하는 방법

1. Site administration ➤ Server ➤ Statistics를 선택한다.
2. Enable statistics(통계 사용) 체크박스를 선택한다.
3. 통계를 실행할 시간과 얼마나 오래 걸릴지에 대한 설정값을 적절히 선택한다.
4. Save changes 버튼을 클릭한다.

피드백, 추천, 채점에 척도 사용

무들 시스템은 포럼, 과제, 퀴즈, 완전학습, 상호평가에서 추천이나 채점을 할 때 척도scales를 사용할 수 있다. 이 척도는 학생의 작업을 평가하거나 채점하는 사람이 사용하는 것으로, 예를 들어 상호평가 활동이 다른 학생들에 의해 채점된다면 학생은 교사가 상호평가 채점을 위해 미리 지정해둔 척도를 사용해 채점한다. 많은 학습활동 유형에 척도를 적용할 수 있다는 건 여러분의 강좌를 더욱 상호적이고 매력적으로 만드는 아주 강력한 방법이라고 할 수 있다.

무들에서는 기본적으로 두 가지 척도가 제공된다. 하나는 '지식을 구분 짓고 연결하는 방법'이라고 하며, 이 척도를 통해 학생들이 강좌의 한 항목과 다른 지식과의 관련성을 설명할 수 있게 하거나 다른 지식과 구분 짓는 데 사용한다. 이 척도는 학생을 평가하는 데 유용하진 않지만 대신 해당 항목에 대한 토론을 촉진하는 데 사용한다.

무들 시스템이 제공하는 또 다른 척도는 숫자로 한 항목에 대해 1부터 100까지의 숫자 중 하나를 최대치로 지정한다. 한 항목을 누가 추천하거나 채점하든 간에 드롭다운 목록에서 숫자형 점수를 선택한다.

무들 시스템에서는 사용자 정의 척도를 생성할 수도 있다. 예를 들어, 다음 화면에서 볼 수 있듯이 학생은 Terminology(용어학)라는 학습활동을 보고 있다. 이 학습활동은 용어집으로 학생들이 이 강좌에서 반드시 기억해야 하는 용어를 포함하고 있다.

페이지 우측 하단에서 학생은 이 용어집의 목록을 평가한다. 교사는 강좌에서 사용할 사용자 정의 척도를 생성했고, 학생은 그 척도를 사용해 무엇이 용어집의 목록을 암기하는 데 많은 도움이 됐는지를 평가한다. 이렇게 교사는 사용자 정의 척도를 용어집에 적용했다.

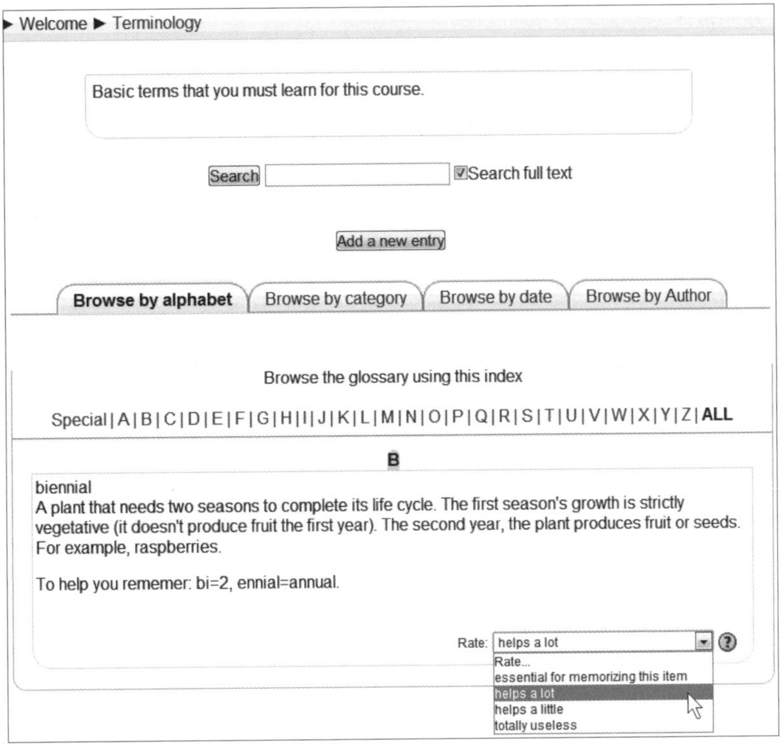

교사가 한 번 사용자 정의 척도를 생성하면 강좌에 포함된 모든 활동에도 척도를 적용할 수 있다. 예를 들어 강좌에 학생들 간에 용어를 암기하는 팁을 교환하는 포럼이 있을 수 있는데, 학생들은 포럼에 게시한 팁이 용어를 암기하는 데 얼마나 유용한지를 평가할 수 있다.

사용자 정의 척도 생성 방법

사이트 관리자는 사이트 범위에서 사용 가능한 사용자 정의 척도를 생성할 수 있으며, 이렇게 생성된 척도는 교사가 생성한 학습활동에 적용할 수 있다. 교사는 강좌 범위에서 사용하는 사용자 정의 척도를 생성할 수 있으며, 생성한 강좌 내의 모든 학습활동에 척도를 적용할 수 있다.

1. Settings > Grade administration > Scales를 선택한다. 사이트 전체에서 사용할 척도를 생성하려면 Site administration > Grades > Scales를 선택한다.

   척도 페이지가 표시되며, 이 강좌(혹은 사이트)에서 사용하는 그 밖의 사용자 정의 척도와 함께 '지식을 구분 짓고 연결하는 방법'으로 사용하는 척도가 나열된다.

2. Add a new scale(새 척도 추가) 버튼을 클릭하면 Edit 페이지가 다음과 같이 표시된다.

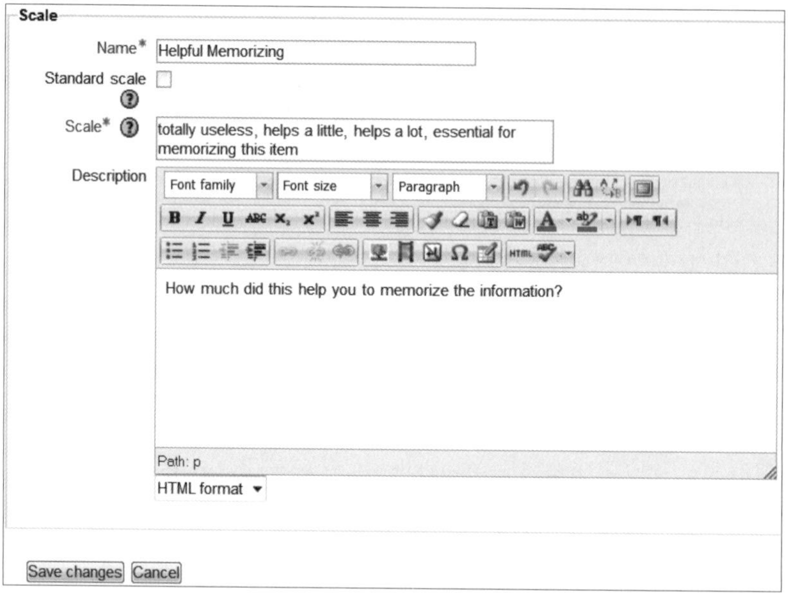

3. 교사가 척도를 학습활동에 적용하면 Name란에 적은 내용을 보게 된다. 하지만 척도를 사용하는 학생들에게는 척도의 Name이 보이지 않는다.

4. Scale 항목은 사용자들이 척도를 사용할 때 보게 될 목록이다. 이전 화면에서 Scale 항목에 입력한 내용과 그 이전 화면의 드롭다운 목록에 보이는 텍스트를 비교하자.

5. 교사가 목록에서 척도를 선택했을 때 이곳에 입력한 Description을 보게 된다. 척도를 사용하는 학생들에게는 Description이 보이지 않는다.

6. 변경사항을 저장한다.

이제 척도를 적용할 준비가 되었다.

학습활동에 척도를 적용하는 방법

사용자 정의 척도가 생성되면 학습활동에 적용해야 한다.

1. 교사, 관리자, 강좌 관리자 역할로 로그인한 후 학습활동을 선택한다.
2. 학습활동의 Edit settings 페이지를 살펴보자.
3. Ratings라고 적힌 부분을 찾는다.
4. Scale 드롭다운 목록에서 적용하고자 하는 척도를 선택한다.
5. 변경사항을 저장한다.

성적

무들 시스템은 성적grades을 보여주기 위한 유연한 보고 도구를 제공한다. 무들 시스템의 광범위한 채점 도구를 사용하는 채점 척도를 여러분의 취향에 맞도록 기능을 결합하면 학생들의 진척도를 볼 수 있는 강력한 방법이 된다. 교사는 성적별 학습활동을 범주화, 성적의 범위를 문자로 지정, 성적에 가중치 사용, 학생에게 성적을 숨기거나 보이게 하는 등의 설정 작업이 가능하다. 만약 무들 시스템에 여러분이 원하는 보고 기능이 없다면 문자나 엑셀 형식으로 성적을 내려받아 스프레드시트를 사용해 차트를 생성하거나 데이터를 분석할 수 있다.

포럼, 과제, 퀴즈, 완전학습, 상호평가 등과 같이 척도를 적용할 수 있는 항목이면 성적을 부여하는 것이 가능하다.

> 척도와 관련된 이전 절에서 추천은 교사와 학생 모두 지정할 수 있다는 점을 상기하자. 추천은 곧 성적과 같은 것으로, 학생들이 서로를 추천할 수 있게 함으로써 서로를 채점하게 한다는 뜻이다.

성적 보기

성적에 접근하려면 여러분이 보길 원하는 학생이 포함되어 있는 강좌를 선택한 후, Grade administration(성적 관리) ➤ Grader Report(채점자 보고서)를 선택하면 다음 화면과 같이 해당 강좌의 성적 요약 내용이 표시된다.

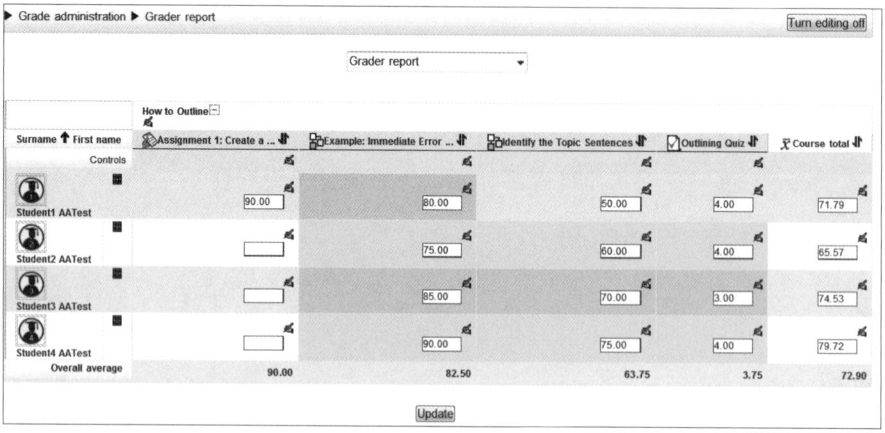

이 강좌에서 학생2, 학생3, 학생4가 첫 번째 과제를 완료하지 못했음을 주목하자. 그리고 교사는 새로운 성적을 입력하고, Update 버튼을 클릭해 성적을 재입력할 수 있다는 점 또한 주목하자.

현재 예제 강좌에서 교사는 Assignment1에 대해 성적이 모자란 학생들을 조사하려 한다. 그래서 과제명을 클릭하면 Grader report 페이지에서 과제 페이지로 이동한다. 여기서 주목해야 할 사항은 페이지 상단의 내비게이션 바가 현재 과제 페이지를 보고 있음을 표시하고 있다는 점이다.

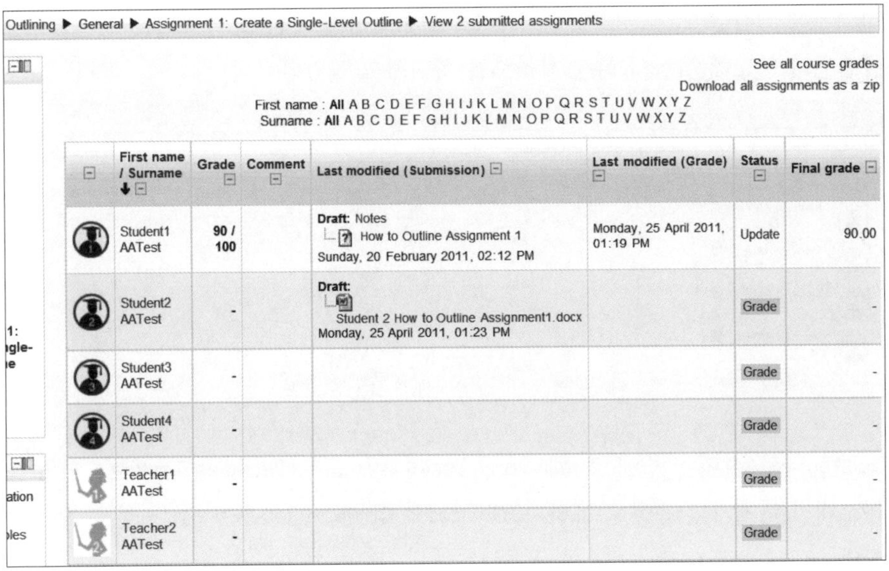
Outlining ▶ General ▶ Assignment 1: Create a Single-Level Outline ▶ View 2 submitted assignments

See all course grades
Download all assignments as a zip

First name : All A B C D E F G H I J K L M N O P Q R S T U V W X Y Z
Surname : All A B C D E F G H I J K L M N O P Q R S T U V W X Y Z

	First name / Surname	Grade	Comment	Last modified (Submission)	Last modified (Grade)	Status	Final grade
	Student1 AATest	90 / 100		Draft: Notes How to Outline Assignment 1 Sunday, 20 February 2011, 02:12 PM	Monday, 25 April 2011, 01:19 PM	Update	90.00
	Student2 AATest	-		Draft: Student 2 How to Outline Assignment1.docx Monday, 25 April 2011, 01:23 PM		Grade	-
	Student3 AATest	-				Grade	-
	Student4 AATest	-				Grade	-
	Teacher1 AATest	-				Grade	-
	Teacher2 AATest	-				Grade	-

현재 교사는 과제 제출 상황을 보고 있으며 학생2가 과제를 제출했으나 채점되지 않았다는 사실을 알 수 있다. 과제를 클릭하면 내려받아 열 수 있으며 Grade 링크를 클릭해 과제의 성적과 추가 의견을 입력할 수 있다.

Grader report는 강좌의 성적을 검토하는 교사의 시작점이라 할 수 있다. 또한 성적을 수정할 수 있으며, 개별적인 학습활동으로 이동해 검토하고 성적을 수정하는 일도 가능하다.

성적 분류

각 성적별 학습활동은 범주로 분류할 수 있다. 학생이 아닌 학습활동을 분류한다는 점을 기억하자. 만약 학생을 분류하고 싶다면 학생들을 모둠group으로 묶어야 한다.

성적 범주 보기

강좌의 성적별 학습활동을 분류하는 작업을 통해 여러분은 학생들이 다양한 학습활동을 어떻게 수행하고 있는지를 빠르게 볼 수 있다. 만약 학습활동을 범주에 할당하지 않았다면 기본적으로 Uncategorized(범주 없음) 범주로 분류된다. 다음 화면의 강좌에서는 Quizzes(퀴즈)와 Non-quizzes(퀴즈 아님) 범주를 사용하고 있다. 이 범주는 시험에 불안감을 느끼는 몇몇 학생들을 위해 교사가 만든 것으로, 교사는 여타 학습활동과 비교해 시험의 학생 성취도를 확인하고 싶었다.

	Basic Botany in Plain Language				
	Quizzes			Non-quizzes	
Surname ↑ First name	Terminology Test	Lifecycle Test	Category total	Category total	Course total
Student1 AATest	8.00	10.00	90.00	93.64	91.82
Student2 AATest	-	-	-	-	-
Student3 AATest	-	-	-	-	-
Student4 AATest	-	-	-	-	-
Overall average	8.00	10.00	90.00	93.64	91.82

Quizzes라고 적힌 범주에 Terminology Test(용어학 시험)와 Lifecycles Test(생활주기 시험)라는 2개의 퀴즈가 있음을 주목하자. Quizzes의 Category total(범주 총합) 또한 표시되어 있다.

Non-Quizzes라고 적힌 범주에는 Category total만 표시되어 있다. Non-Quizzes 범주에 포함되어 있는 개별 학습활동의 성적은 표시되지 않았다. Non-Quizzes 범주 옆의 + 표시를 클릭하면 범주에 포함된 개별 성적이 나타난다.

이 예에서 교사는 Quizzes 범주에서의 학생1의 점수가 Non-Quizzes 범주에 포함된 학습활동에서의 학생 점수와 일관된 점을 발견할 수 있다. 이렇게 학습활동을 범주로 분류하면 쉽게 비교해볼 수 있다.

성적 범주 생성

동일한 창에서 범주를 생성하고 항목을 범주로 이동시킬 수 있다.

성적 범주 생성 방법

1. Settings > Grade administration > Categories and items를 선택한다.
2. 화면에서 Simple view(간단히 보기)나 Full view(모두 보기)를 선택한다.
3. 페이지 하단의 Add category(범주 추가) 버튼을 클릭하면 Edit category(범주 편집) 페이지가 나타난다.
4. 페이지의 필수 항목을 입력한 후 변경사항을 저장한다.

성적 범주에 항목을 할당하는 방법

성적 범주에 항목을 할당하는 과정은 다음과 같다.

1. Settings ➤ Grade administration ➤ Categories and items ➤ Simple view를 선택한다.
2. 범주에 할당할 항목을 선택한다.

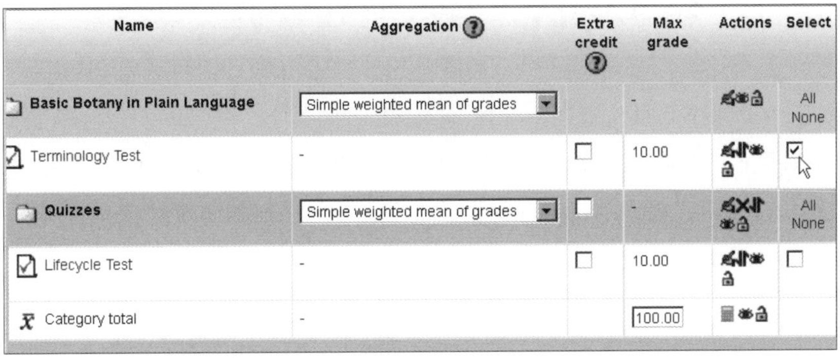

3. 페이지 하단의 드롭다운 목록에서 선택한 항목을 이동시킬 범주를 선택한다.

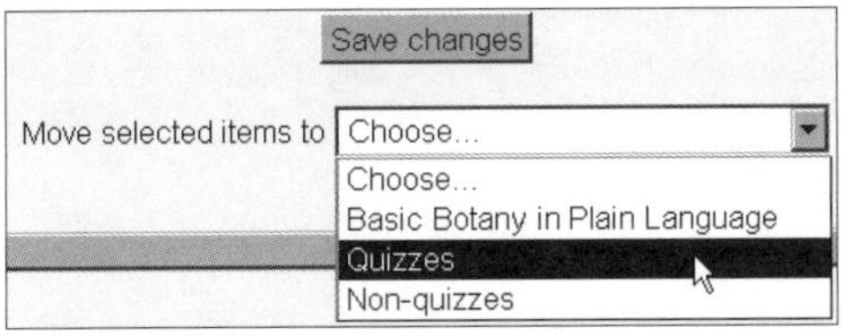

4. Save changes 버튼을 클릭한다.

여기서는 여러분이 학생의 성적을 검토할 때 사용할 질문의 종류를 결정하고 그 질문에 대답할 수 있도록 범주를 생성하는 일이 가장 중요하다. 예를 들어 "내 학생들이 퀴즈를 풀어야 할까? 아니면 상호평가나 포럼처럼 상호작용을 하는 다른 학습활동을 해야 할까?"라는 질문에 대한 답은 퀴즈용 범주를 생성해 단순히 성적을 보고 알 수 있다. 또는 "내 학생들이 오프라인 학습활동을 해야 할까? 아니면 온라인 학습활동을 해야 할까?"라는 질문에 대한 답은 온라인, 오프라인 채점 범주를 생성하는 것이다.

이런 범주는 돌에 글자를 새기는 작업처럼 한 번 작업하면 변경할 수 없는 것이 아니라 나중에라도 여러분의 요구사항이 변경되면 필요에 따라 언제든지 새로운 채점 범주를 생성하고 지정할 수 있다는 점을 기억하자.

부가점 사용

모든 학습활동을 부가점extra credit 요소로 지정할 수 있으며, 항목을 부가점으로 지정하면 항목의 점수는 범주에 부여할 수 있는 총점에 추가되지 않는다. 예제에서는 Terminology test가 부가점으로 지정됐다. 만약 부가점으로 지정되지 않았다면 이 범주에서 100%를 달성하는 데 필요한 총점은 20이 되겠지만 이 경우 100%를 달성하는 데 필요한 총점은 10이 된다. 즉 학생이 두 시험에서 완벽한 점수를 받는다면 이 범주에서 200%를 획득할 수 있다는 뜻이다.

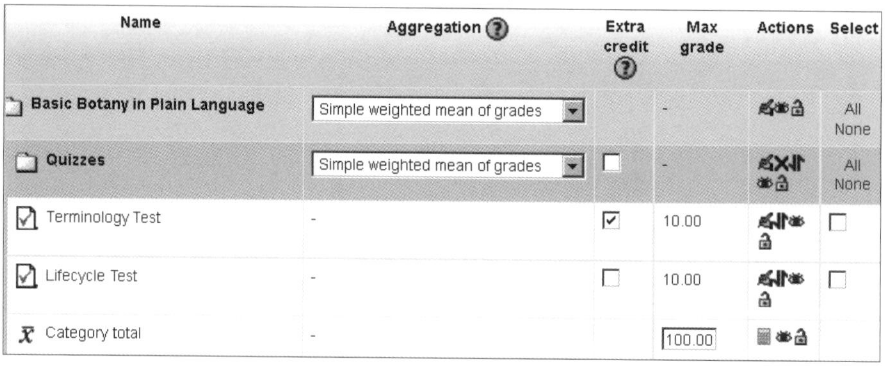

Name	Aggregation	Extra credit	Max grade	Actions	Select
Basic Botany in Plain Language	Simple weighted mean of grades		-		All None
Quizzes	Simple weighted mean of grades	☐	-		All None
Terminology Test	-	☑	10.00		☐
Lifecycle Test	-	☐	10.00		☐
Category total	-		100.00		

여러분은 단순히 부가점 학습활동용 범주도 생성할 수 있으며, 부가점 설정은 Edit category 페이지에서 찾을 수 있다. 또 다른 방법으로 선택한 학습활동의 부가점 설정을 이용할 수 있는데, 이 두 가지 방법 모두 사용 가능하다.

범주에 가중치 부여

성적 범주에 가중치를 할당하는 경우가 있다. 모든 범주에는 기본적으로 100의 값이 가중치로 적용되어 있으며, 이는 강좌 전체에서 각 범주의 중요도가 동일하다는 뜻이다. 다음 화면에서 두 범주에 100의 가중치가 부여됐음을 볼 수 있다. 이 강좌의 가중치는 100이다.

Basic Botany in Plain Language	Simple weighted mean of grades ▼		-	☑
Quizzes	Simple weighted mean of grades ▼	☐	-	☑
Terminology Test	-	☑	10.00	-
Lifecycle Test	-	☐	10.00	-
Category total	-		100.00	-
Non-quizzes	Simple weighted mean of grades ▼	☐	-	☑
Terminology	-	☐	essential for memorizing this item (4)	-
What kind of plant is it?	-	☐	100.00	-
The Plants Around You	-	☐	100.00	-
Topic Discussions	-	☐	10.00	-
Observing the Familiar (submission)	-	☐	80.00	-
Observing the Familiar (assessment)	-	☐	20.00	-
Category total	-		100.00	-
Course total	-		100.00	-

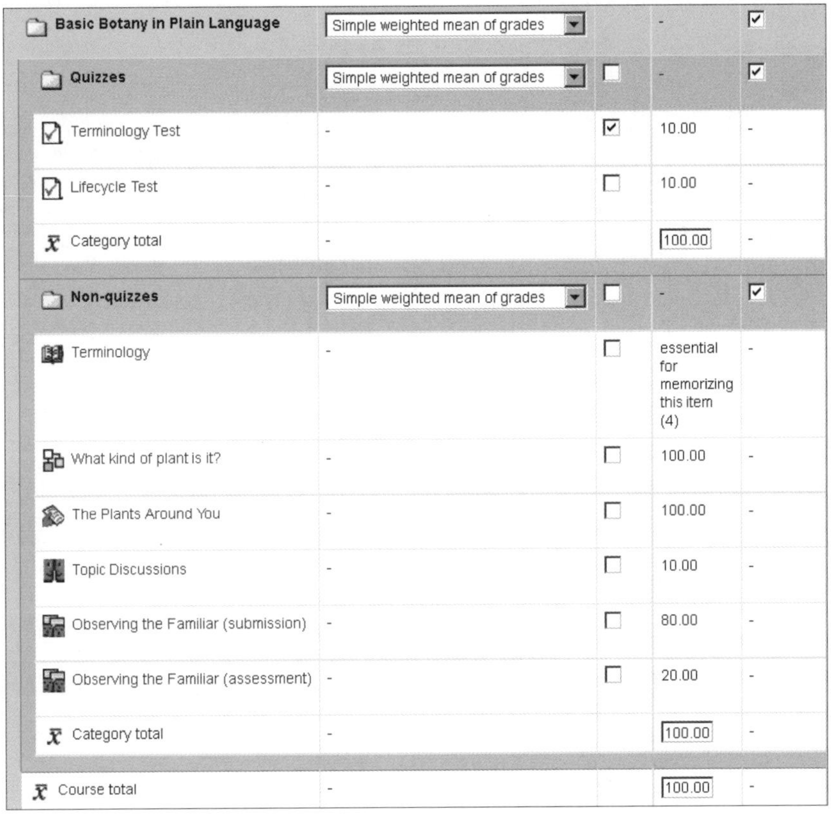

범주 총합에 입력한 숫자와는 상관없이 강좌 총합에 어떤 숫자든 입력할 수 있으며, 범주 총합은 강좌 총합에 비례해 부여된다.

점수 추가로 어려운 범주의 점수 보상해주기

특히 어려운 과제에 대해서는 학생들의 성적을 보상하기 위해 부가점을 주고 싶을 수 있다. 이 경우 학급 학생들 모두의 성적에 부가점을 주는 가장 쉬운 방법은 강좌에 부가 성적 항목extra grade item을 추가해 해당 항목에 대한 점수를 모든 학생에게 주는 것이다.

다음 화면에서 교사가 Quizzes 범주에 2점짜리 성적 항목을 추가하고 해당 항목을 Extra credit(부가점)으로 지정한 모습을 볼 수 있다.

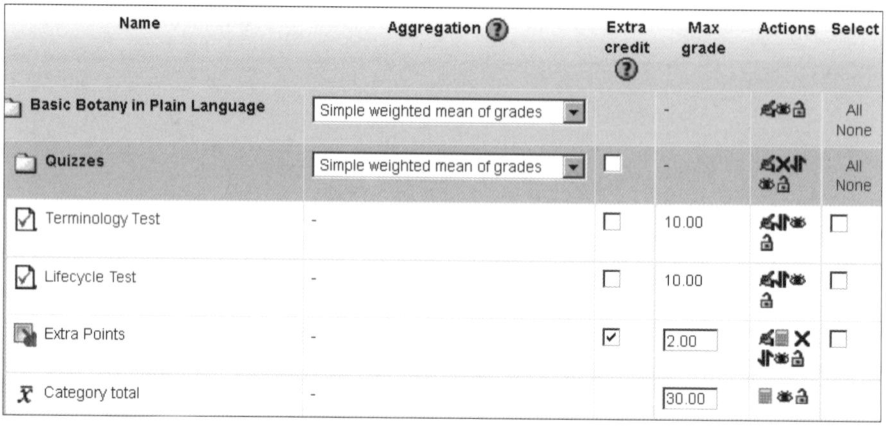

Name	Aggregation	Extra credit	Max grade	Actions	Select
Basic Botany in Plain Language	Simple weighted mean of grades		-		All None
Quizzes	Simple weighted mean of grades		-		All None
Terminology Test	-		10.00		
Lifecycle Test	-		10.00		
Extra Points	-		2.00		
Category total	-		30.00		

그리고 교사는 페이지 하단의 Add grade item(성적 항목 추가) 버튼을 클릭해 성적 항목을 추가했다. 학습활동 대신 성적 항목을 추가하면 여러분은 각 학생의 성적을 수동으로 입력해야 한다. 이는 무들에서 학생이 수행해야 할 학습활동이 없어서 무들 시스템이 성적을 계산할 수 없기 때문이다.

성적 항목에 성적을 추가하려면 Course administration > Grades > Grader report로 이동한 후 나타난 페이지에서 성적 항목에 추가할 성적을 수동으로 입력한다. 그리고 Update 버튼을 클릭한다.

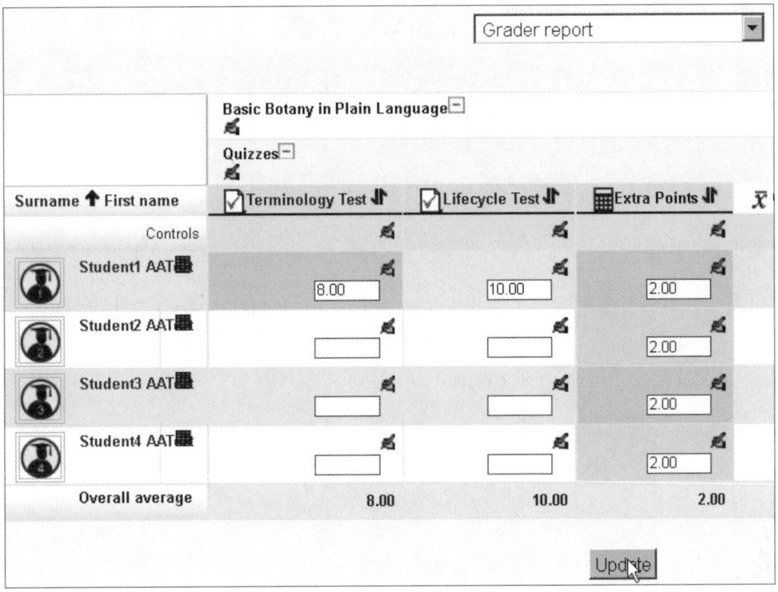

부가점을 추가하는 또 다른 방법은 단순하게 과제의 자동 채점 기능을 재정의하는 것이다. 예제에서 교사는 수동으로 시험 성적을 단순히 입력할 수 있었다. 하지만 그렇게 하면 얼마나 많은 점수를 수동으로 성적에 추가해야 하는지 결정하는 일이 어렵고 지루해진다. 부가점 채점 항목을 생성함으로써 성적에 얼마나 많이 추가됐는지 정확하게 알 수 있다.

교사 포럼

교사만 접근할 수 있는 포럼을 생성할 수 있다. 이 포럼은 한 강좌에서 여러 교사가 협업해야 할 때 특히 유용하다. 교사만 사용할 수 있는 포럼을 생성하려면, 일반 포럼을 생성한 후에 학생과 손님이 접근할 수 없도록 보안을 변경한다. 학생이 포럼에 접근하려 하면 "이 포럼의 토론을 볼 수 있는 권한이 없습니다."라는 메시지를 보게 된다. 하지만 교사는 포럼에 접근이 가능하다.

교사들만 사용할 수 있는 포럼을 만드는 방법

교사들만 사용할 수 있는 포럼(또는 학습활동이나 학습자원)을 만드는 과정은 다음과 같다.

1. 교사나 강좌 관리자 역할의 계정으로 로그인한다.
2. 포럼을 선택한다.
3. 다음 화면에서처럼 포럼 Settings(설정)에서 Permissions(권한)을 선택한다.

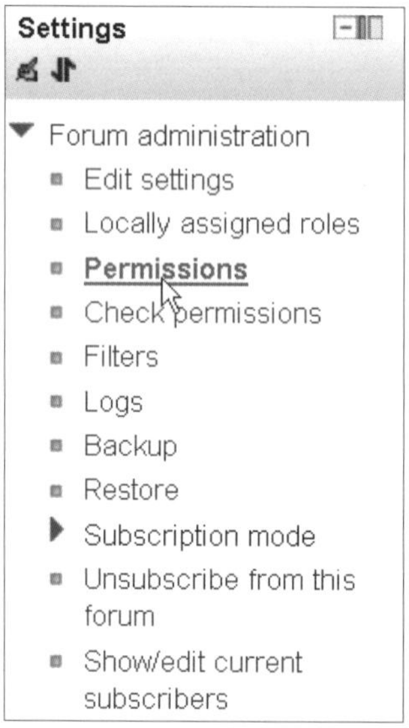

4. Advanced role override(고급 역할 재정의) 드롭다운 목록에서 Student(학생)를 선택한다.

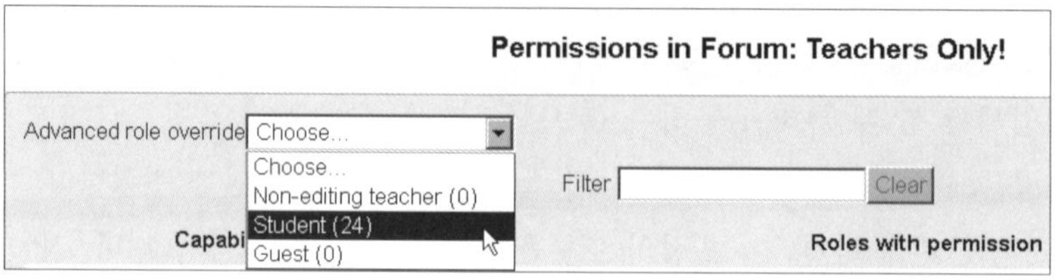

5. Activity: Forum(학습활동: 포럼) 하위에서 학생 권한을 모두 Prohibit(금지)로 변경한다.

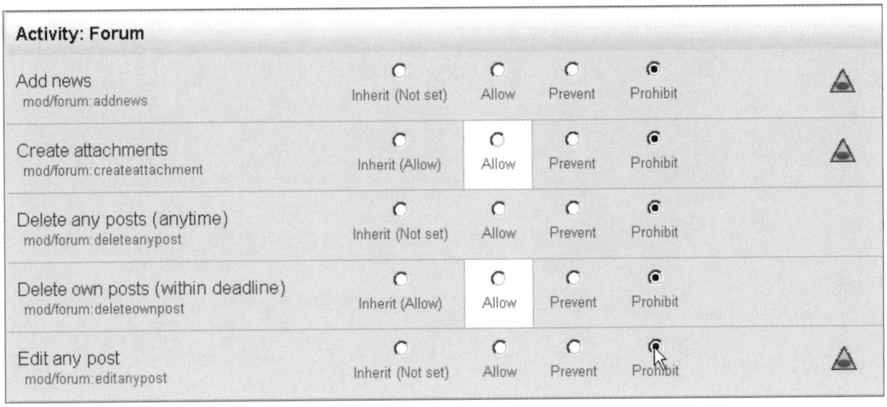

6. 변경사항을 저장한다.
7. 우측 하단의 Change another role(또 다른 역할 변경)에서 Guest(손님)를 선택한다.
8. 다시 Activity: Forum 하위에서 손님 권한을 모두 Prohibit로 변경한다.
9. 변경사항을 저장한다.

이제 학생과 손님은 포럼의 이름을 볼 수는 있지만 접근할 순 없다.

정리

성공적인 강좌 관리를 위해서는 교실, 온라인에 관계없이 교사와 학생 간의 양방향 소통이 필요하다. 강좌의 로그와 성적을 지속적으로 모니터링하면 강좌 중간에 완전학습을 수정할 필요가 있는지 쉽게 알 수 있다. 특정 문제나 학생들이 직면한 문제를 알아내기 위해 질문과 설문조사, 채팅을 사용할 수 있다. 완전학습 중에는 사용자 정의 채점 척도, 부가점, 상대평가를 통해 성적 평준화를 이룰 수 있다. 온라인 교육에서는 로그와 성적을 자주 확인하는 습관을 기르자.

찾아보기

ㅍ

ㅎ

A

F

G

H

N

O

P

Q

R

V

W

에이콘출판의 기틀을 마련하신 故 정완재 선생님 (1935-2004)

Moodle 2.0 이러닝 강좌 개발

인 쇄 | 2013년 8월 26일
발 행 | 2013년 8월 30일

지은이 | 윌리엄 라이스
옮긴이 | 우 정 환

펴낸이 | 권 성 준
엮은이 | 김 희 정
김 경 희
김 미 선
표지 디자인 | 한국어판_그린애플
본문 디자인 | 남 은 순

인 쇄 | (주)갑우문화사
용 지 | 한신P&L(주)

에이콘출판주식회사
경기도 의왕시 내손동 757-3 (437-836)
전화 02-2653-7600, 팩스 02-2653-0433
www.acornpub.co.kr / editor@acornpub.co.kr

ISBN 978-89-6077-465-0
ISBN 978-89-6077-210-6 (세트)
http://www.acornpub.co.kr/book/moodle

이 도서의 국립중앙도서관 출판시도서목록(CIP)은 서지정보유통지원시스템 홈페이지(http://seoji.nl.go.kr)와
국가자료공동목록시스템(http://www.nl.go.kr/kolisnet)에서 이용하실 수 있습니다.(CIP제어번호: CIP2013015923)

책값은 뒤표지에 있습니다.